2022

Das andere Jahrbuch

verheimlicht
vertuscht
vergessen

1. Auflage Januar 2022

Umschlaggestaltung: Nicole Lechner
Lektorat, Satz und Layout: Agentur Pegasus, Zella-Mehlis

ISBN: 978-3-86445-854-5

FSC www.fsc.org
MIX
Papier aus verantwortungsvollen Quellen
FSC® C014496

Gerne senden wir Ihnen unser Verlagsverzeichnis
Kopp Verlag
Bertha-Benz-Straße 10
D-72108 Rottenburg
E-Mail: info@kopp-verlag.de
Tel.: (0 74 72) 98 06-10
Fax: (0 74 72) 98 06-11

Unser Buchprogramm finden Sie auch im Internet unter:
www.kopp-verlag.de

Gerhard Wisnewski

2022

Das andere Jahrbuch

verheimlicht
vertuscht
vergessen

Was 2021 nicht
in der Zeitung stand

KOPP VERLAG

*»Das Gewissen ist fähig, Unrecht für Recht zu halten,
Inquisition für Gott wohlgefällig und Mord für politisch wertvoll.
Das Gewissen ist um 180 Grad drehbar.«*

Erich Kästner

Inhalt

Statt eines Vorworts | *verheimlicht – vertuscht – vergessen 2021*: der heimliche Bestseller 7

Einleitung 9

DEZEMBER 2020

15. Dezember | À la bin Laden: Leiche des angeblichen Hanau-Attentäters im Meer versenkt 16

17. Dezember | Wie Schwangere zur Covid-Impfung überredet wurden . . 19

31. Dezember | Stille Nacht, unheilige Nacht: Silvester mit Corona . . . 29

JANUAR 2021

6. Januar | Washington: »Sturm« auf das Kapitol 36

8. Januar | Corona und Karriere: Wie man durch Corona in die Schlagzeilen kommt 46

11. Januar | »Hallo, Genosse!« – warum wir uns alle duzen sollen . . . 49

25.–29. Januar | WEF: Werbung für die Abschaffung der Menschheit . . 52

FEBRUAR 2021

5. Februar | Preisfrage: Sind Sie systemrelevant – oder können Sie weg? . 68

19. Februar | Künstliches Asthma – die »intelligente Maske« 70

MÄRZ 2020

15. März | Schach: *Das Damengambit* 78

17. März | Magufuli: Chronik eines angekündigten Todes 84

20. März | Dschingis Khan: Völkermord als Umweltschutz 92

23. März | Suezkanal: Unternehmen »Fuck you!« 97

APRIL 2021

7. April | Drive-Impf: der Piks to go 106

26. April | Massensterben: das Geheimnis der Deagel-Liste 110

30. April | Spaltung: Vater Staat und Mutti Merkel 116

MAI 2021

21. Mai | Moore: die Fehler unserer Vorfahren 124

31. Mai | Wasser als hybride Waffe: die »Krise des Drei-Schluchten-Damms« 132

JUNI 2021
4. Juni | Bill Gates: der Assistent Gottes 138
6. Juni | Landtagswahl Sachsen-Anhalt:
der Beinahe-Ministerpräsident der AfD 143
25. Juni | Ausnahmezustand: Kernschmelze der Macht 148

JULI 2021
7. Juli | Haiti: Wer ermordete Jovenel M.? 160
14./15. Juli | Ahr-Hochwasser: Ertrinken nach Plan? 165
23. Juli | Olympische Geisterspiele: Zirkus für eine gottverlassene Welt . . 177

AUGUST 2021
6. August | Olympia: Warum versagte St. Boy? 184
7. August | Corona: der Tod des »Scary Mullis« 189
16. August | Afghanistan: Der Klügste ging schon vor 2300 Jahren . . . 200

SEPTEMBER 2021
7. September | IAA Mobility: Krieg gegen das Auto 204
11. September | 9/11: 20 Jahre Party im Pentagon 209
26. September | Laschet: Wahlkampagne im Wahllokal 222

OKTOBER 2021
7. Oktober | 20 Jahre Afghanistankrieg:
20 Jahre Verstoß gegen das Völkerrecht 230
16. Oktober | Milgram: auf der Spur der Unmenschen 240

NOVEMBER 2021
3. November | Merkel: Abschied von der Stiefmutti 250

Trends: ab ins Tohuwabohu 259

Nachwort 275

Dank 277

Abbildungsverzeichnis 279

Stichwortverzeichnis 281

Statt eines Vorworts | *verheimlicht – vertuscht – vergessen 2021: der heimliche Beststeller*

21. Januar 2021: Hurra! *verheimlicht – vertuscht – vergessen* ist auf Platz 8 der *Spiegel*-Bestsellerliste! Ein großer Erfolg, für den ich meinen Lesern sehr dankbar bin. Seit dem erstmaligen Erscheinen 2008 standen die jährlichen Ausgaben meistens unter den Top 10. Aber ohne mich selbst loben zu wollen: Was wenige wissen, ist, dass dieser Erfolg in Wahrheit wahrscheinlich noch viel größer ist. So wie es aussieht, sind die Bestsellerplatzierungen von *verheimlicht – vertuscht – vergessen* (*vvv*) weit untertrieben.

»Wären wohl auf Platz 1«

Wie das? Ganz einfach: Laut *buchreport* werden die *Spiegel*-Bestsellerlisten auch mithilfe der Verkaufszahlen von Onlineshops ermittelt. Mindestens ein Onlineshop fehlt allerdings: Wie die Nachrichtenseite *1984 Magazin* aufdeckte, gibt es bei der *Spiegel*-Bestsellerliste anscheinend einen gewaltigen Haken, nämlich den, dass die Verkaufszahlen eines der größten Buchhändler Deutschlands gar nicht berücksichtigt werden, nämlich des Kopp Verlages. Und der Kopp Verlag ist nun einmal der größte Verkäufer des Jahrbuches *verheimlicht – vertuscht – vergessen.* Die meisten Käufer hätten das Jahrbuch »beim Kopp Verlag bestellt. Wir gehen von etwa 90 Prozent aus«, schrieb das *1984 Magazin.* »Wenn also 10 Prozent [anderswo] verkaufte Bücher ausreichen, um auf Platz 8 zu kommen, sollte an unserer Behauptung in der Schlagzeile, ›Gerhard Wisnewskis *verheimlicht – vertuscht – vergessen 2021* ist in Wahrheit das meistverkaufteste Buch Deutschlands‹, kein Zweifel mehr bestehen« (siehe unten). Gegenüber dem *1984 Magazin* bestätigte mein Verleger Jochen Kopp denn auch: »Ja, das stimmt. Wir wären wohl auf Platz 1« (*1984magazin, https://19vierundachtzig.com*, 31.01.2021). Und zwar Jahr für Jahr, jeweils Anfang des Jahres. Und das würde natürlich verdammt auffallen, und zwar unangenehm.

Keine Antwort auf meine Fragen

Aber ich will ja nicht nur von mir reden: Da mit Kopp eine große Buchhandlung der Republik ignoriert wird, fallen natürlich auch viele andere Bücher bei der Bestsellerermittlung unter den Tisch – vor allem Bücher, die bei Kopp Bestseller sind. Mit anderen Worten könnten die *Spiegel*-Bestsellerlisten dadurch insgesamt stark verzerrt sein. Ist die *Spiegel*-Bestsellerliste gar »eine Farce«, wie das *1984 Magazin* schreibt?

Natürlich wollte ich wissen, ob das alles stimmt, und habe bei *buchreport* nachgefragt:

- Warum werden die Verkäufe des Kopp Verlages nicht berücksichtigt?
- Auf welchem Platz stünde der Titel *vvv 2021*, wenn sie mitgezählt würden?
- Da der Kopp Verlag eine der größten deutschen Buchhandlungen ist und selbst viele Bestseller herausbringt, müssten die Bestsellerlisten durch seine Nichtberücksichtigung doch insgesamt stark verzerrt sein?
- Ist *buchreport* bereit, die Verkäufe von Kopp künftig zu berücksichtigen und die Bestsellerlisten entsprechend zu korrigieren?

Leider traf auf diese Fragen bisher keine Antwort bei mir ein. Vorerst sieht es also so aus, als stünden wir hier wirklich vor einem satten Skandal: Sind die *Spiegel*-Bestsellerlisten demnach das Papier nicht wert, auf dem sie geschrieben stehen? Aber Gott sei Dank: Wie wir in der Einleitung gleich besprechen werden, gibt es ja gar keine Skandale mehr …

P. S.: Noch ein Hinweis zur Benutzung dieses Buches: In den Chronologien zu Beginn jedes Monats sind die in dem jeweiligen Monat behandelten Themen fett gedruckt. Themen, die im Rahmen eines anderen Kapitels behandelt oder erwähnt werden, tragen zusätzlich einen Seitenverweis.

Einleitung

Herzlich willkommen bei der Moped-, quatsch: Fahrrad-, nein: Roller-, nein: Rikscha-Messe in München! Puh – gar nicht so einfach. Jetzt aber: Herzlich willkommen bei der IAA Mobility! Doch was heißt das eigentlich? »Mobility«, also Mobilität, ist klar: Es steht für Fahrräder, Roller, Rikschas, Straßenbahnen und Busse. Unter anderem. Denn was bedeuten die rätselhaften Buchstaben IAA? Egal, wir werden es herausfinden. Erst einmal laufe ich den Amiraplatz in München Richtung Brienner Straße entlang, vorbei an Ständen mit Mopeds, Rollern und Fahrrädern. Überall interessiertes Publikum und engagiertes Fachsimpeln. Über den Ständen steht beispielsweise »Seat« oder »Bosch« – früher waren das einmal Autohersteller beziehungsweise -zulieferer. »Jetzt Probefahren«, kann man da lesen – allerdings kein Auto, sondern E-Roller. Als ich in die Brienner Straße einbiege, kommt mir eine Rikscha entgegen. Außerdem begrüßen mich hier drei große blaue Flaggen mit der Aufschrift »IAA Mobility« und ein großes, über der Brienner Straße angebrachtes Banner mit demselben Text. Was IAA nun ausgeschrieben bedeutet, kann ich aber immer noch nirgends lesen. Vielleicht Internationale Anachronismus-Ausstellung? Internationales Aussteiger-Areal? Internationaler Antiquierten-Aufmarsch? Egal: Ein großes elektronisches Display zeigt einen Menschen, der einen Rennfahrerhelm trägt. Allerdings nicht zum Rennfahren, sondern zum Seilspringen. Lustig. Auf dem Wittelsbacher Platz steht ein großer schwarzer Würfel, der einer Kaaba ähnelt, mit den olympischen Ringen darauf (nanu, was machen die denn hier?).

Windräder oder Mercedes-Sterne

Vor dem Odeonsplatz wurde eine Art künstliche Alm aufgebaut: eine begrünte Hochbühne, auf die breite, von grünem Gras flankierte Publikumstreppen hinaufführen. In die Grasböschungen wurden einige kleine Windräder gepflanzt, die wie Mercedes-Sterne aussehen – oder umgekehrt. Witzig, nicht? Was oben, am Ende der Publikumstreppen, steht, kann man von unten nicht erkennen. Im Sonnenlicht sieht man nur etwas Glas und Metall blitzen. Darüber wurde ein riesiges Netz in Regenbogenfarben aufgespannt. Gegenüber im Hofgarten, auf einem blauen Banner, sehe ich jetzt wenigstens das Motto der »IAA«: »What will move us next.« Dahinter wurde eine endlos lange Reihe aus E-Bikes und Lastenrädern aufgebaut. Ich gehe noch ein Stück die Leopoldstraße hoch. Da: Jetzt hab' ichs! Bosch scheint inzwischen eine Holzhandlung zu sein. Jedenfalls wurde auf der Leopoldstraße ein ganzer Bosch-Pavillon aus Holz errichtet. Dasselbe auch bei Webasto, einem anderen früheren Automobilzulieferer: Auch diese Firma präsentiert sich in einem holzbeplankten Pavillon. Wahrscheinlich verkaufen die jetzt Blockhütten. Oder vielleicht »Tiny Houses«? Oder ist alles bloß Tarnung? Geht da drinnen vielleicht etwas ganz Gemeines vor? Inzwischen habe ich nämlich gerüchteweise erfahren, was das erste »A« in IAA bedeuten soll: Automobil. Ja, Automobil! Ist denn das zu fassen?

Görlitzer Park der Autoindustrie

Entwarnung: In der Holzhütte von Bosch stehen nur Fahrräder und Dreiräder herum. Doch was ist das? Unter dem Gerüst der begrünten Hochbühne drücken sich ganz versteckt ein paar Leute um ein schimmerndes Etwas herum. Schweigend. Vorne trägt das Ding ein Schild mit der Aufschrift »ECB 350 4Matic«. Oder so ähnlich. Eine kurze Google-Suche ergibt: ein Auto! Ach was: ein SUV! Also ein regelrechter PS-Porno! Die Türen stehen offen, und Mütter und Väter lassen gedankenlos Kinder ein- und aussteigen! Ich bin fassungslos: Kinder! Sind die nicht besonders ansteckungsgefährdet? Nebenbei erfahre ich auch noch, dass die Ringe auf der schwarzen Kaaba gar nicht die olympischen Ringe, sondern das Logo von Audi waren! Wo bin ich hier bloß hingeraten! Ein schlecht getarnter Kontakthof, wo hinter einem Haufen Fahrrädern und Rikschas versteckte Autodealer mit künftigen Kunden anbandeln! Ein Görlitzer Park der Automobilindustrie, wo in dunklen Ecken Kinder angefixt werden!

Eine vergessene Gangart

Soweit ein kleiner Vorgeschmack auf eine der vielen Possen des Jahres 2021: die Internationale Automobilausstellung vom 7.–12. September in München (IAA Mobility). Ansonsten muss ich Ihnen zu Beginn dieses Buches etwas verraten: Es gibt keine Skandale mehr. Sie werden fragen: aber warum denn nicht? Um uns herum wimmelt es doch nur so vor Skandalen: geklaute Doktortitel, geschönte Lebensläufe, versenkte Steuergelder in Milliarden- wenn nicht Billionenhöhe, fehlgeplante Flughäfen, die jahrzehntelang leerstehen und nur Steuergelder verschlingen. Da gibt es doch genug! Nein, es gibt nicht genug – sondern es gibt zu viele Skandale. Seit ich mein journalistisches Dasein begonnen und erst recht seitdem ich 2008[1] diese Buchreihe begonnen habe, findet eine regelrechte Inflation des Skandals statt. Eine Ministerin, die ihren Doktortitel erschwindelte, ist da nur Kleinkram. Der Rücktritt ist eine Gangart, die unsere Politiker in den vergangenen 16 Jahren weitgehend verlernt haben. Wahrscheinlich ist es so, dass man, wenn man vor lauter Skandalen nicht mehr laufen kann, eben auch nicht mehr zurücktreten kann. Viele kennen nur noch eine Richtung: nach vorne – um anschließend weiter Karriere zu machen. Kein Witz: Der Tag ist nicht mehr fern, an dem ein falscher beziehungsweise »bequem« erlangter Doktortitel zur Einstellungsvoraussetzung wird. Das (oder die) Kabinett(e) Merkel war(en) da wegweisend: Denken wir zum Beispiel an Ursula von der Leyen, die nach der Feststellung von Plagiaten in ihrer Doktorarbeit noch EU-Kommissionspräsidentin werden konnte. Oder an Franziska Giffey (SPD), die im Zuge ihrer Plagiatsaffäre im Mai 2021 als Ministerin zurücktrat, aber (Stand Oktober 2021) nunmehr Regierende Bürgermeisterin der deutschen Hauptstadt werden wird – eine Absicht, die sie auch dann nicht aufgab, als auch ihre Magisterarbeit unter Plagiatsverdacht geriet. »Die Masterarbeit ist in großen Teilen ein Flickenteppich aus Plagiaten«, befand Professor Anatol Stefanowitsch, Sprachwissenschaftler an der FU Berlin. Und: »Aus meiner Sicht ist dieser Masterabschluss nicht verdient.« Womit die ehemalige »Dr.« Giffey überhaupt keinen akademischen Abschluss hätte. Oder nehmen wir den CSU-Mann Andreas Scheuer, der nach dem unerlaubten Führen eines tschechischen Schmalspur-Doktortitels (und anderen Skandalen) noch Bundesverkehrsminister werden konnte. Oder die enge Merkel-Freundin Annette Schavan, die nach dem Entzug ihres Doktortitels und ihrer Demission als Ministerin deutsche Botschafterin beim Vatikan wurde.

Mengenrabatt für Skandale

Oder denken wir nur an Bundeskanzlerin Angela Merkel. Ihre Skandale, Fehlleistungen und Katastrophen füllen inzwischen ganze Bücher: Energiewende, Strompreisexplosion, Versorgungslücken, Rettungspakete,

1 Nach Erscheinungstermin.

Migranteninvasion, annullierte Wahlen, Afghanistanrückzug oder Corona-Putsch gegen das Grundgesetz. Egal, welche Großkatastrophe die Frau vom Zaun gebrochen hat: An Rücktritt dachte sie nie, jedenfalls nicht, dass wir wüssten. Im Gegenteil: Nach dem Motto »anything goes« zog für Politiker unter Merkel endgültig die große Narrenfreiheit ein. Das alltägliche Wirken unserer Politiker ist ein einziger Skandal. Ja, der Skandal ist der Normalfall. Was soll da noch groß auffallen? Das gilt auch für Außenminister Heiko Maas, der vom Vormarsch der Taliban in Kabul völlig überrascht wurde und diesen anschließend auch noch Geldzahlungen in Aussicht stellte. Ist der Ruf erst ruiniert, lebt sichs völlig ungeniert. 2021 kandidierte für die SPD mit Olaf Scholz ein Mann als Kanzler, der in zahlreiche Affären verstrickt ist: »Betrachtet man die politische Laufbahn des Hanseaten, gibt es drei große Skandale, die am Image des Kanzlerkandidaten kratzen«, meinte beispielsweise die *Kreiszeitung* (online, 29.09.2021):

1. den zur Gewaltorgie eskalierten G20-Gipfel in Hamburg. Während Helmut Schmidt die Hansestadt 1962 vor den Fluten der Elbe rettete, lieferte Scholz Hamburg 2017 den Kolonnen der linken Chaoten aus.
2. Nachdem sich die Bank M. M. Warburg an unberechtigten Steuerrückforderungen (Cum-Ex-Geschäften) bereichert hatte, wollte Scholz' Hamburger Finanzbehörde den Bankstern allein für das Jahr 2009 Rückzahlungen in Höhe von 47 Millionen Euro erlassen. Eine Finanzbeamtin verneinte eine Einflussnahme »von oben«.
3. In Sachen des insolventen Finanzdienstleisters Wirecard wird dem Finanzminister und Kanzlerkandidaten vorgeworfen, angesichts der milliardenschweren Bilanzfälschung bei dem Kreditkartenkonzern zu lange weggesehen zu haben. Kurz vor den Bundestagswahlen 2021 fand in Scholz' Bundesfinanzministerium gar eine Hausdurchsuchung wegen des Verdachts der Strafvereitelung im Amt statt (beim Zoll, der dem Finanzministerium unterstellt ist).

Je mehr Skandale, desto besser

Ein bisschen viel für einen Kanzlerkandidaten, aber wie gesagt: je mehr Skandale, desto besser – und zwar, weil der einzelne Skandal dann schrumpft. Die öffentliche Wahrnehmung gewährt dann quasi Mengenrabatt. Bei den Bundestagswahlen am 26. September 2021 konnte man denn auch keinerlei Auswirkungen auf den Erfolg des SPD-Kanzlerkandidaten feststellen. Aber natürlich betrifft die Inflation der Skandale nicht nur den SPD-Mann Scholz. Ich schätze, dass etwa die Hälfte aller heutigen Politiker nach den moralischen Maßstäben von – sagen wir – 1970 heute längst nicht mehr im Amt wäre.

Aber Deutschland hat nicht nur keine Skandale mehr, sondern auch keine Probleme. Oder haben Sie in letzter Zeit irgendwann einmal die Wortkombination »Deutschland/Problem« gehört? Zumal aus regierungsamtlichem Munde? Eben. Womit bewiesen wäre: Nach 16 Jahren Merkel sind die Probleme einfach weg! Wenn das nicht eine überzeugende Bilanz ist! Stattdessen gibt es nur noch »Herausforderungen«. Selbst wenn das Land vor einer einzigen Katastrophe steht, ist das nicht etwa ein Problem, sondern eben eine Herausforderung. Beispiel Corona-Krise: In der entsprechenden Fernsehansprache der Bundeskanzlerin vom 18. März 2020 kam das Wort »Problem« nicht vor. Schon deshalb nicht, weil Corona erst durch die Regierungen zum wirklichen Problem wurde. Stattdessen sagte sie: »[…] seit dem Zweiten Weltkrieg gab es keine Herausforderung an unser Land mehr, bei der es so sehr auf unser gemeinsames solidarisches Handeln ankommt.« Der Klimawandel ist für Merkel »eine, wenn nicht die zentrale, Herausforderung unserer Zeit« (*bundesregierung.de*, 30.08.2021). Migration: Herausforderung, Russland: Herausforderung, China: Herausforderung. Und so weiter und so fort. Und trifft Merkel mal den Papst, erörtert sie auch mit ihm nicht etwa die Probleme, sondern die Herausforderungen dieser Welt. Gut, nicht? Das Leben kann so einfach sein! Und deshalb hatte auch Bundespräsident Frank-Walter Steinmeier recht, als er zum 30. Jahrestag der Deutschen Einheit am 3. Oktober 2020 sagte: »Wir leben im besten Deutschland, das es jemals gab.«

Dezember 2020

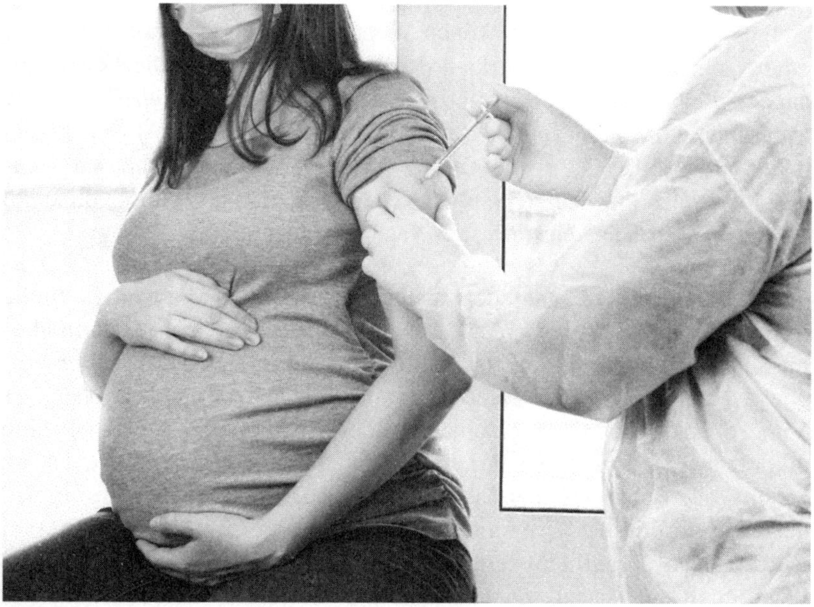

Thema des Monats

17.12. Wie Schwangere zur Covid-Impfung überredet wurden

1.12. Amokfahrt in der Fußgängerzone von Trier; fünf Tote, 24 Verletzte – ***12.12. Der UN-Generalsekretär fordert alle Länder zur Ausrufung des Klimanotstands auf (siehe auch 14./15. Juli: Ahr-Hochwasser und »Klimamobilisierung« S. 165)*** – **13.12.** Die verfassungswidrige Bund-Länder-Konferenz verhängt ab 16. Dezember einen verschärften »Lockdown« und verbietet den Verkauf von Silvesterfeuerwerk – **14.12.** Joe Biden wird von der Wahlmännerversammlung zum US-Präsidenten gewählt – ***15.12. Laut einem*** **Spiegel**-***Bericht wurde die Leiche des sogenannten Hanau-Attentäters im Meer versenkt*** – ***17.12. Medizinische Influencer animieren Schwangere zur Corona-Impfung*** – **21.12.** Der Biontech-Impfstoff gegen SARS-CoV-2 erhält in der EU eine bedingte Zulassung und wird am 26.12. erstmals verimpft – **21.12.** Der Halle-Attentäter Stephan Balliet wird zu lebenslanger Haft mit anschließender Sicherungsverwahrung verurteilt – ***31.12. Aufgrund von Ausgangssperren begeht Deutschland Silvester unter Hausarrest***

15. Dezember
À la bin Laden: Leiche des angeblichen Hanau-Attentäters im Meer versenkt

Gerade, wenn man denkt, es könnte nicht noch schlimmer kommen, trifft eine Nachricht ein, die dem Fass den Boden ausschlägt: Die Leiche des angeblichen Hanau-Attentäters Tobias R., der am 19. Februar 2020 neun Menschen und anschließend seine Mutter und sich selbst erschossen haben soll, soll nicht etwa beerdigt, sondern von den Behörden »seebestattet«, also im Meer versenkt, worden sein. Man habe ihm, »ohne ihn zu fragen«, so Hans-Gerd R., der Vater des angeblichen Attentäters, die Leiche seines Sohnes weggenommen und ins Meer geworfen. Die Behörden hätten den Leichnam demnach also entführt und ihn à la Mafia irgendwo »im Teich« versenkt. Das heißt: beseitigt. So steht es zumindest im *Spiegel* vom 15. Dezember 2020 (online). Ein atemberaubender Vorgang? Nicht doch: »Die Behörden wollten damit verhindern«, so *Der Spiegel*, »dass das Grab geschändet oder von Rechten zur Pilgerstätte erkoren wird.« Fragt sich nur, seit wann, statt der Hinterbliebenen, an erster Stelle Behörden über das Begräbnis eines Verstorbenen bestimmen dürfen. Selbst die 1977 verstorbenen Mitglieder der Rote Armee Fraktion wurden noch ordentlich beerdigt. Nach dem Tode hört bekanntlich jede Feindschaft auf – sagte damals jedenfalls Stuttgarts Oberbürgermeister Manfred Rommel. Zum Begräbnis fanden sich zwar »Hunderte RAF-Sympathisanten auf dem Friedhof ein – und ebenso viele Sicherheitskräfte. Entgegen Befürchtungen wurde das Grab« jedoch »nicht zur Anlaufstelle von RAF-Anhängern« (Deutschlandfunk, online, 08.08.2016).

Tod in der Wohnung

Am 10. Februar 2021 sieht man Hans-Gerd R. auf einem Foto der *Bild*-Zeitung auf einem Gehsteig stehen: ein älterer, etwas korpulenter Mann mit grauem Anorak, grüner Hose und mit einem Schäferhund an der Leine. Vor etwa einem Jahr hat der Mann seine Frau und seinen 43-jährigen Sohn Tobias verloren. Interessiert hat das emotional niemanden, denn Tobias R. wird ja beschuldigt, am Abend des 19. Februar 2020 in Hanau neun Menschen vor Shisha-Bars erschossen zu haben – und anschließend zu Hause seine Mutter und sich selbst. Jedenfalls lagen in der Nacht des 19. Februar 2020 beide plötzlich tot in der Wohnung. Der Vater gab an, erst vom Blaulicht des Polizeikommandos aufgewacht zu sein, das angeblich die Spur seines Sohnes vom Tatort aus aufgenommen und die Wohnung gestürmt hatte (siehe *vvv 2021*, S. 90). Die Frage ist nur: Wenn das stimmt, warum ist der Vater nicht schon durch die Schüsse seines Sohnes aufgewacht? Ist er vielleicht schwerhörig? Aber warum sind dann nicht wenigstens die Reihenhausnachbarn wach geworden? Hat sein Sohn für den Mord an seiner Mutter und seinen Selbstmord etwa einen Schalldämpfer benutzt, um den Vater nicht im Schlaf zu stören? Sehr rücksichtsvoll. Zuvor, bei seinen angeblichen Mordtaten in oder bei den Shisha-Bars am Abend des 19. Februar 2020, wird aber nichts von einem Schalldämpfer berichtet.

Weltweite Geheimdienstorganisation?

Oder hat jemand anderes einen Schalldämpfer benutzt? Oder fanden Mord und »Selbstmord« gar nicht in der Wohnung statt? Der überlebende Vater Hans-Gerd R. hatte nämlich eine ganz andere Vermutung:

»Laut den Vernehmungsprotokollen«, schreibt *Der Spiegel*, »die dem *Spiegel* vorliegen (Anmerkung G. W.: Wieso eigentlich? Kontakte zur Polizei?), behauptet R. senior, sein Sohn sei das Opfer einer weltweit agierenden Geheimdienstorganisation geworden.« Unerhört! So etwas gibt's bestimmt gar nicht! »Agenten hätten seinen Sohn im Wald getötet und seine Leiche im Haus der Familie abgelegt. Währenddessen habe ein als sein Sohn verkleideter Agent die neun Morde begangen.« Sein Sohn habe vor seinem »rassistischen« Attentat sogar »mehrere Anzeigen beim Generalbundesanwalt und der Staatsanwaltschaft Hanau erstattet, in denen er sich über eine ominöse Geheimorganisation beschwerte, die ihn angeblich beobachte«.

Natürlich hört dem Vater niemand mehr zu, denn er war nach dem Tod seiner Familienmitglieder ja in der Psychiatrie. Und ein »Verschwörungstheoretiker« ist er obendrein. Und ein Nazi. Beweis: Er läuft mit einem Schäferhund herum. Allerdings mag das auch daran liegen, dass seine Frau und sein Sohn nicht nur plötzlich tot in der gemeinsamen Wohnung lagen, er selbst in die Psychiatrie verfrachtet und später auch noch seine Autos angezündet und abgefackelt wurden. Sondern dass ihm überdies die Leiche seines Sohnes weggenommen und »seebestattet« wurde, wie er sagt. Weniger vornehm würde man sagen: beseitigt wurde – genauso wie übrigens der angebliche bin Laden nach seiner letalen Festnahme am 2. Mai 2011 von den US-Militärs »seebestattet« (das heißt: beseitigt) wurde. Kurz: Der 73-jährige Senior Hans-Gerd R. befindet sich im Kriegszustand. Zumindest könnte er das subjektiv so empfinden. Ich würde mir da auch einen Schäferhund zulegen.

Dass sein Sohn am 19. Februar 2020 zehn Menschen (einschließlich seiner Mutter) und am Schluss sich selbst erschossen habe, müssen die »Ermittler« nicht beweisen, denn Tobias R. ist ja tot. Ob es eine Obduktion und eine forensische Untersuchung gegeben hat (zum Beispiel auf Schmauchspuren an den Händen), ist nicht bekannt. Eine Exhumierung und eine unabhängige Obduktion kann es nicht geben, denn die Leiche von Tobias R. wurde schließlich ins Meer geworfen. Rein zufälligerweise eine auch bei Killern gebräuchliche Verfahrensweise. Und gegebenenfalls eine beispiellose Verrohung und Barbarisierung des Staates. Vermutlich deshalb – nämlich wegen des von ihm behaupteten Leichendiebstahls – hat R. senior laut *Spiegel* auch Anzeige wegen Störung der Totenruhe erstattet.

Leiche weg, Beweise weg

Demnach fehlt für den gesamten Vorgang also das zentrale Beweismittel:

- Wie viele Schusswunden wies der Leichnam auf, und an welchen Stellen?
- Hatte Tobias R. Schmauchspuren und Blutspritzer an den Händen?
- Handelte es sich um Nah- oder Fernschüsse?
- Mit welcher Waffe hat sich – oder wurde – Tobias R. erschossen?

Da kein Gerichtsverfahren gegen Tobias R. ansteht, wird es darauf wohl keine Antworten geben, und ohne die Leiche lässt sich das auch nicht mehr unabhängig klären.

Viele meiner Leser kennen das ja schon, aber leider ist man gezwungen, es immer und immer wieder zu erwähnen: Normalerweise kann jemand erst nach einem rechtskräftigen Gerichtsurteil als Mörder bezeichnet werden. Bis dahin hat er als unschuldig zu gelten. Bei Verstorbenen braucht man sich daran praktischerweise nicht zu halten. Möglicherweise geht Hans-Gerd R., der Vater und Witwer, laut Medienberichten deshalb gegen Gedenkstätten für die Todesopfer des Anschlages vor, weil er darin eine Hetze gegen seinen nie verurteilten verstorbenen Sohn sieht. Es wäre auch spannend, einmal zu überprüfen, inwieweit die Behauptungen und Presseberichte über den Sohn den Tatbestand der Verunglimpfung des Andenkens Verstorbener (§ 189 StGB) erfüllen, da die Schuld des Sohnes nicht gerichtlich erwiesen wurde. Sie ist also nur eine Behauptung von Polizei, Politik und Staatsanwaltschaften. Wenn das genügen würde, bräuchten wir keine Verteidiger und auch keine Gerichte mehr. Jeden Tag aber werden Behauptungen von Polizei und Staatsanwaltschaften vor deutschen Gerichten als Lügen, Irrtümer oder Übertreibungen entlarvt – und viele Angeklagte freigesprochen. Nur für Verstorbene gilt das nicht.

Was die angebliche Seebestattung von Tobias R. angeht, habe ich natürlich auch bei der Stadt Hanau nachgefragt:

»Da der Vorgang im öffentlichen Interesse ist, erlaube ich mir, Sie gemäß § 3 Hessisches Pressegesetz zu fragen:

1. Hat die Stadt Hanau Tobias R. ›auf See‹ bestattet?
2. Falls ja: warum?
3. Falls ja: Wurde dazu die Zustimmung des hinterbliebenen Vaters eingeholt?
4. Oder fand in Hanau eine anderweitige Bestattung des Tobias R. statt?«

In der Antwort wird dem oben zitierten *Spiegel*-Bericht nicht widersprochen. Die Seebestattung wird sogar ausdrücklich zugegeben: »Richtig ist, dass eine Seebestattung erfolgt ist«, hieß es in der E-Mail vom 25. Oktober 2021. Wo und auf wessen Veranlassung wollte man mir auf Rückfrage allerdings nicht mehr sagen …

17. Dezember
Wie Schwangere zur Covid-Impfung überredet wurden

Das Bild ist bizarr: Eine offensichtlich schwangere Frau sitzt auf einem Stuhl, hält sich den dicken Bauch und lässt sich den Pfizer-Impfstoff gegen Covid-19 verabreichen. Unverantwortlich, dachten viele noch im Dezember 2020. Denn nicht nur, ob und wie der Impfstoff wirkt, war unklar, sondern auch, welche Nebenwirkungen er hervorrufen kann – vor allem bei Schwangeren und Ungeborenen.

Fürchtet Euch nicht – das Ende beziehungsweise die Impfung ist nahe

Egal: Die Frau lächelt, als bekäme sie gerade das reinste Manna gespritzt. Und das, obwohl es sich um eine Ärztin handelt. »Habe heute meine Impfung erhalten – als Anästhesistin in der 35. Schwangerschaftswoche«, strahlt Dr. Candice Cody (38) aus McLean, Virginia, am 17. Dezember 2020 auf Twitter und bekennt: »Ich werde meine Antikörper an das Baby weitergeben.« Sicher – und die möglichen Nebenwirkungen des Impfstoffes auch. Ist das wirklich ein Grund zur Freude? Und ob, denn: Sie ist der Wissenschaft dankbar und stolz darauf, »Teil des Endes der Pandemie zu sein«. Und bloß kein Neid: »An diejenigen, die noch warten müssen: Habt Geduld!« Denn seht: Das Heil wird über Euch kommen und Euch von dieser schrecklichen Pest erlösen! »An diejenigen, die unsicher sind: Lest Primärquellen!« Und fürchtet Euch nicht! Denn siehe: Nur die Primärquelle stammt von den gekauften Wissenschaftlern und Impfstoffentwicklern, die sich eine goldene Nase verdienen. In Sekundär- und anderen Quellen äußern sich dagegen nur arme Schlucker über die Impfung, die nichts daran verdienen und deshalb bestimmt keine Ahnung haben. Und fürchtet Euch nicht beziehungsweise »lasst Euch nicht von der Angst beherrschen«. Denn Dein ist das Impfstoff-Reich und die Kraft und die Herrlichkeit in Ewigkeit. Amen.

Das Verhalten dieser Ärztin verwundert umso mehr, als werdende Mütter normalerweise ziemlich vorsichtig sind und sich dreimal überlegen, ob und was sie zu sich nehmen oder sich verabreichen lassen. Der Contergan-Skandal lässt grüßen. Die meisten suchen bei jeder Kleinigkeit im Internet, was dem Fötus vielleicht schaden könnte: Medikamente, Alkohol, Nikotin, Nahrungsmittel, Sport, körperliche Tätigkeiten und, und, und. Dazu kommt, dass der erwähnten Schwangeren als Ärztin die Umstände dieser »Impfung« nur allzu bekannt sein dürften.

Vom Dach springen oder nicht?

Denn diese verfügte nur über eine bedingte beziehungsweise Notzulassung: Laut einem Dokument der Centers for Disease Control vom 13. Dezember 2020, also 4 Tage vor Codys Pfizer-Biontech-Impfung, »gibt es keine Daten über die Sicherheit von Covid-19-Impfstoffen bei Schwangeren« (Amanda Cohn/Sarah Mbaeyi: »What Clinicians Need to Know About the Pfizer-BioNTech COVID-19 Vaccine«, 13. Dezember

2020). Hat sich die Ärztin da vorher nicht schlaugemacht? Immerhin ging das auch durch die Presse. Der Pfizer-Biontech-Impfstoff zum Beispiel werde für Schwangere und stillende Mütter vom Beipackzettel ausdrücklich nicht empfohlen, berichtete in Deutschland etwa die *Bild*-Zeitung (*Bild*, online, 16.12.2020). Erstaunlich, wie? Und trotzdem lässt sich eine schwangere Ärztin damit impfen? Studien mit Tieren und Menschen waren lediglich »geplant« oder noch nicht abgeschlossen. Eben – denn diese Studien liefen ja gerade erst an, und zwar meistens an nichts ahnenden Menschen: Da bis dahin keine ausreichenden Tests an Menschen stattgefunden hatten, handelte es sich bei der angeblichen »Covid-Impfung« in Wirklichkeit um Arzneimitteltests. Aus gutem Grund wurden solche Arzneimitteltests ohne ausreichende Zustimmung und Aufklärung der Patienten nach den Menschenversuchen im Dritten Reich verboten (Nürnberger Codex). Dazu kommt, dass dies die ersten gentechnisch veränderten (mRNA-)Impfstoffe überhaupt waren, die je bei Menschen eingesetzt – und erprobt – wurden. Ja, mehr noch: Die deutsche Firma Biontech hatte sogar noch nie zuvor überhaupt irgendein Medikament zugelassen, nicht einmal eine Kopfschmerztablette. Am 26. Januar 2021 stoppte die Weltgesundheitsorganisation den Coronavirus-Impfstoff von Moderna für schwangere Frauen sogar explizit – aufgrund mangelnder Daten. »Obwohl eine Schwangerschaft ein höheres Risiko für eine schwere Covid-19-Erkrankung darstellt, wird die Verwendung dieses Impfstoffs bei schwangeren Frauen derzeit nicht empfohlen, es sei denn, sie haben ein hohes Expositionsrisiko«, also zum Beispiel Kontakt mit Corona-Patienten, zitierte die *New York Post* (online, 26.01.2021) aus einem offiziellen Statusbericht der WHO. Wenn eine Schwangere zum Beispiel zum medizinischen Personal gehöre, dann könne sie sich »für eine Impfung entscheiden«. Klar – schließlich kann man alles Mögliche tun, zum Beispiel auch vom Dach springen und dann sehen, was alles kaputtgeht. Wer unsicher ist, der könne ja eine Diskussion mit einem »Gesundheitsdienstleister« führen, so Hilda Razzaghi von der Gesundheitsbehörde CDC (Centers for Disease Control and Prevention; *reliasmedia.com*, 01.08.2021), um »eine fundierte Entscheidung zu treffen«. Nämlich nicht vom Dach zu springen.

Ruhe in Frieden, mein Engel …

Leider hat diese Entscheidung auch eine andere Ärztin nicht getroffen, und zwar Sara Beltrán Ponce aus Milwaukee. Am 28. Januar 2021 meldete sie noch begeistert auf Twitter: »14 Wochen schwanger und vollständig geimpft! Ich habe die Covid-Impfung bekommen, um mich, mein Baby, meine Familie, meine Patienten und meinen Umkreis zu schützen. Falls sie für Sie verfügbar ist, tun Sie es auch! Als Ärztin fühle ich mich verantwortlich, die Krebspatienten, die ich täglich sehe, speziell die, deren Immunsystem unterdrückt wurde, zu schützen.« Vorbildlich, kann man da nur sagen. Praktisch ein ärztlicher Selbstversuch. Nur sollte man einen solchen Stoff anderen nicht vor dem Resultat empfehlen. Derartige Selbstversuche hatten bisher ja gerade den Sinn, unerprobte Medikamente oder Substanzen nicht an Unbeteiligten zu testen. Am 5. Februar, nachdem sie die Impfung auf diese Weise bereits Tausenden von anderen Menschen empfohlen hatte, berichtete Ponce auf Twitter: »Ich habe als Medizinerin immer offen über die Reise meiner Mutterschaft berichtet, und so muss ich meiner #MedTwitter-Familie schweren Herzens berichten, dass ich nach vierzehneinhalb Wochen eine Fehlgeburt erlitten habe. Mein Mann und ich sind niedergeschmettert, aber gesegnet, dass wir uns und unsere kleine Eva haben. Ruhe in Frieden, mein Engel.« Nun ist das zwar noch kein kausaler Beweis für einen Zusammenhang zwischen der Impfung und der Fehlgeburt, aber ein seltsamer Zufall ist es doch. Eigentlich sind spontane Fehlgeburten nach der 12. Schwangerschaftswoche eher selten. Während das Risiko einer Fehlgeburt in den ersten 8 Wochen noch relativ hoch ist, nimmt es anschließend stark ab. Etwa um die 12. Schwangerschaftswoche ist die Gefahr eines Spontanaborts signifikant gesunken – laut einer Analyse der Website *Aktiv mit Kindern* von 9,4 Prozent in der 7. Schwangerschaftswoche auf nur noch 0,7 Prozent in der 11. Schwangerschaftswoche (online, 17.09.2017).

Aber siehe da: Kurz nach der Fehlgeburt twitterte Ponce schon wieder ihre privatesten Gefühle in die Welt hinaus, diesmal ihre Emotionen über den Abort: »Nach einer #Fehlgeburt an Babys zu denken, ist seltsam, denn es ist sowohl das, was man sich am meisten auf der Welt wünscht, als auch das, was einem am meisten Angst macht […] Das erste Mal aufzuwachen, ohne mein Baby in mir zu haben, ist eine unbeschreibliche Leere. […] Wir müssen diese Gefühle normalisieren und offener über die Kämpfe sprechen, die wir erleben. Es ist schrecklich – aber ich habe das Glück, ein wirklich starkes Unterstützungssystem zu Hause und auf der Arbeit zu haben.«

Ärztinnen, die an der Nadel hängen

Wobei sich die Frage stellt, wie schwangere Ärztinnen überhaupt dazu kommen, sich mit einem nicht ausreichend getesteten Impfstoff impfen zu lassen. Denn tatsächlich tingelten zahlreiche junge propere Medizinerinnen durch die sozialen Medien und hielten ostentativ den Bauch beziehungsweise den Arm zur Impfung hin. Und wenn der Bauch noch nicht hinreichend entwickelt war, präsentierte man eben stolz ein Ultraschallbild des Ungeborenen. Mit anderen Worten reden wir hier de facto von Influencern und Testimonials wie in der Waschmittelwerbung: Seht her, die Impfung ist auch für Schwangere ganz toll und sicher, ich bin Ärztin und muss es ja wissen! Auch der britische *Independent* hat beobachtet: »Unter dem Hashtag #covidvaccine teilen Krankenschwestern und Mitarbeiter des Gesundheitswesens Jubelfotos von Impfungen« (online, 18.12.2020). So sah man jede Menge Ärztinnen und auch Krankenschwestern mit der Nadel im Arm – und danach mit zuversichtlichen bis glücklichen Statements.

Da wären zum Beispiel:

- Dr. Jane Martin, eine hübsche Blondine, die neben ihrem Mann mit ihrem Neugeborenen auf dem Arm inmitten einer glücklichen Familie auf dem Sofa sitzt und strahlt. Testimonial: »Ich hatte danach keine Nebenwirkungen. Rosemary war ein sehr aktives Baby, und sie blieb auch nach den beiden Impfungen im Mutterleib sehr aktiv, sodass ich wusste, dass sie beide Impfungen gut vertragen hat.« Martin feierte sich und ihre augenscheinlich kerngesunde Familie auch in großen Homestorys, zum Beispiel auf der Website *Women's Health*: »Ich bin eine schwangere Gynäkologin und habe mich deshalb in der 34. Woche gegen Covid-19 impfen lassen« (17.02.2021).
- Dr. Austin Dennard, eine schwangere Ärztin aus Dallas, Texas, deren »Impfbild« schnell viral ging, versicherte, sie fühle sich wohl mit dem Covid-19-Impfstoff, und zwar aufgrund der grundlegenden Prinzipien, »nach denen mRNA-Impfstoffe eine virale Immunität aufbauen«. Testimonial: »Als Ärztin und Mutter ist die Impfung eine weitere Möglichkeit, mich für die Gesundheit meiner Patienten, meiner Gemeinschaft und meiner Schwangerschaft einzusetzen« (UT South Western Medical Center, 17.12.2020).
- Dr. Sarah Borders aus Lexington, Kentucky, posierte strahlend mit dickem Bauch im Ärztedress und einem großen Anhänger »Ärz-

tin« an der Brust. Dazu hielt sie ihre Impfnachweise hoch. Dr. Borders sei in der 24. Woche schwanger und »zufrieden, ihre erste Impfdosis gegen Covid-19 zu erhalten«, hieß es dazu (WTVQ-TV, 18.12.2020).

Der Arzt- oder Apothekerkittel zählt schließlich zu den erfolgreichsten Werbe-Accessoires überhaupt. Der Arzt im Werbespot ist der Autoritätsbeweis schlechthin. Was wurde nicht schon alles im weißen Kittel vertickert: von der Zahnpasta (Dr. Best) und Mundduschen (Broxojet) über Waschmittel (Henkel) bis hin zu Zigaretten (Camel, Lucky Strike und andere). 1890 empfahl Dr. Batty »Asthma-Zigaretten« gegen Asthma, Bronchitis, Heuschnupfen, Grippe und Atemnot. Vielleicht wird man in 100 Jahren genauso über Ärztinnen lächeln, die einmal einen »absolut sicheren Impfstoff« verkaufen wollten.

Von der Krankenschwester zur kranken Schwester

Schließlich wurde auch schon so manche Krankenschwester nach der Impfung zur kranken Schwester, zum Beispiel eine gewisse Tiffany Dover vom CHI-Memorial-Krankenhaus in Chattanooga, Tennessee, die direkt nach der Impfung am 17. Dezember 2020 vor laufenden Kameras zusammenklappte. Und von der man danach nie wieder etwas hörte: Auf ihrem Facebook-Profil stammt der letzte Eintrag vom 12. Dezember 2020. Auch auf einem verwaisten Instagram-Profil, das unter ihrem Namen unterhalten wird, hat die früher sehr fotofreudige junge Frau keine neuen Bilder gepostet, und wenn, dann sieht man »sie« – oder wen auch immer – hauptsächlich im Ski-Anzug oder von hinten. Darunter finden sich Nutzerkommentare wie »Ich denke, wir wissen alle, was passiert ist«, »Ruhe in Frieden und alles Gute für Deine Familie« oder sogar »Ich bin verwirrt, warum kannst Du nicht einmal mitteilen, dass Du ok bist, wenn nichts schiefgelaufen ist?«. Eine lebendige Person würde das wohl aufklären und unangebrachte Beileidsbekundungen löschen. Ein Abonnent bittet sogar: »Bitte poste ein Video, falls Du noch lebst. Es gibt so viele Berichte, manche sagen, Du seiest tot, andere, dass Du lebst. Verdammt, was geht hier vor?« Aber das Video kam nicht.

Die Inspiration von leeren Städten

Doch zurück zu den Impfärztinnen beziehungsweise den geimpften Ärztinnen: Anscheinend schickte die Impf-Lobby eine Art Task Force aus schwangeren Ärztinnen als Qualitätszeugen in die sozialen Medien, um (anderen) Schwangeren die Covid-Impfung schmackhaft zu machen. Aber nicht nur diesen: Denn eine Impfung, die sogar schwangere Ärztinnen für sicher befinden, muss ja einfach gut verträglich sein. Blättert man zum Beispiel in Codys Twitter-Account weiter nach unten, findet man eine Lobeshymne auf Dr. Anthony Fauci, US-Präsidentenberater und Spinne im Netz der Corona-Pandemie, mit besten Verbindungen zur Pharmaindustrie und zur Bill-Gates-Stiftung. Mit einem Herzchen kommentierte Cody da einen Tweet mit einem Foto von Fauci im Schutzanzug: »Man denke 5 Jahre zurück, als Tony Fauci mit 74 Jahren selbst einen Ebola-Patienten behandelte, weil er ›seinen Mitarbeitern zeigen wollte, dass er sie nicht bitten würde, etwas zu tun, was er nicht selbst tun würde‹. So sieht Führung aus.« Im besten Stil des Weltwirtschaftsforums entzückte sich Cody auch über im Lockdown ausgestorbene Städte und verwaiste Straßen. Denn davon ist sie, kein Witz, »inspiriert«: »Ich bin so inspiriert von meinem morgendlichen Pendeln in der DMV/DC-Region.[2] LEERE Straßen […]«, schrieb Cody pathetisch im besten WEF-Stil. Und: »Bleiben Sie zu Hause. Helfen Sie mir, Ihnen, Ihrer Familie und Ihren Freunden zu helfen. Sie alle machen jeden Tag einen großen Unterschied. Euer Opfer bleibt nicht unbemerkt. DANKE AN SIE ALLE!« (Twitter, 26.03.2020). Der Feind dagegen ist klar: »Geh' nach Hause, du Narr, du bist betrunken«, schrieb sie zu einem Foto des damaligen US-Präsidenten Donald Trump. »Ärzte & jeder andere Frontline-Arbeiter haben persönliche Sicherheit & Familie riskiert, um sich um Patienten zu kümmern & halten das Land während einer Krise am Laufen. Alles, was Trump getan hat, ist weiterhin die Öffentlichkeit zu belügen […]« (Twitter, 31.10.2020). Nun – wer Schwangere zum Impfen mit nicht ausreichend erprobten Impfstoffen verführt, sollte nicht von Lügen sprechen.

Über tausend Fehlgeburten?

Laut dem Nebenwirkungsregister für Impfstoffe der USA (Vaccine Adverse Event Reporting System, VAERS) hatten bis zum 31. Mai 2021 knapp

2 Washington, D.C., Maryland, Virginia.

400 Frauen »den Verlust ihres ungeborenen Kindes aufgrund der Covid-Impfstoffe gemeldet«, so die Nachrichtenseite *The Daily Expose*. Betrachten wir beispielsweise die VAERS-Datenbanknummer 924247:

»Ich war fünfeinhalb Wochen schwanger, als ich den Pfizer-Covid-Impfstoff erhielt. Alles schien gut zu laufen in meiner Schwangerschaft, bis ich etwa 4 Stunden nach der Impfung auf die Toilette ging und rosa Ausfluss auf dem Toilettenpapier sah. Dann begann ich, leichte Unterleibskrämpfe zu bekommen. Die Unterleibskrämpfe und vaginalen Blutungen wurden in den nächsten 24 Stunden immer stärker, bis ich schließlich am Abend des 31.12.2020 eine offensichtliche Fehlgeburt hatte. Ich kann mir nicht helfen, aber ich denke, dass der Impfstoff in irgendeiner Weise dazu geführt hat, dass mein Körper die Schwangerschaft abgestoßen hat. Zusammen mit der Fehlgeburt hatte ich auch extreme Müdigkeit mit Magen-Darm-Beschwerden vom 31.12.2020 bis zum 02.01.2021.«

Bei VAERS ID 958501 handelt es sich offenbar um den Bericht eines Arztes:

»Die Patientin war zum Zeitpunkt der Impfung schwanger. Sie hatte sich bei zwei Gynäkologen, die sie betreuen, erkundigt, ob sie den Covid-Impfstoff erhalten sollte. Beide sagten ja. Sie erhielt ihre erste Covid-Impfung am 14.01.2021 zwischen 12 und 13 Uhr in den linken Deltarand. Unmittelbar nach der Impfung traten bei ihr keine Komplikationen oder Nebenwirkungen auf. Sie wurde vorsichtshalber über 30 Minuten lang vom Pflegepersonal überwacht. Am 16.01.2021, dem Samstag nach der Impfung, bekam sie Krämpfe im Bauch und begann vaginal zu bluten. Sie konsultierte ihren Gynäkologen und wurde überwacht. Am 19.01.2021 erlitt sie eine Fehlgeburt.«

Hohe Dunkelziffer

Mit dem Stand 9. Juli 2021 sollen es bereits über tausend derartiger Fälle gewesen sein. Die Dunkelziffer dürfte jedoch viel höher liegen, denn

- viele Nebenwirkungen werden von behandelnden Ärzten nicht gemeldet, da das Ausfüllen des entsprechenden Formulars einige Zeit in Anspruch nimmt;
- nicht jeder (insbesondere frühe) Abort wird überhaupt als solcher erkannt;
- nicht jeder erkannte Abort wird als mögliche Nebenwirkung des Impfstoffs in Erwägung gezogen.

Vor allem dann nicht, wenn ein längerer Zeitraum zwischen Impfung und Fehlgeburt liegt: »Es ist wichtig, sich daran zu erinnern, dass nur 1–10 Prozent der Nebenwirkungen tatsächlich an das VAERS-System gemeldet werden, und es gibt einen ernsthaften Rückstau aufgrund der riesigen Menge an Nebenwirkungen, die für die Covid-Impfstoffe gemeldet wurden« (*theexpose.uk*, 17.07.2021). Umgerechnet auf die oben genannten VAERS-Zahlen von tausend Fehlgeburten wären das aufgrund der Impfungen also zwischen 10 000 und 100 000 Fehlgeburten. Diskutiert wird auch die Möglichkeit, dass Frauen durch die Impfung sterilisiert, also von vornherein unfruchtbar gemacht werden könnten, indem die gebildeten Antikörper auch die befruchtete Eizelle angreifen – beziehungsweise von ihr benötigte Proteine. Diese Problematik haben Spezialisten wie beispielsweise der Seuchenexperte Dr. Wolfgang Wodarg angesprochen. Eine solche Autoimmunreaktion würde noch weniger auffallen als eine Fehlgeburt, da zunächst einmal überhaupt nichts passieren würde – außer, dass die Frau nicht schwanger werden könnte. Aber dafür gibt es schließlich viele mögliche Ursachen. Interessanterweise unterstützt ausgerechnet ein Geldgeber von Biontech, nämlich Bill Gates, gentechnische Sterilisierungsversuche mit Mücken, wobei diese erst in der nächsten Generation aussterben.

Jedenfalls sind die erwähnten Abortzahlen Grund genug, diesen Menschenversuch sofort abzubrechen (und die Verantwortlichen zu verhaften). Jedes Supermarktprodukt wird aus weit geringerem Anlass aus den Regalen genommen: Verdacht auf tausend Fehlgeburten durch ein Lebensmittel? Undenkbar! »Listerien im Käse, Kunststoffteilchen im Brot, Aflatoxine in Nüssen« – immer wieder kommt es zu Lebensmittelrückrufen: Bereits bei einem *Verdacht* auf Gesundheitsgefahren werden Produkte sofort aus den Regalen genommen, meistens, ohne dass auch nur eine Person geschädigt wurde. »Lebensmittel, die nicht sicher sind, dürfen nicht in den Verkehr gebracht werden. Die Risiken für die Lebensmittelsicherheit muss ein Unternehmen kennen und entsprechende Vorsorge treffen, dass nur sichere Lebensmittel die Verbraucher/innen erreichen« (Niedersächsisches Landesamt für Verbraucherschutz und Lebensmittelsicherheit: »Lebensmittelrückruf – wie funktioniert das?«, ohne Datum). Die Impfstoffhersteller haben keine Folgen zu befürchten. Denn sie haben Narrenfreiheit. Ihr Risiko – das heißt: die Haftung – trägt der Staat.

2433 Komplikationen

Am 29. September 2021 empfahl die amerikanische Gesundheitsbehörde CDC die Impfung dringend, »um schwere Erkrankungen, Todesfälle und ungünstige Schwangerschaftsergebnisse zu verhindern«: »Das CDC empfiehlt dringend eine COVID-19-Impfung vor oder während der Schwangerschaft, da der Nutzen der Impfung für Schwangere und ihren Fötus oder ihr Kind die bekannten oder potenziellen Risiken überwiegt. Außerdem werden die Gesundheitsämter und Ärzte aufgefordert, Schwangere über die Vorteile der Impfung und die Sicherheit der empfohlenen Impfstoffe aufzuklären« (CDC Statement on Pregnancy Health Advisory Media Statement, 29.09.2021). Stand 29. Oktober 2021 fand die VAERS-Datenbank im Zusammenhang mit der Covid-19-Impfung 2433 Fälle von Fehlgeburten, Eileiterschwangerschaften, Herzstillstand oder Tod des Fötus oder Frühgeborenen. Die Dunkelziffer dürfte, wie gesagt, zehn- bis hundertmal höher liegen. Am 7. November 2021 wurde das Video eines britischen Bestattungsunternehmers öffentlich, der sagte, »dass sich in den Kühlhäusern und Leichenhallen unzählige tote Babys und Neugeborene stapeln, die auf ihre Beerdigung warten (*uncutnews.ch*, 07.11.2021). »Und jetzt, sagt er, sieht er viele Neugeborene [...], ›wirklich viele, etwa dreißig‹, während er sonst nur drei oder vier gesehen hat. Mit anderen Worten: Es sterben etwa zehnmal so viele Neugeborene, wie er es normalerweise erlebt hat – so viele, dass sie in der Erwachsenenabteilung untergebracht werden müssen, in der es mehr Platz hat. ›Offensichtlich handelt es sich entweder um Fehlgeburten oder Frühgeburten, aber darüber wird nicht viel geredet‹, sagt er.«

Sieben- bis achtmal mehr Fehlgeburten

Im November 2021 fanden zwei neuseeländische Wissenschaftler heraus, dass eine CDC-Studie zum Thema Schwangerschaft und Corona-Impfung »fälschlicherweise beruhigende Statistiken in Bezug auf das Risiko eines Spontanaborts in der Frühschwangerschaft« angeführt hätte. Die Analyse der Neuseeländer zeigte bei geimpften Frauen bis zur 20. Schwangerschaftswoche sieben- bis achtmal mehr Fehlgeburten als normal und als von den früheren, CDC-gesponserten Forschern angenommen: »In Anbetracht dieser Ergebnisse sind wichtige politische Entscheidungen auf der Grundlage unzuverlässiger und fragwürdiger Daten getroffen worden [...] Wir empfehlen den sofortigen Verwendungsstopp von mRNA-Impfstoffen in der Schwangerschaft und in der Stillzeit sowie die Rücknahme von mRNA-Impfstoffen für Kinder oder Personen im gebärfähigen Alter in der Bevölkerung, bis überzeugende Daten zur Sicherheit und den langfristigen Auswirkungen auf Fruchtbarkeit, Schwangerschaft und Fortpflanzung in diesen Gruppen vorliegen« (Brock/Thornley: »Spontaneous Abortions and Policies on COVID-19 mRNA Vaccine Use During Pregnancy«, in: *Science, Public Health Policy, and the Law*, Volume 4:130–143, November 2021).

Ungeborenes Versuchskarnickel

Nicht nur Normalbürger, sondern erst recht Schwangere sollten sich eine Covid-Impfung also gut überlegen, denn sie handeln bereits für zwei. Und das gilt selbstverständlich auch für Frauen, die schwanger sein *könnten*. Eine Frau, die sich da nicht sicher ist, sollte zumindest einen Schwangerschaftstest absolvieren, bevor sie sich spritzen lässt. Wenn schon, dann sollte sie allein vom Dach springen und keinen erweiterten Suizid begehen. Für stillende Mütter gilt übrigens dasselbe. Besondere Vorsicht gilt auch für Frauen, die noch Mutter werden *möchten*, denn Langzeitstudien über die Impfstoffe lagen, wie gesagt, ebenfalls nicht vor. Das sollten freilich auch Ärztinnen wissen, sodass man sich fragt, wie sie dazu kommen, sich und ihr Ungeborenes der Impfung auszusetzen – und diese dann auch noch anderen Frauen zu empfehlen. Denn den Fötus können sie nicht gefragt haben, ob er zum intrauterinen Versuchskarnickel werden will …

31. Dezember
Stille Nacht, unheilige Nacht: Silvester mit Corona[3]

München, 22:50 Uhr, Ausgangssperre. Feierverbot. Als ich eine gute Stunde vor dem Jahreswechsel auf die Straße trete, höre ich nichts. Erzittert das Trommelfell um diese Zeit normalerweise schon unter dem einen oder anderen Böller und trifft man bereits auf lachende und feiernde Menschen, sehe und höre ich jetzt nichts dergleichen: kein Mensch auf

3 Dieses Kapitel gibt es auch als Video: »Polizei statt Party: Silvester 2020/21 in München«, YouTube, 04.01.2021.

der Straße. Ungläubig blicke ich um mich. Der totale Gehorsam überrascht mich. Soll heißen: Es genügten ein paar Bußgelddrohungen, um Millionen Menschen einzusperren. Und auch kein Auto wagt sich aus der Parklücke, um seine Insassen rechtzeitig bis um 12 Uhr zu Freunden oder Verwandten zu bringen. Verstohlen gehen wir zu zweit zu meinem Wagen. Als wir die Autotüren schließen, hallt das dumpfe Geräusch unangenehm laut durch die Straße. Unwillkürlich warte ich auf empörtes Gardinenrascheln politisch korrekter Nachbarn. Oder auf den Zugriff des Sonderkommandos, das garantiert schon auf der Lauer liegt, um »Ausgangssünder« dingfest zu machen und ihrer gerechten Strafe zuzuführen. Den Motor anzulassen, ist praktisch ein revolutionärer Akt: Deutschland kurz vor dem Jahre 2 n. C. (nach Corona, früher 2020 n. Chr.).

Am I Legend?

Ich mache die Handykamera klar, und wir fahren los. Fahrbahnen und Gehsteige liegen verlassen im fahlen Licht der Straßenbeleuchtung, als wären alle Menschen ausgestorben. Nicht einmal ein Spaziergänger oder ein Hund mit seinem Herrchen sind zu sehen. Unwillkürlich suche ich nach den Zombies aus dem Film *I am Legend*. Erste Station ist die Reichenbachbrücke. Der 24/7-Kiosk, der für gewöhnlich das Zentrum der Silvesterparty im Glockenbachviertel ist, erstrahlt wie immer hell erleuchtet, jedoch ohne eine Menschenseele. So, als hätte tatsächlich eine tödliche Krankheit alle Menschen dahingerafft, und der Kioskbesitzer hätte nicht einmal Zeit gehabt, das Licht auszumachen. Die Brücke ist normalerweise Abschussrampe und Feierhölle in einem: Schon vor Mitternacht bringen sich sonst Trauben von Menschen in Position, bewaffnet mit Sektgläsern, Flaschen und Raketen. Punkt 12 bricht dann das Inferno los: Die Brücke zuckt im Blitz der Feuerwerksbatterien und Kanonenschlagraketen; dichte Rauchschwaden ziehen dann über die Fahrbahn – einmal im Jahr Dampf ablassen. Wer das nicht mochte, der wurde nicht dazu gezwungen. Nur heute werden alle gezwungen – und zwar, zu Hause zu bleiben.

Eine merkwürdige Stellenbeschreibung

Nächste Station Gärtnerplatz – eine weitere »Partymeile«. Das große Mittelrondell bietet sonst genügend Platz für ausgelassene Fröhlichkeit von Hunderten von Menschen. Nur heute nicht. Silvester 2020/2021 bleibt stumm. Am Viktualienmarkt dasselbe Bild. Natürlich hätten die Marktbuden um diese Zeit ohnehin geschlossen, aber normalerweise nutzen die Menschen den Platz dennoch zum Zuprosten und Feiern. Nur jetzt liegen alle Buden im Dunkeln, wie schlafende bucklige Tiere. Die Sonnenstraße, eine sechsspurige Achse des Altstadtrings, ist wie leer gefegt. An einer roten Ampel fragen wir uns, ob es eigentlich keine Polizeikontrollen während der Ausgangssperre gibt. Da hält neben uns ein Zivilfahrzeug, und die Fahrerin hält eine Polizeikelle raus. Ich halte ihr das Presseschild meines Wagens entgegen, das interessiert sie aber nicht: rechts ranfahren, umständliche Kontrolle. Was wir hier machen, lautet die Frage. Dasselbe wie Sie, gebe ich zur Antwort: arbeiten. Aha. Eigentlich sollte der Presseausweis reichen, aber nun wird das gesamte Programm durchgezogen. Umständlich kontrollieren die Beamten Führerschein und Fahrzeugpapiere. Sie haben ja Zeit: Sonst befindet sich kaum ein Kontrollobjekt auf der Straße, und irgendwie müssen sie sich ja die Nacht vertreiben und dem Polizeipräsidenten ein paar Berichte mitbringen. Aus einer Polizei, die früher einmal kam, wenn man sie brauchte, wurde eine Polizei, die kommt, wenn sie kein Mensch benötigt. Eine merkwürdige Stellenbeschreibung. Ihre Freundlichkeit irritiert mich. Die Liebenswürdigkeit steht in einem krassen Gegensatz zu der Ungeheuerlichkeit, die diese Leute hier begehen: Unverdächtige Bürger an der Ausübung ihrer Freiheitsrechte hindern. Wie kann man den größten Irrsinn, den der Planet jemals gesehen hat, so freundlich abwickeln? Unwillkürlich fällt mir ein alter Cartoon von Seyfried ein: »Wir haben hier eine einstweilige Erschießung gegen Sie.« Schließlich stellt der Beamte auch noch die Frage, ob wir Alkohol getrunken hätten. »Müssen Sie hier wirklich Ihr ganzes Programm durchziehen?«, frage ich zurück. »Sie sehen doch, dass wir hier arbeiten.« Das sei schließlich eine Verkehrskontrolle, entgegnet der Beamte. Was mich auf eine Idee bringt: Werden diese »Ausgangskontrollen« in Wirklichkeit als ganz normale Verkehrskontrollen getarnt, weil vielleicht gar keine formale Handhabe besteht, Bürger zu kontrollieren, nur weil sie sich auf der Straße bewegen?

Das Leben der anderen

23:30 Uhr, 19. Stockwerk. Wir bauen unsere Kameras auf. Von hier aus, in einem der höchsten Häuser Münchens, hat man einen Blick in alle Himmelsrichtungen. Die Stadt liegt stumm und verlassen da, wie bei einer

Verdunkelung im Zweiten Weltkrieg. Ganz fern im Süden ahnt man das Stadtzentrum. Im Westen liegen die Terrassen der anderen Wohnhäuser verlassen unter uns. Praktisch kein Laut dringt an unser Ohr. Nur hinter manchen Fenstern brennt Licht. Irgendwo hier muss Jutta Ditfurth sein und die beleuchteten Fenster zählen: »Von etwa sechzig Wohnungen, die ich aus meinem Fenster sehe, haben nur vier bis fünf das Licht an«, schrieb die Frau, die sich als »Public Intellectual« bezeichnet, an Weihnachten 2020 auf Twitter. Und: »Alle anderen sind offensichtlich ausgeflogen.« Viele User vermuteten dahinter Blockwartgehabe »und werfen der Politikerin jetzt eine Spitzelmentalität vor«, schrieb die *Berliner Zeitung* (online, 26.12.2020). Aber vor allem klang das einsam. Auf einen Blockwart mehr oder weniger kommt es auch gar nicht mehr an. Neben den Münchner Polizeibeamten gibt es in dieser Nacht schätzungsweise zehnmal so viele ehrenamtliche: Während manche Menschen still und leise essen und trinken, kriegt der eine oder andere Nachbar jetzt ganz große Ohren. Trotz der Stille gehen in der Notrufzentrale der Polizei Anrufe von Denunzianten ein: »Besorgte Bürger«, die beim ersten Kracher die Polizei rufen. Zu feiern wagt da keiner, denn der Mann oder die Frau hinter der nächsten Tür schläft nicht. Schließlich ist das Leben der anderen ja so spannend.

23:50 Uhr. Kurz vor zwölf. Normalerweise kündigt sich das Feuerwerk um diese Zeit wie die Eruption eines Vulkans mit dem einen oder anderen Funkenregen an. Doch nichts dergleichen geschieht.

24:00 Uhr. Die soziale Kontrolle wirkt. Um uns herum tut sich gar nichts. Erst ab etwa 10 Kilometern Entfernung, dort, wo es grüner und die Bebauung lockerer wird, zieht sich nun ein – wenn auch bescheidener – Feuerwerkskranz rund um die bayerische Landeshauptstadt. Irgendwie erinnert er an einen Springbrunnen, bei dem die innere Fontäne defekt ist. Das heißt: Halt! Auf der Ostseite, mitten im Dunkel der dortigen Industrie- und Gewerbebebauung, steigt plötzlich aus einem Kreis von Blaulichtern und heulenden Sirenen ein fröhliches Feuerwerk auf. Während Bürger auf der Straße belästigt werden, haben Polizei und andere Helfer dort eine Art Wagenburg gebildet, aus der heraus sie fröhlich ballern. Man gönnt sich ja sonst nichts. Viele Meter unter uns liefern sich zwei Streifenwagen ein lustiges Rennen und brettern mit einem Affenzahn über rote Ampeln. Der Rest der Autofahrer ist ja weggesperrt. Da kann man sich auch einmal richtig austoben.

0:30 Uhr. Wir bauen ab. Auf dem Heimweg blitzt plötzlich Blaulicht im Rückfenster. Wir halten an. »Führerschein, Fahrzeugpapiere«, bellt der Uniformierte am Seitenfenster. Macht muss ein schönes Gefühl sein.

»Heißt das nicht ›Guten Abend‹ bei Ihnen?«, frage ich zurück. Auch diese beiden Staatsdiener wollen nach den Papieren noch Warndreieck, Warnwesten und Verbandskasten sehen. Das anarchische Chaos im Kofferraum lässt die Staatsmacht jedoch kapitulieren, und wir können weiterfahren. Zurück am Ausgangspunkt haben wir ein für die Münchner Innenstadt einmaliges Erlebnis: Der Parkplatz, den wir vor eineinhalb Stunden verlassen haben, ist noch frei …

Januar 2021

Thema des Monats

6.1. »Sturm« auf das Kapitol

1.1. Das Neujahrskonzert der Wiener Philharmoniker findet ohne Publikum statt – ***6.1. USA: »Sturm« auf das Kapitol*** – ***8.1. Karriere: Wie man mit Corona Karriere macht*** – **9.1.** Die österreichische Arbeitsministerin Christine Aschbacher tritt nach Plagiatsvorwürfen bezüglich ihrer Diplomarbeit und Dissertation zurück – ***11.1. »Hallo, Genosse« – warum wir uns alle duzen sollen*** – **16.1.** Die CDU wählt Armin Laschet zum neuen Parteivorsitzenden – **20.1.** Joe Biden wird als neuer US-Präsident vereidigt – ***25.–29.1. WEF-Tagung: Werbung für die Abschaffung der Menschheit*** – **28.1.** Das OLG Frankfurt/Main verurteilt den Lübcke-Attentäter Stefan E. zu einer lebenslänglichen Haftstrafe

6. Januar
Washington: »Sturm« auf das Kapitol

Skandal in Washington! Der scheidende US-Präsident Donald Trump hat bei einer Demonstration zum Sturm auf das Kapitol aufgerufen! Doch, wirklich. Schließlich stand es in der Presse – also muss es doch stimmen. Doch der Reihe nach: Der 6. Januar 2021 war ein entscheidender Tag in Washington. Nach den gefälschten Wahlen vom 20. November 2020 (siehe *verheimlicht – vertuscht – vergessen 2021*) war dieser Tag die letzte Möglichkeit, die Machtübernahme des demokratischen Bewerbers Joe Biden zu stoppen. An diesem Tag sollten im Kongress die Stimmen der Wahlmänner der einzelnen Bundesstaaten offiziell ausgezählt und damit der nächste Präsident der Vereinigten Staaten festgestellt werden – normalerweise nur eine Formalität. Doch diesmal war alles anders. Diesmal hatten mehrere Senatoren gegen die Auszählung Einspruch eingelegt, und Präsident Trump hatte den Vorsitzenden der Versammlung, seinen Vizepräsidenten Mike Pence, aufgefordert, die Wahlmännerstimmen aus den Staaten mit den umstrittensten Wahlergebnissen nicht zuzulassen.

Politiker und ihre Textbausteine

»Ich hoffe, Mike tut das Richtige«, sagte Trump gleichzeitig bei einer großen Demonstration, etwa 2 Kilometer vom Kapitol entfernt. Wie von dem noch amtierenden Präsidenten gefordert, gingen nach der Demo Tausende von Menschen zum Kapitol, um dort weiter zu demonstrieren. Doch dabei blieb es nicht. Polizeiketten lösten sich wie von Geisterhand auf, und Demonstranten drangen in das Kongressgebäude ein, wobei Scheiben eingeschlagen, Abgeordnetenbüros und Sitzungssäle besetzt wurden. Doch hatte Trump wirklich dazu aufgerufen? Die Medien meinten Ja: »Diesmal geht es um die Anstiftung zum bewaffneten Aufstand gegen die gewählten Repräsentanten der USA«, schrieb *Der Spiegel* (online, 13.01.2021).

Vielleicht sollten wir einmal einen genaueren Blick in Trumps Rede werfen. Das hilft ja manchmal.

Journalisten auf toten Pferden

Die entscheidende Passage lautet: »Jetzt ist es am Kongress, sich diesem ungeheuerlichen Angriff auf unsere Demokratie zu stellen. Und danach werden wir hinuntergehen, und ich werde bei euch sein. Wir werden hinuntergehen, wir werden hinuntergehen. Jeder, der will. Aber ich denke, genau von hier aus werden wir zum Kapitol hinuntergehen und unsere tapferen Senatoren und Kongressabgeordneten anfeuern, und für manche von ihnen werden wir wahrscheinlich nicht so sehr jubeln. Weil sie unser Land niemals mit Schwäche zurückerobern werden. Man muss Stärke zeigen, und man muss stark sein. Wir sind gekommen, um zu fordern, dass der Kongress das Richtige tut und nur die Wähler zählt, die rechtmäßig registriert sind. Ich weiß, dass alle hier bald zum Kapitol marschieren werden, um friedlich und patriotisch ihre Stimmen zu Gehör zu bringen« (*apnews.com*, 14.01.2021)

Aber diese Sätze wurden im *Spiegel* unterschlagen. Eine »Anstiftung zum bewaffneten Aufstand« gab es also nicht. Irgendwo scheint beim *Spiegel* doch noch Claas Relotius sein Unwesen zu treiben. Die angeblich selbstkritische Befreiung von diesem journalistischen Schwindler war nur Augenwischerei – ein Manöver, um dem Blatt Glaubwürdigkeit zurückzugeben, die es nicht verdient hat. In Wirklichkeit wird beim *Spiegel* immer weiter verdreht, verbogen und gelogen. Nichts da: Demgemäß seien »die Belege für einen Amtsmissbrauch eindeutig und damit noch belastender als vor einem Jahr«, schrieb *Spiegel*-Korrespondent Ralf Neukirch (ebenda). Damit taten die Mainstream-Medien wieder einmal das, was sie am liebsten tun: tote Gäule reiten. Wenn es sein muss, auch jahrelang – siehe Corona. Ja, wenn man unsere Medienlandschaft überblickt, sieht man Tausende von Journalisten auf verblichenen Pferden sitzen, die da heißen: Klima, Corona, Antisemitismus, Frauendiskriminierung, Kampf gegen rechts und anderes mehr. Der sogenannte »Sturm auf das Kapitol« ist da nur ein weiteres Beispiel. Aber tote Gäule stinken für ihre Nasen nun einmal nicht, und Geld schon gar nicht. So erhielt *Der Spiegel* im Oktober 2021 erneut eine Spende der Bill-und-Melinda-Gates-Stiftung, und zwar in Höhe von 2,9 Millionen US-Dollar, also mehr als 2018, als es noch 2,5 Millionen Dollar waren (*gatesfoundation.org*, committed grants, 10/2021). Aber auch Politiker machten bei der Trump-Hetze mit: »Steinmeier sieht Donald Trump als direkt verantwortlich für den Sturm auf das US-Kapitol an«, konnte man auf *Spiegel Online* lesen. Und: »Bei einer Ansprache in Berlin bezeichnete Steinmeier die Eindringlinge als ›bewaffneten Mob, aufgestachelt von einem amtierenden

Präsidenten‹« (ebenda, 07.01.2021). Wahrscheinlich liest er nur den *Spiegel*. Bundespräsident Frank-Walter Steinmeier nannte den Marsch auf das Kapitol vom 6. Januar 2021 ebenfalls einen »Sturm – und zwar auf das Herz der Demokratie«. Zuvor hatte er schon den angeblichen »Sturm auf den Reichstag« vom 29. August 2020 einen »Angriff auf das Herz unserer Demokratie« genannt (siehe vorangegangenes Jahrbuch). Erstaunlich, wie viele Herzen die Demokratie so hat. Und wie viele davon an Herzschwäche leiden.

Letzte Ausfahrt 6. Januar

Aber merke: Zu einem Sturm auf ein Regierungsgebäude gehören immer zwei: diejenigen, die es stürmen, und die, die sie hereinlassen. In den Wochen seit der Wahl vom 3. November 2020 hatte sich die Stimmung aufgeheizt. Nach der offiziell verlorenen Wahl hatte Trump es strikt abgelehnt, das Ergebnis anzuerkennen. Die Trump-Anhänger setzten ihre vorletzten Hoffnungen dann auf das Votum der Wahlmännerversammlung am 14. Dezember 2020 und hofften, dass einige Wahlmänner ausscheren würden. Nachdem dies nicht eingetreten war, konzentrierte sich alles auf die offizielle und amtliche Auszählung der Wahlmännerstimmen am 6. Januar im Kongress zu Washington unter dem Vorsitz von Vizepräsident Mike Pence. Trump hatte ihn privat und öffentlich aufgefordert, die Ergebnisse aus den umstrittenen Staaten zurückzuweisen und sich selbst und Trump zum Vizepräsidenten beziehungsweise Präsidenten zu erklären. Auch die sogenannte Q-Anon-Bewegung erhöhte den Druck im Kessel, indem sie von Termin zu Termin behauptete, das Ganze sei ein großer Plan, beim nächsten Anlass würden die Wahlergebnisse annulliert und Trump zum Präsidenten ausgerufen.

Schon gut, Jungs, kommt rein …

Gleichzeitig wurde die Trump-Demo in der Nähe des Kongresses geplant. Mit anderen Worten hätte sich nun jeder Provinz-Polizeichef ausgerechnet, was sich da wohl zusammenbrauen könnte und hätte für diesen Tag Verstärkung organisiert, um das Kongressgebäude abzuriegeln – zum Beispiel mit einem großen Polizeiaufgebot, Wasserwerfern und gepanzerten Fahrzeugen. Nicht, um diese einzusetzen, sondern um die Demonstranten abzuschrecken. So würden Polizeikräfte jedenfalls normalerweise reagieren. Haben sie in diesem Fall aber nicht. Vor Ort war »nur« Kapitolspolizei. Aber auch sie verfügt immerhin »über ein Jahresbudget von etwa einer halben Milliarde US-Dollar und rund 2000 besonders trainierte Einsatzkräfte« (ZDF *heute*, online, 07.01.2021). Aber wofür? Denn auch diese Polizisten unternahmen kaum Versuche, die Demonstranten aufzuhalten, sondern traten höflich zur Seite. Auf einigen Videos sieht man sogar, wie Beamte die Protestler heranwinken. Selbst ideologisch gefestigte »Journalisten« wie der ZDF-Moderator Claus Kleber staunten: »Wer schon oft durch die vielen Sicherheitsschranken des #Capitol[s] gegangen ist, angeschissen wurde wegen eines einzigen falschen Schritts. Wer die zig Millionen teuren unterirdischen Sicherheitsanlagen kennt, muss sich fragen, wie diese Stürmung so leicht sein konnte« (Twitter, 06.01.2021). Tja, Herr Kleber: Und wie könnte die Antwort auf diese Frage lauten? »In einem weiteren Video posiert ein Polizist mit einem Trump-Anhänger für ein Erinnerungs-Selfie«, wunderte sich das ZDF (online, 07.01.2021). »Von ›enormen strategischen Fehlern‹ der Sicherheitskräfte sprach der Abgeordnete Tim Ryan, im Repräsentantenhaus zuständig für das Budget der Kapitolpolizei«, so der Sender auf seiner Website. »US-Medien zufolge hat die Kapitolpolizei am Mittwoch ›business as usual‹ erwartet und dabei Entschlossenheit und Zahl der Trump-Anhänger massiv unterschätzt – selbst nach Warnungen der städtischen Polizei vor einem möglichen ›wilden Protest‹. Auf Antworten warten die Amerikaner bislang vergeblich. Die Polizeiführung hält sich bedeckt.«

Wenn sich Experten wundern

»Was Sicherheitsexperten wundert:«, so die ZDF-Website weiter, »Erst nach dem Sturm auf das Parlament wurden alle verfügbaren Einsatzkräfte der Kapitolpolizei sowie anderer Sicherheitsbehörden wie etwa des FBI oder der Nationalgarde um Hilfe gerufen.« Genau wie am Reichstag, wo das massive Polizeiaufgebot erst nach der Besetzung der Reichstagstreppe einschritt, also nachdem die entsprechenden Bilder im Kasten waren. Das ist natürlich praktisch, in etwa so, wie sich eine Serviette umzuhängen, *nachdem* man sich bekleckert hat. »Jeden Tag trainiere die Kapitolpolizei, um solche Szenarien zu verhindern«, zitierte das ZDF den früheren Chef der Sicherheitstruppe, Kim Dine: »Wie so etwas geschehen konnte, kann ich nicht verstehen« (ZDF, ebenda). Tja, ich auch nicht. Fakt ist: Die Demonstranten wurden von der angeblich überforderten Kapitolspolizei wie die reinsten VIPs behandelt. Nach dem Motto: Schon gut,

Jungs, kommt rein. Die Sicherung des Gebäudes war derselbe schlechte Witz wie der Schutz der Reichstagstreppe in Berlin am 29. August 2020.

Schrecklich und schrecklich falsch

Wie gesagt: Für die Erstürmung eines solchen Hochsicherheitsgebäudes braucht es immer zwei, und zwar zwei, die beide dasselbe wollen – nämlich, die »Besetzung« oder »Stürmung« des Objekts. Die übergroße Mehrheit der Protestler sah genauso aus, wie zuvor die Menge am Reichstag: wie Touristen. Die meisten gingen hinein, wie bei einer Führung. Drinnen angekommen, liefen viele eher ziellos herum, als sei ihnen der Tourguide abhandengekommen. Hässliche Szenen von Leuten, die auf Scheiben einschlugen, gab es nur vereinzelt. Nicht doch: Immerhin seien fünf Menschen bei dem »Sturm auf das Kapitol« ums Leben gekommen, berichteten die Medien: ein Polizist und vier Eindringlinge. »Nach dem gewalttätigen Sturm auf das Kapitol ist ein Polizist an seinen Verletzungen gestorben«, wusste die *Bild*-Zeitung am 8. Januar 2021 zu berichten (online). »Laut US-Medien war Polizist Brian Sicknick im Einsatz von einem Trump-Anhänger mit einem Feuerlöscher am Kopf getroffen worden. Als er anschließend in sein Büro zurückkehrte, brach er zusammen. ›Er wurde in ein örtliches Krankenhaus gebracht, wo er seinen Verletzungen erlag‹, hieß es von der Polizei.« Ist das nicht furchtbar: Ein Trump-Anhänger hat einem Polizisten den Schädel eingeschlagen! Mit einem Feuerlöscher! Schrecklich! Und schrecklich falsch: Denn der Kapitolpolizist war nicht etwa an physischer Gewalteinwirkung gestorben, sondern an zwei Schlaganfällen: Laut Gerichtsmedizinern habe die Autopsie keine Beweise dafür erbracht, dass der 42-jährige Beamte durch Gewalteinwirkung oder durch eine allergische Reaktion auf chemische Reizstoffe getötet worden sei. Vielmehr habe Brian D. Sicknick zwei Schlaganfälle erlitten und sei einen Tag nach der Konfrontation mit Randalierern beim »Aufstand« am 6. Januar aus natürlichen Gründen gestorben (CNN, online, 05.02.2021, und *Politifact*, online, 20.04.2021). Schlimm genug: Er möge in Frieden ruhen. Nur erschlagen beziehungsweise ermordet wurde er nicht.

Der Tod der Ashli B.

Ein Demonstrant erlag einem Schlaganfall, ein anderer einem Herzinfarkt. Eine Frau starb an einer Überdosis Amphetaminen. Nun, das ist nicht schön. Vielleicht würden die meisten dieser Menschen ohne die ganze Aufregung heute noch leben. Beweise für tödliche Gewaltakte sind das jedoch nicht – mit einer Ausnahme: dem Tod der Demonstrantin Ashli Babbitt. Die 35-Jährige wurde von der Polizei gezielt beschossen und war die vierte Tote aufseiten der Demonstranten. »Neben Sicknick starb die Veteranin Ashli Babbitt, nachdem sie im Kapitol angeschossen worden war«, schrieb die *Bild*-Zeitung am 13. Januar 2021 (online). Nur von wem die Frau erschossen worden war, stand da nicht zu lesen: Die Trump-Unterstützerin, die im Gebäude durch ein eingeschlagenes Fenster einer Zwischentür klettern wollte, war von einem Beamten frontal beschossen worden. Gerade, als sie durch das demolierte Fenster zur sogenannten Speaker's Lobby steigen wollte, tauchte hinter dem noch intakten Fenster des anderen Türflügels eine Person mit Gesichtsmaske und Pistole auf und drückte ab – offenbar ein Offizieller, denn am ausgestreckten Schussarm sah man eine weiße Hemdmanschette mit Manschettenknöpfen. Bei dem Schützen handelte es sich um einen Offizier der Kapitolspolizei namens Michael L. Byrd, der hinterher angab, er habe Personal und Kongressabgeordnete innerhalb der Räumlichkeiten schützen wollen. Die unbewaffnete Babbitt fiel schlagartig nach hinten auf den Rücken und konnte nicht mehr aufstehen (siehe YouTube: »Videos show fatal shooting during rampage at the Capitol«, 09.01.2021). Um Notwehr oder Nothilfe kann es sich nicht gehandelt haben, denn Byrd räumte später selbst ein, »er habe nicht gewusst, ob die Person, auf die er schoss, eine Waffe trug«. Wenig glaubwürdig, denn bei dem Kletterakt hätte Babbitt wohl kaum eine Waffe halten beziehungsweise bedienen können. Erst später in der Nacht habe Byrd erfahren, »dass es sich bei dem Randalierer um eine Frau handelte, die unbewaffnet war. Auf die Frage, warum er den Abzug betätigt habe, sagte Byrd, es sei ein ›letzter Ausweg‹ gewesen.« Der Anwalt der Familie Babbitt bezeichnete den Vorfall als »Hinterhalt« und behauptete, »der Beamte habe keine Warnung gegeben, bevor er den Abzug betätigte. Der Schusswaffengebrauch werfe Fragen auf, insbesondere, ob Byrd Babbitt gewarnt hatte, bevor er das Feuer eröffnete: »Der Anwalt der Familie Babbitt, Terry Roberts, sagte, er habe Beweise dafür, dass der Beamte, ein Polizeileutnant in Zivil, nichts gesagt habe. Anstatt Babbitt zu warnen, habe der Beamte sie seitlich aus dem Hinterhalt heraus angegriffen, sodass sie nicht sehen konnte, dass er seine Waffe auf sie gerichtet hatte, erklärte Roberts. ›Das ist unstrittig‹, sagte Roberts. ›Es gab keine Warnung‹.« Er habe mehrere Zeugen, die zusammen mit Babbitt vor der Speaker's Lobby standen, und nicht gehört haben, dass der Beamte »irgendeine Art von Warnung« ausgesprochen habe (*RealClear Investigations*, online, 06.08.2021). Tatsächlich ist auch in dem oben zitierten Video nichts von einer Warnung zu hören. Fragwürdig ist auch die offizielle Behauptung, Byrd habe die Frau »in die Schulter« geschossen. Um dem zu folgen, hätte die Frau schon einen ganz besonderen Körperbau haben müssen. Oder ist »Schulter« neuerdings ein dehnbarer Begriff? Falls ja, dann muss das jedenfalls ein sehr unglücklicher Schultertreffer gewesen sein, denn beim Abtransport auf einer Fahrtrage war Babbitt bereits tot – oder so gut wie tot. Jedenfalls, wenn man dem entsprechenden Video glaubt: Hals und Gesicht waren blutüberströmt, ihre halb geöffneten Augen starrten ins Leere, in ihrem geöffneten Mund steckte ein Tubus, und die Sanitäter taten etwas, was man wohl nur tut, wenn das Herz nicht mehr schlägt: Sie führten eine Herzmassage durch. Ein hilfloser Akt, denn wahrscheinlich pressten sie damit nur noch mehr Blut aus den eröffneten Gefäßen. Im Krankenhaus wurde Babbitt später für tot erklärt (»Ashli Babbitt Rushed Out of The Capitol – I haven't Seen This Posted«, *https://mirror.fro.wtf/reddit/post/1367*). Interessant ist auch, dass Byrds Schuss der einzige war, der am Kapitol an diesem Tag überhaupt abgefeuert wurde. Und zwar sowohl aufseiten der Polizei als auch aufseiten der Demonstranten. Unter einem »Sturm« stellt man sich wohl etwas anderes vor.

Auf Krawall gebürstet

Was sollte das also? Warum wurde das Kongressgebäude so unzureichend geschützt? Weshalb winkten Polizisten die Demonstranten teilweise sogar durch? Nun, das alles war natürlich politisch gewollt. Zeitzeugen zufolge wurde die ursprünglich friedliche Trump-Kundgebung gekidnappt: »Die Trump-Demo vor dem Kapitol war eine wunderbare, friedliche Angelegenheit, bei der Menschen aller Ethnien und Hintergründe zusammenkamen«, sagte die am 6. Januar anwesende persisch-amerikanische Aktivistin Saghar Kasraie laut *Journalistenwatch*. »Es war eigentlich wunderschön, ein Traum von Amerika. Dann begann die Stimmung plötzlich zu kippen, und andere Leute kamen dazu, die auf Krawall gebürstet waren. Die haben dann angefangen, Fenster einzuschlagen und Zutritt zum Gebäude zu erzwingen. Das waren aber bestimmt nicht die

Trump-Leute. Wir wollten alle nichts damit zu tun haben. Ich bin dann gegangen.« Auf Kasraies Videos der friedlichen Demo vor dem Kapitol sei »deutlich zu sehen, wie schwarz vermummte antifaähnliche Gestalten beginnen, Türen des Gebäudes einzuschlagen, während Menschen mit roten ›MAGA‹-Käppis versuchen, sie daran zu hindern«. MAGA steht für »Make America Great Again«, also für Trump-Fans. »Ein drittes Video derselben Szene zeigt, wie maskierte Randalierer versuchen, die Türen einzuschlagen, während Trump-Anhänger ›No Antifa!‹ brüllen« (10.02.2021). Am 16. Mai 2021 veröffentlichte die Nachrichten-Website *ZeroHedge* einen Artikel mit dem Titel »Neues Video enthüllt, wie ein Kapitolpolizist Demonstranten die Erlaubnis erteilt, in das Gebäude zu kommen«. Darunter der sogenannte »Q-Schamane«, ein grell geschminkter Aktivist mit Bärenfell und Hörnern auf dem Kopf.

False Flag und Provokation

Das alles riecht nach Provokation und »False Flag«. Und das ist keine Verschwörungstheorie. Denn der »Sturm aufs Kapitol« hatte ein juristisches und journalistisches Nachspiel. So verlor ein Agent der Drogenfahndung DEA namens Mark Ibrahim seinen Job, weil er an der Trump-Demonstration teilgenommen und dabei seine Dienstwaffe und sein Dienstabzeichen vorgezeigt hatte. Außerdem soll er widerrechtlich auf ein »Denkmal« geklettert sein. Der Mann selbst wiederum behauptete in einer Doku-Serie des bekannten TV-Journalisten Tucker Carlson, er sei »von einem FBI-Informanten, den er aus seiner Militärzeit kannte, eingeladen worden, an Donald Trumps ›Stop The Steal‹-Kundgebung teilzunehmen, und dieser habe ihn anschließend gedrängt, sich dem Mob anzuschließen, der ins Kapitol einbrach, was er ablehnte«. »Sie haben mich als heimischen Terroristen gebrandmarkt, obwohl ich mich nur für Frieden und Einheit eingesetzt habe«, sagte Ibrahim in einem Interview. Das Kapitol habe er nie betreten. Tucker Carlson wiederum gab an, ebenfalls mit dem FBI-Mann geredet zu haben, der Ibrahim zum Kapitol gelockt haben soll. All das wirkt deshalb glaubwürdig, weil das FBI immer wieder Menschen sogar zu Terrorplanungen provoziert hat, meistens, um diese dann politisch auszubeuten und im letzten Moment theatralisch zu verhindern. Manchmal aber auch nicht.

Psychologische Kriegsführung

In unseren Medien konnten Sie darüber natürlich nichts lesen oder sehen. Eine Suche nach dem Namen »Mark Ibrahim« bei Google News ergab keine deutschsprachigen Treffer. Die hier in diesem Zusammenhang wiedergegebenen Zitate stammen aus der *Daily Mail* vom 2. November 2021. Wenn man das einmal mit deutschen Medien vergleicht, fällt überhaupt auf, dass die Deutschen offenbar besonders dumm und unaufgeklärt gehalten werden sollen. Dabei wird es jetzt erst interessant. Denn da wäre auch noch Emily Grace Rainey, die »eine Gruppe von hundert Mitgliedern der ›Moore County Citizens for Freedom‹« zu der Kundgebung in Washington führte, »um sich gegen Wahlbetrug zu stellen und Trump zu unterstützen«. Das Brisante: Rainey war nichts Geringeres als ein Army Captain bei der 4th Psychological Operations Group in Fort Bragg. Mit anderen Worten eine Expertin für psychologische Kriegsführung, die das Ganze anschließend als private Aktion und die Protestler als ihre »Freunde« darstellte. Wahrscheinlich, weil die Aktion als Army-gesteuert aufgeflogen war, wurde Rainey als »schwarzes Schaf« aus der Armee gedrängt. Sie wiederum revanchierte sich mit Enthüllungen: In einem Interview mit Carlson räumte sie ein, »dass es sich bei den Ereignissen vom 6. Januar um eine ›falsche Flagge‹ oder eine Verschwörung der Linken gehandelt haben könnte, um Trumps Unterstützer schlecht aussehen zu lassen«. Nun, rein zufällig wäre das auch ihr Fachgebiet gewesen. »Ich bin der Meinung, dass es in diesem Land schon früher falsche Flaggen gegeben hat, eine davon könnte der 6. Januar gewesen sein«, so Rainey. »Wenn das ein Aufstand war, dann war es der am schlechtesten geführte Aufstand aller Zeiten« (ebenda).

Ganz meine Meinung: Vorwiegend unbewaffnete, unsportliche und ältere Zivilisten mit Fahnen, Käppis und Rucksäcken kann man wohl kaum als »Sturmtruppe« bezeichnen. Zumal der einzige Schuss, der bei diesem »Sturm« abgefeuert wurde, aus der Waffe eines Polizeibeamten gekommen war.

Schutz vor dem Volk

Erfolg der Operation: Genauso wie die Berliner Demonstranten am 29. August 2020, konnte man die Washingtoner Menge vom 6. Januar nun zu Staatsfeinden erklären – und die gesamte Trump-Bewegung gleich mit. Nur einer war nicht darauf hereingefallen, nämlich der Präsident selbst.

Man stelle sich vor, er wäre wirklich – wie zunächst von ihm angekündigt – mit der Menge in Richtung Kapitol marschiert: der Präsident als Anführer eines (vermeintlich) gewalttätigen Staatsstreiches. Die Symbolik wäre nicht zu überbieten gewesen. Interessanterweise spielte er dabei, wie gesagt, jedoch nicht mit, sondern fuhr direkt nach seiner Ansprache bei der Kundgebung zurück ins Weiße Haus. Zwar wurde seine Rede trotzdem zu einem »Angriffsbefehl« umgelogen – aber das eigentliche Ziel wurde verfehlt, nämlich Trump selbst vor das Kapitol zu locken. Das hätte ihn wohl wirklich politisch den Kopf gekostet. So aber schnappte die Falle nicht zu: Vizepräsident Mike Pence weigerte sich, Trump gemäß dem 25. Zusatzartikel zur Verfassung der USA für amtsunfähig erklären und absetzen zu lassen. Auch ein am 13. Januar eingeleitetes zweites Amtsenthebungsverfahren scheiterte: »Trump war zuvor lediglich von 57 Senatoren der ›Anstiftung zum Aufruhr‹ schuldig gesprochen worden«, so *Spiegel Online*, hauptsächlich von demokratischen Abgeordneten. »Nötig gewesen wären jedoch 67 Stimmen.« Viele Republikaner wollten dabei aber nicht mitspielen. Anschließend diente der angebliche »Sturm auf das Kapitol« als Vorwand, für die Amtseinführung von Joe Biden am 20. Januar eine Hochsicherheitszone zu errichten: Meterhohe Schutzzäune wurden aufgestellt; 20 000 Nationalgardisten und etwa 5000 weitere Sicherheitskräfte riegelten das Regierungsgelände komplett ab. Joe Biden dürfte somit der erste Präsident der Vereinigten Staaten gewesen sein, der mit einer ganzen Armee vor seinem eigenen Volk geschützt werden musste.

Fazit: Der angebliche »Sturm auf das Kapitol« war in Wirklichkeit nur ein willkommener Sturm im Wasserglas, um Trump ein für alle Mal aus dem Amt zu befördern und um eine weitere Präsidentschaft seiner Person zu verhindern. Eigentlich erschien das neue Impeachment-Verfahren ja als sinnlos, denn zum Zeitpunkt der Senatsabstimmung im Februar war Trump bereits nicht mehr im Amt. Doch darum ging es gar nicht, sondern darum, Trump den Weg ins Weiße Haus für immer zu verbauen. Dieser Versuch war mithilfe der Republikaner gescheitert, was man auch als Signal ansehen kann, dass sie Trump den Weg ins Präsidentenamt in 4 Jahren offen halten wollten …

8. Januar
Corona und Karriere: Wie man durch Corona in die Schlagzeilen kommt

Mehr oder weniger schläfrig öffnete ich an diesem Tag die *Bild*-Website und staunte nicht schlecht: »Mir fallen büschelweise die Brüste aus«, sagte da eine Frau namens Kader Loth. WIE BITTE? Schlagartig war ich wach. Quatsch: die Haare natürlich, die Haare. Wahrscheinlich hatte es daran gelegen, dass mir die stattliche Oberweite der Frau direkt aus der Website der *Bild*-Zeitung auf den Schreibtisch zu plumpsen drohte. Aber schon einmal wach geworden, fragte ich mich: Was ist nur los mit Kader Loth, und warum bekommt sie eine so dicke Schlagzeile in der *Bild*-Zeitung? Das heißt: Sagte ich »eine« Schlagzeile? Eine kurze Recherche ergab, dass die *Bild* schon ab dem 25. November 2020 fast täglich ein Gesundheitsbulletin über Kader Loth herausgegeben hatte, als handele es sich um einen siechen Staatschef, einen hinfälligen UNO-Generalsekretär oder vielleicht um einen vom hingebungsvollen Dienst am Ministranten beziehungsweise Mitbruder aufgezehrten Papst.

Sie glauben mir nicht? Bitte sehr:

- 25.11.2020: »Tränen von Kader Loth: ›Ich weiß nicht, ob ich übermorgen noch lebe.‹«
- 28.11.2020: »Kader Loth hat Corona: ›Ich kann nicht mal aufstehen.‹«
- 03.12.2020: »Kader Loth hat Corona: ›Ich bin sogar zu schwach zum Weinen.‹«
- 03.12.2020: »›CORONA, ICH HASSE DICH‹: Kader Loth in Klinik eingeliefert.«
- 07.12.2020: »Kader Loth im Krankenhaus: ›Corona macht mich schwachsinnig und traurig‹« – Quatsch: »schwach und traurig« natürlich.
- 10.12.2020: »Kader gibt Corona-Update: ›Ich habe schon 7 Kilo abgenommen.‹«
- 12.12.2020: »Ihnen setzt die Pandemie zu: Corona-Tränen der Promis« (darunter Kader Loth).
- 18.12.2020: Kader Loth schreibt *Mein Kampf* – Quatsch: »Kader Loths Corona-Kampf: ›Ich bin absolut dankbar, dass ich noch lebe!‹« Und wir natürlich auch!
- 08.01.2021: »Kader Loth nach Corona: ›Mir fallen büschelweise die Haare aus.‹«

Und nun, einmal aufgewacht, wurde auch ich nervös: Jeden Morgen erhob ich mich schweißgebadet von meinem durchgeschwitzten Lager und drehte mit feuchten Fingern bang am Knopf meines Volksempfängers, um zu erfahren, ob die Gesalbte noch lebte oder nicht. Das Ganze wuchs sich zum nationalen Katastrophenfall aus, denn außer der *Bild*-Zeitung berichteten auch noch RTL, T-Online, die Münchner *Abendzeitung* und viele andere mehr. Man fragte sich, warum der Bundestag nicht umgehend ein Kader-Loth-Schutzgesetz verabschiedete. Aber plötzlich beschlich mich der böse Verdacht, dass der ganze Corona-Hype um Loth vielleicht nur ihrer Karriere dienen sollte. Aber nein, das konnte nicht sein. Sicher hatte sich Loth auch noch andere Verdienste erworben.

Das Haustier des Jahres

Und ob:

- 1998/1999 war Kader Loth »Haustier des Jahres« (»Pet of the Year«) des Männermagazins *Penthouse*. – Na so was …
- »Es folgten Fernsehauftritte, beispielsweise im Sat.1-Frühstücksfernsehen.« – Fragt sich nur: auf vier Beinen oder auf zwei?
- Im Frühjahr 2004 wurde Loth bereits nach dreieinhalb Wochen vom Publikum aus der Fernsehsendung *Big Brother* herausgewählt. – Ignoranten.
- Beim Sat.1-Buchstabierwettbewerb »unterhielt sie das Publikum durch ihre Rechtschreibschwäche und Selbstüberschätzung«. – Die Platzierung wurde nicht überliefert.
- RTL gab gekaufte Statisten als Fans von Kader Loth aus (jeweils *last.fm*, 22.11.2008).

Den Rest sparen wir uns lieber. Bis auf das: Am 3. August 2012 eröffnete das Amtsgericht Charlottenburg ein Insolvenzverfahren über ihr Vermögen (Zitate und Quelle: *Wikipedia*). Ja, hat sie denn das nötig?

Testimonials für Corona

Aber warum ist das überhaupt wichtig? Ganz einfach: Der Fall Loth zeigt beispielhaft, wie jemand aus dem Dunkel der Vergessenheit direkt ans Licht der Öffentlichkeit (zurück-)befördert wird, wenn er sich nur nachhaltig zu Corona bekennt. Ob Politiker, Trash-Stars oder -Sternchen: Zahlreiche Volksvertreter, Influencer, Meinungsführer und C-Promis wurden in letzter Zeit zum Thema, weil sie angeblich an einer Corona-Infektion litten. Ob aufgrund einer wirklichen Erkrankung, aus Geltungssucht oder politischen Gründen, bleibt offen: Bei Corona scheinen Promis gemessen an ihrem Anteil an der Bevölkerung jedenfalls überrepräsentiert zu sein. Schon laut Münchner *Abendzeitung* vom 21. Dezember 2020 hatten Oliver Pochers Ehefrau, Fernsehmoderator Johannes B. Kerner, *Bachelor-in-Paradise*-Teilnehmer Rafi Rachek, *Cascada*-Sängerin Natalie Horler oder auch zwei Teilnehmer von *The Masked Singer* Corona. Aber auch auf internationaler Ebene gehört das Virus zum guten Ton: bei Tom Hanks und Ehefrau Rita Wilson genauso wie bei Sängerin Pink, Schauspieler Idris Elba, Mel Gibson, Hugh Grant, Neil Patrick Harris sowie Ehemann David Burtka und vielen anderen mehr. Natürlich auch bei Politikern wie US-Präsident Donald Trump, dem britischen Premierminister Boris Johnson, Brasiliens Präsident Jair Bolsonaro – in Deutschland bei Grünen-Politiker Cem Özdemir und dem CDU-Mann Friedrich Merz und natürlich Gesundheitsminister Jens Spahn (*Ärzte Zeitung*, 21.10.2020). Für den Corona-Mythos und die Promis war das eine Win-Win-Situation: Während die VIPs und Pseudo-VIPs Publicity ernteten, gewann das Corona-Narrativ an Glaubwürdigkeit. Denn siehe: Wenn selbst der Minister, der TV-Star und der Abgeordnete es haben, dann muss es ja schlimm sein. Und so wurden diese VIPs, ob sie wollten oder nicht, zu Werbefiguren für Corona. Und nirgends zeigte sich die Symbiose zwischen Medien und prominenten oder halbprominenten Corona-Kranken so exemplarisch wie am Beispiel Loth.

»TV-Sender zoffen sich um Kader Loth«

Nachdem sie es laut Suchfunktion auf *Bild Online* »ohne Corona« zuvor in 2 Jahren gerade einmal auf fünf Erwähnungen in dem Revolverblatt gebracht hatte, schaffte sie es »mit Corona« in 2 Monaten auf zwölf Erwähnungen! Da kann man einmal sehen, wie Corona der Karriere nützt – und wie Promis dabei helfen, die Legende vom ebenso weit verbreiteten wie gefährlichen Virus am Leben zu erhalten. Nicht, dass Loth nicht krank gewesen wäre – aber nützlich war die Malaise für sie durchaus: zuvor lange Zeit weg vom Fenster – und nun dick in den Schlagzeilen. Denn die Belohnung ließ nicht lange auf sich warten. Alsbald wurden die Krankenstandsmeldungen von Erfolgsmeldungen abgelöst: »TV-Sender zoffen sich um Kader Loth!«, hieß es am 13. Mai 2021 bei *Bild Online*. Angeblich konnte sich der fast vergessene Trash-Star vor Angeboten plötzlich gar nicht mehr retten, zum Beispiel von ProSieben. So soll es zwischen ProSieben und RTL Zwei hinter den Kulissen »Gespräche« wegen Kader Loth gegeben haben. Zwar habe sie RTL Zwei nicht freigegeben, aber trotzdem sei Kader Loth guter Dinge, so *Bild*: »Nach ihrer schlimmen Corona-Erkrankung im vorigen November geht es für sie endlich wieder aufwärts.« Auch ich wünsche von hier aus gute Besserung. – Und bitte keinen Rückfall.

P. S.: Übrigens fand Kader Loth als Corona-Opfer eine würdige Nachfolgerin, nämlich die Sängerin Patricia Kelly, und zwar im Oktober: »Patricia Kelly mit Corona im Krankenhaus«, schockte *Bild* die Welt am 18. Oktober 2021 (online). »Patricia Kelly: Corona – Wie gefährlich sind Durchbruchsinfektionen?«, fragte das Blatt einen Tag später (19.10.2021). »Schwerer Corona-Verlauf: So geht es Patricia Kelly«, unkte die Zeitung wiederum einen Tag danach (20.10.2021). Doch siehe da: »Patricia Kelly aus der Klinik entlassen«, hieß es plötzlich und unerwartet schon am nächsten Tag (21.10.2021).

Hoppla! Das ging aber schnell! So mir nichts dir nichts war die schwerkranke Patientin Freund Hein beziehungsweise den Ärzten davongeflattert. War nicht einen Tag zuvor noch die Rede von einem »schweren Verlauf« gewesen? Egal – es sei ihr natürlich von Herzen gegönnt, denn auch ich habe selbstverständlich mitgezittert …

11. Januar
»Hallo, Genosse!« – warum wir uns alle duzen sollen

Man stelle sich Ähnliches in Deutschland vor: »›Welche Unterstützung bekommst du von deiner Frau Ulla, wenn es hart wird im Job?‹ So fragen schwedische Journalisten gerne mal Schwedens Ministerpräsidenten Stefan Löfven«, steht an diesem Tag in den *Stuttgarter Nachrichten*. Ja, so ist das in Schweden: »Der Arzt wird von Patienten und Arzthelferin geduzt, der Richter von Angeklagten und Anwälten und der Konzernchef von den Arbeitern« (online, 20.08.2017). Aber schleichend hat sich diese Seuche auch bei uns ausgebreitet: Unternehmen sind genauso infiziert wie Behörden, und auch die Polizei ist davon befallen. Die Epidemie vernebelt das Gehirn, reißt gesellschaftliche Grenzen ein und führt dazu, dass Behörden und Konzerne plötzlich schmierig auf Tuchfühlung zu uns gehen. Und kein Lockdown und keine Impfung sind in Sicht. Die Rede ist nicht von »Corona«, sondern vom Duzen: IKEA tut dies sowieso, aber inzwischen duzt mich auch meine Autovermietung, und selbst meine Packung Bergbauernmilch quatscht mich so an: »Bestimmt wusstest du, dass diese Verpackung hauptsächlich aus Karton besteht. Aber wusstest du, dass nun auch Kunststoff aus Zuckerrohr in der Verpackung eingesetzt wird?« Nein, wusste ich nicht. Aber nicht nur auf Etiketten und Werbemitteln grassiert das Du, sondern auch von Mann zu Mann (oder Frau zu Frau, natürlich). Der Vorstandsvorsitzende Dr. Stephan Lowis vom Chemnitzer Energiekonzern EnviaM ist zum Beispiel ein ganz »cooler Typ«: »Er bietet allen Mitarbeitern an, auf das Siezen zu verzichten« (*Sächsische Zeitung*, online, 12.02.2021). Donnerwetter: Immerhin ist EnviaM ja keine Drei-Mann-Werkstatt, wo jeder mit jedem schwitzend auf Augenhöhe schuftet, sondern ein Unternehmen mit 3300 Mitarbeitern! Egal: Bei EnviaM »darf jetzt jeder Monteur Du zum Chef sagen. Das gilt auch für die Büroangestellten im Homeoffice.« Und vermutlich darf in Zukunft auch jeder Lehrling den Vorstandsvorsitzenden mit Du ansprechen: »Es helfe, Distanz zu überwinden.« Interessant: Während wir überall zum »Social Distancing« angehalten werden, wird in der Sprache soziale Distanz abgebaut.

Mode oder Manipulation?

Aber warum? Nun, bislang hielt man es für eine Mode und fügte sich mehr oder weniger widerwillig. Wer will schon als altbacken und »von gestern« gelten? Aber nun, unter der Corona-Diktatur, ändert sich das Ganze. Erst heute, im galoppierenden Mao-Faschismus, passt diese »Mode« ins Bild. Denn erstens beseitigt das Duzen einen wichtigen sozialen Schutz – jedenfalls da, wo Du und Sie zur Sprachkultur gehörten: Das Sie wahrt Abstand zwischen Fremden, bis man sich vertrauter wird und den anderen in seinen inneren Kreis aufnimmt. Dennoch setzt sich das Duzen »bald auf der ganzen Linie durch«, schrieb die *Neue Zürcher Zeitung*. »Die Angestellten von Großkonzernen können heute bis in die Chefetagen hinauf duzen, und aus den Konzernen duzt es auf die Kunden heraus. […] Auch die größten Eigenbrötler sind jetzt zu *Communitys* verdammt, in denen hemmungslos geduzt wird. Der Telefonanbieter ist mit mir per Du, das Wasserwerk und der Sockenlieferant. Früher war das anders« (online, 27.04.2019). Eben: Früher waren dafür eigene Rituale erforderlich, wie etwa das »Bruderschaft Trinken«. Später genügte das verbale Angebot des jeweils Älteren, sich künftig zu duzen und sich einander beim Vornamen zu nennen.

Eine erwachsene Person ohne deren Einverständnis zu duzen, galt dagegen als Übergriff. Ein Du zwischen Fremden war Ausdruck eines Ranggefälles, etwa zwischen Erwachsenen und Kindern oder Jugendlichen. Von Fremden durften nur Minderjährige geduzt werden. Aber heute ist dieser Übergriff allgegenwärtig: Durch das Du werden wir quasi alle zu Kindern oder Halbwüchsigen degradiert. Weil damit eine wichtige soziale Grenze verloren geht, macht es das leichter, Bürger und Verbraucher zu manipulieren. Das Du ist mit Vertrauen und Vertrautheit verknüpft und erleichtert daher Werbung genauso wie Propaganda. »Du« bedeutet unbewusst: Geprüft und für gut befunden. Und schließlich ist das Du die Anrede unter »Genossen«: »Man sprach einander mit ›Kamerad‹ und ›du‹ an und sagte ›Salud!‹ statt ›Buenos dias‹«, schwärmte schon der Sozialist George Orwell 1938 in seinem Buch *Mein Katalonien.* »Generale und einfache Soldaten, Bauern und Milizsoldaten begegneten sich als ebenbürtig, jeder erhielt den gleichen Lohn, trug die gleiche Kleidung, aß die gleiche Nahrung und nannte jeden anderen du und Kamerad« (5. Kapitel).

Enteignet und zufrieden

Wie schön! In Wirklichkeit geht es um eine schleichende Umerziehung. Schon in ein bis zwei Generationen wird die »Sie-Grenze« vergessen sein. Dass nun immer mehr Konzerne ihre Kunden kumpelhaft duzen, ist ein Alarmzeichen: »Hallo Torben, super, dass du dich für Car2go entschieden hast. Anbei erhältst du deine aktuelle Rechnung«, zitierte *brandeins*-Autor Torben Müller aus einem Schreiben der Autovermietung car2go. Und das ist kein Zufall. Denn moderne Autovermietungen und insbesondere Carsharing-Modelle sind schließlich eine Form der Kollektivierung, bei der die Nutzer sich die Güter teilen und so zu Genossen werden. Aber wie ist das erst im Verhältnis zwischen Staat und Bürger? »Die Berliner Polizei, die BVG, sogar der Regierende Bürgermeister duzt die Bürger*innen. Das klinge wie Kommunikation auf Augenhöhe, sagen Experten – ist aber keine«, schrieb die *taz* (online, 13.06.2018). In Wirklichkeit ist das gefährlich: Der Staat schmeißt sich an die Menschen heran und baut auf diese Weise Respekt vor dem Bürger ab. Und auch dessen Vorsicht, denn der Staat wird nun auf die Du-Ebene aufgenommen.

Duzen und gute Noten schreiben

»Wir leben in einer Duz-Welt«, sagt der Soziologe Ronny Jahn von der International Psychoanalytic University in Berlin. »Allgemein ist eine Tendenz zur Entgrenzung festzustellen« (*brandeins.de*, »Siezen Sie noch, oder duzt du schon?«, 2018). Nämlich weil es dem System nützt. Der jüngste Vorschlag stammt von den Jusos in Berlin: Schüler sollen endlich Lehrer duzen! »Der SPD-Nachwuchs erhofft sich dadurch einen Abbau von Distanz und stattdessen einen Aufbau von mehr Vertrauen und letztendlich sogar bessere Noten.« Denn: »Schweden, Norwegen, Finnland, wo Duzen üblich ist, schneiden bei der PISA-Studie immer mit besseren Noten ab als Deutschland« (BZ, online, 11.10.2021). Ach so! Einfach den Pauker duzen, und schon gibt's bessere Zensuren! In Wirklichkeit kann die Schule noch weniger Distanz und Respekt zwischen Schülern und Lehrern überhaupt nicht gebrauchen. Denn zweifellos wird das zu einem Abbau von Autorität und Respekt führen – und damit zu noch mehr Übergriffen und Gewalt gegen Lehrer. Denn die Gewalt beginnt nicht erst mit einem körperlichen Angriff, sondern bereits mit dem Abbau von Respekt. »Herr Bundeskanzler«, antwortete einst Lothar de Maizière, der letzte Ministerpräsident der DDR, auf das Du-Angebot von Helmut Kohl, »ich habe nicht 40 Jahre DDR-Genossen-Du überstanden, um mich nun in der Bundesrepublik gleich wieder duzen zu lassen« (*Die Welt*, 10.06.2016). Tja – das war wohl nix, denn die DDR ist hierzulande als DDR 2.0 wieder auferstanden – und zwar als einziger großer Knast. Denn auch dort sagen alle Insassen du zueinander …

25.–29. Januar
WEF: Werbung für die Abschaffung der Menschheit

Die Welt stöhnt unter dem Lockdown. Die Wirtschaft leidet, Kurzarbeit und Arbeitslosigkeit nehmen zu, Verkehr und Transport werden eingeschränkt. Weltweit sind Geschäfte und Restaurants geschlossen, müssen Menschen mit Masken herumlaufen und verwaisen die sonst kräftig schlagenden Herzen der lokalen Ökonomien: die Innenstädte. In manchen Teilen der Welt, wie etwa in Indien, fangen die Menschen bereits an zu hungern und zu sterben. So weit, so schlecht. Nur einer jubelt mitten in der Grabesstille: Das Weltwirtschaftsforum, das seine alljährliche Tagung diesmal digital abhält, findet das alles großartig. Nanu: ein »Wirtschaftsforum«, das sich über den Lockdown der Wirtschaft freut? Und damit auch über Kurzarbeit, Arbeitslosigkeit, Verzweiflung und sogar Hunger und Tod?

Wer rettet, befiehlt

Doch der Reihe nach: Jahrelang hat man das World Economic Forum (WEF) als exklusive Party der oberen Zehntausend missverstanden, die alljährlich im Januar in Davos stattfand. Eher gelangweilt betrachtete man den Aufmarsch der oberen Industrie- und Finanzoligarchie in dem exklusiven Schweizer Skiort: ihre wichtigtuerischen Pressekonferenzen, großspurigen Reden, Meetings und Abendessen. Naja, was soll sein, es war doch alles in Ordnung, denn wenn, dann wollte das World Economic Forum doch nur das Wahre, Schöne und Gute: Die Ozeane, die Urwälder und das Klima »retten«, den Weltraum vom Müll säubern, schicke Roboter entwickeln, den Multilateralismus fördern und natürlich – neuerdings – die »Pandemie« bekämpfen. Kurz: Die Welt einfach besser machen. Was wir dabei übersehen haben: Wer gleich die gesamte Welt in allen ihren Aspekten retten will, der macht sie sich zu eigen – ähnlich wie ein Notarzt von einem Unfallopfer Besitz ergreift, das verletzt auf der Straße liegt. Ab jetzt hat nur noch der Notarzt das Sagen, alle anderen haben zurückzubleiben. Was auf dem Konsens beruht, dass der Notarzt in diesem Moment besser weiß, was jetzt zu tun ist: Wer rettet, befiehlt.

Korporatismus = Faschismus

Ob das in Ordnung ist oder nicht, entscheidet das Menschenbild, dem der Retter anhängt. Bei einem Arzt vertrauen wir darauf, dass er nur unser Bestes will (obwohl auch daran immer mehr Zweifel anzumelden sind): »Ärzte stellen sich in den Dienst der Gesundheit und sind bei ihrem Handeln moralischen und ethischen Grundsätzen verpflichtet«, glaubt zum Beispiel *Wikipedia*. Nämlich ethischen Grundsätzen, wie sie etwa in Form des Hippokratischen Eides zum Ausdruck kommen.

Aber wie steht es um das Menschenbild der Weltenretter vom WEF? Wer oder was ist eigentlich das World Economic Forum? Antwort: Das WEF ist keine öffentliche Einrichtung, sondern ein undurchsichtiger Zusammenschluss von etwa 1200 globalen Konzernen. Das typische WEF-Mitglied »ist ein globales Unternehmen mit einem Umsatz von über

5 Milliarden US-Dollar« (*Wikipedia*). Am besten sieht man das WEF als ein Nest des Korporatismus, in dem sich die größten Konzerne der Welt mit staatlichen Stellen zusammentun, um unser Leben von morgen zu dirigieren. Der Korporatismus ist eine Art Konzernsozialismus, bei dem wirtschaftliche Monopolisierung mit staatlicher Monopolisierung einhergeht. Denn sowohl Regierungen als auch Unternehmen lieben die Monopolisierung, das heißt: die alleinige Macht. Mit anderen Worten: die Diktatur. Während im WEF Konzerne mit Konzernen zusammenwachsen, wachsen bei UNO, EU und WHO Staaten mit Staaten zusammen. Und wenn sich diese privaten und staatlichen Konglomerate verbinden, dann spricht man von Korporatismus oder auch von der geballten (oder gebündelten) Herrschaft der Konzerne, das heißt: von Faschismus (abgeleitet vom italienischen Fasci = Bündel). Oder wie Mussolini gesagt haben soll: »Der Faschismus sollte Korporatismus heißen, weil er die perfekte Verschmelzung der Macht von Regierung und Konzernen ist« (siehe auch 25. Juni | Ausnahmezustand: Kernschmelze der Macht).

Werbung für die Abschaffung der Menschheit

Im Internet präsentiert sich das WEF mit zahlreichen hübschen Videos, die den Menschen den Umsturz der Weltordnung sowie ihre Verarmung, Enteignung und Entrechtung schmackhaft machen sollen. Verkleidet als Potpourri vermeintlich froher Botschaften. Zum Beispiel: Waren werden künftig von Drohnen geliefert, neue Organe von Druckern gedruckt und Menschen zum Mars reisen (siehe unten). »Was ist der Great Reset?«, »Wie sieht die Arbeit der Zukunft aus?«, heißt es da, oder: »Was wäre, wenn Wissenschaftler die neuen Chefs wären?« Darunter befinden sich Videos, die nicht nur die finsteren Pläne des mächtigen WEF offenbaren, sondern auch seine absolut menschenfeindliche Einstellung: Der Mensch wird als Schädling betrachtet, der vom Gesicht der Erde verschwinden muss wie eine lästige Laus (siehe auch 20. März | Völkermord als Umweltschutz). Aber wie verkauft man diesen Läusen nun ihren eigenen Untergang? Ganz einfach, mag man sich beim WEF gesagt haben, denn diese kleinen Läuse haben ja ein großes Gehirn. Und das dient den meisten nicht etwa zum Denken, sondern zum Programmieren – oder besser: zum Programmiertwerden. Denn während herkömmliche Läuse schwer programmierbar sind, da sie einfach zu wenig Gehirn haben und lediglich über ein ROM (Read Only Memory: nicht programmierbarer Speicher) verfügen, macht das RAM (eigentlich RWM: Read And Write

Memory, les- und programmierbarer Speicher) der menschlichen Laus einen großen Teil der Gesamtmasse des Gehirns von über einem Kilogramm Gewicht und von einem Volumen von über einem Liter aus. Als Zugang dienen zu etwa 80 Prozent optische Sinneseindrücke und zu etwa 10 Prozent akustische – oder anders formuliert: schöne Bildchen und Musik. Was dazu führt, dass der Mensch alles, was er optisch und akustisch »wahrnimmt«, auch für wahr nimmt. Auf diese Weise kann man diesen Läusen den größten Unsinn aufschwatzen, sogar den eigenen Untergang: durch kleine Werbefilmchen mit schönen Bildchen und Musik, die uns die Abschaffung der Menschheit gleich viel freundlicher erscheinen lassen.

Doch zum Glück besitzen die WEF-Funktionäre die gleichen Gehirne wie die ihnen verhassten menschlichen Läuse und sind deshalb auch nicht besser – und auch leicht zu durchschauen. Zwar weiß man, dass unsere »Eliten« gern im Verborgenen arbeiten, ihre Absichten verklausulieren und damit hinterm Berg halten. Aber das Spannende ist, dass sie immer wieder ihrer eigenen Eitelkeit und Megalomanie zum Opfer fallen und Videos und Visionen ins Netz stellen, die sie und ihre Mentalität vollständig entlarven … Oder lassen sie gar bewusst die Maske fallen? Betrachten wir beispielsweise das inzwischen berühmt gewordene Video »Acht Vorhersagen für das Jahr 2030«.

Der Weg in die Kollektivierung

Als Erstes sieht man eine schöne Aufnahme des Erdballs, dahinter eine strahlende Sonne. Ein schönes Bild. Dazu beruhigende und leicht geheimnisvolle Musik. Anschließend taucht das makellose Antlitz eines jungen Mannes auf, vielleicht 25 Jahre alt, weich und feminin wirkend. So mögen die Globalisten ihre Opfer am liebsten: jung, unbedarft, ahnungslos, vertrauensselig und ein Äußeres, wie der legendäre »Soyboy« – verweichlicht und verweiblicht durch »Pflanzenöstrogene« in Soja- und anderen Pflanzenprodukten (Studien weisen darauf hin, dass der Verzehr eines Übermaßes an Sojaprodukten Einfluss auf die Männlichkeit haben könnte). »Du wirst nichts besitzen«, sagt das Video uns und dem Sunny- beziehungsweise Soyboy ins Gesicht, um anschließend zu versprechen: »Und du wirst glücklich sein.« Prompt verformen sich die Züge des jungen Mannes zu einem strahlenden Lächeln: Nichts besitzen – muss das schön sein! »Was immer du haben möchtest«, fährt der Film fort, »wirst du mieten« – und zwar von jenen Konzernen, von denen man es früher gekauft hätte. Was die Abschaffung jeglichen Eigentums bekräftigt – jedenfalls des Eigentums der kleinen Leute und Verbraucher. Denn irgendwo müssen ja all diese Dinge, die Häuser, die Autos, die Kleidung – das heißt: der Wohlstand – geblieben sein. Wenn laut dieser Utopie der Normalbürger nichts mehr besitzt, dann muss es doch andere geben, die ganz viel besitzen – um es dann zu vermieten. Oder nicht? Denn bekanntlich sind das Geld oder der Wohlstand ja nie weg – sie gehören nur jemand anders. Und weil das Eigentum an den Waren nicht mehr an den Endverbraucher übergeht, werden die Konzerne ihr Eigentum nicht nur behalten, sondern ausweiten – und weiter darüber bestimmen, versteht sich. So werden alle Produkte zu Dienstleistungen, und wenn dem Dienstleister etwas nicht passt, dann stellt er die Dienstleistung einfach ab – das heißt: die Nutzung des Produktes. Unter anderem dafür benötigt man das berühmte »Internet der Dinge«: um die Produkte steuern und auch abstellen zu können. Die Antwort auf solcherlei Machenschaften kann nur lauten, keine vernetzten oder vernetzbaren Produkte zu kaufen. Aber schließlich kann man dem Soyboy alles einreden – wie einem kleinen Kind. In einem Artikel auf der WEF-Website schwärmt auch eine fiktive Ich-Erzählerin von der schönen, neuen Zukunft: »Ich besitze nichts. Ich besitze kein Auto. Ich besitze kein Haus. Ich besitze keine Geräte oder Kleidung.« Also nicht einmal mehr das berühmte »letzte Hemd« (zitiert nach: *Forbes*, online, 10.11.2016).

Die Idee der Sharing Economy

Tatsächlich schossen in den vergangenen Jahren Miet- und Sharing-Unternehmen wie Pilze aus dem Boden, und alternative Fahrdienste boomten: Überall stehen smarte Mietmobile herum (»Car-Sharing«), und an jeder Ecke stolpert man über haufenweise ausleihbare Fahrräder und Elektroroller. »Die Abkehr vom eigenen Auto sorgt bei Car-Sharing-Anbietern und Chauffeur-Diensten in Deutschland für Goldgräberstimmung. Deutschlands größter Autovermieter Sixt freut sich früher als gedacht über erste Gewinne bei seinem Car-Sharing-Unternehmen DriveNow und will das Erfolgsmodell am liebsten gemeinsam mit BMW nun auch in die USA exportieren«, so die *Hannoversche Allgemeine* (online, 18.11.2014). »Das eigene Auto verliere als Statussymbol immer mehr an Bedeutung«, zitierte das Blatt den Konzernchef der Autovermietung Sixt, Erich Sixt. »Weil der Wunsch nach Besitz nicht mehr so da ist.« Inzwischen ist eine regelrechte »Sharing Economy« daraus entstanden:

Diese Idee »entwickelte sich Anfang des Jahrhunderts und wurde im vergangenen Jahrzehnt populär. Einige ihrer prominentesten Verfechter glaubten sogar, dass die Sharing Economy das gesamte System des Kapitalismus umkrempeln könnte«, so das linke Blatt *Jungle World* (online, 02.04.2020). Eben – denn genau darum geht es ja.

Der Mangel als Mode

»Das Prinzip ›teilen statt besitzen‹ soll auch für ein neues Lebensgefühl stehen, das sich in Werten wie Freiheit, Selbstbestimmung, Unabhängigkeit und Nonkonformismus ausdrückt«, so *Jungle World.* »Entdecke die Freiheit des Mietens«, heißt es neuerdings auch bei dem Elektronikhändler Conrad. Ein guter Witz. Denn modernes Sharing ist das genaue Gegenteil von Freiheit. Von wegen …

- **Freiheit:** Jeder Mietvorgang wird über elektronische Zahlungssysteme abgewickelt und mit Uhrzeit, Ausgangs- und Endpunkt genau protokolliert (Bewegungsprofil).
- **Selbstbestimmung, Unabhängigkeit:** Wenn der Vermieter will, sperrt er den Account oder das Fahrzeug, und man legt keinen Meter zurück.
- **Nonkonformismus:** Während »Sharing« als modern verkauft wird, gibt es dafür auch noch einen weniger attraktiven Begriff: »Kollektivierung«. Die auf modern geschminkte Kollektivierung ist nichts anderes als Kommunismus. Als Teil eines Sharing-Kollektivs muss man mit dessen »Werten« konform gehen (Nutzungsbedingungen), nur dann bekommt man die Dienstleistungen – nach dem Motto: »Das Kollektiv ist alles, das Individuum ist nichts.«

Und wenn das alles schön als »hip« geframed wird, haben wir das, was Aldous Huxley prophezeit hat: Sklaven, die ihre Sklaverei lieben. Eine unschöne Wahrheit lautet zudem: teilen muss man nur bei Mangel; Sharing ist auch ein Ausdruck der Not. Man teilt sich ein Brot, ein Auto, eine Wohnung, weil man sich all das allein nicht leisten kann oder nicht genug davon da ist: »Denn dass sich vor allem junge Menschen für die Sharing-Angebote interessierten, lag weniger an einem vermeintlich hippen Lebensgefühl als an ihrer wirtschaftlichen Lage«, so *Jungle World.* Und: »Nach einer Analyse der US-amerikanischen Notenbank habe die Generation der Millennials, die in den 80er-Jahren des vergangenen Jahrhunderts oder später geboren wurde, ein signifikant niedrigeres Einkommen als die Generationen davor. Sie bevorzugte im Urlaub nicht deshalb eine Airbnb-Wohnung, weil sie sich für die Sharing-Konzepte begeisterte, sondern weil sie sich vergleichbare Hotelzimmer einfach nicht leisten kann. Sie benutzte Uber, weil es billiger war als herkömmliche Taxis. Sie war Opfer der Finanzkrise, und ihr Verhalten wurde weniger von dem Wunsch nach einem kollaborativen Lifestyle bestimmt als von ihren knappen finanziellen Ressourcen« (ebenda).

Organe aus dem Drucker

Doch zurück zum World Economic Forum: »Die USA werden nicht mehr die globale Supermacht sein«, prophezeit das erwähnte Video zu einem Bild von dem (einst) belebten Manhattan. Sondern »eine Handvoll Länder werden dominieren«. Aha – klingt so nach Gewaltenteilung. Ist das nicht auch besser so? Zufrieden schaut man weiter. »Du wirst nicht sterben, während du auf einen Organspender wartest«, verkündet der Streifen anschließend zu einer Animation eines »Organdruckers« eine weitere frohe Botschaft: »Wir werden keine Organe mehr transplantieren – wir werden sie ausdrucken.« Tolle Kerle, diese Leute vom WEF! Einsatzfähig ist so etwas selbstverständlich (noch) nicht. Denn wozu sollte man für die menschlichen Läuse derartige Technologien entwickeln? Wenn Sie mich fragen: wenn man so etwas tut, dann höchstens für die oberen Zehntausend. Viel realistischer ist da schon das Modell aus dem dystopischen Spielfilm *Die Insel*, wo in einem unterirdischen Habitat als Ersatzteillager exakte Klone »echter« Menschen gezüchtet werden, um im Bedarfsfall (aus-)geschlachtet zu werden. Aber auch das ist eigentlich nicht nötig, denn schon heute existiert eine schwunghafte Organproduktion, bei der Organe von Menschen der Dritten Welt »geerntet« und für Geld verhökert werden, wenn auch nicht so institutionalisiert wie in *Die Insel*. »In den Slums der Philippinen haben viele Männer eine ihrer Nieren zum Preis eines Laptops verkauft«, heißt es in der Beschreibung des kanadischen Dokumentarfilmes *Schwarzmarkt Organhandel* aus dem Jahr 2013. »Viele Menschen – vor allem in der Dritten Welt – verkaufen aus purer Not ihre Niere. Vielleicht bekommen sie für ihr Organ 2500 Dollar, während der Patient, dem es eingepflanzt wird, mindestens 100 000 Dollar bezahlen muss. So nimmt der illegale Handel mit menschlichen Organen weiter zu« (ARD, ausgestrahlt am 21.01.2014). In China sollen Anhänger der Weltanschauung Falun Gong gezielt verhaftet und ermordet werden, um ihre Organe »zu ernten«. So gesehen wären »Organdrucker« vielleicht doch eine feine Sache – außer für die Armen, für die der Verkaufserlös ihres Organs die letzte Hoffnung ist. Noch einfacher wäre es freilich zu behaupten, dass in Wirklichkeit »geerntete Organe« aus einem »Drucker« stammen. Bei den PR-Agenturen des Planeten kann man schließlich jedes gewünschte Narrativ bestellen.

Wälder statt Steaks

»Fleisch« im weitesten Sinne ist überhaupt ein wichtiges Thema in dem WEF-Spot. »Du wirst viel weniger Fleisch essen«, liest man da zu einer Aufnahme eines leckeren Steaks. Und während sich das Bild in einen schönen sonnendurchfluteten Wald verwandelt: »Ein gelegentlicher Genuss, kein Grundnahrungsmittel, zum Besten für die Umwelt und unsere Gesundheit.« Wenn wir schöne Wälder und eine schöne Natur wollen, müssen wir also auf Fleisch verzichten. Auch der »anthropogene Klimawandel« darf nicht fehlen: »Eine Milliarde Menschen werden durch den Klimawandel vertrieben werden«, unkt das Video zu einer trostlosen, ausgetrockneten Landschaft, »und wir müssen beim Empfang und der Integration von Flüchtlingen einen besseren Job machen.« Kein Problem – machen wir. Aber warten Sie mal: eine Milliarde? Wo soll die hin? Egal, dann müssen wir eben zusammenrücken! Und zwar, indem »jemand anderes unseren freien Platz nutzt, wenn wir ihn nicht brauchen«, heißt es in dem erwähnten Artikel auf der WEF-Website. Womit wir wieder beim Sharing und dem Mangel wären: »Mein Wohnzimmer wird für Geschäftstreffen genutzt, wenn ich nicht da bin.« Gemütlich: Wie sieht so ein »Wohn-Arbeits-Konferenz-Zimmer« aus, in dem ständig fremde Leute ein- und ausgehen? Und wenn Immobilien derart »nachhaltig« genutzt werden, wie die Kojen in einem U-Boot, dann heißt das im Umkehrschluss, dass nur noch wenig Platz zur Verfügung stehen kann, denn sonst wäre das ja nicht nötig. Das heißt: Die schöne neue Welt des WEF ist nichts weiter als eine Mangelwirtschaft, in der Qualität und Quantität zurückgehen. Und knapper Wohnraum und verfallende Bausubstanz sind ein Merkmal des Sozialismus.

»Luftverschmutzer werden für ihre Kohlendioxidemissionen zahlen müssen«, belehrt einen das Filmchen zu den rauchenden Schloten einer Industrieanlage. »Es wird einen weltweiten Preis für Kohle geben, und das wird fossile Brennstoffe Geschichte werden lassen.« Und die Wirtschaft gleich mit. In Wahrheit ist das ein Angriff auf die heimische Energieversorgung vieler Länder. Siehe Bundeskanzlerin Merkels »Energiewende«: Statt Kraftwerke noch umweltfreundlicher zu gestalten, werden sie gleichermaßen »weggeworfen« und die Kohle zum Auslaufmodell erklärt. Jahrhundertelang war sie jedoch das Rückgrat der deutschen Energieversorgung und sollte auch weiterhin eine tragende Rolle spielen, aber stattdessen wird das Land der Energiepreisgestaltung und Lieferbereitschaft seiner Nachbarn ausgeliefert. Heißt: In naher Zukunft muss man Deutschland nicht mehr bombardieren, sondern ihm nur noch den Strom abdrehen. Durch Merkels Energiewende hat das Land schon heute die höchsten Strompreise der Welt – unverantwortlich im Hinblick auf Bevölkerung, Wirtschaft und Industriestandort (*Berliner Zeitung*, 23.09.2020). Zuletzt ging der Bundesrechnungshof »hart mit der Energiewende von Peter Altmaier (und Merkel) ins Gericht«, so das Europäische Institut für Klima und Energie, EIKE: »Zu hohe Strompreise, zu teuer, große Gefahr von flächendeckenden Stromausfällen.« – »Nach Abschaltung aller Kohle- und Kernkraftwerke entstehe eine Lücke von mehr als 5 Gigawatt«, so EIKE am 31. März 2021 über einen Bericht des Bundesrechnungshofes. »Im Ministerium gäbe es keine Untersuchungen zu den möglichen Folgen anhaltender flächendeckender Stromausfälle. Dazu zählen: Fehlende Beleuchtungs- und Bewässerungsmöglichkeit ganzer Bundesländer; Ausfall der Krankenversorgung, wenn die Hospitäler nach etwa 36 Stunden keinen Treibstoff für ihre Generatoren mehr haben; teilweiser Ausfall der Nahrungsmittelversorgung und wirtschaftliche Schäden durch Ausfall ganzer Branchen.«

Besonders anschaulich wird der Wahnsinn, wenn noch funktionsfähige Kraftwerke gesprengt werden, als seien die Alliierten noch dabei, den Morgenthau-Plan umzusetzen, um Deutschland in einen Agrarstaat zu verwandeln (dabei wäre das ja noch ein Glück – denn heutzutage wird auch die Landwirtschaft massiv bekämpft). Die Brücken zu einer stabilen und preisgünstigen Stromversorgung sollen endgültig abgebrochen werden. So wurde 2020 das »rentable und sichere« (EIKE) Kernkraftwerk Philippsburg II stillgelegt und die Kühltürme in die Luft gejagt. Zumindest, so EIKE, hätte man Philippsburg II »für den Notfall einmotten können, um es im Falle einer echten Pandemie oder eines Netzzusammenbruches in 2, 3 Tagen wieder hochfahren zu können« (online, 17.05.2020). Schließlich stellt ein solches Kernkraftwerk auch einen Milliardenwert dar. Doch darum geht es gar nicht, sondern um einen Angriff auf die Energieversorgung. Besonders dick sollte es Ende 2021 kommen, denn dann sollten laut Bundesumweltministerium gleich drei Atomkraftwerke auf einmal oder in kurzem Abstand abgeschaltet werden, also die Hälfte der verbliebenen Kernkraftwerke. Da so dumm niemand sein kann, ist das eigentlich nur mit Absicht zu erklären, denn mitten im Winter liefern die »alternativen Kraftwerke« wie Windräder und Photovoltaikanlagen kaum Energie – bei gleichzeitig bestehendem erhöhtem Strombedarf, versteht sich! Gleichzeitig heizte die EU mit Sanktionsdrohungen einen Konflikt mit Belarus an, bis Präsident Lukaschenko damit drohte, Europa den Gashahn abzudrehen (*Bild*, online, 11.11.2021). Mit dieser sich öffnenden Schere zwischen Energieerzeugung und Nachfrage stand für Millionen Menschen eine Bombe ins Haus, nämlich der Blackout – mit allen möglichen Folgen, einschließlich Zusammenbruch der Wasserversorgung, Einfrieren und Bruch von Trinkwasser- und Heizungsleitungen, Beschädigung der Bausubstanz und Unbewohnbarkeit von ganzen Siedlungen oder Städten. Falls Sie sich, wenn Sie dieses Buch lesen, an so etwas nicht erinnern, könnte es daran liegen, dass Deutschland (und damit Sie) horrende Summen für ausländischen »Notstrom« bezahlt hat – natürlich häufig aus Kernkraftwerken.

Völkermord konkret

»Die Mischung aus Naivität und Zynismus ist atemberaubend«, ist sogar der *Zeit* aufgefallen: »Kein Wunder, dass Verschwörungstheoretiker im Great Reset ein Komplott der sogenannten Eliten sehen, wahlweise den Sozialismus oder ökonomischen Faschismus einzuführen. Für sie passt jetzt endlich alles zusammen. Covid-19 und der Lockdown waren alles nur Tricks, um die ahnungslosen Massen auf das wahre Ziel hinzusteuern. Hört man den Davos-Vordenkern und ihren von der eigenen Grandiosität überzeugten Aussagen zu, muss man noch nicht einmal sonderlich paranoid sein, um auf solche Ideen zu kommen« (online, 01.02.2021). Eben – das ist es ja. Und während Milliarden Menschen unter »Lockdowns« leiden, verkündet ein WEF-Filmchen vom Februar 2021 ungerührt: »Lockdowns verbessern Städte rund um die Welt!« Dieselben Lockdowns also, die weltweit schon jetzt Hunderte Millionen Menschen ins Elend gestürzt haben. Der indische Premierminister Narendra Modi zum Beispiel »erschien am 24. März 2020 im Fernsehen und erklärte eine sofortige landesweite Ausgangssperre. Niemand durfte gehen, wo immer er oder sie sich gerade befand. Alle Flüge, Züge (nach 167 Jahren Dauerbetrieb) und Straßentransporte kamen vollständig und kreischend zum Stillstand«, berichtete die Nachrichtenseite *ZeroHedge* am 2. April 2021 über Lockdown-Folgen, die hierzulande gern verschwiegen werden. »In einem Land, in dem an einem typischen Tag 300 Millionen Menschen hungrig ins Bett gehen, wurden viele weitere sofort dem Hungertod preisgegeben.« Wer einen solchen Präsidenten hat, braucht keine Feinde mehr.

Notizen aus dem Hungertagebuch

»Dutzende Millionen Wanderarbeiter – vielleicht sogar 100 Millionen oder mehr –, die von der Hand in den Mund lebten«, saßen an Ort und Stelle fest, »wo sie ohne Job nicht überleben konnten.« – »Die Menschen durften ihre Häuser nicht verlassen, auch nicht zum Einkaufen. Letzteres wurde nach einigen Tagen geändert, als die Regierung erkannte, dass die Menschen essen mussten.« Na, immerhin! Auf Twitter führte der indisch-kanadische Ökonom Jayant Bhandari ein »Hungertagebuch«. Schon Anfang April 2020 schrieb er: »Hungerspiele, Tag 8: Hunderte Millionen sind verzweifelt. Die Schlangen werden immer länger. In der Wirtschaft ist dies ein Zeichen für Engpässe. Genauso wie Wucherpreise« (Jayant Bhandari, Twitter, 01.04.2020). Und: »Hungerspiele, Tag 15: Lebensmittelgeschäfte wurden aufgefordert, ihre Öffnungszeiten zu verkürzen. Stattdessen sollte Gemüse von der indischen Regierung geliefert werden, die für 1 oder 2 Tage auftauchte und dann verschwand. Indem sie den Straßenverkehr lahmgelegt hatte, hatte sie auch die Lieferkette unterbrochen. Hunderte von Millionen hungern« (Jayant Bhandari, Twitter, 10.04.2020).

Hungerspiele, Tag 67

Und zu einem Twitter-Video aus Indien schrieb Bhandari: »Hungerspiele, Tag 67, Indien: In der glühenden Hitze leiden Wanderarbeiter schrecklich unter dem Mangel an Nahrung und Wasser. An einem Bahnhof, der schon ewig keinen Zug mehr gesehen hat, versuchen zwei Kinder, ihre tote Mutter aufzuwecken.« Wahrscheinlich ist sie als »Corona-Tote« in die

Statistik eingegangen. Und das war schon vor fast einem Jahr, am 27. Mai 2020 (Jayant Bhandari, Twitter, 27.05.2020). »Heute, 1 Jahr später, aufgrund des weitverbreiteten Hungers und der Armut, kann die Regierung die Menschen nicht länger davon abhalten, auszugehen«, so *ZeroHedge* am 2. April 2021. »Massive Verzweiflung hat eingesetzt. Die Zahl der Bettler erinnert an die 1980er-Jahre. Die Menschen suchen verzweifelt nach Jobs. Indien hat mindestens 75 Millionen neue Menschen in die Armut verbannt. Die indische Wirtschaft schrumpfte 2020 um 10,3 Prozent und wurde damit zu einer der schwächsten der Welt« (*ZeroHedge*, ebenda). Das heißt: Dieselben Inder, die Corona-Papst Bill Gates so gern impft, lässt er durch den Lockdown gleichzeitig verhungern. Der Corona-Völkermord, der hierzulande vorerst nur abstrakt erfahrbar ist, ist in Indien ganz konkret.

Endlich schweigen die Lämmer

Na und? Denn wissen Sie, was die Inder (und natürlich auch wir) dafür kriegen? Ganz einfach – endlich Ruhe: leere Straßen, leere Städte und einen leeren Planeten, wie man ihn sonst nur aus dystopischen Filmen kennt. Kein Verkehr, keine Flugzeuge, kein Knattern, Rattern, Bohren und Werkeln, kurz: alles, was unser Nachbar in der Reihenhaussiedlung schon immer verdammt hat. Denn endlich schweigen die Lämmer; endlich ist mal Ruhe im Karton – ist das nicht schön? Aber genauso wie es sich mit den rauchenden Schloten verhält, verhält es sich eben auch mit Stadt-, Verkehrs- und Handwerksgeräuschen: Überall da, wo es brummt, knattert, hupt und bohrt, da tut sich auch etwas, und da, wo sich Stille ausbreitet, verwandelt sie sich letztlich in Grabesstille. »In einigen Städten hat das Umgebungsgeräusch um 50 Prozent abgenommen«, freut sich das WEF über die brachliegende Wirtschaft, »während weniger Menschen Verkehrsmittel benutzen und Fabriken geschlossen haben.« Das heißt: wo Menschen finanzielle Not und oft schon physisches Elend erleiden müssen. Nicht doch: »Wissenschaftler haben 2020 eine Welle der Ruhe rund um den Planeten beobachtet«, schwärmt das World Economic Forum. Das seismische Grundzittern des Planeten habe den niedrigsten Wert seit Jahrzehnten erreicht. Wissenschaftler könnten so Erdbeben besser vorhersagen. Wir haben unsere Existenzen also nicht umsonst geopfert, die Inder verhungern nicht vergeblich auf der Straße, sondern dafür, dass der Planet (angeblich) ein bisschen weniger zittert. Natürlich nur, wenn man hoch entwickelte Messgeräte hat, um das wahrzunehmen. Wenn man nichts mehr zu essen hat, nützt das allerdings auch nicht viel.

Der Himmel über dem Friedhof

Dafür ist der Himmel über dem Friedhof doch so schön blau: »Klare Stadtluft von Asien bis Amerika«, so das WEF-Video; die Kohlenstoffemissionen hätten 2020 um 7 Prozent abgenommen. Hurra: Die Erde wird zum Luftkurort – allerdings stellenweise schon ohne Kurgäste. Und vom Verwesungsgeruch einmal abgesehen. Denn dieser Rückgang bedeutet, dass sich die Atmung der Menschheit verflacht: Da fast jede menschliche Tätigkeit CO_2-Emissionen verursacht, ist ein drastischer Rückgang des CO_2-Ausstoßes ein Zeichen für eine drastische Abnahme menschlicher Aktivitäten, insbesondere von Produktion und Verkehr. Wirtschaft und Verkehr hängen nun einmal untrennbar zusammen. Wenn keine Räder mehr rollen, dann gibt es auch keine Wirtschaft mehr und nichts mehr zu kaufen und auch nichts mehr zu essen. Ich sage nur: »Lieferketten«. Überdies hat der Lockdown auch so manche politische Lüge entlarvt: So haben die Stickoxidwerte an Stuttgarts angeblich so problematischen Straßenkreuzungen während des Lockdowns keineswegs abgenommen – was beweist, dass die dortigen »Verschmutzungswerte« mit dem Verkehr nur wenig zu tun hatten. »[…] ausgerechnet die in den vergangenen Jahren im Fokus stehende Stickoxidausbreitung durch Diesel-Pkw sorgt für Überraschungen: Trotz des geringeren Verkehrsaufkommens wegen der Corona-Krise sind die Stickstoffdioxidwerte in den deutschen Innenstädten weiterhin vergleichsweise hoch«, schrieb *Focus Online* am 21. April 2020. Ja, wie kommt das denn? Davon abgesehen, dass sich klare Luft, Verkehr und Wirtschaftswachstum keineswegs ausschließen: Noch nie in der Geschichte sind Mensch und Maschine in Deutschland so sauber unterwegs gewesen – auch schon vor dem Lockdown. Aber, versucht das WEF seinen Klimamythos zu retten, der Klimawandel werde natürlich nur aufgehalten, wenn wir das Lockdown-Niveau beibehalten.

So langsam gerät das WEF deshalb auch ins Fadenkreuz von Kritikern. Mit dem Video über die »Stillen Städte« erlebte der Korporatistenklub Ende Februar 2021 sein erstes Waterloo. Besonders alarmierend an dem Filmchen sei gewesen, »wie das Weltwirtschaftsforum Praktiken, die massiven Schaden für Wirtschaft und Privatexistenzen bedeutet, hochjubelt und sie mit dem ›Great Reset‹ verknüpfte«, kritisierte etwa das Internetportal *Freie Welt*. Nach heftiger Kritik wurde das Filmchen von

Twitter zurückgezogen: »Wir löschen diesen Tweet. Lockdowns sind keine ›leise Verbesserung der Städte‹ auf der ganzen Welt«, ruderte das WEF zurück. Eine Entschuldigung für diese menschenverachtende Aussage suchte man allerdings vergebens. Stattdessen hieß es ebenso rechthaberisch wie falsch: »Aber sie sind ein wichtiger Teil der Reaktion des öffentlichen Gesundheitswesens auf Covid-19« (WEF, Twitter, 27.02.2021). Viele andere menschenverachtende Videos löschte das WEF dagegen nicht. Im Gegenteil wurden weitere davon produziert, wie das Beispiel der »intelligenten Maske« zeigt (siehe Seite 70).

Fazit: Die Aussagen des WEF sind an Menschenfeindlichkeit nicht zu überbieten. Der Retter ist in Wahrheit der Henker: saubere Luft, menschenleere Städte und schöne Natur im Austausch gegen Hunderte Millionen, wenn nicht Milliarden Kranke und Tote. Dabei ist ein schöner und gesunder Planet auch *mit* Menschen zu erreichen, wie die zahlreichen Verbesserungen und Lösungsvorschläge in allen Bereichen des Umweltschutzes zeigen (die inzwischen allerdings häufig übertrieben und politisch motiviert sind). Die Medien des WEF und insbesondere die besprochenen Videos aber atmen die Ideologie von Kammerjägern im Angesicht von Kakerlaken. Und auch die Strategien sind dieselben: Vernichtung der Lebensgrundlagen, Nahrungsentzug, Ersticken und chemische beziehungsweise biologische Bekämpfung, in diesem Fall durch Impfungen …

Papperlapapp! Die Zukunft kann doch so schön sein: »Du könntest dich auf eine Reise zum Mars vorbereiten«, vermischt das WEF-Video seine Hiobsbotschaften mit futuristischem Talmi. »Wissenschaftler haben herausgefunden, wie man im Weltraum gesund bleiben kann.« Seltsam – haben sie das nicht schon vor Jahrzehnten herausgefunden, bevor die *Apollo*-Astronauten zum Mond flogen? Oder wie sind sie dorthin gelangt, wenn nicht durch den Weltraum? Sie werden sich ja wohl kaum durch einen riesigen Berg Hirsebrei gefressen haben, wie einst im Schlaraffenland. Bitte keine Zweifel: Denn die Marsreise ist möglicherweise »der Beginn einer Reise auf der Suche nach fremdem Leben«. Au ja! Abenteuer! Darf ich einem Alien die Hand schütteln – oder was auch immer? Bitte, bitte!

Februar 2021

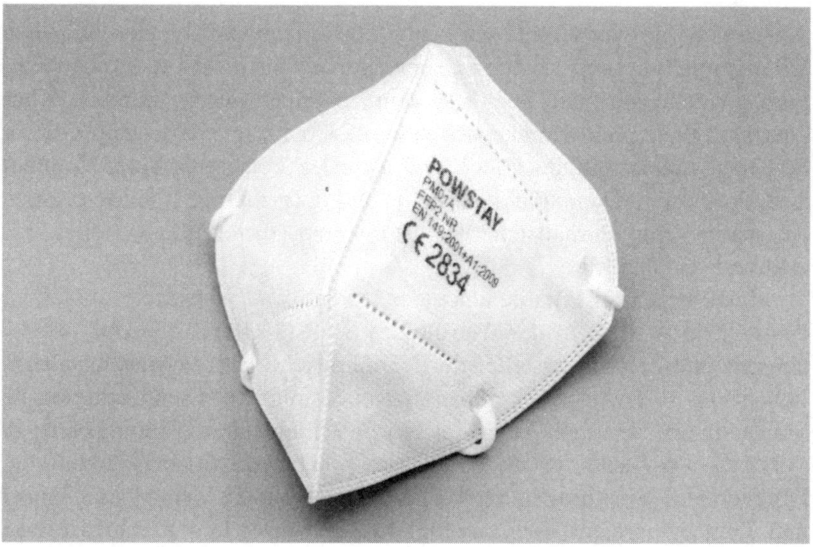

Thema des Monats

19.2. »Intelligente Maske«: ein Atmungshindernis als Atemhilfe

3.2. Der ehemalige Top-Banker Mario Draghi wird in Italien mit der Regierungsbildung beauftragt – ***5.2. Journalisten werden für »systemrelevant« erklärt*** – **7.2.** Bei einem Gletscherlauf in Dehradun, Indien, kommen mindestens 18 Menschen ums Leben, 200 werden vermisst – **10.2.** Die Ministerpräsidenten und Bundeskanzlerin Merkel beschließen weitere Verlängerung der verfassungs- und rechtswidrigen Corona-Maßnahmen – ***13.2. Der Senat der USA spricht Ex-Präsident Donald Trump in seinem zweiten Amtsenthebungsverfahren frei (siehe 6. Januar: »Sturm« auf das Kapitol, S. 36) – 19.2. Das Weltwirtschaftsforum (WEF) stellt eine »intelligente Maske« vor*** – **24.2.** Südafrika: Im Rahmen einer »Afrikanisierungskampagne« werden Stadt und Flughafen von Port Elizabeth in Gqeberha beziehungsweise Chief Dawid Stuurman International Airport umbenannt.

5. Februar
Preisfrage: Sind Sie systemrelevant – oder können Sie weg?

An diesem Morgen wachte ich schon wieder schweißgebadet auf: »Bin ich eigentlich systemrelevant?«, schreckte ich hoch. Mit zitternden Fingern googelte ich mich noch vor dem Frühstück durchs Internet. Klar: Ärzte, Pfleger oder Krankenschwestern. Oder vielleicht auch Bäcker, Schuster, Lebensmittelhändler? Und natürlich Feuerwehrleute, Sanitäter und Polizisten. Denn die müssen ja auf alle nicht Systemrelevanten aufpassen. Aber Journalisten? Was ist mit Journalisten? Da – endlich: die erlösende Schlagzeile:

»Land bestätigt: Mitarbeitende der Medien sind systemrelevant«, hieß es in einem Artikel auf der Website des NDR (19.01.2021). Und: »Journalisten und Zeitungszusteller dürften demnach ›auch im unwahrscheinlichen Fall einer Ausgangssperre‹ dienstlich unterwegs sein, schreibt die Staatskanzlei an den Verband Nordwestdeutscher Zeitungsverlage (VNZV). Das gelte für die Mitarbeiter ›aus Redaktionen, Produktion, Druckereien, Speditionen und Vertriebsabteilungen der Medienhäuser und Zeitungsverlage‹. Begründung: Medienhäuser und Zeitungsverlage seien ›kritische Infrastrukturen‹, also Organisationen und Einrichtungen mit wichtiger Bedeutung für das gemeine Staatswesen.« – Quatsch: für das »staatliche Gemeinwesen«. Auch der »Freistaat« Bayern »ordnete die Journalisten jetzt der Gruppe der Vertreter einer sogenannten kritischen Infrastruktur zu« (Bayerischer Journalistenverband, online, 27.04.2021). Na, bitte – erleichtert wischte ich mir erst einmal den Schweiß ab.

Aber jetzt mal im Ernst: Der Begriff »Systemrelevanz« für Menschen wurde eigentlich nie hinterfragt. Die Republik diskutierte über einzelne Berufe und Branchen, ohne zu merken, welche Weltanschauung sie damit akzeptierte. Denn erstaunlicherweise ist bisher anscheinend noch niemandem aufgefallen, was »Systemrelevanz« eigentlich beinhaltet: Sie impliziert, dass alle anderen nicht relevant sind – also praktisch verzichtbar. Dabei sind in einer Volkswirtschaft alle arbeitenden Menschen »systemrelevant«, denn natürlich ist jeder produktive Wirtschaftsbetrieb wichtig: das Restaurant genauso wie der Friseur, das Fitnessstudio, das Bekleidungsgeschäft, das mittelständische Unternehmen usw. Ohne sie bricht die Wirtschaft zusammen, das heißt: unsere Lebensgrundlagen. Nicht zuletzt zahlen sie Steuern, während Unternehmen im Lockdown Geld KOSTEN. Der Begriff »systemrelevant« ist also eine Ohrfeige für jeden arbeitenden, »nicht systemrelevanten« Menschen.

Geimpft = »gesund«

Interessant ist, was alles als nicht systemrelevant betrachtet wird:

- Schulen, Bildung, Bibliotheken, Buchhandlungen – der gesamte Bereich des Wissens und der Bildung wird oder wurde zeitweise geschlossen oder in seiner Arbeit massiv behindert;
- psychische Gesundheit von Kindern und Erwachsenen (psychische Schäden durch Existenzängste, Abstands- und Maskenterror etc.);
- physische Gesundheit (Fitnessstudios, Tennisplätze, Schwimmbäder etc.);
- Entspannung, Erfahrung, Horizonterweiterung (Urlaub, Reisen, Feiern etc.);
- soziale Begegnungen (Besuche, Familienfeiern etc.);
- Opposition, Meinungsfreiheit, Demonstrationen (werden behindert und kriminalisiert).

Also alles, was der Mensch zum Leben und zur freien Entfaltung seiner Persönlichkeit braucht (Artikel 2 Grundgesetz). Gesundheit wird im Wesentlichen nur noch nach »infiziert«/»nicht infiziert« und geimpft/nicht geimpft beurteilt. Nach dem Motto: Ein geimpfter Toter ist immer noch gesünder als ein nicht geimpfter Lebender.

Von Helden und nutzlosen Essern

Auf der menschlichen Ebene aber ist jeder systemrelevant: Opa und Oma genauso wie Säugling, Schulkind oder Student. Denn nicht relevant sein, bedeutet überflüssig und verzichtbar zu sein, quasi unwertes Leben, und damit sind wir bei der faschistischen Einstellung, die sich hinter diesem Begriff verbirgt. Es ist eine Einteilung nach bedeutend und verzichtbar, eine Art Triage auf zwei Ebenen. Dasselbe gilt für den Heldenkult, der um einige Tätigkeiten herum geschaffen wurde, wie beispielsweise im Medizinbereich. In Wirklichkeit ist in dieser Situation jeder ein Held: das Kindergartenkind genauso wie der Kurzarbeiter, das Schulkind genauso wie die vereinsamte Seniorin, der existenziell bedrohte Unternehmer genauso wie der entlassene Arbeitnehmer. Und so müssen sie auch behandelt werden. Umso mehr, je weniger sie mit dem Strom schwimmen, wie die öffentlich gefeierten Helden aus dem Medizinbereich, die ja alle so tapfer um unser Leben kämpfen und uns mit schädlichen Impfstoffen spritzen, auf ihren Stationen vereinsamen lassen oder nicht behandeln, weil »Corona-Kranke« vorgehen. »Systemrelevante« oder besser systemtreue Polizisten, Lehrer, Ärzte, »Wissenschaftler«, benehmen sich immer weniger wie Helden (wie übrigens auch der Fall Ahrtal zeigt; dazu später mehr).

Das System ist nicht relevant für mich …

Aber wie kommt das alles? In welchem System leben wir denn? Um welches System geht es im Hinblick auf »systemrelevant«? Das demokratische System kann es aus dem genannten Gründen nicht sein, sondern es ist das System der Pharmatyrannei. Nur aus dessen Sicht kann man die vielen willigen Helfer aus dem Medizin- und Medienbereich, die die Impf- und Corona-Agenda vorantreiben, zu Helden erklären. Aus der Sicht des medizinisch-industriellen Komplexes ist fast jede andere Branche irrelevant, bis auf die, die das »Impfvieh« noch eine Weile am Leben erhalten, wie beispielsweise Supermärkte, Wasserwerke, Heizkraftwerke usw., also die unmittelbar überlebenswichtige Infrastruktur. Und natürlich diejenigen, die den Leuten noch die richtige Geschichte über den ganzen Irrsinn erzählen – nämlich Journalisten. Alles andere kann – nein: muss – weg. Alle nicht »Systemrelevanten« – beziehungsweise nutzlosen Esser – werden seit einem Jahr systematisch in den Ruin getrieben und ihrer Freiheiten und Lebensgrundlagen beraubt. Zu Helden stilisiert werden hauptsächlich diejenigen, die das Pharmasystem und seine Lügen unterstützen. Von einer Pharmadiktatur ist im Grundgesetz jedoch nicht die Rede, und sie hat daher auch keine Loyalität verdient. Nach dem Motto: Wenn ich nicht systemrelevant bin, ist das System nicht relevant für mich …

19. Februar
Künstliches Asthma – die intelligente Maske

Aah – ich bin so erleichtert! Schon bald ist Schluss mit der FFP2-Maske. Denn sie raubt mir den Atem genauso wie beim Treppensteigen die Sicht und betäubt mich mit meiner eigenen CO_2-Rückatmung. Also weg damit! Alles Mögliche wurde in dystopischen Filmen schließlich bereits durchgespielt, ich kenne aber keinen, in dem die Menschen Masken hätten tragen müssen, die ihre Atmung reduzieren. Sauerstoff ist unser wichtigstes Lebensmittel, das wir im Normalbetrieb alle 10–15 Sekunden in ausreichender Menge benötigen. Erst danach folgt Wasser. Während wir es ohne Atmung nur ganz wenige Minuten aushalten können, kann man ohne Wasser – je nach Umständen – etwa 2–3 Tage überleben. Bei den Masken, egal, ob herkömmliche »Mund-Nasen-Bedeckung« oder FFP2-Maske, handelt es sich um Mittel der Atemreduzierung und -kontrolle. Vor 2 Jahren, 2019, hätte es sich noch niemand im Ansatz vorstellen können, dass der Staat Hand an unsere Atmung legen würde und wir das akzeptieren würden. Laut einschlägigen Untersuchungen sammelt sich das ausgeatmete CO_2 unter den Masken, um wieder eingeatmet zu werden, wodurch die Versorgung mit Sauerstoff verringert wird. Laut einer Studie der Technischen Universität München aus dem Jahr 2006 kann die daraus folgende »Hyperkapnie« (erhöhter Kohlendioxidgehalt im Blut) »verschiedene Hirnfunktionen einschränken«. Insbesondere bei der FFP2-Maske tritt auch ein erhöhter Atemwiderstand auf, was man daran erkennt, dass sich die Maske beim Einatmen zusammenzieht. Das Ergebnis ist eine Art künstliches Asthma. Nach einer Untersuchung der Universität Leipzig wird »das Atemminutenvolumen, also die reine Atemarbeit, [...] durch das Tragen einer handelsüblichen FFP2-Maske um etwa 25 Prozent reduziert, erklärte Studienleiter Dr. Sven Fikenzer. Die Masken beeinträchtigen also nicht nur im Sinne eines Fremdkörpers, sondern sorgen im Schnitt auch für ein Viertel weniger Luft pro Minute« (*mdr.de*, 24.07.2020, nicht mehr abrufbar). Auch wenn man, wie beispielsweise junge, gesunde Menschen, das nicht gleich spürt, kann durch die mangelhafte Sauerstoffversorgung die Gesundheit geschädigt werden, indem zum Beispiel unmerklich Gehirnzellen absterben. Unter anderem deshalb ist in den Arbeitsschutzgesetzen auch festgelegt, dass man jeweils nach 75 Minuten Tragezeit eine Pause von einer halben Stunde einlegen muss. (Deutsche gesetzliche Unfallversicherung: »FFP2-Masken richtig benutzen«, online, 19.01.2021).

Wobei man CO_2-Emissionen durch Wirtschaft und Verkehr und die Rückatmung von CO_2 in Masken übrigens nicht verwechseln darf. Denn die CO_2-Konzentration in einer Maske übertrifft jede mögliche Konzentration des Kohlendioxids in der Atmosphäre um ein Vielfaches. Und eine Rückkehr zum Leben ohne Maske soll es gar nicht geben – sondern stattdessen eine bessere Maske! Ja, wirklich. Am 19. Februar veröffentlichte das World Economic Forum (WEF) ein Video über eine »intelligente Maske« namens »BreathTech-S3« – also nicht »Breath Take«, sondern

»BreathTech«. Ein nettes phonetisches Wortspiel. Was als bahnbrechende Erfindung verkauft wird, ist in Wirklichkeit aber ein einziger Reparaturbetrieb, der indirekt all die Probleme mit der Maske einräumt, die man sonst so gern unter den Tisch fallen lässt. Zum Beispiel die Umweltfrage: Die neue Maske sei »nachhaltig«, was auf den Umstand hinweist, dass die herkömmlichen Plastikmasken das eben nicht sind, sondern 450 Jahre brauchen, »um sich in der Natur abzubauen« (*Stuttgarter Zeitung*, online, 11.06.2020). Tatsächlich heißt es auch in dem WEF-Video, die »Wegwerfmasken« (für die 2020 166 Milliarden Dollar ausgegeben worden und die nach Gebrauch im Meer oder auf Deponien gelandet seien) »sind ein großes Umweltproblem geworden«. Die neue, »intelligente« Maske enthalte dagegen »biologisch abbaubare« und »recycelbare Komponenten«, was darauf hinweist, dass das vorher nicht der Fall war. Und was darauf aufmerksam macht, dass andere Bestandteile der neuen Maske eben nicht biologisch abbaubar sind, wie zum Beispiel die dann anfallenden Milliarden Sensoren, Chips und Batterien. Kurz: Das WEF spielt sich nun als Troubleshooter für selbst geschaffene Probleme auf: Denn natürlich entstand diese Müllmisere erst durch die abwegige Politik des WEF, der WHO und ihrer internationalen Handlanger wie Söder und Merkel. Doch die Krönung fehlt noch: Durch ihre Umweltfreundlichkeit mache es die neue Maske dem Planeten etwas leichter, zu atmen. Ein Atmungshindernis als Atmungshilfe: Darauf muss man erst einmal kommen!

Künstliches Asthma

Auch die schleichende CO_2-Vergiftung durch die Masken soll durch das neue Modell behoben werden – womit indirekt eingeräumt wird, dass die herkömmlichen Masken die Atemluft mit Kohlendioxid anreichern. In seinem Filmchen über die neue Wundermaske räumt das WEF das CO_2-Problem mit den Masken denn auch ein: »Wenn sich im Inneren zu viel CO_2 angesammelt hat«, heißt es da, »weist sie dich darauf hin, etwas frische Luft zu atmen.« Was erstens bedeutet, dass die Luft innerhalb einer Maske eben nicht frisch ist und wir die meiste Zeit gezwungen werden, verbrauchte Luft zu atmen. Und zweitens, dass man nicht mehr auf die eigenen Sinne vertrauen soll, sondern auf die Sensoren eines Chips. Es wird also Leute geben, die auf das Ok der Maske warten, bis sie sich trauen, frische Luft zu schnappen. Und wenn das Ok nicht kommt? Die Maske trotzdem abnehmen empfiehlt sich nicht, denn vermutlich registriert sie das und meldet es per App dem Großen Bruder – der daraufhin ein Bußgeld oder Schlimmeres verhängt. Natürlich könnte die dazugehörige App theoretisch auch die Atemfrequenz registrieren und melden, woraus sich dann alle möglichen Rückschlüsse auf Gesundheit und Aktivitäten ziehen ließen – zum Beispiel. Über ein per App gesteuertes Ventil könnte die Maske aber auch die Luftzufuhr steuern – oder auch bei der Besteuerung der Atemluft helfen. Denn alles, was unsere Eliten gegen uns unternehmen, ist immer nur die Vorstufe zum nächsten Schritt. Ein Ende ist nicht in Sicht: Nachdem praktisch alles, was wir tun und lassen, besteuert wird, wäre es doch der Traum dieser Despoten, nicht nur CO_2-Emissionen, sondern auch die Atemluft zu besteuern. Ein Ventil, das den Luftstrom durch die Maske registriert, zählt und bei Nichtbezahlung reduziert, wäre kein Problem.

Atemkontrolle = Folter

Atemkontrolle und -reduzierung sind ein noch wirksameres Kontrollmittel als Wasser- und Nahrungsentzug. Wessen Atmung reduziert wird, der wird – je nach Schwere des Eingriffs – sehr schnell gefügig. Und das ist schließlich genau der Zustand, in dem uns die Regierenden haben wollen. Manchmal geschieht das unmerklich und ohne dass man Symptome gleich auf die Maske zurückführt, wie beispielsweise Müdigkeit, wie sie entsteht, wenn man sich zu lange in »verbrauchter Luft« (= erhöhter Kohlendioxidanteil) aufhält, bis man endlich die Fenster aufreißt. Weitere Folgen sind Lustlosigkeit, Abgeschlagenheit, Lethargie und Apathie.

Die Methode ist auch keine neue Erfindung, sondern in einschlägigen Kreisen durchaus bekannt: Atemkontrolle ist zum Beispiel ein fester Bestandteil von Sadismus (im Dominastudio) und Folter (im Gefängnis). Dominas unterscheiden dabei zwischen dem »Top« und dem »Bottom«, also dem, der oben und dem, der unten steht. Ziel ist es, »dass durch die Atemkontrolle die Rollenverteilung zwischen der Domina und dem Sklaven klar definiert wird. Ebenfalls ist das Einsetzen einer Maske sehr effektiv«, zum Beispiel einer Gasmaske, »damit der Top gezielt die Atemreduzierung durchführt und kontrolliert. Dafür wird der Schlauch geöffnet oder geschlossen« (Dominastudio Linda Dorn, Frankfurt, ohne Datum).

Von der Atemhemmung bis zum Waterboarding

Im Jahr 2002 wurde die Öffentlichkeit auf derartige Praktiken in Gefängnissen aufmerksam gemacht. Damals hatten die Haftbedingungen der in Guantánamo untergebrachten mutmaßlichen Taliban- und al-Qaida-Kämpfer »für Schlagzeilen in den britischen Medien gesorgt. Zeitungen und Fernsehsender veröffentlichten Fotos, die die Gefangenen kniend in Handschellen, mit Ohrenschützern und mit Masken über Mund und Nase zeigten. Die britische Regierung bat die Vereinigten Staaten um eine Erklärung für die Aufnahmen« (*faz.net*, 21.02.2002). »Großbritannien habe stets klargemacht, dass die Gefangenen menschlich und in Übereinstimmung mit dem internationalen Recht behandelt werden müssten«, erklärte der damalige britische Außenminister Jack Straw. Aha – und was ist mit uns Normalbürgern?

Wenn die Maske durch die ausgeatmete Feuchtigkeit feucht wird, wird die Atemhemmung weiter verstärkt. Bei Regen oder Nebel kann die Maske fast undurchlässig werden. Bis endlich der kognitive Schritt erfolgt, sich die Maske vom Gesicht zu reißen, hat man bereits unter den Auswirkungen gelitten – denn sonst würde der kognitive Schritt ja nicht erfolgen. Und ob Sie es glauben oder nicht: Mit der Feuchtigkeit sind wir schon wieder einen Schritt weiter – nämlich beim Waterboarding. Denn das erfolgt ebenfalls mithilfe einer befeuchteten Maske: »In der Form des von den USA mindestens bis 2009 praktizierten ›Waterboarding‹ wird dem auf ein Brett oder einen Tisch gefesselten Gefangenen eine Maske über das Gesicht gelegt, in die Wasser gegossen wird. Gelegentlich behilft man sich auch mit einem Tuch. In allen Fällen glaubt der Gefangene, zu ertrinken«, heißt es in einem Text auf der Website des Behandlungszentrums für Folteropfer in Ulm (ohne Datum). Da die Maskenfolter in Zeiten von Corona jedoch milder ist und unter völlig anderen Vorzeichen geschieht, nämlich unter dem Vorwand des Schutzes vor einer angeblich tödlichen Krankheit, erleben die Betroffenen nicht Panik, Verzweiflung und Todesangst, sondern eben mildere Symptome. Zumal die Todesdrohung durch das Corona-Narrativ die Ängste in Bezug auf die Maske quasi »übertönt« und die Menschen mit einer noch größeren Angst dazu diszipliniert, den unmöglichen Zustand auszuhalten.

Anders als beim regelrechten Waterboarding entstehen die Folgen eben schleichend und unmerklich bis hin zur Lustlosigkeit, Abgeschlagenheit, Müdigkeit, Lethargie, zu Leistungsabfall und Apathie. »Als Apathie bezeichnet man einen Zustand der Abwesenheit von Emotionen und Interessen sowie der Gleichgültigkeit beziehungsweise Teilnahmslosigkeit. Die Motivation ist deutlich reduziert«, heißt es in dem Medizinlexikon *DocCheck Flexikon* (Fassung vom 11.04.2018). Gleichgültigkeit ist auch der Feind jedes Einkaufserlebnisses (und damit übrigens auch des Umsatzes). Man ertappt sich beispielsweise, wie man plötzlich ohne Elan und Neugier durch die sonst geliebten Einkaufszentren streift. Wieder andere laufen schnell durch die Regalreihen und Kleiderständer, um exakt nur das zu kaufen, was sie sich vorgenommen haben und baldmöglichst wieder frische Luft zu schnappen. Gift für den Einzelhandelsumsatz. Wobei sich Gleichgültigkeit und Apathie natürlich auch wieder gegenüber der Maske auswirken. Vielleicht, denkt sich der Maskenträger, hat man ja nur schlecht geschlafen, leidet unter Frühjahrsmüdigkeit oder eben einem »Stimmungsumschwung«. Wenn man überhaupt noch denkt – denn Hyperkapnie (= erhöhter Kohlendioxidanteil im Blut) schränkt schließlich die Hirnfunktionen ein (siehe unten).

Man nennt es auch »Mind Control« …

Gleichgültigkeit ist aber nicht nur der Feind des mündigen Konsumenten, sondern auch des mündigen Bürgers. Und aus Gleichgültigkeit resultiert wiederum Gefügigkeit. Denn gleichgültig wird man ja nicht nur gegenüber dem Außen, sondern auch gegenüber dem Innen, also gegenüber dem eigenen Ich. Je nach Luftentzug wird man zu jenem willenlosen Objekt, das auch Folterknechte zum Ziel haben. Man nennt das auch »Mind Control« – Bewusstseinskontrolle. Deshalb meldete sich in Sachen Corona-Masken auch jemand zu Wort, dessen Stellungnahme man hier gar nicht erwartet hatte: »Masken sind ein Mittel zur Bewusstseinskontrolle, und ich bin beunruhigt, dass so viele Menschen auf globaler Ebene dabei mitmachen«, schrieb Cathy O'Brien, Amerikas wohl berühmtestes Mind-Control-Opfer, im Jahr 2020. O'Brien wurde durch ihr Buch *Die TranceFormation Amerikas* bekannt, ein Wortspiel aus Trance und Transformation, in dem sie ihr Leben und das ihrer Tochter als Sexsklavinnen von Politikern und Präsidenten schilderte. Obwohl sie zahlreiche konkrete Ereignisse und Namen nannte, blieb ihr Buch bis heute unangefochten auf dem Markt. »Masken depersonalisieren« sagte O'Brien, »während sich eine Person fühlt, als hätte sie keine Stimme […] Am wichtigsten ist jedoch, dass mit der Maskenpflicht buchstäblich die Luft kontrolliert wird, die wir atmen. Deshalb musste meine Tochter Kelly ab dem Alter von 2 Jahren Masken tragen […] Die Kontrolle der Luft, die wir atmen, ist die ultimative Macht über Leben und Tod. Menschen, die sich nie freiwillig dazu entscheiden würden, sind, um ihren Job zu behalten und ihre Familie zu ernähren, jedoch dazu gezwungen. Dabei fühlen sie sich oft beschämt und bedrückt. Während die Medien das Narrativ kontrollieren, haben die Leute aufgehört, miteinander zu reden. [...] Die Täter der Neuen Weltordnung wissen genau, was sie tun [...]« (Cathy O'Brien: »The Great Unmasking, MK Ultra Mind Control«, ohne Datum).

Mimik eines Roboters

Das kann man wohl sagen. Und das betrifft auch einen weiteren Aspekt der Maske: die Mimik. »Von Geburt an sind Babys stark auf menschliche Gesichter fixiert«, heißt es auf der Website *Kinderzeit*. »Sie beobachten fasziniert, welche Gefühle sich darin ausdrücken, und ahmen verschiedene Gesichtsausdrücke nach. Ein starres Gesicht ohne erkennbare Mimik kann Panik bei ihnen auslösen.« Aber nicht nur das – maskierte Bezugspersonen können die gesamte Entwicklung eines Kindes stören: »Im Spiegel des Gegenübers lernt das Kind, die eigenen Emotionen wahrzunehmen und Gefühlsausdrücke bei anderen zu erkennen – wichtige Voraussetzungen für eine gesunde emotionale und soziale Entwicklung. Je jünger das Kind, desto wichtiger ist es also, ihm mit freiem Gesicht gegenüberzutreten.« Auch um sprechen zu lernen, sei es für das Kind sehr wichtig, die Sprache des Gegenübers gut wahrnehmen und auch das »Mundbild« sehen zu können. Die sprachliche und emotionale Entwicklung droht also, gestört zu werden, während sich Kinder stattdessen an ausdruckslose Gesichter ohne Mimik gewöhnen, wie sie etwa Roboter besitzen. Und das ist praktisch. Denn die Simulation der menschlichen Mimik gehört bis heute zu den ungelösten Aufgaben der Robotertechnik. Und wenn das schon nicht funktioniert, ist es doch praktisch, wenn die Gesichter der Menschen so vereinfacht werden, dass der Unterschied zwischen menschlichem und technischem Gesicht weniger auffällt. Mit der Maske gelingt das. Zu den Spiritus Rectores dieser Entwicklung gehört auch die Stiftung mit dem unverfänglich klingenden Namen »World Economic Forum«, die in dem eingangs genannten Video eine neue Form der Maskenperversion an die Wand gemalt hat. Das Video endet mit der Frage: »Was sind deine Ideen, um die drängendsten Probleme der Welt zu lösen?« Antwort: Kommt darauf an, welche drängenden Probleme Organisationen wie das WEF noch schaffen werden ...

März 2021

Thema des Monats

17.3. Magufuli: Chronik eines angekündigten Todes

03

1.3. Frankreichs Ex-Staatspräsident Nicolas Sarkozy wird wegen Bestechung und unerlaubter Einflussnahme zu 3 Jahren Haft verurteilt – **3.3.** Der ungarische Ministerpräsident Viktor Orbán tritt mit seiner Fidesz-Partei aus der Fraktion der Europäischen Volkspartei im Europaparlament aus – **9.3.** Fußballbundestrainer Joachim Löw kündigt seinen Rückzug an – **14.3.** Landtagswahlen in Baden-Württemberg und Rheinland-Pfalz – ***15.3. Die Medien feiern eine angebliche Schachweltmeisterin – 17.3. In Tansania stirbt plötzlich und unerwartet der coronakritische Präsident John Magufuli – 20.3. Der World Wide Fund for Nature (WWF) verherrlicht Völkermörder Dschingis Khan – 23.3. Der Containerfrachter* Ever Given *blockiert den Suezkanal*** – **30.3.** In Afghanistan erschießen bewaffnete Männer drei Impfhelferinnen während einer Polio-Impfkampagne

15. März
Schach: *Das Damengambit*

Mich haut's um: Eine Schachgroßmeisterin erobert die männliche Schachwelt! Ja, wirklich! Die junge Dame, die auch noch aussieht wie ein Model, putzt sämtliche männlichen Großmeister weg und gewinnt am Ende auch noch das Endspiel um die Weltmeisterschaft! Die junge Beth Harmon, die »die Welt mit ihrem außergewöhnlichen Können ins Staunen versetzt«, begegnet im Verlauf ihrer Karriere so einigen dieser Meister – »und spielt selbst die erfahrensten von ihnen, wohlgemerkt alles Männer, an die Wand«, versicherte an diesem Tag die *Bild*-Zeitung (online, 15.03.2021). »Wohlgemerkt alles Männer«: Na, das ist natürlich wichtig. Aber wissen Sie, was auch wichtig ist: Beth Harmon gibt es gar nicht. In Wirklichkeit heißt sie Anya Taylor-Joy und ist eine Schauspielerin. Das Ganze ist nämlich erfunden. Kurz: Hollywood. Es geht um die Serie *Das Damengambit*, mit der der Mainstream endlich eine letzte Bastion der Männer schleifen und ihnen das Schachspiel klauen will. Wie schon in früheren Ausgaben dieser Buchreihe berichtet, können wir das bei vielen männlichen Rekordleistungen beobachten: In allen Bereichen wird versucht, Männern ihre Rekorde durch Frauen oder andere politisch erwünschte Figuren abluchsen zu lassen.

Nehmen wir zum Beispiel die 2010 angeblich »jüngste Weltumseglerin« Jessica Watson (siehe *verheimlicht – vertuscht – vergessen 2011*). Im Alter von 16 Jahren soll sie den bis dahin jüngsten Einhand-Weltumsegler, den Australier Jesse Martin, entthront haben, der seine Weltumsegelung mit 18 beendete: »Sein Rekord als jüngster Einhand-Weltumsegler wurde am 15. Mai 2010 durch Jessica Watson, welche ebenfalls aus Australien stammt, gebrochen«, schrieb *Wikipedia* (Stand: 06.08.2010). Dabei ist das falsch: Denn erstens erfüllte Watson nicht die Statuten des World Sailing Speed Record Council (WSSRC), wonach Kandidaten bei ihrem Rekordversuch mindestens 21 600 Seemeilen zurücklegen müssen. Zweitens werden »Rekorde« von unter 18-Jährigen vom WSSRC grundsätzlich nicht anerkannt – was verhindern soll, dass sich krankhaft ehrgeizige Teenager (oder die Teenager krankhaft ehrgeiziger Eltern) mit einem Segelboot umbringen (siehe *vvv 2011*, S. 156 ff.).

Wer die Vergangenheit beherrscht …

Im Filmbereich vergeht sich insbesondere Netflix immer wieder an der Wahrheit – und an der Geschichte. So kreierte die Filmfabrik für ihre Serie *Troja – Untergang einer Stadt* auch einen schwarzen und schwulen Achill: Sie wissen schon, der griechische Held aus Homers *Ilias*, der der Überlieferung zufolge blond war: Als Zeus' Gattin Hera die Göttin Athene zu Achilles sandte, trat diese hinter ihn »und fasste am blonden Haar den Peliden« (Nachkömmling des Peleus). In Altgriechisch:

στῆ δ' ὄπιθεν, ξανθῆς δὲ κόμης ἕλε Πηλείωνα

03

Übrigens war auch Menelaos, der Bruder des Agamemnon, Gemahl der schönen Helena, blond, wie schon sein Beiname »xanthós« enthüllt – zu Deutsch: »der Blonde«. »Ich bin immer mehr fassungslos«, schrieb ein Kritiker auf *moviepilot.de* (ursprüngliche Schreibweisen korrigiert): »Das nimmt komplett überhand mit der Political-Correctness-Sch…; unglaublich, ein farbiger (schwarzer) und schwuler Achilles??? Netflix ganz schlimm.« Und in einem anderen Kommentar hieß es: »Ich komm mit dem schwarzen Achilles nicht klar. Sorry! Geht gar nicht in meinen Augen […], ich verstehe nicht, wie man darauf kommt, jetzt überall einen bis mindestens drei dunkle Schauspieler einbauen zu müssen, mit aller Gewalt« (*projektstarwars.de*, 11.04.2018). Und in einem dritten: »Sie haben Achilles schwarz und Gay gemacht […], einfach nur warum? Weil es Netflix ist …« (*stevinho.de*, 23.04.2018).

So wird die Geschichte der Menschheit permanent umgelogen. Getreu dem Orwell'schen Motto: »Wer die Vergangenheit beherrscht, beherrscht die Zukunft.« Auch die amerikanische Regierung hat sich immer wieder zu diesem Prinzip der allgegenwärtigen Täuschung bekannt, sei es durch ihren seinerzeitigen CIA-Direktor William Casey (Stichwort: »Alles, was die Amerikaner glauben, ist falsch«) oder den ehemaligen Präsidentenberater Karl Rove (»Wir schaffen unsere eigene Realität«, siehe Seite 236). Manchmal gibt es auch Lügen in der Lüge: Die angebliche Mondlandung soll neuerdings ebenfalls nicht das Verdienst cleverer weißer Ingenieure gewesen sein, sondern von drei schwarzen Frauen: »Im Kinomelodram *Hidden Figures* sorgen drei schwarze Frauen dafür, dass die Amerikaner das Weltall erobern«, konnte man in der *Welt* nachlesen. Das Melodram »erzählt die Geschichte von drei schwarzen Frauen, die in den frühen Sechzigern bei der NASA arbeiteten« (online, 01.02.2017). Eh klar – die Beispiele, wie männliche Errungenschaften zu weiblichen umgebogen werden, sind inzwischen Legion. Eine Frage: Haben die Frauen das nötig?

Schachwelt oder Schwachwelt

Aber zurück zum Schach und zum *Damengambit*: »Mehr als 60 Millionen Menschen sahen auf Netflix zu«, schrieb die *Bild*-Zeitung über die Serie. Der Artikel ist ein sorgfältig gebautes Stück Meisterpropaganda. Ziel: Den Zuschauern eine »authentische« Schachweltmeisterin zu suggerieren, die es nie gab. Zu diesem Zweck wird dauernd die vermeintliche Authentizität des Films betont: »Was den Netflix-Überflieger so besonders macht, ist vor allem seine Authentizität«, steht da zu lesen. Eine steile These. »Beim *Damengambit* ist nahezu ALLES echt«, habe der Schachgroßmeister Niclas Huschenbeth (29) gegenüber *Bild* verraten, »der schon mit 18 Deutscher Meister wurde«. Und: »Alle Partiefragmente, einfach alles, was man sieht, ist so korrekt [...] Da wurde sehr auf die Details geachtet [...], genau diese sichtbare Hingabe und Liebe zum Detail weckte wohl auch die Lust beim Publikum.« Bis auf das unbedeutende Detail, dass

1. die weibliche Hauptfigur komplett erfunden wurde, und
2. noch nie eine Frau Schachweltmeisterin wurde.

Das Propagandastück wurde also mit so viel Authentizität wie möglich aufgeladen, um den Umstand vergessen zu lassen, dass die Hauptfigur frei erfunden ist. Dieser Umstand wird den Lesern nur nebenbei untergejubelt, um sofort wieder die Detailtreue zu betonen: »Die Geschichte und die Charaktere sind zwar fiktiv, die Züge und sogar ganze Partien jedoch wurden echten Spielen nachempfunden. Das große Finale zwischen [der weiblichen Hauptfigur] Beth und dem [fiktiven] Sowjet Borgov [...] läuft bis zu einem bestimmten Punkt exakt so ab wie 1993 eine Turnierpartie zwischen den Meistern Wassyl Iwantschuk und Patrick Wolff.« Also zwischen zwei Männern. Auch deren Schachpartie wurde für diese Frauenpropaganda also »geklaut«.

Auch der »Preissturm« durfte da natürlich nicht fehlen: Preise für die Serie »hagelte es im Überfluss«, schrieb die *Bild*-Zeitung. Aber ein solcher »Auszeichnungssturm« ist häufig ein zuverlässiges Merkmal von politisch erwünschtem Schwindel und Hochstapelei. Bekanntlich räumte auch der *Spiegel*-Schwindler Claas Relotius vor seiner Enttarnung jede Menge Auszeichnungen ab.

Am Schach scheiden sich die Geister

Die Wahrheit sieht natürlich ganz anders aus: In Wirklichkeit scheiden sich am Schachspiel die Geister – und zwar männliche und weibliche. Die angebliche »Gleichheit« von Mann und Frau wurde schon in vielen Bereichen herbeigetrickst, aber beim Schach wollte das nie so recht gelingen. Die Schachwelt ist eine der letzten Bastionen, an denen Frauen scheitern beziehungsweise häufig erst gar kein Interesse entwickeln. Und das hat nur wenig mit Intelligenz zu tun. Schach trennt das männliche und weibliche Gehirn wie Lackmuspapier. Eine weibliche Trägerin »des allgemeinen Titels Schachweltmeister« (also bester Schachspieler der Welt) sei bisher denn auch »hypothetisch, da bis heute alle Schachweltmeisterschaften von Männern gewonnen wurden«, kann man sogar bei der politisch korrekten Online-Enzyklopädie *Wikipedia* nachlesen. »Der Weg zur Schachweltmeisterschaft steht gleichberechtigt beiden Geschlechtern offen, und es nehmen auch Frauen teil. Die Weltspitze im Schach wird jedoch klar von Männern dominiert. Dem Titel am nächsten war Judit Polgár, die bei der Schachweltmeisterschaft 2007 unter die letzten sechzehn kam und bei den FIDE-Weltmeisterschaften 1999 und 2005 unter die letzten acht« (abgerufen am 15.03.2021). Zwar sei schon 1927 eine Schachweltmeisterschaft für Frauen eingeführt worden. Diese ist jedoch eine solche Farce, dass selbst begabte Schachspielerinnen die Teilnahme ablehnten, Judit Polgár genauso wie »ihre ältere Schwester Zsuzsa Polgár, die in den späten 1980er-Jahren die Nr. 1 der Frauen war«.

Eine Frau unter 99 Männern

Das wurmt die Gender-Strategen natürlich. Schon 2009 versuchte das Propagandablatt *Der Spiegel* dieses Problem daher aus der Welt zu schaffen: »Schach ist männlich – zumindest wenn man einen Blick auf die Statistik wirft. Die Liste der Weltmeister beispielsweise ist exklusiv männlich, nie konnte bisher eine Frau den Titel gewinnen. Das verwundert kaum angesichts der Tatsache, dass etwa in der deutschen Schachrangliste derzeit nur eine Frau unter den Top 100 geführt wird.« Ist das nun eine typische *Spiegel*- oder schon Relotius-Denke? Denn das klingt ja so, als wäre die Tatsache, dass die deutsche Top-100-Liste fast nur Männer aufführt, die Ursache dafür, dass noch nie eine Frau Weltmeister wurde. Dabei muss die Frage doch lauten, *warum* nur eine Frau unter den Top 100 auftaucht. »Da Schach gern als höchste Kunst des Intellekts

03

gefeiert wird, wird die männliche Dominanz gern als vermeintlicher Beleg dafür genannt, dass Männer im logischen Denken Frauen generell überlegen seien.« Doch »die Unterschiede sind fast gänzlich statistisch erklärbar«. Ach so – aber die eine Frau unter 99 Männern ist doch auch Statistik? Fakt ist: Die Schachweltmeisterschaft ist für beide Geschlechter offen, und wer gewinnt, entscheidet sich allein auf dem Brett.

Ein hochinteressantes Thema

Man muss da keineswegs dem amerikanischen Schachwunderkind Bobby Fischer zustimmen, der »Frauen in den 1970er-Jahren für zu ›schwach‹ und ›dumm‹ für Schach« hielt, während es »der langjährige russische Schachweltmeister Garri Kasparow« 1989 etwas milder formulierte: »Schach passt nicht wirklich zu Frauen [...], Frauen sind schwächere Kämpfer« (Deutsche Welle, online, 11.12.2020; natürlich nahm Kasparow das später zurück – was auch sonst). Beide Äußerungen sind bei Weitem zu kurz gesprungen. Denn es geht weniger um Intelligenz, sondern auch um Interesse. Irgendetwas an diesem Spiel scheint Frauen zu langweilen – vielleicht, weil sie sogar darüber stehen? Schach ist nun einmal ein Kriegsspiel – oder noch genauer: ein Hahnenkampf. Hühnerkämpfe sind mir dagegen nicht bekannt – zweifellos ein kommendes Hobby für Gender-Ideologen. Und was wäre erst mit gemischten Hahnen-Hühner-Kämpfen? Würde ein Huhn wirklich gegen einen Hahn kämpfen wollen – und umgekehrt? Man kann sich denken, dass dies den Psychologien beider Geschlechter zuwiderläuft. Um beim Hahnenkampf zu bleiben: Warum sollte ein Hahn gegen ein Huhn kämpfen? Um wen sollten Hahn und Huhn rivalisieren? Und warum sollte ein Mann mit einer Frau rivalisieren, und umgekehrt? Natürliche Rivalität findet meistens innergeschlechtlich statt (unsere künstlich gegenderte Arbeitswelt einmal ausgenommen). Aber warum liegt dann auch Schach unter Frauen brach? Hier könnten doch Frauen mit Frauen rivalisieren?

Die rechte und die linke Hälfte des Gehirns

Die eigentliche Antwort liegt im Gehirn: »Männliche Gehirne sind eher auf Wahrnehmung und koordinierte Handlungen [zum Beispiel die Jagd] eingestellt, während weibliche Gehirne eher für soziale Fähigkeiten und Erinnerungen verdrahtet wurden«, sagt eine Frau, nämlich die Gehirnforscherin Ragini Verma von der Universität Pennsylvania. Des Pudels Kern ist demnach die Verschaltung der linken und der rechten Gehirnhälfte. »Die linke Gehirnhälfte dient mehr dem logischen Denken, während die rechte Gehirnhälfte eher für intuitives Denken da ist«, so die Expertin. »Wenn eine Aufgabe also beides erfordert, scheint es, als seien Frauen eher dafür geeignet« (*Neue Zürcher Zeitung*, online, 27.10.2017). Aber was ist, wenn ein Problem vorwiegend rationales Denken erfordert? »Frauen haben viele Millionen Faserverbindungen mehr zwischen den Hemisphären des Gehirns und damit auch zwischen Regionen, die emotionale und rationale Aufgaben wahrnehmen«, wusste auch schon der berühmte Verhaltensforscher Irenäus Eibl-Eibesfeldt. »Bei Männern wird das eher getrennt abgerufen, mal ganz rational und gefühlsmäßig kaum ansprechbar, mal völlig emotional, da versagt dann der Verstand« (*Beiträge über Evolution, Evolutionäre Anthropologie, Geschichte und Gesellschaft*, online, 22.03.2007). Das heißt, Männer sind eher fokussiert: entweder auf eine rationale Aufgabe oder auf einen totalen Gefühlsausbruch. Dann »rastet« der Mann aus, weil die rechte Gehirnhälfte weitgehend ohne Einfluss der linken aktiv wird. Gewöhnlich aber denkt »er« mit der linken Gehirnhälfte, während bei »ihr« rationale und emotionale Impulse beider Gehirnhälften leichter vermischt werden. Während Frauen also Intuition und Gefühle regelmäßiger einbringen, neigen Männer dazu, Gefühle und Ratio zu trennen. Man könnte auch sagen, dass sich bei Frauen die rationale und die emotionale Gehirnhälfte gegenseitig eher »stören«, was Frauen angreifbarer für »problemfremde« Impulse und Emotionen macht. Oder besser gesagt: Die Gefühlswelt moduliert die Denkwelt, weil Frauen traditionsgemäß nicht nur Ratio, sondern auch viele Emotionen und Fürsorge brauchen, zum Beispiel bei der Aufzucht des Nachwuchses – während Männer beim Lösen bestimmter Probleme »eiskalt« sein müssen. Das alles stimmt aber natürlich nur schwerpunktmäßig – geben tut es schließlich alles: auch strikt »kalt« und rational denkende Frauen. Schließlich wird ihnen das auch vermehrt beigebracht, während ihre Natur immer mehr unterdrückt wird und man versucht, aus Männern deren »weibliche Seite« herauszukitzeln.

Es geht nicht nur um Intelligenz …

Im Schach geht es um viel mehr als Intelligenz, zum Beispiel auch um Motivation, Rivalität und Siegeswillen. Manche Schachspieler verlieren zum Beispiel jedes Spiel gegen einen Computer – ganz einfach, weil er einen nicht *reizt*. Schach ist nun einmal eine Auseinandersetzung zwischen Menschen, speziell zwischen männlichen Menschen. An einem Computerschach sind viele so desinteressiert, wie eine Frau an dem Männerspiel Schach. Der Computer *fordert einen im wahrsten Sinne des Wortes einfach nicht heraus*. Das heißt, er fordert einen nicht, aus sich herauszukommen und seine Fähigkeiten zu entfalten. Soll heißen: Er lockt einen motivational nicht hinter dem Ofen hervor. Wenn einem Gegner und Kampf jedoch egal sind, kann man nicht gewinnen. Das heißt: Wer einer Sache nichts *abgewinnen* kann, der kann auch nicht *gewinnen*. Dass man gegen eine Maschine verliert, begründet keine Motivation, denn schließlich fahren Autos auch schneller als Menschen laufen können, sind Bagger stärker als der größte Kraftprotz und rechnen Taschenrechner schneller als das größte Mathematikgenie. Und dass eine Frau im Schach gegen Männer verlieren könnte, ist ebenso banal und lockt sie wahrscheinlich auch nicht hinter dem Ofen hervor – denn dass Männer Frauen nun mal auf vielen Gebieten überlegen sind, ist trivial. Dass Frauen auch Männern auf vielen Gebieten überlegen sind, ebenso. Man kann sie schlicht nicht gleichsetzen, auch nicht im Sport, weshalb Männer und Frauen dort in aller Regel auch getrennt werden. Zu beklagen, dass noch nie eine Frau die offenen Schachweltmeisterschaften gewonnen hat, ist in etwa so sinnvoll wie sich darüber aufzuregen, dass noch nie eine Frau die Weltmeisterschaft im Schwergewichtsboxen für sich entschieden hat. Dennoch werden Filme wie *Das Damengambit* nicht zufällig produziert. Denn das Problem ist, dass Wirklichkeit und Fiktion im menschlichen Denken und Erinnern leicht verschwimmen – zumal dann, wenn man im Zusammenhang mit einer Fiktion dauernd mit dem Wort »authentisch« bombardiert wird. Sehr viele Menschen werden also glauben, dass es wirklich eine Schachweltmeisterin namens Beth Harmon gab – und dass Achill eine »Person of Color« war …

17. März
Magufuli: Chronik eines angekündigten Todes

Wer erinnert sich nicht an den tansanischen Präsidenten John Magufuli? Bereits in meinem Jahrbuch 2021 war er ein Thema. Am 3. Mai 2020 hatte er eine Rede gehalten und damit die gesamte globale Corona-Mafia bloßgestellt: »Wir nahmen Proben von Schafen, wir nahmen Proben von Ziegen, wir nahmen Proben von Papayafrüchten, wir haben sogar Proben von Motoröl und anderen Dingen genommen. Und wir gaben diese Proben einem Labor, ohne es einzuweihen. Wir haben die Proben sogar getauft: Die Motorölprobe nannten wir Jabil Hamza, 30 Jahre alt, männlich. Die Probe wurde negativ getestet. Als wir die Probe aus Durian (die Stinkfrucht) nahmen, nannten wir sie Sarah Samuel, 45 Jahre alt, weiblich. Das Resultat war uneindeutig. Als wir die Probe einer Papaya nahmen, haben wir sie Elisabeth Ane genannt, 26 Jahre alt, weiblich. Das Resultat war positiv. Sie hatte Corona. Das heißt, dass die Flüssigkeit einer Papaya coronapositiv ist.« Kurz darauf schloss Magufuli das nationale Testlabor und feuerte dessen Leiterin. Seit dem 29. April 2020 hatte Tansania keine Corona-Fälle mehr gemeldet.

Ok – und? Wie geht es Magufuli heute? Schlecht. Er ist tot. Gestorben im keineswegs hohen Alter von 61 Jahren: der erste Präsident in der Geschichte Tansanias, der im Amt das Zeitliche segnete. Ja, wie konnte das denn sein? Antwort: Die Informationen darüber flossen nur spärlich. Gerüchte machten sich breit, er sei an Corona gestorben – aus der Sicht der Globalisten eine nette Ironie des Schicksals. Doch die offizielle Todesursache lautete schließlich auf »Herzversagen« nach Vorhofflimmern. Richtig behandelt ist Vorhofflimmern für sich genommen in der Regel aber nicht gefährlich. Millionen Menschen werden damit alt. Die Hauptgefahr – Blutgerinnsel im Herzen, die Schlaganfälle verursachen können – wird routinemäßig mit Gerinnungshemmern behandelt. Werden sie regelmäßig eingenommen, droht im Normalfall keine Gefahr.

Ein afrikanischer Donald Trump

Magufuli war so etwas wie ein afrikanischer Donald Trump: »Seit seinem Amtsantritt vor 2 Jahren hat Magufuli den Status quo in Tansania in seinen Grundfesten erschüttert«, schrieb die afrikanische Nachrichtenplattform *African Arguments*. »Er hat der Regierung ein neues Credo der Sparsamkeit verpasst. An seinem ersten vollen Tag im Amt marschierte er unangekündigt ins Finanzministerium und brachte dessen Mitarbeiter ins Schleudern. Er leitete Gelder für die Feierlichkeiten zum Unabhängigkeitstag in den Kampf gegen die Cholera um. Noch unangenehmer war, dass er der Korruption in Tansania den Kampf angesagt hatte. Er entließ die Leiter der tansanischen Hafenbehörde. Als Nächstes begann er mit einer großen Umstrukturierung der tansanischen Steuerbehörde. Und dann fing er an, ›Geisterarbeiter‹ in der Regierung zu entfernen. Bald wurde Magufuli zu einem Symbol für Sparsamkeit, Entschlossenheit und

Integrität. […] Um seinen direkten und unruhestiftenden Stil zu karikieren, ließ das Publikum Magufulis alten Spitznamen ›The Bulldozer‹ wieder aufleben – eine Anspielung auf seinen Ruf als Straßenbauer während seiner Zeit als Minister für Bau, Transport und Kommunikation. In ungezählten politischen Karikaturen wurde der neue Präsident skizziert, wie er die Verlierer seiner Reformen buchstäblich hinwegfegt: unter anderem die Eliten der herrschenden Partei CCM, ausländische Unternehmen, die Medien und die Opposition« (06.11.2017). Kritikern zufolge kamen dabei demokratische Prozesse unter die Räder.

Wahlfälschung: das übliche »Despoten-Narrativ«

Aber anfangs war Magufuli sehr beliebt, auch im Ausland. Zu Beginn seiner Präsidentschaft war Magufuli ein richtiger globaler Musterknabe und wurde »sogar von der westlichen Presse und den von Soros unterstützten Thinktanks in den höchsten Tönen gelobt, seine Reformen wurden gepriesen und er wurde als ›Vorbild‹ für andere afrikanische Nationen bezeichnet« (was übrigens immer ein schlechtes Zeichen für das Inland ist; siehe Merkel). Bis – ja, bis er sich gegen die Corona-Impfung sträubte: »All das änderte sich, als er sich darüber ausließ, dass Covid ein Hoax ist«, schrieb die angloamerikanische Nachrichtenseite *OffGuardian*, eine von Aussteigern des britischen *Guardian* gegründete Website. »Als er im Oktober 2020 wiedergewählt wurde, erschienen die üblichen westlichen Anschuldigungen von ›Wählerunterdrückung‹ und ›Wahlbetrug‹ in der westlichen Presse, die zuvor seine Zustimmungsrate mit 96 Prozent angegeben hatte« (a. a. O., 12.03.2021). Kurz: das übliche »Despoten-Narrativ«, das von den westlichen Medien immer wieder vor einem Putsch gegen unbequeme Abweichler bemüht wird. Exakt solche Anschuldigungen waren häufig der Auftakt für die Entfernung eines unliebsamen Staatschefs aus dem Amt, indem sich die westlichen und globalen Machthaber plötzlich als Demokraten und Freunde eines anderen Volkes aufspielten. Entscheidend ist dabei nicht, ob die Vorwürfe zumindest teilweise zutreffen, sondern ob sie zur Kampagne geschmiedet werden können. Nach dem Motto: Der Rufmord geht dem Mord voraus. Saddam Hussein, Muammar al-Gaddafi, Husni Mubarak und viele andere lassen grüßen.

Keine Lust auf Impfstoffe

Als Mike Pompeo am 19. Januar 2021 »als eine seiner letzten Amtshandlungen als US-Außenminister Sanktionen gegen tansanische Regierungsbeamte einleitete«, nahm die Anti-Magufuli-Kampagne an Fahrt auf: »Die Sanktionen wurden angeblich wegen ›Unregelmäßigkeiten bei den Wahlen‹ verhängt, aber die offensichtliche Realität ist, dass sie auf die Weigerung Tansanias zurückzuführen sind, der Covid-Linie zu folgen«, so der *OffGuardian* (ebenda). Doch Tansania zeigte sich unnachgiebig: »Am 2. Februar 2021 gab Tansanias Gesundheitsministerin Dorothy Gwajima bekannt, dass ihr Land keine Pläne hat, den weitverbreiteten Einsatz von Covid-19-Impfstoffen in dem afrikanischen Land zu empfehlen«, schrieb am 1. März 2021 die Gesundheits-Website *Health Impact News.* »Die Ankündigung kam wenige Tage, nachdem Tansanias Präsident John Magufuli seine Besorgnis über die Sicherheit und Wirksamkeit der in westlichen Ländern entwickelten und hergestellten Covid-19-Impfstoffe zum Ausdruck gebracht hatte. Präsident Magufuli sagte, dass das Gesundheitsministerium Covid-19-Impfstoffe erst dann akzeptieren wird, wenn Tansanias Experten sie geprüft und zertifiziert haben.« Sollten damit auch Langzeitstudien gemeint gewesen sein, hätte dieser Prozess 5–10 Jahre dauern können. »Gesundheitsministerin Dorothy Gwajima erklärte, ›wir sind noch nicht davon überzeugt, dass die Sicherheit dieser Impfstoffe klinisch nachgewiesen ist‹. Präsident Magufuli bekräftigte, dass er nicht zulassen werde, dass Tansanier als Versuchskaninchen in Covid-19-Impfstoffversuchen von Impfstoffherstellern benutzt werden. Er warnte davor, dass Covid-19-Impfstoffe schädlich sein könnten [...]« (ebenda). Eine Haltung, von der sich westliche Politiker eine Scheibe abschneiden könnten.

Ein Zeichen an der Wand

Seinen Artikel vom 12. März 2021, 5 Tage vor Magufulis Tod, nannte der *OffGuardian* prophetisch: »Tansania – der zweite Covid-Coup?«. Dort stand geschrieben: »Das Verschwinden macht ihn möglicherweise zum zweiten ›Covid-Leugner‹, der seine Macht verliert [...] Vergangenen Sommer weigerte sich Pierre Nkurunziza, der Präsident von Burundi, bei Covid mitzuspielen und warf die WHO-Delegation aus dem Land [...], bevor er plötzlich an einem ›Herzinfarkt‹ oder ›Covid-19- Verdacht‹ starb. Sein Nachfolger machte sofort jede einzelne seiner Covid-Maßnahmen rückgängig, einschließlich des Rauswurfs der WHO aus dem Land.« Dass auch Magufuli sein Leben lassen würde, war demnach zu befürchten. »Erst vergangenen Monat hatte der [herkömmliche] *Guardian*, immer die Speerspitze bei ›progressiven‹ Regimewechseln, einen Artikel mit der Überschrift veröffentlicht [am 8. Februar 2021]: ›Für Afrika ist es Zeit, seinen impffeindlichen Präsidenten zu zügeln‹ [...] Magufuli heizt die Impfgegner an, während die Pandemie und ihre neuen Varianten weiter um sich greifen. Er muss offen und direkt herausgefordert werden« (ebenda). Der *Guardian*-Autor »sagt nicht genau, wie Magufuli ›offen und direkt herausgefordert‹ werden sollte«, schrieb der *OffGuardian* 5 Tage vor Magufulis Tod, »aber dafür sind diese Artikel auch nicht gedacht. Sie existieren einfach, um eine Person als Bösewicht darzustellen und ein Klima zu schaffen, in dem ›etwas getan werden muss‹. Was dieses ›Etwas‹ ist – und ob es legal ist oder nicht – geht die *Guardian*-Leserschaft nichts an, und die meisten interessiert es auch nicht wirklich. Übrigens erschien der Artikel in der ›Global Development‹-Rubrik des *Guardian*, die von der Bill and Melinda Gates Foundation gesponsert wird. Nur damit Sie es wissen.«

»Innerhalb von 2 Wochen, nachdem der *Guardian* einen von Gates gesponserten Artikel veröffentlicht hat, der dazu aufrief, etwas gegen Präsident Magufuli zu unternehmen, ist derselbe Präsident verschwunden, angeblich aufgrund von Covid. Lustig, wie das funktioniert.« Schon da rechnete der *OffGuardian* mit dem Tod des Präsidenten: »Selbst wenn Magufuli auf wundersame Weise seinen Anfall von ›vermutetem Covid 19‹ überleben sollte, ist dies für seine politische Karriere ein Zeichen an der Wand.« Erst am 11. März habe der Council on Foreign Relations einen Artikel mit dem Titel »Tansanias Präsident Magufulis Fassade der Allwissenheit bröckelt« veröffentlicht, in dem ausführlich argumentiert wird, dass der Präsident jegliche Autorität verloren habe. Der CFR komme zu dem Schluss: »Eine mutige Figur innerhalb der Regierungspartei könnte aus der aktuellen Episode Kapital schlagen, um einen Kurswechsel einzuleiten.« Hier zwischen den Zeilen zu lesen, sei nicht schwierig, wenn von »zwischen den Zeilen« überhaupt die Rede sein könne, so der *OffGuardian*, »sollten wir den plötzlichen Tod und/oder die Ablösung des Präsidenten von Tansania erleben, wäre er nicht das erste afrikanische Staatsoberhaupt, das im Zeitalter von Covid ein solches Schicksal erleidet« (ebenda).

Ein Präsident als Zielscheibe

Journalist und Afrika-Experte Ralph T. Niemeyer, der noch kurz vor Magufilis Verschwinden mit ihm gesprochen hatte, sagte, dass er zunächst einige Zeit »als verschollen galt [...], und jetzt weiß man ja inzwischen, dass es tatsächlich zu dem traurigen Tod gekommen ist [...], in diesem konkreten Fall gibt es auch die Spekulation, dass er das also auch geahnt hat, dass er wohl eine Zielscheibe ist. Das hat er in unserem Gespräch Anfang Oktober indirekt auch so zum Ausdruck gebracht, indem er gesagt hat, er weiß, dass er sehr stark unter Druck geraten wird, wenn er sich weiter gegen die Corona-Maßnahmen, die international getroffen werden, stemmen würde« (»Tod im Schatten der Pandemie – Ralph T. Niemeyer im Gespräch mit Dirk Pohlmann«, YouTube, 21.03.2021).

Dabei war Magufuli, wie bereits angedeutet, kein Einzelfall. Tatsächlich segneten gleich mehrere afrikanische Staatschefs im Verlauf der Covid-Krise das Zeitliche:

- Pierre Nkurunziza (55), Präsident von Burundi, † 08.06.2020,
- Ambrose Dlamini (52), Premier von Swasiland, † 13.12.2020,
- Hamed Bakayoko (56), Premierminister der Elfenbeinküste, † 10.03.2021,
- John Magufuli (61), Präsident von Tansania, † 17.03.2021.

Nkurunziza verstarb an einer Herzattacke, nachdem er die Corona-Krise als Schwindel bezeichnet hatte. »Nkurunziza wollte von einer Corona-Pandemie nichts wissen«, hieß es auf der Nachrichtenseite *report24.news*. »Vertreter der WHO ließ er aus dem Land werfen. Es gab keine Maskenpflicht. Es gab vor seinem Tod kaum Corona-Fälle in Burundi und auch nach seinem Tod änderte sich daran wenig, auch wenn sein Nachfolger dem Drängen der Globalisten nachgab. In Burundi wurden insgesamt 2461 Fälle von Corona-Erkankungen behauptet, drei Menschen wären bislang an oder mit dem Virus gestorben« (18.03.2021). »Ebenso im Jahr 2020 verstarb der Minister Ambrose Dlamini, Premierminister von Eswatini« (Swaziland), hieß es einen Tag später in einem anderen Artikel. Dlamini hatte bei der Corona-Bekämpfung auf die nationalen Strukturen gesetzt: »Wir werden den nationalen Reaktionsrahmen nutzen, der sich wirklich bewährt hat und uns im Laufe der Jahre Kapazitäten verschafft hat«, sagte er laut *Health Policy Watch*. »Wir wollen ihn weiterentwickeln, um das Land für den Umgang mit künftigen Pandemien zu rüsten«

(*healthpolicy-watch.news*, 10.09.2020). Nicht lange danach war er tot: »Die Geschichte wirkt vertraut. Aufgrund von Herzproblemen musste sich der Politiker im Nachbarland Südafrika in Behandlung begeben. Wenig später wurde sein Tod verkündet – der Premierminister sei an Covid-19 erkrankt und daran verstorben. Er wurde nur 52 Jahre alt.« Wenig später hieß es bei der Anadolu Agency, endlich habe die Regierung von Eswatini »ihr lang erwartetes nationales Covid-19-Impfprogramm gestartet« (*aa.com.tr*, 31.03.2021).

Eine merkwürdige Todesserie

Dubios wirkt auch ein weiterer Todesfall: Im Alter von 56 Jahren verstarb am 10. März 2021 der Premierminister der Elfenbeinküste, Hamed Bakayoko. Die Impfkampagne in seinem Land hatte zeitgleich mit seinem totalen gesundheitlichen Verfall begonnen. Als er Ende Januar 2021 zum ersten Mal zur Behandlung nach Frankreich gebracht worden war (angeblich wegen Corona und Malaria), wurde er im dortigen amerikanischen Krankenhaus »einer Reihe von medizinischen Untersuchungen unterzogen, ohne dass eine bestimmte Krankheit diagnostiziert wurde«, so *The Africa Report*. In dem Krankenhaus gaben sich die ivorischen Politiker quasi die Klinke in die Hand. Zuvor war nach einer dortigen Behandlung Bakayokos Vorgänger Amadou Gon Coulibaly gestorben (Juli 2020). Zurück in seiner Heimat verschlechterte sich auch Bakayokos Zustand erneut, sodass er am 18. Februar abermals zur Behandlung nach Frankreich geflogen wurde – möglicherweise erneut in das dortige amerikanische Krankenhaus. Kurz danach, Ende Februar, trafen die ersten Impfdosen in der Elfenbeinküste ein, wo am 1. März mit den Impfungen begonnen wurde. Am 3. März erhielt Bakayoko im Krankenhaus Besuch vom ivorischen Präsidenten Alassane Ouattara, der sich hinterher besorgt über den Gesundheitszustand von Bakayoko geäußert habe, so *Africa Report*. Am 6. März sei Bakayoko dann mit »Krebs im Endstadium« in ein Krankenhaus im deutschen Freiburg verlegt worden, um sich einer »experimentellen Behandlung« zu unterziehen. Am 10. März sei er dort verstorben (Afrika-Verein der deutschen Wirtschaft e. V., *afrika.isa-hamburg.com*, 18.03.2021). Am 13. Mai 2021 wiederum meldete Al Jazeera, dass nunmehr Bakayokos Nachfolger Patrick Achi für »medizinische Untersuchungen« in ein Pariser Krankenhaus eingeliefert worden sei, nachdem er positiv auf Covid-19 getestet worden war. Am 10. September 2021 starb in dem amerikanischen Krankenhaus der frühere ivorische Premierminister (von 2005 bis 2007) Charles Konan Banny, 78, angeblich an Corona (*News Rangers*, online, ohne Datum, und *African Insider*, online, ohne Datum). Am 12. September 2021 meldete *Russia Today*, dass die USA über 370 000 Dosen Corona-Impfstoff an die Elfenbeinküste geliefert hätten.

Belassen wir es dabei. Zu dieser merkwürdigen Todesserie ivorischer Präsidenten und Premierminister gäbe es viele Fragen, die aber den Rahmen dieses Kapitel sprengen würden.

»Mutti Merkel« lässt grüßen

Fazit: »Es ist schon erstaunlich, wie viele afrikanische Präsidenten sich mit Covid-19 anstecken, obwohl die Erkrankung in Afrika kaum in Erscheinung tritt. Es bleibt zu hoffen, dass eventuell verbliebene maßnahmenkritische Präsidenten in Afrika noch lange und gesund am Leben bleiben« (*report24.news*, 19.03.2021). Nach dem Tod des tansanischen Präsidenten Magufuli wurde prompt auch »die mutige Persönlichkeit innerhalb der Regierungspartei« Tansanias gefunden, nämlich eine Figur so recht nach dem Geschmack der globalen Negativ-Eliten: ein politisch korrektes Wesen namens Samia Suluhu Hassan, seit 2015 Vizepräsidentin Tansanias. Also eine Frau. Das war schon mal ein Erfolg für die männerfeindlichen Globalisten und für die afrikanischen Männergesellschaften ein Novum. »Neben der äthiopischen Präsidentin Sahle-Work Zewde ist sie derzeit das einzige weibliche Staatsoberhaupt in Afrika« (Deutsche Welle, online, 19.03.2021). Auf einem symbolischen Foto sieht man die kleine muslimische Frau mit Kopftuch durch ein Spalier aus schwarzen afrikanischen Recken schreiten. Und siehe da: »Die 61-Jährige wird liebevoll Mama Samia genannt – in der tansanischen Kultur spiegelt das den Respekt wider, der ihr entgegengebracht wird«, hieß es auf dem Telegram-Kanal von Eva Herman.

Sie kam, sah und impfte

Klar: »Mutti Merkel« lässt grüßen. Dieser Respekt wird zweifellos dazu führen, dass auch Tansania die globale Corona-Agenda künftig akzeptieren wird. Und somit kann auch »Mama Samia« Tansania ungestört in den Abgrund führen – wie es ihr großes Vorbild Mutti Merkel mit Deutschland vorexerziert (siehe 30. April | Vater Staat und Mutti Merkel). Ab 1985 war Samia »für die UNO tätig (Welternährungsprogramm). 2016 war sie Gast beim World Economic Forum in Afrika.« Wer da die Nachtigall nicht trapsen hört, dem kann man auch nicht mehr helfen. Samia Suluhu Hassan dürfte genau nach dem Geschmack der globalen Impfstoffmafia sein: Schon »2018 startete sie, unter Applaus von WHO und UNO, eine Impfkampagne für über 600 000 Mädchen ab 14 Jahren gegen das Humane Papillon Virus (HPV, Auslöser für Gebärmutterkrebs)« (*wochenblick.at*, 19.02.2021). Am 18. März, einen Tag nach Magufulis Tod, trug Hassan zum ersten Mal in der Öffentlichkeit eine Maske. Damit dürfte das globale Corona-Regime in Tansania gewonnen haben: »Beobachter erwarten, dass seine Nachfolgerin all diese Regeln verpflichtend macht. Sie wird bereits gelobt für ihr Auftreten mit Mund-Nasen-Schutz, als Vorbild für die Bürger von Tansania (*wochenblick.at*, ebenda). Prompt bemühte sich Samia Hassan darum, »Corona-Vakzine für das Land zu bekommen«, berichtete die *Tagesschau* am 7. August 2021. Nach dem Motto: Ich kam, sah und impfte. »In Tansania ist die Impfkampagne angelaufen. Es ist eine wichtige Abkehr von der Corona-Politik des verstorbenen Präsidenten Magufuli, der die Gefahr des Virus leugnete und gegen die Vakzine hetzte.«

20. März
Dschingis Khan: Völkermord als Umweltschutz

Aah – alles so schön ruhig hier! Der Mensch ist weg! Seitdem dieser Schädling stillgelegt wurde, ist die Luft endlich rein, und zwar im wahrsten Sinne des Wortes: Der Himmel ist blau, die Straßen sind leer, und die Schornsteine rauchen auch nicht mehr. Immer wieder veröffentlicht das World Economic Forum (WEF) Videos, die nicht nur seine finsteren Pläne offenbaren, sondern auch seine absolut menschenfeindliche Einstellung: Der Mensch wird als Schädling betrachtet, der vom Gesicht der Erde verschwinden muss (WEF: »You'll own nothing, and you'll be happy«, Facebook, 18.11.2016).

Der grünste Eroberer der Geschichte

Und diese Einstellung zieht sich offenbar durch die gesamte Umweltschutzbewegung. Dabei hätte ich mir nicht vorstellen können, in welcher

Offenheit Umweltschutz und Massenmord miteinander in Zusammenhang gebracht werden, und zwar schon seit Jahren. Aber am 20. März stolperte ich auf dem Telegram-Kanal *better (k)now* über eine unscheinbare Notiz: »Dschingis Khan sei der ›grünste Eroberer‹ der Geschichte gewesen, weil er so viele besiedelte Landstriche verwüstet und von Menschen befreit hatte, dass dort wieder die Bäume wachsen konnten.« – »Von Menschen befreit«? Irre. Gerade wollte ich wieder weiterblättern, als mir die Quelle dafür ins Auge stach: die Website *panda.org*. *Panda.org*? War das nicht …, war das nicht … die Website des World Wide Fund for Nature, kurz WWF? Sie wissen schon: der politisch hoch korrekte Umweltkonzern mit dem netten Pandabären im Logo, der haufenweise Spendengelder abzugreifen pflegt. Zu den Mitbegründern zählte der Eugeniker Julian Huxley (Erster Generaldirektor der UNESCO und Bruder von Aldous Huxley, Autor des Buches *Schöne neue Welt*), erster Präsident war Prinz Bernhard der Niederlande, ein früheres SS-, SA- und NSDAP-Mitglied, das 1954 auch die Bilderberger gründete. Laut WWF ist Dschingis Khan nicht etwa einer der blutigsten, sondern »der grünste Eroberer der Geschichte« (*panda.org*, 08.02.2011). Seit genau 10 Jahren schlummert dieser Artikel auf der WWF-Website. Seit 10 Jahren also hatte sich offenbar niemand ernsthaft daran gestört, dass die »Umweltorganisation« Völkermord mit Umweltschutz in Verbindung bringt.

Massenmord ist gut fürs Klima

»London: Dschingis Khan, der zwischen dem 13. und 14. Jahrhundert das größte zusammenhängende Reich der Welt errichtete, wurde als der ›grünste Invasor‹ der Geschichte bezeichnet, da seine mörderische Invasion tatsächlich dazu beitrug, etwa 700 Millionen Tonnen Kohlenstoff aus der Atmosphäre zu entfernen«, hieß es in dem Artikel. »Laut einer neuen Studie tötete der rücksichtslose Mongolenkrieger während seiner blutigen Invasionen so viele Menschen, dass riesige Flächen kultivierten Landes entvölkert und zu Wald wurden […], 40 Millionen Menschen sollen bei den mongolischen Invasionen getötet worden sein, die zu einem Reich führten, das 22 Prozent der Erdoberfläche umfasste. Dies führte dazu, dass riesige kultivierte Flächen wieder zu Wäldern wurden und schätzungsweise 700 Millionen Tonnen Kohlenstoff aus der Atmosphäre absorbiert wurden, so die Forschung der Abteilung für Globale Ökologie der Carnegie Institution. Obwohl seine Methoden für Umweltschützer schwer zu verdauen sein mögen, glauben Ökologen, dass dies der erste Fall einer erfolgreichen, vom Menschen verursachten globalen Abkühlung sein könnte.«

Willst du aufforsten, musst du abforsten

»Schwer zu verdauen«? Sollte das etwa der Versuch einer Distanzierung sein? Denn schließlich kann man so etwas unter gar keinen Umständen »verdauen«. Tatsächlich gilt Dschingis Khan bis heute »als einer der größten Massenmörder in der Geschichte« (*Wikipedia*). Bei Feldzügen pflegte seine Streitmacht etwa 30 Prozent der eroberten Bevölkerung zu massakrieren. Nur Künstler, Verwalter und Architekten sollten überleben, um beim Aufbau des Reiches zu helfen (ebenda). Der vermeintliche ökologische »Nutzen« von derartigem Völkermord und Krieg sollte für jeden Wissenschaftler und für jede Umweltorganisation, die ihren moralischen Kompass noch nicht vollständig verloren haben, eigentlich ein Tabu sein. Aber: »›Es ist ein weitverbreiteter Irrglaube, dass der Einfluss des Menschen auf das Klima mit der großflächigen Verbrennung von Kohle und Öl im Industriezeitalter begann‹, sagt die leitende Forscherin [der genannten Studie] Julia Pongratz. Tatsächlich hat der Mensch schon vor Tausenden von Jahren begonnen, die Umwelt zu beeinflussen, indem er die Vegetationsdecke der Landschaften der Erde veränderte, als wir Wälder für die Landwirtschaft abholzten‹«, wird Pongratz von der *Daily Mail* zitiert (laut *panda.org*, ebenda). Soll heißen: Der böse Mensch hat den CO_2-Pegel nicht nur durch Verbrennung, sondern auch durch Abholzung von Wäldern erhöht. Und wenn der Mensch weg ist und die Wälder wieder wachsen, wird der CO_2-Anteil in der Luft wieder sinken. Da sieht man mal, zu welchem Irrsinn sich die »Klimaforschung« versteigt. Die Studie des Carnegie Department of Global Ecology habe »die Kohlenstoffauswirkungen einer Reihe von historischen Ereignissen gemessen, die eine große Anzahl von Todesfällen mit sich brachten. Zu den untersuchten Zeiträumen gehörten der Schwarze Tod in Europa, der Fall der chinesischen Ming-Dynastie und die Eroberung Amerikas. Alle diese Ereignisse haben eine weitgehende Rückkehr der Wälder nach einer Periode massiver Entvölkerung gemeinsam.« Wunderbar: Willst du aufforsten, musst du erst einmal abforsten – und zwar die Menschheit. Aber nichts war so effektiv wie Dschingis Khan: »[…] die blutige Invasion der Mongolen stach sofort durch ihre Langlebigkeit hervor« – um nicht zu sagen: Nachhaltigkeit. »Und so konnte Khan«, heißt es auf *panda.org*, »der wiederholt ganze Siedlungen auslöschte, mehr Kohlenstoff aus der

Atmosphäre schrubben als jeder andere Despot, sagten die Forscher«. Und zwar, indem »der erste Chief Executive Officer der Globalisierung« (*Tagesspiegel*, online, 28.03.2006) Millionen Menschen vom Antlitz der Erde »schrubbte«. »Obwohl der Khan weiterhin als Dschingis der Zerstörer und nicht als Dschingis der Grüne bekannt sein wird, hofft Dr. Pongratz, dass ihre Forschung dazu führen wird, dass künftige Historiker neben den traditionellen Aspekten auch die Auswirkungen auf die Umwelt untersuchen« (*panda.org*, ebenda). Mit anderen Worten: Die Massenmorde auch einmal von ihrer positiven Seite betrachten – nämlich für das Klima.

Der größte Umweltkrieger aller Zeiten

Und das ist nicht etwa ein Ausrutscher: »Laut einer neuen Studie tötete Dschingis Khan so viele Menschen, dass es gut für den Planeten war«, formulierte es noch unverblümter die Wissenschaftsseite *zmescience.com* (online, 27.05.2014). Und der britische *Guardian*: »Warum Dschingis Khan gut für den Planeten war.« Dschingis Khan »könnte nicht nur der größte Krieger, sondern auch der größte Umweltkrieger aller Zeiten gewesen sein, so eine Studie des Carnegie Institution's Department of Global Energy«. Ein Massenmörder könnte also ein »Umweltkrieger« sein? Das bringt die heutige grüne Ideologie wohl auf den Punkt. Keiner der zitierten Artikel beschäftigt sich auch nur mit einem Wort mit den ethischen Implikationen dieser Aussagen und »Forschungen«. Die Studie komme »zu dem Schluss, dass der blutige Vormarsch des Mongolenführers aus dem 13. Jahrhundert, der weite Landstriche verwüstete und auf seinem Weg ganze Zivilisationen auslöschte, möglicherweise 700 Millionen Tonnen Kohlenstoff aus der Atmosphäre getilgt hat«. Und damit sei Dschingis Khan effektiver als die Pest gewesen: Diese »kam und ging zu schnell, als dass sie den globalen Kohlenstoffhaushalt nennenswert beeinflusst hätte«, heißt es fast bedauernd in einer Pressemitteilung der *Carnegie Science* über die Arbeit der erwähnten Dr. Pongratz (*carnegiescience.edu*, 20.01.2011). »Aber während der länger andauernden Ereignisse wie der mongolischen Invasion und der Eroberung Amerikas hatten die Wälder genug Zeit, um wieder zu wachsen und erhebliche Mengen an Kohlenstoff zu absorbieren.« – »In den Schatten gestellt wurden diese beiden Ereignisse jedoch durch den historischen Trend zur zunehmenden Entwaldung, die über Jahrhunderte hinweg riesige Mengen an Kohlendioxid in die Atmosphäre freisetzte, da die Anbauflächen und Weideflächen erweitert wurden, um die wachsende menschliche Bevölkerung zu ernähren.« Selbst Dschingis Kahn »konnte das nicht lange aufhalten« – was übersetzt wohl heißen soll: »[…] konnte, um diesen Trend zu stoppen, nicht genügend Menschen killen.«

Massenmord = Landnutzungsentscheidung

Nicht doch: Nennen wir es lieber »Landnutzungsentscheidung«: »Basierend auf dem Wissen, das wir in der Vergangenheit gewonnen haben, sind wir nun in der Lage, Landnutzungsentscheidungen zu treffen, die unseren Einfluss auf das Klima und den Kohlenstoffkreislauf verringern.« Und: »Wir können das Wissen, das wir gewonnen haben, nicht ignorieren« (*carnegiesciene.edu*, ebenda). Was wohl heißen soll, dass daraus entsprechende Konsequenzen zu ziehen sind. Und außerdem könnten wir die Geschichtsschreibung revolutionieren. Denn vielleicht haben wir einigen Superschurken der Weltgeschichte bisher unrecht getan, als da wären Stalin, Hitler, Churchill, Roosevelt und natürlich Mao Tse-tung, der gleich zig Millionen von Menschen – Pardon: Klimaschädlinge – auf dem Gewissen hat.

In einer normalen Welt hätte sich die erwähnte Dr. Pongratz mit ihrer Studie um Kopf und Kragen geforscht, weil es so klingt, als wäre Völkermord auch nichts weiter als Klimaschutz. Ihre »Ergebnisse« ergänzen sich aber vorzüglich mit der menschenfeindlichen Propaganda des World Economic Forum, das eine menschenleere Welt ebenfalls mit sauberer und CO_2-armer Luft in Verbindung bringt. Ist es nicht erstaunlich, wie lange diese menschenverachtende Haltung übersehen wurde? Der Karriere von Pongratz hat das Ganze jedenfalls nicht geschadet. Im Gegenteil: Heute ist die »Klimaforscherin« Professorin an der Universität München und arbeitet zudem am Max-Planck-Institut für Meteorologie an der Rettung unseres Planeten – was man nicht mit der Rettung der Menschheit verwechseln sollte. Denn den Menschen begreift sie laut dem Podcast *Scientists for Future* (Folge #6 – Klimaeffekte der Landnutzung) lediglich als »anthropogene Störung« …

23. März
Suezkanal: Unternehmen »Fuck you!«

Kennen Sie zufällig die Website *vesselfinder.com* – also »Fahrzeugfinder«? Nein? Nun, dort kann man den Fahrtweg fast jedes relevanten Schiffes auf dem Globus verfolgen. Und am 23. März 2021 spielte sich im Roten Meer vor der Einfahrt zum Suezkanal etwas äußerst Merkwürdiges ab: Der Kapitän des aus Süden auflaufenden Containerriesen *Ever Given*, 400 Meter lang und 50 Meter breit, schien betrunken zu sein. Das Ganze begann etwa um 2:12 Uhr Mitteleuropäischer Zeit, als das Schiff plötzlich anfing, seltsame Linien zu fahren. Etwa eine Stunde später hatte es ein längliches, nach Norden zeigendes Rechteck beschrieben. Am unteren Ende des Rechtecks drehte es zwei große, einander gegenüberliegende Kreise, sodass das längliche Rechteck nun zwischen beziehungsweise auf den beiden Kreisen stand. Was auf den Seekarten von *VesselFinder* und anderen Tracking-Websites zurückblieb, war wirklich kaum zu glauben. Der Kurs der *Ever Given* hatte einen riesigen Penis mit zwei Hoden beschrieben, und so auf den Karten der Tracking-Websites verewigt – so, als wäre das Rote Meer eine Klowand. Und das entspringt nicht etwa meiner schmutzigen Fantasie, sondern das konnte man beim *Spiegel* ebenso nachlesen wie bei *Wikipedia* und sogar bei *Bild*. Nun könnte das die seltsame Laune eines gelangweilten und sexuell ausgehungerten Skippers gewesen sein – oder auch nicht: Denn die Extratour dauerte etwa 3,5–4 Stunden, in denen die *Ever Given* nicht nur Zeit, sondern auch Treibstoff für Zehntausende von Euros verbrauchte. Ein Containerschiff dieser Größe benötigt schätzungsweise 200 Tonnen Sprit am Tag, in 4 Stunden also 33 Tonnen à 550 Dollar pro Tonne (Stand: 2018). Demnach hatte das männliche Geschlechtsorgan also etwa 18 000 Dollar gekostet, die Zeitverzögerung von 4 Stunden einmal nicht eingerechnet. Ein teurer Spaß. Nach der Extratour umrundete der Skipper sein bizarres Werk und nahm anschließend schnurstracks Kurs auf die südliche Einfahrt des Suezkanals. Alkohol am Steuer schien also nicht das Problem zu sein. Sondern der wahrscheinlich größte, jemals gezeichnete Penis schien eine Botschaft zu beinhalten – so etwas wie: Fuck you!

Der Penis ist die Botschaft

Und das tat er denn auch: Nur wenige Stunden später brachte die *Ever Given* etwa 12 Prozent des Welthandels zum Erliegen. Um 7:40 Uhr

Ortszeit am 23. März stellte sich der Containerriese im Suezkanal quer und riegelte diese Hauptschlagader des Welthandels vollständig ab. Das Schiff, das länger ist, als der Suezkanal breit, kam vom Kurs ab und bohrte sich mit seiner Bugnase tief in das östliche Ufer des Kanals, während das Heck im gegenüberliegenden Ufer strandete. Seltsam, wie? Kurz zuvor hatte der Skipper doch noch seine Navigationskünste unter Beweis gestellt und mit dem größten Stift des Planeten den größten Penis der Welt gezeichnet. Und nun kam er im Kanal vom Kurs ab und rammte den Kahn ins Ufer? Wer war überhaupt der Kapitän? Und wer waren die Kanallotsen, die das Schiff durch die Wasserstraße führten? Interessanterweise wurden die Identitäten der Verantwortlichen gehütet, wie ein kostbares Geheimnis. Zunächst kolportierte Meldungen, es habe sich um einen weiblichen ägyptischen Kapitän gehandelt, erwiesen sich als falsch. Vielleicht erinnert sich aber jemand an das große Kreuzfahrtschiff *Costa Concordia*, das 2012 vor der Küste Italiens aufgelaufen und gekentert ist, wobei 32 Menschen ums Leben kamen: Schon am nächsten Tag stand überall zu lesen, wer der Kapitän des Unglücksschiffes war, und zwar mit Foto und biografischen Einzelheiten. Aber wer den Wahnsinn im Suezkanal verursacht beziehungsweise wer die *Ever Given* dabei befehligt hatte, blieb lange Zeit ein Geheimnis. Die Frage nach dem Kapitän wurde von den Medien einfach nicht gestellt. Weshalb nicht? Erst am 21. Juli 2021 nannte eine Zeitung Ross und Reiter, allerdings keine deutsche, sondern eine ausländische: Die britische *Sun* präsentierte ein Gruppenfoto der Mannschaft mit dem in Großbritannien ausgebildeten Kapitän Krishnan Kanthavel an der Spitze. Der Bericht stellte jedoch eine Ausnahme dar. In Wirklichkeit umgab den Kapitän noch immer eine Mauer des Schweigens. Für den Namen »Krishnan Kanthavel« listet Google News ganze neunzehn Fundstellen auf – praktisch eine Omertà (Stand: 13.11.2021). In deutschen Medien war der Name des Kapitäns gerade mal in der *Deutschen Verkehrs-Zeitung* zu lesen – als Fachzeitung der Verkehrs- und Logistikbranche auch nicht gerade ein Massenblatt (online, 19.07.2021). Wer die Kanallotsen waren, blieb weiterhin unter Verschluss. Dasselbe gilt für jegliche Videoaufnahmen der vorhandenen Überwachungskameras. Diese könnten der Welt zwar sehr schnell die Frage beantworten, wie das Unglück ablief, wurden der Öffentlichkeit aber nicht zugänglich gemacht.

Aorten-Thrombose

Den Medien zufolge ereilte das Schiff gleich doppeltes Pech: »Die *Ever Given* der Reederei Evergreen war in einem für den Suezkanal typischen Konvoi unterwegs, als es offenbar an Bord des Containertransporters zu einem Stromausfall kam – das teilte ein Logistikunternehmen mit, das auf Seehandel spezialisiert ist. Dann haben vermutlich ein Sturm und schlechte Sicht die *Ever Given* vom Kurs abgebracht, so die ägyptische Suezkanalbehörde. Jetzt hängen Bug und Heck an den Ufern des Suezkanals fest« (*tagesschau.de*, 24.03.2021). So ein Zufall aber auch: Gerade als ein Sturm über das Schiff hinwegfegt, kommt es auch noch zu einem Stromausfall? Ausgerechnet während die Weltwirtschaft mit der sogenannten Corona-Krise kämpfte, die bereits zu diesem Zeitpunkt die Lieferketten beeinträchtigt hatte, kam es in dieser Aorta des Welthandels zu einer noch nie da gewesenen Thrombose. Zwar hatte es seit der Eröffnung des Kanals im Jahr 1869 immer wieder einmal eine Havarie gegeben – aber entweder blockierte diese nicht den Kanal, und/oder sie konnte nach wenigen Stunden wieder beendet werden. Aber diesmal fiel damit eine der wichtigsten Wasserstraßen der Welt, über die etwa 30 Prozent des globalen Containervolumens abgewickelt werden, für 6 Tage komplett aus. Innerhalb kurzer Zeit stauten sich vor beiden Einfahrten des Suezkanals rund 400 Schiffe. Wie bestellt für Klaus Schwabs »Great Reset« – also das Abwürgen und angebliche Wiederhochfahren der Weltwirtschaft. »Nach Einschätzung der Allianz-Versicherung kommt der Stau zu einem besonders schlechten Zeitpunkt: Auto- und Computerhersteller leiden weltweit darunter, dass Chips knapp sind, Autoproduzenten mussten bereits Werke schließen. Nun müssen Unternehmen noch länger auf Lieferungen warten« (NDR, online, 25.03.2021). Dabei waren die insgesamt rund 400 lahmgelegten Schiffe noch nicht einmal das eigentliche Problem – Pardon: die eigentliche Herausforderung –, sondern die von ihnen transportierten 300 000 Container, die fest in die Logistik des Welthandels eingeplant waren und nun an allen Ecken und Enden fehlten. In Wirklichkeit hatten wir es hier, ökonomisch betrachtet, mit der wahrscheinlich größten Schiffskatastrophe der Menschheit zu tun. Des Weiteren bleibt festzustellen, dass die *Ever Given* nicht etwa ein Einzelfall blieb, sondern einen ganzen Reigen von Kreislaufstörungen im internationalen Seehandel eröffnete (siehe unten).

Die liebste Ausrede des Seefahrers

Aber stimmte die Geschichte mit dem Wind und dem Stromausfall überhaupt? Misstrauen ist angebracht, denn der Wind ist nun mal die liebste Ausrede des Skippers – egal, ob nun ein Freizeitsegler sein Anlegemanöver verpatzt oder sich ein Containerriese in das Ufer des Suezkanals bohrt. »Der Wind« ist kaum überprüfbar und immer als Ausrede einsetzbar, selbst dann, wenn es der vorherrschenden Windrichtung widerspricht. Denn schließlich ist er auch unberechenbar. Betrachtet man das Wetter in Suez am 23. März, stellt man fest, dass die Windgeschwindigkeit um 0 Uhr 20 Kilometer pro Stunde betrug, ab 6 Uhr 33 Kilometer pro Stunde. Fragt sich nur, aus welcher Richtung, denn interessant ist ja vor allem die Seitenwindgeschwindigkeit. Die Website *timeanddate.com* gibt für die Uhrzeit 0 Uhr Nordwind an, das heißt also Gegenwind: eigentlich kein Problem für die Durchfahrt. Für den stärkeren Wind ab 6 Uhr mit 33 Kilometern pro Stunde, als die *Ever Given* bereits in den Kanal eingefahren war, wird als Windrichtung Nordwest angegeben, sodass die Luftströmung ungefähr gegen den Steuerbordbug der *Ever Given* hätte drücken sollen. Rein rechnerisch hätte der Wind demnach ungefähr im Winkel von 45 Grad seitlich auf den Steuerbordbug eingewirkt. Was einzelne stärkere Böen natürlich nicht ausschließt. Demnach hätte der Wind das Schiff allerdings in das linke Ufer des Kanals drücken müssen, nicht in das rechte.

Der Wind, der Wind, das himmlische Kind …

Zwar besitzt das Schiff mit seinen turmhohen Containerstapeln tatsächlich eine gewaltige »Segelfläche«, aber auch Seitenstrahlpropeller an Bug und Heck, die gegen einen solchen Winddruck ankämpfen können. Dazu kommt das gewaltige Beharrungsvermögen eines solchen fahrenden Kolosses. Und schließlich fahren die Schiffe im Suezkanal im Konvoi – und soweit bekannt, meldete kein anderes Schiff irgendwelche Schwierigkeiten mit den Windverhältnissen. Der Wind müsste sich also ausgerechnet die *Ever Given* herausgepickt haben. Dennoch beharrten alle Beteiligten auf dem Wind als Ursache. Der Eigentümer des Containerschiffs, die japanische Reederei Shoei Kisen, machte bei einem Gerichtstermin die Kanalbehörde »für ein Mitverschulden an dem Unglück verantwortlich«, hieß es (in seltsamem Deutsch) auf *T-Online* am 23. Mai: »Die *Ever Given* hätte wegen des schlechten Wetters den Kanal nicht passieren dürfen …

In Dokumenten, die dem Gericht vorgelegt wurden, werde auf den Funkverkehr zwischen der Suezkanalbehörde und Lotsen verwiesen. Diese hätten darüber diskutiert, ob der Containerriese einfahren dürfe.« Einem Bericht von *Egypt Today* zufolge entwickelte sich die Diskussion zwischen den ägyptischen Lotsen an Bord und ihren Kollegen an Land (online, 23.05.2021). Das heißt, dass sich die Ägypter selbst nicht einig gewesen sein sollen, ob das Schiff fahren dürfe oder nicht. Zumindest, argumentierte der Shoei-Kisen-Anwalt, hätte das Schiff von zwei Schleppern begleitet werden müssen. Die Navigationsregeln der Ägyptischen Kanalbehörde geben das jedoch nicht her. Irgendwelche Grenzen für die Windgeschwindigkeit gelten nur für Schiffe ab einer Breite von 210 Fuß, also 64 Meter. Diese dürfen bei einer Windgeschwindigkeit über 10 Knoten (18 Kilometer pro Stunde) nicht mehr durch den Kanal fahren. Die Breite der *Ever Given* misst jedoch »nur« 190 Fuß (58 Meter).

Der Kapitän hat das Kommando

Und Lotsenstreit hin oder her: Im Kanal hat niemand anderer als der Kapitän das Sagen: »Die Pflichten der Lotsen beginnen und enden an den Eingangsbojen von Port Said und Port of Suez«, legen die Navigationsregeln der Suezkanalbehörde fest. Und: »Hinsichtlich Kursen, Motorsteuerung etc. haben sie lediglich beratende Funktion und stellen dem Kapitän ihre Erfahrung und ihr praktisches Wissen über den Kanal zur Verfügung. Da sie nicht über Mängel und Probleme bei der Manövrierfähigkeit jedes Schiffes informiert sein können, liegt die Verantwortung allein beim Kapitän […] Manöver und Befehle werden unter der Leitung des Kapitäns durchgeführt, der für das Schiff die alleinige Verantwortung trägt.« Selbst wenn der Kapitän den Lotsen die Erlaubnis zur direkten Erteilung von Befehlen gibt, werden diese als Anweisungen des Kapitäns betrachtet (Suez Canal Authority: *Rules of Navigation*, Ausgabe August 2015, S. 37). Wie man sieht, hat sich die Kanalbehörde rechtlich abgesichert – was jedoch nicht ausschließt, dass die Lotsen praktisch gesehen dennoch das Kommando gehabt haben können. Mit anderen Worten könnte es durchaus sein, dass letztlich die Kanallotsen an der Havarie schuld waren, worauf die Unstimmigkeiten zwischen den Bord- und den Kanallotsen an Land hinweisen könnten – aber dass sie juristisch eben nicht die Verantwortung trugen. Denn mit der Einfahrt in den Kanal erklärt sich der Kapitän mit diesen Regeln einverstanden. Das ist quasi Vertragsbestandteil für die Durchfahrt.

Die Mär vom Stromausfall

Des Weiteren hat natürlich auch der Kapitän alle Informationen über die lokalen Wetterverhältnisse. Das heißt: Nach Lage der Dinge hätte der Kapitän die Durchfahrt verschieben und vor dem Kanal auf besseres Wetter warten können. Zeit genug schien er ja gehabt zu haben. Trotzdem besteht natürlich die Gefahr, dass sich der Kapitän auf die lokalen Fachleute verlässt – rein rechtlich gesehen wäre das jedoch ein Fehler. Vermutlich aus diesem Grund wies der Ägyptische Wirtschaftsgerichtshof (Ismailia Economic Court) am 23. Mai 2021 eine Klage des Schiffseigners gegen die Beschlagnahme der *Ever Given* und auf eine Mitverantwortung der Kanalbehörde ab und verwies die Sache zurück an eine niedrigere Instanz. Und tatsächlich bekräftigte danach die Kanalbehörde in einer Erklärung, sie trage keine Verantwortung für die Havarie der *Ever Given* und betonte, »dass die Verantwortung allein beim Schiffskapitän liege« (*Egypt Today*, ebenda). Von einem Stromausfall hat man in diesem Zusammenhang übrigens nichts mehr gehört. Eine Mitteilung der Schifffahrtsagentur GAC Egypt (Gulf Agency Company Limite) vom 23. März, wonach das Schiff »beim Transit in nördlicher Richtung einen Stromausfall« erlitten habe, wurde noch am selben Tag gelöscht, meldete der *Business Inside*r am 30. März 2021: »Warum der Beitrag von der Website von GAC Egypt verschwunden ist, ist unklar, und das Unternehmen hat auf eine Anfrage von *Business Insider* nicht reagiert.« Später an diesem Tag habe die Suezkanalbehörde bekannt gegeben, »dass das Schiff bei starkem Wind und Staubsturm manövrierunfähig geworden sei«, erwähnte dabei aber »keinen Stromausfall«. Die technische Leitung des Schiffes, Bernhard Schulte Shipmanagement (BSM), habe demgegenüber erklärt, dass »›erste Untersuchungen einen mechanischen oder Motorausfall als Ursache für die Strandung ausschließen‹, was darauf hindeutet, dass kein Stromausfall stattgefunden hat« (online, 30.03.2021). Wahrscheinlich war das also eine Falschmeldung.

Evergreen blockiert auch Autobahn

Noch während man an diesen Fragen herumrätselte, ereilte die Marke Evergreen eine weitere Havarie. Und zwar stellte sich nur wenige Tage nach der Strandung der *Ever Given* im Suezkanal ein Lkw mit einem Evergreen-Container auf einer chinesischen Autobahn in Nanjing quer, und zwar im selben Winkel wie zuvor das Schiff im Suezkanal: »Die

Bilder des Vorfalls erinnern stark an die Szene im Suezkanal«, schrieb das britische Nachrichtenportal UNILAD. »Sowohl das Schiff als auch der Schiffscontainer sind grün gestrichen und tragen das Wort ›Evergreen‹ in weißen Großbuchstaben. Die Ähnlichkeit zwischen den beiden Vorfällen wird noch deutlicher durch die Tatsache, dass sowohl der Lastwagen als auch das Boot große Staus verursachten, Dutzende von Autos auf der Straße hinter dem Lastwagen Schlange standen und [zu diesem Zeitpunkt] mehr als 260 Schiffe hinter dem Containerschiff feststeckten. Als ob diese Ähnlichkeiten nicht genug wären, wies [die Schifffahrts-Website] *Mothership* darauf hin, dass sowohl der Lkw als auch das Schiff nach rechts vom Kurs abbogen und in einem Winkel von ungefähr 45 Grad zum Stillstand kamen« (UNILAD, 27.03.2021).

Tja – merkwürdig. Der äußerst unwahrscheinliche Zufall wirft die Frage auf: War das eine Botschaft? Denn mit den beiden seltsamen Havarien wurden die bisher wichtigsten Transportwege des Welthandels bildhaft versperrt, nämlich Straße und vor allem Wasserstraße. Ein Ausweg wäre da nur die Schiene, und zwar hauptsächlich die neue chinesische Seidenstraße, deren Eisenbahngleise China mit den Märkten im Westen verbinden sollen. Interessant in diesem Zusammenhang ist, wie oben gesagt, dass der *Ever-Given*-Vorfall 2021 ja nicht die einzige Blockade der Schifffahrt darstellte. Vielmehr war die Suezblockade nur der erste Dominostein im Seehandel, der 2021 spektakulär umkippte. »Die Branche hat sich noch kaum von der sechstägigen Blockade des Suezkanals im März erholt«, schrieb die *Wirtschaftswoche* am 19. Juni 2021. »Nun droht ihr noch Schlimmeres wegen der Probleme im viertgrößten Hafen der Welt.« Aufgrund der Corona-»Erkrankung« einiger Hafenarbeiter hatten die Chinesen einen Teil des Hafens von Yantian in Südchina dichtgemacht: »Über Wochen war das Terminal, an dem Schiffe aus dem Westen und damit auch die Waren aus Europa abgefertigt werden, komplett geschlossen.« Wenn man bedenkt, dass es sich wahrscheinlich nur um einige positive PCR-Test-Ergebnisse gehandelt hatte und diese Tests ohnehin auch viele falsche Ergebnisse liefern, dann war das eine komplett irrationale Entscheidung. Eine völlig »coronafreie« Population zu finden, in die sich nicht einmal ein einziges falsch positives Testergebnis eingeschlichen hat, ist schließlich unwahrscheinlich. Oder mit anderen Worten: Egal, was auch immer man dichtmachen will, man muss die Belegschaft nur auf Corona testen – ein Infizierter findet sich auf jeden Fall. Na gut – aber in Yantian waren es doch immerhin »einige«, also mehrere. Aber nicht in Ningbo-Zhoushan, der in der Weltliga der Containerhäfen unter den ersten drei mitspielt. Hier wurden im August 2021 2000 Hafenarbeiter in Quarantäne geschickt. Begründung: ein auf Corona positiv getesteter Hafenarbeiter. In Ziffern: 1. Also ein einziger positiver PCR-Test. Von wegen »Ausbruch«. »Damit hat der Ausbruch des Coronavirus in Ningbo-Zhoushan die nächste Großstörung für den Welthandel ausgelöst«, befand die *Wirtschaftswoche* (19.08.2021). Das heißt, dass hier mit minimalen »Inzidenzen« am Welthandel herumgespielt wird, genauso, wie die WHO im Januar 2020 aufgrund von achtzehn Fällen einen »internationalen Gesundheitsnotfall« ausgerufen und damit faktisch den gesamten Planeten dichtgemacht hat. Das sind daher auch keine Gesundheitsmaßnahmen, sondern hybride Attacken auf das gesamte globale System …

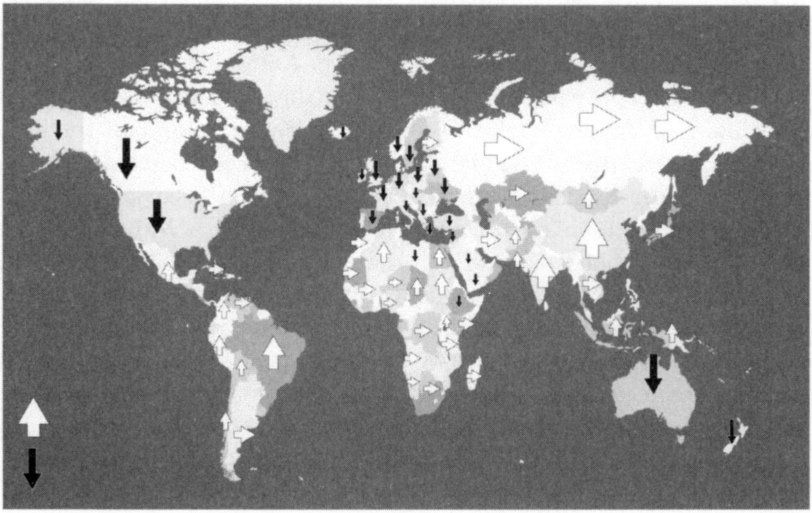

Thema des Monats

26.4. Das Geheimnis der Deagel-Liste: Werden wir alle sterben?

2.4. Der Versandhändler Amazon räumt ein, dass seine Fahrer aus Zeitmangel mitunter in Flaschen urinieren müssen – **5.4.** Der russische Präsident Putin setzt die Zahl seiner bisherigen Amtszeiten per Gesetz auf null – ***7.4. In Schwelm, NRW, eröffnet eine »Impfstraße« für Autofahrer*** – **9.4.** Auf Windsor Castle stirbt Prinz Philip im Alter von 99 Jahren – **19.4.** Der Bundesvorstand der Grünen schlägt Annalena Baerbock als Kanzlerkandidatin der Partei für die Bundestagswahl 2021 vor – **20.4.** Der CDU-Bundesvorstand bestimmt Armin Laschet zum Kanzlerkandidaten – **22.4.** In Japan wird die Automobilausstellung Tokyo Motor Show wegen der »Corona-Pandemie« abgesagt – **24.4.** Die Berliner SPD wählt Doktorschwindlerin Franziska Giffey mit 85 Prozent der Stimmen zur Spitzenkandidatin für die Wahl zum Berliner Abgeordnetenhaus – ***26.4. Die berüchtigte Deagel-Todesliste verschwindet plötzlich aus dem Internet – 30.4. Medien berichten über zunehmende Spaltung von Familien über der Corona-Frage***

7. April
Drive-Impf: der Piks to go[4]

Ich bin glücklich. Ja, wirklich: In Nordrhein-Westfalen hat das erste »Drive-Impf« eröffnet – das ist ein Wortspiel aus Drive-In und Impfen: Also ein Impfzentrum, in das man mit dem Auto hineinfährt, den Arm hinaushält, geimpft wird und wieder weiterfährt. Und an diesem Tag hat mich die *Bild*-Zeitung dankenswerterweise darüber informiert (online). Exklusiv hat das Blatt einen »Impfling« bei seiner Fahrt durch die »Impfstraße« mit der Kamera begleitet. Dieses Filmchen habe ich natürlich sofort mal angeklickt, um zu sehen, wie das abläuft. »Willkommen im Drive-Impf!«, jubelte das Video. »Hier in Schwelm bei Wuppertal in Nordrhein-Westfalen geht's mit dem Auto zur Impfung. Fenster runter, Spritze rein, hier gibt's den Pieks to go im ersten Drive-Impf.« Weil die Impfzentren in der Gegend für Wochen ausgebucht seien, wurde gleich mal eine große Nachfrage suggeriert, »reagierte die Verwaltung und baute am Osterwochenende den temporären Drive-Impf«. »Und so läuft das Ganze ab: Wer über 60 ist und einen Termin aus dem Astra-Zeneca-Kontingent ergattert, darf hier vorfahren. Station 1: Impfmappe in Empfang nehmen.« Doch Halt! Was ist das? Aus dem Fahrerfenster schaut nicht etwa ein grauhaariger Senior, sondern ein glattes Milchgesicht mit blonden Haaren, vielleicht 25 Jahre alt! Dabei steht auch noch laut und deutlich auf einem Plakat: »Ü 60«! Ein Impfschwindler? Auf frischer Tat ertappt? Das ist doch *die* Story! Eigentlich müsste die *Bild*-Zeitung jetzt einhaken und eine knallharte Enthüllungsgeschichte präsentieren. Nach dem Motto: »Erwischt! Wie jugendliche Impfschwindler Senioren die Impfdosen wegnehmen!« Aber nichts: Die *Bild*-Zeitung geht über das Milchgesicht hinweg, als wäre es das Selbstverständlichste der Welt. Ja, die Kamera begleitet den Youngster auch noch minutenlang bei seinem Weg zum Goldenen Schuss – Pardon: zur »Impfung«. Merkwürdig. Wurde die *Bild*-Zeitung inzwischen etwa in *Blind*-Zeitung umbenannt? Oder ist etwa das gesamte Video ein Schwindel?

---

4 Dieses Kapitel gibt es auch als Video auf YouTube: »*Bild*-Zeitung: Skandal im Impfbezirk!«, 08.04.2021.

Mal sehen: Gespannt betrachte ich den Ablauf und erwarte natürlich, nun auch den sagenhaften »Piks« zu sehen. Doch siehe da: Gerade als bei dem Impfling die Spritze angesetzt wird, gibt es keinen Piks, sondern einen Schnitt. Natürlich nicht in den Arm, sondern in das Video. Na gut, wir sind ja auch erst am Anfang der Geschichte. Wahrscheinlich möchte man es etwas spannender machen, denn der Piks ist bei dieser Fahrt durch diese pharmazeutische Geisterbahn ja der Höhepunkt – die Erlösung von allen Übeln und die Eintrittskarte in die Freiheit. Bei dem Niveau des Filmchens rechne ich fest damit, dass sich dann die Himmel auftun, ein Fanfarenchor ertönt und Klaus Drosten (oder wie der Mann heißt) aus dem Himmel herabsteigt und sagt: »Siehe, mein Sohn, ab jetzt gilt für dich wieder das Grundgesetz – jedenfalls bis zur nächsten Welle!« Da in einem Werbespot natürlich auch positive Statements (Testimonials) von sogenannten Qualitätszeugen nicht fehlen dürfen, sagen auch noch einige andere Impflinge ihr Sprüchlein auf. »Es ging sehr, sehr schnell«, nuschelt zum Beispiel ein Klaus Bergdoll durch seine FPP2-Staubmaske in die Kamera, »und es ist eine gute Organisation, dass das hier gemacht wurde, bei der Menge der Impfungen, die hier anstehen.« Nach dem Motto: »Ich bin einfach begeistert von dem neuen Waschmittel, es hat einfach alles rausgekriegt, und die Wäsche ist jetzt weißer als je zuvor.« Auch bei ihm hat man keinen Piks gesehen. »Ich denke, man sollte ruhig mehrere davon machen«, murmelt der Nächste in seine Maske, ganz begeistert von dem Impfzentrum. Auch bei ihm gab es keinen Piks vor der Kamera.

So langsam werde ich ungeduldig. Das Ganze erscheint mir wie ein Pornofilm ohne Geschlechtsverkehr. Oder wie ein Interruptus nach dem anderen. Doch siehe, sagt das Filmchen: »An Station 2 heißt es dann auch schon: Fenster runter, Arm raus und Piks!« Na, endlich! Endlich wird bei unserem Greenhorn die Spritze angesetzt! Aber Pustekuchen! Statt den Piks bekommen wir auch hier nur einen Schnitt zu sehen, um anschließend dem Gemurmel des Impfdirektors zu lauschen, der räsoniert, welche Menschenmassen er rein rechnerisch durch sein Impfzentrum schleusen könnte. Zum Teil seien die Fahrzeuge auch mehrfach besetzt, behauptet er, sodass man auf 500–600 Impflinge pro Tag kommen könnte. Wahrscheinlich halten dann gleich bis zu 4 Personen ihre entblößten Flügel aus dem Fenster. Aber sehen tut man nichts davon. Wahrscheinlich stand der Fanfarenchor noch nicht bereit. Und leider hatte das *Bild*-Team auch versäumt, die ewig langen Schlangen von über 60-jährigen Graulöckchen in ihren VW Golfs zu filmen, die sich eigentlich vor dem Impfzentrum stauen müssten.

Eine Spritze, die nicht spritzt

Ha – jetzt aber! Jetzt haben wir es gesehen: Eine vermummte Krankenschwester hat bei unserem Impfschwindler die Spritze aus dem Arm gezogen – also muss sie doch auch drin gewesen sein, oder nicht? Aber alles ging so schnell, dass man nichts mitbekam. Also ab ins Schnittprogramm mit der Szene, sodass man sie Bild für Bild betrachten kann – immerhin hat man in diesem Film über das Impfzentrum bis jetzt noch keinen einzigen Einstich einer Nadel gesehen. Und das ist für einen Film über eine solche »Impfstraße« doch eine Leistung! Aber: Die Spritze war auch hier nicht drin! Und nicht nur das: Auf dem entscheidenden Standbild sieht man nicht einmal eine Nadel – auch keinen Einstich oder irgendeine Hautvertiefung. Aber wir wollen ja hier nichts unterstellen – bestimmt hat das schon alles seine Richtigkeit. Denn merke: Eins plus eins macht drei, vier Finger sind eigentlich fünf, und Blödsinn ist schließlich auch ein Sinn. Das heißt – warten Sie mal: Zwischen Ansetzen der Spritze und Herausziehen hat sich auch die Stellung des Kolbens nicht verändert. Der Kolben der Spritze war also gar nicht hinuntergedrückt! So kann der Impfstoff also nicht in den Impfling gekommen sein. Allmählich komme ich mir vor wie Alice im Wunderland. Oder vielleicht ist das ja hier so eine Art Jahrmarkt wie in der Fabel *Pinocchio*, wo hinterher alle als Esel herauskommen. Ausschließen kann man es nicht, und langsam beschleichen mich Zweifel, ob man dieses Seniorenimpfzentrum wirklich empfehlen sollte. Erstens kommt da jeder kleine Schwindler rein, der noch nicht einmal trocken hinter den Ohren ist. Zweitens wird da gar nicht wirklich geimpft – jedenfalls nicht in diesem Video.

Eine besonders gute Idee …

Obwohl: Ich würde kommen, wenn ich für so eine Scheinimpfung dann auch einen Impfpass bekäme. Ob Daniel Müller wohl auch einen bekommen hat? Denn so heißt der Autor dieses *Bild*-Beitrages. Auf dem Karrierenetzwerk Xing findet man ihn sogar: »Daniel Müller, Redakteur, Axel Springer SE«, heißt es da unter seinem Foto. Und rein zufällig sieht er unserem Impfschwindler verdammt ähnlich: die gleiche Frisur, die gleichen blonden Haare, der gleiche Haaransatz und das gleiche glatte Gesicht. Hat sich der Autor hier also selbst in den Wagen geschmissen, um dem Publikum eine Impfung vorzugaukeln? Denn irgendeinen Hinweis auf nachgestellte Szenen findet man in dem Video nicht. Wenn das Armin Laschet wüsste! Denn der nordrhein-westfälische Landesvater und spätere Unionskanzlerkandidat ist an diesem feierlichen Tage extra angereist, um dem »Drive-Impf« seinen Segen zu geben. »Armin Laschet hat sich vor Ort das etwas andere Impfzentrum angeschaut«, heißt es in dem Video. »Es ist die entscheidende Phase der Pandemie«, legt sich der Ministerpräsident ins Zeug. »Wir brauchen innovative Lösungen wie hier im Ennepe-Ruhrkreis, wir brauchen eine Impfoffensive – weiter, auch die nächsten Tage. Und deshalb finde ich: Wenn Kommunen selbst Ideen entwickeln, vielleicht ist es dann auch ansteckend für andere, das kann man nur nicht landesweit vorgeben, da setze ich auf die Ideen, die vor Ort da sind, und hier sind sie besonders gut.«

Impfen, bis der Arzt kommt

Zweifellos. Vielleicht bis auf die Tatsache, dass Menschen direkt nach der Impfung die seltsamsten Reaktionen zeigen können, wie zum Beispiel Übelkeit, Schock oder Bewusstlosigkeit – nach dem Motto: Impfen, bis der Arzt kommt. Oder der Bestatter (siehe 17. Dezember | Wie Schwangere zur Covid-Impfung überredet wurden). Wie heißt es doch so schön in dem Impfstoffsteckbrief der Biontech-Impfung der Kassenärztlichen Bundesvereinigung: »Es ist wichtig, dass Vorkehrungen getroffen werden, um Verletzungen durch Ohnmachtsanfälle zu vermeiden.« In diesem Fall wohl auch Verletzungen von anderen Verkehrsteilnehmern. Nehmen wir zum Beispiel den Unfall auf der Eastern Avenue in Lynn, Massachusetts, am 7. Juni 2021. Direkt nach der Impfung fuhr dort ein Mann in seinem schwarzen Pick-up los, wurde kurz darauf bewusstlos und rammte einen weißen SUV. Danach schoss er auf zwei Männer am Straßenrand zu, die gerade noch zur Seite springen konnten, und blieb dann in einem abgestellten Bootsanhänger stecken. »Erst als die Seitenscheibe eingeschlagen und die Autoschlüssel gezogen werden, erwachte er aus seiner plötzlichen Bewusstlosigkeit« (*politikstube.com*, 13.06.2021). Er selbst konnte sich an nichts erinnern. Und deshalb ist ein solches »Drive-Impf« nichts weiter als Unfug und ein gefährlicher Eingriff in den Straßenverkehr – mit dem Segen des Ministerpräsidenten …

26. April
Massensterben: das Geheimnis der Deagel-Liste[5]

Wussten Sie schon, dass im Jahr 2025 statt 83 Millionen nur noch 28 Millionen Menschen in Deutschland leben werden, also 65 Prozent weniger? Dass ergo 55 Millionen Einwohner entweder tot, ausgewandert oder geflohen sein müssen? Manche von Ihnen wussten das natürlich schon. Denn diese und ähnliche Prognosen geistern bereits seit über 10 Jahren im Internet herum. Die Quelle dafür war die sogenannte Deagel-Liste, die Jahr für Jahr neue Schreckensprognosen veröffentlichte, ohne dafür irgendwo einen Grund anzugeben oder eine Erklärung zu veröffentlichen, wie diese apokalyptischen Prognosen eigentlich zustande gekommen sein sollen. Ihren Namen hatte diese Liste von der Website *Deagel.com*, auf der sie veröffentlicht wurde – ein Nachrichtenportal mit Waffen-News. Zum Beispiel: »Lockheed Martin und Northrop Grumman testen erfolgreich Hyperschall-Raketenmotor«, »Kroatien kauft zwölf ehemalige *Rafale*-Mehrzweckkampfflugzeuge der französischen Luftwaffe«, »Russland entwickelt leichtes, einmotoriges Tarnkappenflugzeug auf Basis der Su-57-Technologie« etc. pp. Die Autoren der Seite scheinen also so etwas wie ausgewiesene Militärexperten zu sein. Über welche Art von Geheimwissen verfügten sie, um derartig drastische Bevölkerungsverluste vorherzusagen? Sollte es sich etwa um einen großen Krieg handeln? Aber warum schreibe ich hier überhaupt in der Vergangenheit? Ganz einfach: Weil diese weit über 10 Jahre hinweg immer wieder aktualisierte Todesliste am 26. April 2021 plötzlich aus dem Internet verschwand und mit ihr die ganze Website *Deagel.com*. Kurz: Die Deagel-Liste, die viele Jahre lang Millionen von Menschen in Angst und Schrecken versetzt hatte, hatte sich plötzlich in Luft aufgelöst. 4 Tage lang war die Website wie vom digitalen Erdboden verschluckt, bis sie am 30. April plötzlich wieder auftauchte – allerdings ohne die berüchtigte »Todesliste«. Diese blieb bis zum Redaktionsschluss dieses Buches verschwunden; die URL *https://www.deagel.com/FORECAST* ist leer (Stand: 13.11.2021).

---

5 Dieses Kapitel gibt es auch als Video bei YouTube: »Massensterben: Das Geheimnis der Deagel-Liste«, 25.04.2021.

Computermodell oder Würfelbecher

Donnerwetter! Was war denn da passiert? Nun, um die Wahrheit zu sagen: Der Autor dieser Zeilen dürfte daran nicht ganz unschuldig sein. Denn nur einen Tag zuvor, am 25. April, hatte ich bei YouTube ein Video über die Deagel-Liste veröffentlicht, das sofort Zehntausende und kurz darauf über 100 000 Zuschauer fand. Titel: »Massensterben: das Geheimnis der Deagel-Liste«. Darin hatte ich die Hintergründe der Deagel-Liste einmal näher betrachtet. Mit interessanten Ergebnissen. Erste Frage: Wer oder was ist überhaupt *Deagel.com*? Schon da steht man vor einer Mauer, denn ein Impressum oder eine Kontaktadresse gibt es auf der Seite nicht. Auch eine Rubrik wie zum Beispiel »About« oder »Über uns« sucht man vergebens. Kurz: Die Website ist anonym. Irgendein Anonymous hat es sich hier also zur Aufgabe gemacht, Millionen von Menschen mit immer neuen Horrorzahlen zu erschrecken. Eine gute PR, würde ich sagen, denn so hat eine unübersehbare Zahl von Menschen fröstelnd die unheimliche Deagel-Seite mit ihren Waffenberichten angeklickt. Insgesamt sollen etwa 16 000 Artikel auf der Website gespeichert sein. Daneben gibt es eine Datenbank mit wichtigen Kennzahlen jedes einzelnen Landes. Öffnete man einen Detaileintrag, dann sah man da nicht nur die angebliche Bevölkerungsentwicklung, sondern auch viele andere Prognosen über das Bruttoinlandsprodukt, die Kaufkraft, den Haushalt, den Verteidigungshaushalt, die Exporte und Importe und dann auch noch die exakte Bewaffnung. Eine komplette Modellierung der wichtigsten Daten eines jeden Landes der Welt? Man würde also hier irgendeine größere Forschungseinrichtung vermuten, eine Universität oder einen Thinktank mit Supercomputern und Computermodellen. Allerdings wäre auch das nicht ausreichend, denn all dieses technische Talmi soll uns Menschen nur darüber hinwegtäuschen, dass niemand in die Zukunft sehen kann, auch nicht das beste Computermodell. Alle Computermodelle sind im Wesentlichen politische und propagandistische Spielereien, ausgenommen vielleicht bei ganz primitiven Systemen und Modellen mit nur wenigen Einflussfaktoren. Bei komplexen biologischen und wirtschaftlichen Systemen werden die Ergebnisse sehr schnell unscharf und enden im Chaos. Es sei denn, man manipuliert an den Modellen herum, wie zum Beispiel in der Klimaforschung. Woher die Deagel-Daten kommen – ob aus einem Computermodell oder aus dem Würfelbecher – ist also fast egal.

Who is *Deagel.com*?

Ein Weg zur Quelle führt normalerweise auch über den Anmelder der Domain. Diese sogenannte »Who is«-Abfrage ist von Domain-Anbietern in den zurückliegenden Jahren jedoch stark eingeschränkt worden. Man findet das Ergebnis aber noch auf verschiedenen Websites, zum Beispiel auf dem Blog von Konstantin Kirsch, der eine schöne Recherche über die Deagel-Liste hingelegt hat. Demzufolge handelt es sich bei dem Anmelder um einen gewissen Gas Deagel, Gran Via 108, 17480 Roses, Spanien. E-Mail: deagelgas@hotmail.com. Allerdings gibt es in Roses nur eine Gran Via de Pau Casals 108. Da die Abkürzung »Gran Via« für die Gran Via de Pau Casals in Roses hauptsächlich Einheimischen geläufig ist, könnte der Seitenanmelder (zumindest zeitweise) tatsächlich dort residiert haben. Bemüht man Google Maps und Google Street View, trifft man auf ein stattliches Anwesen mitten in Roses: einen von einer Mauer und hoher Bepflanzung umgebenen Park, an einer Ecke mit einem abgeschottet wirkenden Gebäude. Zweifellos eine exklusive Adresse. Aber auch noch eine andere Anschrift ist in Umlauf, nämlich die Rue Anatole France in 66290 Cerbère, Frankreich. Auch nicht schlecht: ein Wohnhaus fast direkt am Meer. Aber ob das nun die aktuelle Adresse oder der wirkliche Wohnsitz des Seitenbetreibers ist, weiß niemand. Vielleicht handelt es sich bei dem Namen Gas Deagel auch nur um ein Pseudonym, unter dem ein Briefkasten an diesen Anwesen hängt oder hing. Der Website *Trout Clan Campfire* zufolge ist »Gas Deagel« sogar nur der Spitzname der Gaspistole »Desert Eagle«. »Gas« plus »Desert Eagle« machen zusammen »Gas Deagel«? Für einen Waffen-Fan wäre das vielleicht plausibel, wobei allerdings die Schreibweise nicht ganz übereinstimmt. Ist das also das Geheimnis der Deagel-Liste? Bisher weiß das niemand. Eine von mir am 17. April an die oben genannte E-Mail-Adresse gestellte Anfrage blieb unbeantwortet. Allerdings könnte diese E-Mail der Grund gewesen sein, dass die ausländischen Deagel-Macher von meinen Recherchen überhaupt Wind bekamen und einen Tag nach Veröffentlichung meines Videos die Todesliste vom Netz nahmen.

Götterdämmerung für die westliche Welt

Jedenfalls machte ich mich auf eigene Faust daran, die seltsamen Todesprognosen auf der Seite zu analysieren. Die Systematik der fast 200 Staaten umfassenden Liste zu erfassen, ist nicht ganz einfach. Die Verteilung der vorhergesagten Bevölkerungsverluste erscheint weitgehend zufällig. Etwas besser nachvollziehbar wird es mit einer Weltkarte, die Dritte aus Internetdaten erstellt haben. Darauf sind Staaten mit prognostizierten Verlusten rot gekennzeichnet, solche mit Zuwächsen grün. Dadurch wird das Bild etwas übersichtlicher. Dabei sieht man, dass ganz Europa, die USA und Kanada rot markiert sind, Russland und China aber auch. Während beispielsweise die Bevölkerungen der USA und Deutschlands um 70 beziehungsweise 65 Prozent schrumpfen sollten, sollten die Einwohnerzahlen Russlands und Chinas nur um einen ganz geringen Prozentsatz abnehmen. Und während manche Staaten der »Deagel-Liste« zufolge bis 2025 schreckliche Bevölkerungsverluste erleiden sollten, sollten andere eine Zunahme zu verzeichnen haben, zum Beispiel Indien (11,8 Prozent). Was ging da vor? Beziehungsweise: Was sollte da in Zukunft vorgehen? Von welchen Ereignissen sollten diese Staaten getroffen werden? Noch klarer wird das Bild auf einer anderen Karte: Hier kam jemand auf die naheliegende Idee, neben Ab- und Zunahme eine dritte Kategorie einzuführen, und zwar für die Staaten mit etwa gleichbleibender Bevölkerungszahl. Diese wurden mit einem waagerechten grünen Pfeil gekennzeichnet, während die beiden anderen einen roten Pfeil nach unten beziehungsweise einen grünen Pfeil nach oben erhielten. Denn schließlich könnten geringe Ab- oder Zunahmen ja auch natürliche Gründe haben. Und siehe da: Dadurch ergab sich plötzlich ein ganz klares Bild: Die schweren Verluste sollten ausschließlich Staaten der NATO und des westlichen Bündnisses betreffen: den gesamten nordamerikanischen Kontinent, Westeuropa, die Türkei, Saudi-Arabien, Australien und Neuseeland. Manche Länder wie der Iran oder Russland sollten überhaupt oder fast nicht betroffen sein, genauso wenig wie China.

Das alleinige Opfer der spektakulären Bevölkerungsverluste sollte also der Westen sein, während Russland, China, Afrika und Südamerika vollkommen unberührt bleiben sollten. Siehe da: Welche Art von Katastrophe würde so wählerisch sein? Antwort: eigentlich gar keine. Egal, welches Ereignis man auch immer betrachtet – ob Atomkrieg, Pandemie, Hungersnot oder Wirtschaftszusammenbruch –, immer würde der Kollaps ganzer Wirtschaftsräume auch nähere und fernere Nachbarn in Mitleidenschaft ziehen. Dass ein solcher gewaltiger Kollaps des gesamten Westens den Osten unberührt lassen würde, ist einfach unmöglich. Selbst bei einem gezielten Angriff Russlands und Chinas auf den Westen würden sich die Angreifer tief ins eigene Fleisch schneiden. Worum geht es also hier? Was ist – beziehungsweise was war – die Deagel-Liste wirklich?

Das Denken östlicher Strategen

Antwort: Ehrlich gesagt riecht das Ganze nach dem Wunschdenken infantiler östlicher Ideologen. Denn wenn wir nicht an Klimaprognosen und langfristige Wetterprognosen glauben – warum sollten wir dann an langfristige Bevölkerungsprognosen glauben? Wozu also diese Wichtigtuerei? Geht es wirklich nur darum, einen isolierten Untergang des Westens herbeizufantasieren? Vielleicht. Wobei zwar tatsächlich eine schwere Krise zu erwarten ist – nur eben nicht, dass sich diese strikt an politische und militärische Grenzen hält, weil die Welt dafür wirtschaftlich und infrastrukturell viel zu stark vernetzt ist. Wenn, dann kann es nur um Schwerpunkte gehen, wobei die Kollateralschäden ebenfalls groß sein dürften. Man würde also nicht eine trennscharfe Karte wie die zuletzt beschriebene erwarten, sondern eher eine Karte mit abgestuften roten Bereichen, die ungefähr das Zentrum der Angriffswirkung markieren und sich zu den Rändern hin farblich abschwächen würde – auch ins Lager des Angreifers. Mit anderen Worten erscheint die Trennschärfe der Deagel-Liste bereits als abwegig. Hier wird offenbar nur so getan, als ob man etwas wüsste, aber die Liste basiert wahrscheinlich nicht auf realistischen Prognosen.

Viel Lärm um nichts

Aber woher kommen all diese Vorhersagen? Die Antwort darauf findet man heute nicht mehr auf der Website. Früher, in einem alten Disclaimer, hieß es da jedoch unverblümt: »Wir unterhalten keine Verbindungen zu irgendeiner Regierung, und bedenken Sie, dass die Prognosen, ob fehlerhaft oder korrekt, nichts weiter sind als ein Zahlenspiel, das auf einigen spekulativen Annahmen beruht.« So, so: Weltweit Angst verbreiten auf der Basis von »Zahlenspielen« und »spekulativen Annahmen«! Viel Lärm – beziehungsweise viele Daten – um nichts? Machen wir eine weitere Probe aufs Exempel: Wir können ja die Treffsicherheit der Liste sogar überprüfen. Der YouTube-Kanal *Stingwray* hat einmal alte Seiten der Deagel-Website analysiert, darunter auch eine Prognose aus dem Jahr 2010 für das Jahr 2020. Demnach sollten die USA 2020 nur noch 248 Millionen Einwohner haben – gegenüber 313 Millionen 2010 (siehe YouTube: »Hacker postet depop info on Deagel is a lie!« 24.10.2014). In Wirklichkeit haben die Vereinigten Staaten von Amerika heute, im Jahr 2021, 328 Millionen Einwohner, also eine Bevölkerungszunahme zu verzeichnen, womit sich die Deagel-Liste um rund 78 Millionen Einwohner verschätzt hat.

Potemkin'sche Dörfer

Ist denn überhaupt etwas an der Deagel-Website dran? Woher kommen zum Beispiel die 16 000 detaillierten Artikel über all die Waffensysteme? Müssten das nicht Texte von echten Kennern der Materie und Insidern sein? Machen wir noch einen Test, und nehmen wir einen Deagel-Text vom 28. Mai 2021: »Kroatien hat nach einer internationalen Ausschreibung die *Rafale* [Kampfjet] für seine Luftwaffe ausgewählt« (»Croatia has selected the *Rafale* for its Air Force, following an international call for tenders«). Interessant. Erst ganz unten auf der Seite stellen wir fest, dass es sich nicht um einen Text von Deagel handelt, sondern um eine Pressemitteilung der französischen Rüstungsfirma Dassault, veröffentlicht am 28. Mai 2021. Geben wir diesen Text nun wortwörtlich in die Suchmaschine Google ein, zeigt sich, dass diese Pressemitteilung tausendfach im Internet verbreitet wurde. Und das gilt auch für andere Artikel auf der Deagel-Seite. Bei den meisten, wenn nicht allen, handelt es sich schlicht um Pressemitteilungen von Rüstungskonzernen, Verteidigungsministerien und anderen Quellen, ohne jede Eigenleistung von Deagel. Irgendein eigenes Wissen oder eine eigene Recherche scheinen also nicht dahinterzustecken. Bei Deagel handelt es sich demnach schlicht um einen Nachrichtenknoten, auf dem Pressemitteilungen zu Rüstungsthemen gebündelt werden: ein Potemkin'sches Dorf, aufgeblasen mithilfe einer besonders cleveren Strategie, nämlich der spektakulären Bevölkerungsliste, die der Seite weltweite Aufmerksamkeit verschafft hat.

Der westliche Drops ist gelutscht

Das Gute an der Deagel-Liste ist jedoch, dass sie eine Diskussion angestoßen und darauf aufmerksam gemacht hat, dass wir am Abgrund stehen. Denn fest scheint nur zu stehen, dass es ein Massensterben geben wird, nur wann und in welchem Umfang, wissen wir nicht – bis auf die Tatsache, dass es näherrückt. In ärmeren Ländern, wie Indien, hat es bereits begonnen. Die Krise, insbesondere des westlichen Systems, wird bis auf Weiteres durch eine erfundene Pandemie kaschiert. Die wirklichen Probleme – Pardon: Herausforderungen – aber heißen Verschuldung,

Kriminalität, Korruption, Verantwortungslosigkeit, Selbstbereicherung, Dummheit und Gier. Kurz: Der westliche Drops wurde von den kriminellen Eliten fast vollständig gelutscht, wobei der Rest des Drops von der Pharmaindustrie und ihren willigen Helfern in Stiftungen und Parlamenten genossen wird. Die Schuld für die Plünderung sämtlicher Staatskassen und für den unvermeidlichen Zusammenbruch wird einem Virus zugeschrieben werden. Denn für Corona kann ja niemand etwas, oder?

30. April
Spaltung: Vater Staat und Mutti Merkel

Ein Riss geht durch das Land: Unversöhnlich stehen sich immer mehr Eltern und Kinder, Ehepartner und Freunde, Arbeitnehmer und Arbeitgeber gegenüber. Der Streitgegenstand ist das Coronavirus: »Die Pandemiepolitik spaltet Familien und Freundschaften«, kündigte der WDR am 30. April ein 30-minütiges Radio-Feature an, in dem sich zwei Schwestern über ihre »Corona-Ansichten« auseinandersetzen. »Ein Feature über den aktuellen Spalt in der Gesellschaft, der mitten durch Familien geht.« Seinerzeit machten viele solche Beiträge und Artikel die Runde. Die Frage lautete natürlich, warum die »Verschwörungstheoretiker« so renitent sind, warum man sie so schwer überzeugen kann und wie man mit jemandem umgehen soll, der an »Verschwörungsmythen« glaubt. Während die eine Seite Angst vor einem gefährlichen Virus hatte, behauptete die andere, das Virus sei nicht gefährlich, schon immer da gewesen und eventuell sogar nur eine Propagandaerfindung, um die Wirtschaft und das Leben der Menschen zu zerstören. Doch obwohl letztere Auffassungen weitaus besser belegt sind als der Corona-Mythos, schaffen es viele Menschen nicht, sie anzuerkennen und sich darauf einzulassen. Drehen wir den Spieß also einmal um und fragen: Was ist mit *diesen* Menschen los? Warum können *sie* nicht die Augen öffnen, um die Wirklichkeit zu sehen?

Verschwörungstheoretiker versus Verschwörungsleugner

Antwort: Dies setzt die Überwindung einer für viele Menschen hohen Hürde voraus, nämlich die Vorstellung, dass die Regierung und die Politiker bösartig sein könnten. So bösartig, dass sie das Leben der Menschen fahrlässig oder gar mutwillig zerstören – bis hin zum Völkermord im Gefolge von schädlichen Impfungen, zerstörten Existenzen, zerstörter Wirtschaft, Selbstmord, Hunger, Krankheiten und Verzweiflung. Aber warum ist diese Vorstellung eigentlich so schwierig? »Warum sträuben sich ansonsten vollkommen intelligente, nachdenkliche und rational denkende Menschen gegen die Behauptung, Soziopathen würden sich verschwören, um sie zu manipulieren und zu täuschen? Und warum verteidigen sie diese unbegründete Position mit solcher Vehemenz?«, fragte die schon erwähnte Website der *Guardian*-Dissidenten, *OffGuardian*. »Die Geschichte der Menschheit ist voller Machenschaften von Lügnern, Dieben, Tyrannen und Narzissten sowie voll von den sich daraus ergebenden verheerenden Auswirkungen. Auch in der heutigen Zeit gibt es viele Beweise für Korruption und außergewöhnliche Täuschungen. Wir wissen ohne Zweifel, dass viele Politiker lügen und ihre Verbindungen verbergen und dass zahlreiche Unternehmen routinemäßig eine völlige Verachtung für moralische Normen an den Tag legen – wir wissen, dass uns Korruption umgibt […] Was genau ist es also, das die Verschwörungsleugner mit solcher Inbrunst, Rechtschaffenheit und Herablassung nicht anerkennen wollen? Warum verteidigen sie gegen alle Beweise geradezu höhnisch und verächtlich die bröckelnde Illusion, dass ›die Großen und Guten‹ irgendwo da oben sitzen und alles im Griff haben, dass sie nur unser Bestes im Sinn haben, Skrupel besitzen sowie weise und aufrichtig sind? Warum verteidigen sie die bröckelnde Illusion, dass die Presse dem Volk und der Wahrheit dient und nicht den Gaunern? Dass eine Ungerechtigkeit nach der anderen aus Fehlern und Versehen resultiert, aber niemals aus Verschwörung?« (12.03.2021; Übersetzung: *bastian-barucker.de*).

Gott – Vater – Staat

Antwort: Dagegen steht eine für viele Menschen schier unüberwindliche Denkblockade. Die Vorstellung, dass Regierungen und Politiker bösartig sein könnten, ist nur das erste Hindernis – quasi die erste Schale der Zwiebel. Dahinter steht noch eine ganz andere Schwierigkeit: Die Menschen müssten sich vorstellen können, dass Vater und Mutter bösartig sein könnten. Und nicht nur diese, sondern auch Gott. Warum? Ganz einfach: weil der Staat von vielen Menschen ganz tief im Unbewussten mit Gott identifiziert wird. Das rührt zum einen aus der übergeordneten, weit über den Menschen angesiedelten Position des Staates her, zum anderen aus der jahrtausendealten Tradition der Monarchien, die sich stets als göttlich legitimiert dargestellt haben. Schon römische Kaiser haben sich selbst als Götter bezeichnet, spätere Monarchen präsentierten sich als von Gott legitimiert und ließen sich von Päpsten krönen.

Warum Merkel keine »Mutti« ist

Des Weiteren wird der Staat auch mit einer Instanz identifiziert, die die meisten Menschen in ihrer Kindheit ebenfalls als »göttlich« erlebt haben – mit dem Vater: »Gott – Vater – Staat bilden im Über-Ich der meisten zivilisierten Menschen eine feste Ergänzungsreihe«, so der Schweizer Psychoanalytiker Paul Parin (Paul Parin: »Zur Kritik der geisteswissenschaftlichen Richtungen in der Tiefenpsychologie«, in: *Schweizerische Zeitschrift für Psychologie und ihre Anwendungen*, 8, 1, S. 67–84). »Man muss kein großer Kenner der Psychoanalyse sein, um in Staat, Polizei und Militär die Repräsentanten des (externalisierten) Über-Ichs zu erkennen«, assistiert die Monatszeitung *Le Monde Diplomatique*: Des Über-Ichs »erster Repräsentant ist der Vater, sein mächtigster Repräsentant ›Vater Staat‹« (online, 13.07.2007). Kurz: Der Staat wird von vielen Menschen unterschwellig als Vater personifiziert, von manchen sogar als »Gottvater«. Schließlich haben Gott, Vater und Staat noch weitere Merkmale gemeinsam, zum Beispiel, indem sie für uns sorgen und uns schützen – jedenfalls angeblich. Zu erwarten, dass Menschen Gott, Vater und den Staat als bösartig erkennen sollen, ist von vielen daher einfach zu viel verlangt.

Tja – da ist guter Rat teuer: Im Prinzip müssten die Menschen Gott, Vater (und natürlich »Gottvater«) in sich »absägen«, um das bösartige Wesen der Corona-Diktatur zu erkennen und zu begreifen. Oder sich vorstellen, dass es »Vater Staat« eben nicht gut mit ihnen meint. Für viele ein schier unüberwindbares Hindernis. Des Weiteren erwächst daraus auch die Aggression, ja der Hass, auf jene, die es wagen, Gott und den durch den Staat repräsentierten Eltern Bösartigkeit zu unterstellen. Und das dürfte denn auch die eigentliche Trennungslinie zwischen Corona- und Staatskritikern auf der einen und Staatsgläubigen auf der anderen Seite sein: das Vorstellungsvermögen, dass Vater und Gott abgrundtief dumm und böse sein könnten. Dieses Vorstellungsvermögen hängt zunächst einmal entscheidend von den Erfahrungen mit den eigenen Eltern ab. Schlechte Behandlung führt zur Ablösung und kritischen Distanz – gute Behandlung und eine behütete, geborgene Kindheit machen es sehr schwer, sich vom positiven Eltern- und damit vom Staatsbild zu lösen. Wem darüber hinaus auch außerhalb der Familie nichts Schlimmes zugestoßen ist, der hadert wahrscheinlich auch nicht mit Gott, sofern er an ihn glaubt. Auch dieser Glaube hängt bekanntlich von der »Behandlung« ab: Hat »Gott« schlimme Schicksalsschläge zugelassen, oder befand man sich hauptsächlich auf der Sonnenseite des Lebens?

Und nun auch noch »Mutti«: In Deutschland kam noch ein entscheidender Propagandakniff hinzu: die Bezeichnung der Kanzlerin als »Mutti«. Nach dem Motto: Naja – Mutti nun wieder! Sie ist nun mal ein bisschen »verplant« und daneben, aber im Grunde meint sie es ja nur gut mit uns. Man kann sie nicht so richtig ernst nehmen, verzeiht ihr jeden Fehler und widerspricht nicht. Dabei ist Merkel gar keine »Mutti«. Mehr darüber im November-Kapitel.

Willkommen im Weltkindergarten

Jedenfalls: »Der angeborene Impuls, der Mutter zu vertrauen«, ist hier fehl am Platz. Ein Impuls, der sich nie entwickelt und »nie auf sein Gegengewicht der Vernunft (beziehungsweise des gereiften Vertrauens)« trifft, »um sich mit diesem auseinanderzusetzen, sondern für immer auf seiner ursprünglichen ›Standardeinstellung‹ als Kind« bleibt, so der *OffGuardian*. »Und in einer Welt, in der Stabilität und Sicherheit nur noch eine ferne Erinnerung sind, bleiben diese Überlebensinstinkte, anstatt gut ausgeprägt, reflektiert, relevant, anspruchsvoll und aktuell zu sein, im wahrsten Sinne des Wortes die Instinkte eines Babys. Man vertraut auf die größte, lauteste, präsenteste und unbestreitbarste Kraft, denn der Instinkt sagt, dass das eigene Überleben vom Vertrauen darin abhängt. Und in diesem großen ›Weltkindergarten‹ ist die allgegenwärtigste Kraft eben das Netzwerk jener Institutionen, die ohne Unterlass ein unverdientes Image aus Macht, Ruhe, Kompetenz, Besorgnis und Stabilität ausstrahlen [...] Diese armen, verblendeten Seelen glauben im Wesentlichen, dass [...] Mami und Papi dahinterstehen und sich Gedanken darüber machen, wie sie am besten sicherstellen können, dass es ihrem kleinen Schatz für immer gut geht, dass er glücklich und sicher ist« (ebenda).

Kinderlos = skrupellos?

In Wirklichkeit sind die deutschen Regierungsmitglieder als »Vater Staat« und »Mutti Merkel« eine Fehlbesetzung. Die wichtigsten Ministerien werden von sexuell Undefinierbaren und/oder Kinderlosen geführt, die auf diese Weise weder einen Anker in der Zukunft haben, noch ein tieferes Verständnis für Kinder entwickeln können:

- Bundeskanzlerin Angela Merkel: kinderlos,
- Bundesfinanzminister Olaf Scholz: kinderlos,
- Bundeswirtschaftsminister Peter Altmaier: kinderlos,
- Bundeslandwirtschaftsministerin Julia Klöckner: kinderlos,
- Bundesumweltministerin Svenja Schulze: kinderlos,
- Bundesgesundheitsminister Jens Spahn: kinderlos.

Bundestagsabgeordnete haben noch weniger Kinder als der Durchschnitt der Bevölkerung. Die größten Familienmenschen sind laut einer Untersuchung die Christsozialen der CSU-Landesgruppe; sie bringen es im Schnitt immerhin noch auf 2,1 Kinder, also gerade einmal auf die Reproduktionsrate. Und, wen wundert's: Die wenigsten Kinder haben gerade die ideologisch verblendetsten Politiker: »Linke-Frauen mit im Schnitt 0,9 und Linke-Männer mit im Schnitt 1,2.« Die Erwartungshaltung des Volkes gegenüber mütterlichen und väterlichen Politikern trifft also auf eine politische Klasse der Kinder- und Skrupellosen, die keine biologische Verbindung zur Zukunft haben. Mit ihrem eigenen Tod geht auch ihre gesamte Welt unter – worüber sollten sie sich also Sorgen machen? Eigene Kinder haben sie nicht, und ihr eigenes Volk ist ihnen fremd, ja verhasst.

Blödsinn ist auch nur ein Sinn …

Wenn man Regierungsmitglieder unbewusst als »Eltern« sieht, bedeutet das im Umkehrschluss natürlich, dass man sich selbst als Kind versteht. Und das Kind folgt den Eltern. Der Blödsinn, den sie reden, wird nicht als das, was er ist, aufgefasst, sondern als etwas, was auf höherer Ebene einen Sinn ergeben muss, den man als Kind nur noch nicht versteht. Denn wie gesagt: Schließlich ist Blödsinn vielleicht nur ein höherer Sinn (den wir – noch – nicht verstehen). »Sie« werden schon wissen, wie das alles zusammenpasst. Zudem verteilen die »Eltern« das Taschengeld, zum

Beispiel die Gehälter der knapp 2 Millionen Beamten, das monatliche Geld der knapp 4 Millionen Hartz-IV-Empfänger, die »Corona-Hilfen« oder in Zukunft ein »bedingungsloses Grundeinkommen«, das die Eltern-Kind-Beziehung noch verstärkt und die totale Kontrolle ermöglicht. Wes Brot ich ess, des Lied ich sing: Haben Sie sich schon einmal gefragt, woher das Geld ihres innerfamiliären Kontrahenten stammt? Nicht, dass diese Menschen moralisch korrupt oder gekauft sein müssen – aber unbewusst kann die Herkunft der eigenen Alimente natürlich eine Rolle spielen. Dass viele von uns aufgrund der Corona-Maßnahmen nicht mehr für sich selbst sorgen, sondern von den »Eltern« versorgt werden müssen, verstärkt die Staatsbindung. Wie heißt es doch so schön: So lange du deine Beine unter meinen Tisch streckst – das heißt: So lange du von meinem Geld lebst –, tust du, was ich dir sage. Kurz: Millionen Menschen sind in Sachen Corona längst gekauft: Oder kann man von einem Gastwirt, den der Staat aus der Corona-Not »rettet«, wirklich Widerstand erwarten?

Gehorsam und Verstandeslähmung

»Erwachsene Menschen unterwerfen sich Berufspolitikern, als wären diese ihre Eltern – mit fatalen Folgen«, schrieb der promovierte Erziehungswissenschaftler Rudolf Hänsel. Und: »Alle Jahre wieder wählen vertrauensselige Bürger Politiker mit wenig Berufs- und Lebenserfahrung in hohe Regierungsämter und sehen sie dann als respektable Autoritäten an. […] Zu diesen Politikern schauen die meisten Erwachsenen auf wie Kinder. Und das hat Folgen: Die Autoritätsgläubigkeit führt zu einem reflexartigen geistigen Gehorsam und zu Verstandeslähmung. Erwachsene Menschen können dann nicht mehr vernünftig urteilen und übergeben die Entscheidungsgewalt Berufspolitikern. Doch diese sind – vielleicht mit wenigen Ausnahmen – nicht wirklich daran interessiert und fähig, die Menschheitsprobleme zu lösen. Sie haben allein ihre Karriere und ihre gute Versorgung im Sinn.« – »Man könne die Unterordnung eines ganzen Volkes unter wenige Leute noch rechtfertigen, wenn die Regierenden die besten Menschen wären; aber das ist nicht der Fall, war niemals der Fall und kann es nie sein«, zitiert Hänsel den russischen Schriftsteller Lew Tolstoi (1828–1910). »Es herrschen häufig die schlechtesten, unbedeutendsten, grausamsten, sittenlosesten und besonders die verlogensten Menschen. Und dass dem so ist, ist kein Zufall« (*Rubikon*, 09.02.2021).

Thema des Monats

31.5. Heftige Regenfälle in China gefährden den Drei-Schluchten-Damm

1.5. Die NATO beginnt mit dem Abzug ihrer Truppen aus Afghanistan (siehe S. 200) – **3.5.** Gelbe Mehlwürmer werden von der EU als Zutat für Lebensmittel freigegeben – **5.5.** Earth Overshoot Day: Angeblicher »Erdüberlastungstag« – **5.5.** In Columbia, USA, steigt ein Schulbusentführer nach wenigen Kilometern entnervt wieder aus, nachdem ihn die Schulkinder mit Fragen gelöchert haben – **19.5.** Im Zuge ihrer Plagiatsaffäre ersucht Familienministerin Franziska Giffey die Bundeskanzlerin um ihre Entlassung (siehe Einleitung, S. 11) – ***21.5. Moorwissenschaftler planen Deutschlands Wiederversumpfung*** – **22.5.** Robert Lewandowski bricht »Ewigen Torrekord« von Gerd Müller – **23.5.** Am Monte Mattarone in Italien stürzt eine Seilbahn ab: 14 Tote – **27.5.** Deutschland gesteht Völkermord an den Herero und sagt Namibia Zahlung in Höhe von 1,1 Milliarden Euro zu – ***31.5. Durch starke Regenfälle gerät der chinesische Drei-Schluchten-Damm erneut unter Druck***

21. Mai
Moore: die Fehler unserer Vorfahren

Es tut mir leid, ich muss schon wieder Alarm schlagen. Bekanntlich herrscht in Deutschland ohnehin Daueralarm: wegen Corona, wegen des Klimas, wegen des Kampfes gegen rechts, wegen Gender-Gap, wegen Schwulenrechten, wegen Querdenkern, wegen … Und ich habe jetzt auch noch einen: Deutschland hat zu wenig Moore, und diejenigen, die übrig sind, sind vom Aussterben beziehungsweise Austrocknen bedroht! Moore, das sind die schwabbeligen Wiesen, die zu 95 Prozent aus Wasser bestehen und einen verschlucken können, wenn man nicht aufpasst. Wie zum Beispiel einen gewissen Hans Joosten, emeritierter Professor für Moorkunde und Paläoökologie an der Universität Greifswald. »Einmal ist er fast im Moor ertrunken, in seiner niederländischen Heimat«, erzählte Deutschlandfunk Kultur am 21. Mai 2021. »Das war 1980. Ich bin an einem Loch ausgerutscht. Dann habe ich versucht, mich an den Gräsern an der Seite rauszuziehen. Aber das ist mir nicht gelungen. Ich bin immer weiter runtergesackt, bis an die Kehle. Und dann habe ich das Bewusstsein verloren. Als ich wieder zu mir kam, lag ich draußen neben dem Loch. Ich dachte, etwas Überirdisches hat mich gerettet.« In Wirklichkeit, so der Artikel, ist er wohl selbst mit letzter Kraft herausgekrabbelt und hat anschließend die Besinnung verloren.

Wenn ein Fetisch zur Wissenschaft wird

Hans Joosten ist vom Moor besessen. Als Kind wuchs er in der Nähe eines Moores auf, als junger Mann gründete er gar eine Moorschutzgruppe. »Wir haben einfach einen Streifen gezogen und gesagt: Jeder, der ihn übertritt, bekommt von uns auf die Fresse.« Ach ja: »Das betraf dann auch meinen Vater, der dort Jagdrechte hatte. Ich fand, dass die Jagd nicht einfach zum Spaß ausgeübt werden darf in einem Schutzgebiet. Dann habe ich 8 Jahre Gerichtsverfahren gegen ihn geführt.« Mit Erfolg, übrigens. Der Vater war schließlich selbst schuld: »Man müsse für seine Ideale kämpfen, habe der ihn einst gelehrt«, so Joosten. Dem Familienfrieden hätten seine Aktivitäten aber nicht geschadet. Sagt er. Egal: Wir brauchen also mehr Moore, weil »sie unglaubliche Mengen an Kohlenstoff« speichern, meint Joosten. Und wenn die Moore nicht geschaffen werden, gibt's auf die … Sie wissen schon. »Seit einem Vierteljahrhundert erforscht der Greifswalder Moorkundler und Paläoökologe das Moor in all seinen Facetten. Er wird vor allem nicht müde, auf die Bedeutung der Moore für das Klima hinzuweisen.« Klingt, als wollte da jemand seinen persönlichen Fetisch zur Wissenschaft erheben: »Der Kohlenstoff ist in einem Moor gut gebunden, aber sobald man es zerstört, verändert es sich massiv. Man muss sich das vorstellen wie eine Bombe, die dann hochgeht.« Nur ist diese »Bombe« eben schon vor ein paar Hundert Jahren »hochgegangen«, als ab dem 16. Jahrhundert die Moore trockengelegt wurden (siehe unten).

Zu Wasser, zu Lande und im Schlamm

Trotzdem kämpft Joosten zu Wasser, zu Lande und in der Luft um die Moore. Und natürlich im Schlamm: »Er probiert, wie es schmeckt« und »macht sich gern darin schmutzig«, kolportiert der Deutschlandfunk. Da möchte man ungern stören. Und die Saat des »Moorpapstes« geht ja auch auf. Es wird richtig Druck gemacht, die Moore in Schutz zu nehmen:

- »Moore als CO_2-Speicher: vom Klimakiller zum Hoffnungsträger« (*tagesschau.de*, 07.08.2021),
- »Moore: Deutschlands unentdeckte Klimaschützer« (*Der Spiegel*, 21.05.2019).
- »Die Bedeutung von Mooren für den Klimaschutz und als Lebensraum« (Bundesministerium für Umwelt und Naturschutz, 16.01.2020),
- »Warum Moore wichtig für das Klima sind« (*Frankfurter Allgemeine Zeitung*, 10.04.2020),
- »Trockengelegte Moore verhageln die Klimabilanz« (*Süddeutsche Zeitung*, 12.08.2020) und anderes mehr.

Die Fehler unserer Vorfahren

Das bedeutet: Der Mann reist auf dem Klimaticket und engagiert sich bei jenen UN-Organisationen, die seit nunmehr 3 Jahrzehnten den angeblichen anthropogenen Klimawandel propagieren – woraus nicht nur ein Riesengeschäft entstanden ist, sondern auch ein Machtapparat, mit dem man große Teile des menschlichen Lebens kontrollieren kann, nämlich über die sogenannten CO_2-Emissionen. Aber das wissen Sie ja alles schon. Was Sie wahrscheinlich noch nicht wussten, ist, welche Fehler unsere Vorfahren machten, als sie all die schönen Moore trockenlegten, und zwar hauptsächlich, um die Flächen landwirtschaftlich und zur Besiedelung zu nutzen. »Die entsprechenden Techniken – das Ziehen von Entwässerungskanälen – wurden bereits vor mehr als 3000 Jahren entwickelt« (Das Erste, online, 19.10.2018). Selbst das Forum Romanum in Rom haben wir der Trockenlegung zu verdanken, denn das war früher mal – was? Genau: ein Sumpf! Der römische König Lucius Tarquinius Priscus sei es gewesen, der um 600 v. Chr. das später berühmte Forum Romanum habe entwässern lassen: »Die Gegend war bis dahin ein Moorgebiet gewesen, das vor allem als Bestattungsort genutzt wurde. In Deutschland und den Niederlanden gab es ab dem 16. Jahrhundert erste Bemühungen, große Moorregionen zu nutzen und zu besiedeln« (Das Erste, ebenda). Ja, »fast ganz Norddeutschland war vor Jahrhunderten eine einzige Moorlandschaft, ehe Menschen durch Dämme und Drainagen das Land urbar machten« (Deutsche Welle, online, 23.06.2015). Das heißt: Die Trockenlegung der Moore war ein wichtiger Schritt auf dem Weg in die Zivilisation.

Eine Art hybriden Krieges

Unverzeihlich. Das schuf zwar Lebensraum und beseitigte Hungersnöte genauso wie Mückenplagen, denn den Moskitos fehlte es zunehmend an Brutgebieten. Aber dafür konnten diese Bereiche nun nicht mehr so viel CO_2 speichern. Und das geht gar nicht. Mit anderen Worten: Moore müssen her! »In Deutschland sind 98 Prozent der Moore entwässert« und können so angeblich nicht mehr als CO_2-Speicher funktionieren. »Deswegen sollte man die Flächen nun wieder bewässern, erklärt der Moorkundler«, so der Deutschlandfunk (online, 21.05.2021). Und zwar im ganz großen Stil: 50 000 Hektar pro Jahr müssten laut Deutschlandfunk wieder »vernässt« werden, um die Klimaziele des Paris-Abkommens zu erreichen, meinen die »Experten« des Greifswald Moor Centrums laut Deutschlandfunk (DLF, online, 29.10.2018). Das wären 50 000 große Fußballfelder oder knapp 800 landwirtschaftliche Betriebe[6] pro Jahr, Pardon: »kontraproduktive Landnutzung«, wie Franziska Tanneberger das nennt, Landschaftsökologin und Leiterin des Greifswald Moor Centrums (Deutschlandfunk, online, 29.10.2021). Oder 250 Hochwasserkatastrophen wie an der Ahr, wo Mitte Juli 2021 entlang des Flusses 200 Hektar

6 Durchschnittliche Größe: 63 Hektar. Quelle: Statistisches Bundesamt, Pressemitteilung Nr. 028 vom 21.01.2021.

Boden überflutet wurden (SWR, online, 15.10.2021). Denn davon reden wir ja hier: von geplantem Hochwasser. Aber keine Angst: »Land- und Forstwirtschaft sollten im Moor nicht beendet, sondern verändert werden«, meint Kollege Joosten. Tanneberger »fordert, dass Subventionen neu verteilt werden, damit Landwirte ermutigt werden«, wirtschaftlichen Selbstmord zu begehen. Quatsch: »auf nassen Mooren anzubauen«. Das geht? Na ja, satt wird man davon nicht: Aber Dämmstoffe oder Baumaterialien lassen sich herstellen und aus Erlen Möbel (DLF). Eine Umstellung, die wohl kaum ein Betrieb überleben wird. Was dabei gern einmal vergessen wird: Moore mögen Kohlendioxid binden oder auch nicht – aber dafür stoßen sie jede Menge Methan aus, nach herrschender Meinung ebenfalls ein sogenanntes Klimagas. Moore sind die reinsten Methanschleudern: »Verglichen mit dem vorherigen Zustand haben sich die Methanemissionen um das Hundertfache erhöht«, kommentierte eine Moorexpertin die Wiedervernässung des Niedermoors Rodewiese in der Nähe von Rostock. Zwar sollen die Methanemissionen in den folgenden Jahren abnehmen und Sauerstoff das Methan an der Oberfläche oxidieren – allerdings zu Kohlendioxid, verfangen sich die Forscher im eigenen Klimawahnsinn. In Bayern, wo man ein Moor im Rahmen eines Versuchs mit einem trockengelegten Bereich mit Fichtenbestand verglichen hat, stellte sich heraus, dass die Fichten wesentlich mehr CO_2 absorbieren als das Moor (Deutschlandfunk, 21.10.2014). Tja, die Sache mit der CO_2-Absorption der Moore rechnet sich eben nur, wenn man die Pflanzen vergisst. Wie konnte denn so etwas passieren?

Anschlag auf die Landwirtschaft

Trotzdem soll die hybride Moorwalze über Europa rollen: »Viele Länder haben Moorschutzprogramme aufgelegt. Auch die Europäische Union (EU) fördert die Renaturierung der ehemaligen Feuchtgebiete (Life Projekt), denn es gibt nur noch wenig intakte Moore in Europa.« Kurz: Wir reden hier von einem weiteren Anschlag auf die Landwirtschaft und die Nahrungsmittelversorgung – auch wenn den begeisterten Moorexperten das gar nicht klar sein sollte. Denn Moore sind Gebiete, die

- durch Vernässung andere Gebiete in Mitleidenschaft ziehen können,
- landwirtschaftlich nicht nutzbar sind,
- als Bauland nicht zu gebrauchen sind,
- Nährboden für gefährliche Krankheiten sind.

Schließlich war Europa »lange Zeit Brutstätte von Malariaepidemien, zum Beispiel 1557 in Teilen von Nord- und Mitteldeutschland, an Küstengebieten, in Marschen und Mooren sowie an großen Flüssen«, so der Mitteldeutsche Rundfunk auf seiner Website. Aber »bis Ende des 19. Jahrhunderts war die Malaria aus Deutschland weitgehend verschwunden«. Der Grund: »Trockenlegung von Sümpfen, Kanalisationsbau und Flussregulierungen, wodurch die Mückenbrutstätten zerstört wurden« (24.04.2019).

Zerstörung oder »Umgestaltung«?

Kurz: Deutschland soll wieder zur Wildnis und zum Brachland werden. Die plötzliche Verherrlichung der Moore gehört in dieselbe Kategorie wie die Wiederansiedelung von Wölfen, Luchsen, Bibern und anderen Wildtieren, die »Lebensraum« von den Menschen zurückerobern sollen und dabei logischerweise oft massive Schäden anrichten. Der Deichschäfer Kay Krogmann aus Wehldorf bei Cuxhaven zum Beispiel kriegt »die Bilder von Tieren, die gerissen wurden oder schwer verletzt auf der Weide lagen, nicht mehr aus dem Kopf«. »Seit 2012 zählte Krogmann 17 Wolfsangriffe. Rund 50 Tiere wurden dabei durch Bisse getötet. ›Die Herde ist nach der Attacke für Wochen und sogar Monate traumatisiert! […] Unzählige Lämmer, die danach geboren wurden, rennen unmittelbar nach der Geburt vor die Wand, schreien – und fallen tot um. Mutterschafe werden nicht mehr trächtig oder Böcke können nicht mehr decken! Ganz zu schweigen von den Tieren, die für immer verschwunden bleiben‹« (*Bild*, online, 08.10.2021). Der Wolf ist wie geschaffen, Tierzuchten zu zerstören, denn bei leichter Beute gerät er in einen regelrechten Blutrausch und kann quasi nicht mehr aufhören: »Vom sogenannten ›Beuteschlagreflex‹ (umgangssprachlich auch ›Blutrausch‹) spricht man, weil die eingezäunten Weidetiere nicht flüchten können und der Jagdtrieb des Wolfes dadurch immer wieder ausgelöst wird« (Naturschutzbund Deutschland e. V., online, »FAQ – Wölfe in Deutschland«, ohne Datum).

Der Biber hilft der Mücke

Auch die Mücke soll sich in den Mooren wieder wohlfühlen. Ein anderes, seit 1976 streng geschütztes Tier hilft dabei: der Biber. »Die Kritiker behaupten, durch das Aufstauen von Flüssen und Bachläufen sorge der

Biber dafür, dass ganze Felder unter Wasser stünden«, hieß es in einem Kommentar bei RTL (online, 25.10.2016). Tatsächlich sei der Biber »wie nur wenige andere Tierarten« in der Lage, »Lebensräume zu gestalten«, konnte man bei der Deutschen Bundesstiftung Umwelt lesen. »Aufgrund ihrer Dammbautätigkeit können Biber den Wasserhaushalt ganzer Regionen beeinflussen.« Bei einer Untersuchung habe sich gezeigt, dass der Biber »bis zu 86 Prozent der momentanen Wiedervernässungsleistungen im Untersuchungsgebiet« bewirke. Der Biber zerstöre die Landschaft ja nicht, sondern gestalte sie nur um, so der RTL-Kommentar. Und »davon profitieren zum Beispiel Reiher, Kormorane, Frösche und andere Reptilien, Otter und unzählige Insekten, die in den neu entstehenden Teichen, Wasserarmen und Seen leben und jagen«. Aha – und der Mensch? Nun, der soll nicht nur auf ausgewiesene Flächen verzichten, sondern auch auf angrenzende Gebiete, die durch den neuen Sumpf in Mitleidenschaft gezogen werden. Denn merkwürdigerweise wird bei der Wiedervernässung immer wieder auch geschlampt, zum Beispiel durch undichte Deiche, durch die das Wasser auf benachbarte Flächen fließt: »Da werden Deiche errichtet, die wasserdurchlässig sind. An anderer Stelle fehlen zugesagte Schöpfwerke«, klagte die agrarpolitische Sprecherin der CDU-Landtagsfraktion in Mecklenburg-Vorpommern, Beate Schlupp. »Anwohner müssten unter Mückenplagen, nassen Kellern und hohen Beiträgen an Wasser- und Bodenverbände leiden. Die Politikerin forderte eine wissenschaftliche Überprüfung aller bisherigen Projekte zur Renaturierung von Mooren« (*Focus*, online, 19.11.2013).

Moore, Mücken und Malaria

Was das Recht auf Lebensraum angeht, sind Mensch und Tier inzwischen gleichberechtigt. »Mit welchem Recht beanspruchen wir Menschen das Land eigentlich für uns?«, fragt der RTL-Kommentator. Das heißt: Ein Mensch ist eigentlich auch nicht wertvoller als ein Tier. Fragt sich nur, ob der RTL-Schreiberling sein Häuschen auch für ein neues Feuchtgebiet opfern würde. Selbst die Mücke, die Malaria überträgt, »finde hierzulande immer bessere Bedingungen«, zitierte die *ÄrzteZeitung* den Düsseldorfer Parasitologen Professor Heinz Mehlhorn. »Immerhin sechs Arten der Anopheles gebe es in Deutschland, die die Erreger übertragen können« (online, 06.10.2004). Aber Moore und Mücken reichen dafür nicht aus. Denn um die Krankheit zu übertragen, braucht man auch noch Infizierte: »›Es muss nur ein paar Wochen richtig heiß werden; wenn wir dann noch eine bestimmte Menge infizierter Menschen haben, sind die Bedingungen für eine Ausbreitung da‹, sagt Mehlhorn. Denn die heimischen Mücken müssten sich erst selbst mit Malariaerregern infizieren, indem sie Kranke stechen«, so die *ÄrzteZeitung*. »Im vergangenen Jahr haben wir solche Bedingungen gehabt«, so Mehlhorn. »Aber da haben die Mücken zum Glück nicht genug Infizierte gestochen.« Die lausigen 500 bis 600 jährlich importierten Malariafälle reichen dafür wohl noch nicht aus. »Man braucht einen bestimmten Schwellenwert an Erregern, damit Malaria sich ausbreitet«, erklärt Dr. Volker Heussler vom Hamburger Tropeninstitut. Noch mache auch »die medizinische Versorgung in Deutschland und die mögliche Bekämpfung der Mücken mit Insektiziden« eine »großflächige Ausbreitung der Krankheit unwahrscheinlich«.

Der Segen der Sumpfgebiete

Mindestens drei Dinge braucht man also für Malaria: Moore, Mücken und Migranten – Pardon: Infizierte. Das können ja auch mal Urlauber sein. Die Bundesregierung ist für diese Sorte hybriden Krieges natürlich zu haben. Und so fördert sie denn auch das Treiben von Joosten und Kollegen im Greifswalder Moor Centrum, »die von der Bundesregierung unterstützt erforschen, wie Moore wieder in ihren ursprünglichen Zustand versetzt werden können« – und der Rest des Landes gleich mit. Gleichzeitig holt die Bundesregierung immer mehr bedauernswerte Migranten ins Land, von denen manche auch Malaria und andere Krankheiten mitbringen: »Malaria ist ungeachtet der Corona-Pandemie im Jahr 2020 die häufigste Krankheitsursache unter Flüchtlingen weltweit geblieben«, schrieb das *Deutsche Ärzteblatt* am 2. Juli 2021. Nicht, dass dies unbedingt genau so geplant worden wäre. Vieles ergibt und ergänzt sich ja mitunter wie von selbst. So hat beispielsweise auch Bill Gates in seiner weisen Voraussicht schon mal in Richtung Malaria geplant. Die Mücke sei schließlich viel gefährlicher als Corona, meinte er. Eine Haupteinnahmequelle sieht Gates in der gentechnischen Sterilisierung von Mücken mithilfe der Gen-Schere Crisp, und er hat genetisch manipulierte Mücken auch bereits in der Natur ausgesetzt. Diese Mücken sollen sich zwar noch fortpflanzen können, die nächste Generation soll allerdings steril sein – eine Wirkung, die manche Kritiker auch bei den Corona-Impfstoffen für den Menschen befürchten. Die zweite Cash-Cow könnten Malariaimpfstoffe sein; jedenfalls hat Gates' Firma Biontech deren Entwicklung bereits angekündigt. Nun braucht man eigentlich nur noch jede Menge malariainfizierte Mücken, um den künftigen Verbraucher ordentlich zu piesacken.

Wasser als hybride Waffe

Wasser ist jedenfalls eine effektive hybride Waffe – so lebensnotwendig es auch ist, kann es zu Überschwemmungen und Missernten führen, Biotope für Insekten schaffen und Gebäude so gut zerstören wie Bomben. Nicht nur durch Überschwemmung, wie im Ahrtal, sondern auch durch schlichte Feuchtigkeit, die in Keller eindringt und ein Haus dem Schimmel preisgibt, bis es abrissreif ist.

Nur die Bürger sind mal wieder zu dumm: Erst erkennen sie die Corona-Gefahr nicht, und nun übersehen sie den Segen der Sumpfgebiete. Ja, regelmäßig brächten Bürger Moorexperten sogar in Rage! Unverzeihlich – wie denn das? Na, mit der Frage, warum das Land, das unsere Vorfahren über Jahrhunderte mühsam trockengelegt und in Nutzfläche umgestaltet haben, wieder geflutet werden sollte. »Breite Bevölkerungsschichten wissen nichts von der immensen Bedeutung der Moore [...] Viele fürchten sich vor riesigen Flächen unter Wasser und drohenden Mückenschwärmen« (Deutsche Welle, online, 23.06.2015) Aber auch in der Schweiz hat man die Nachteile einer »Rückbesinnung« auf den Sumpf erkannt: »Eine Vernässung der heute landwirtschaftlich genutzten Moorböden im Berner Seeland würde massive Einbrüche bei der landwirtschaftlichen Produktion nach sich ziehen – insbesondere beim Gemüse. Drainierte Moorböden machen ein Fünftel der gesamten Ackerfläche der Schweiz aus« (online, 30.01.2017). »Angesichts steigender Nahrungsmittelpreise müsse gefragt werden, ob der Verlust landwirtschaftlicher Nutzfläche durch Wiedervernässung noch vertretbar sei«, meinte auch die oben erwähnte CDU-Frau Schlupp. Dass die »Gebiete künftig nicht mehr begehbar« sein werden, so die Deutsche Welle, sei »umweltpolitisch durchaus so gewollt«. Nur leider lässt sich vieles »schon nicht umsetzen, weil wir es mit Parzellierung und Hunderten von Eigentümern mit verschiedenen Interessen zu tun haben«, beklagt Peter Germer vom Bund für Umwelt und Naturschutz Deutschland (BUND; Deutsche Welle, ebenda). Das ist natürlich misslich – aber wie wäre es mit Enteignung? Diese ist, wie wir wissen, ja ohnehin geplant. Möglich wäre natürlich auch ein »nasser Abriss« im Rahmen der nächsten Überschwemmung oder »Wiedervernässung« ...

05

31. Mai
Wasser als hybride Waffe: die »Krise des Drei-Schluchten-Damms«

Apropos Wasser: Ich weiß auch nicht, warum es dieses Jahr so viele feuchte Themen gibt. In Dongguan, China, zum Beispiel verschwinden die Silhouetten der Hochhäuser wieder einmal hinter einem grauen Regenschleier. Die Stadtautobahn hat sich in einen breiten Fluss verwandelt; ein halb untergetauchtes Auto kämpft sich durch die Wassermassen. Dass es noch fährt, ist ein Wunder. Andere liegen mit eingeschalteter Warnblinkanlage fest. »China wird schwer von Überschwemmungen getroffen«, schrieb der malaysische Journalist Ian Miles Cheong am 31. Mai 2021 auf Twitter zu dem Video von *China heute*. Und: »Sie haben die Schleusen am Drei-Schluchten-Damm geöffnet, um das Hochwasser abzulassen.« – »Seit Mai ist der Wasserstand im Mittel- und Unterlauf des Jangtse-Flusses aufgrund der anhaltenden Regenfälle stetig angestiegen«, hieß es am 3. Juni 2021 auf der deutschsprachigen chinesischen Nachrichtenseite *German.china.org.cn*. Und die Lage ist noch schlimmer als vor einem Jahr: Mindestens 97 Flüsse haben »die Warnwerte überschritten, was einem Anstieg von etwa 10 Prozent gegenüber dem Vorjahr entspricht«, so die Website *Global Times* (27.05.2021).

Das Schreckgespenst aus Hubei

Also noch schlimmer als im vorausgegangenen Jahr? Schon 2020 war der Mega-Staudamm ins Gerede geraten, aber dieses Jahr war es bisher vergleichsweise ruhig geblieben. Ganz so, als wollte man die Sache in Vergessenheit geraten lassen. Schließlich ist schon wieder viel Wasser den Jangtsekiang hinuntergeflossen. Der internationale Einfluss Chinas mag dafür sorgen, dass Gras über die Sache gewachsen ist. Dabei schwelt die Krise um das Schreckgespenst des Dammes weiter, das seit einigen Jahren in fast jeder Monsunsaison umgeht und die chinesische Öffentlichkeit in Atem hält. Und das ist immerhin mindestens zweimal im Jahr der Fall. Zur Monsunzeit. Jede Regenfront, die aus den Subtropen heranzieht, bringt Dauernieselregen und vereinzelte Regenstürme mit sich und ist wie ein Fausthieb für die Talsperre. Dann wächst regelmäßig auch die Angst vor einem Bruch des Drei-Schluchten-Damms. Der Stausee ist schließlich nicht irgendeine Pfütze: Die Talsperre staut den Jangtsekiang auf über 600 Kilometern Länge zu einer bis zu 175 Meter hohen Wasserwand aus rund 40 Milliarden Kubikmetern Wasser auf, die im Katastrophenfall mit geschätzten 100 Kilometern pro Stunde über die darunterliegenden Städte hereinbrechen würde. Darunter Millionenstädte wie Yichang oder auch das berüchtigte Wuhan. In Yichang würde eine 20 Meter hohe Flutwelle ankommen – mit etwa 70 Kilometern pro Stunde. 5 Stunden später wäre die Flut in Wuhan, später sogar in Shanghai: »Die Behörden behaupten zwar, die frei werdenden Fluten könnten auf keinen Fall bis nach Schanghai vordringen. Möglicher Schaden bliebe daher begrenzt. Wie aber steht es mit den anderen großen Städten am Fluss wie Wuhan, Nanjing und zahlreiche andere?« (Deutsche Welle, online, 20.05.2006).

Bei der Nachrichtenseite *Nikkei Asia* war denn auch bereits die Rede von einer »Krise des Drei-Schluchten-Damms«: »Mit dem steigenden Wasser gefährdet die Krise des Drei-Schluchten-Staudamms 400 Millionen Menschen« (online, 22.08.2020). Also immerhin ein Drittel der chinesischen Bevölkerung. »Die wachsende Belastung des Staudamms hat das Gerede über ein mögliches Versagen beflügelt, das katastrophale Folgen haben würde. Als der Wasserstand während der Überschwemmungen im vergangenen Monat anstieg, sagte der Betreiber des Damms gegenüber der der Kommunistischen Partei angegliederten *Global Times*, dass kein Risiko einer Verformung oder eines Zusammenbruchs bestehe. Sollte er jedoch brechen, würde die daraus resultierende Flut Shanghai und andere Städte überschwemmen und mehr als 400 Millionen Menschen, die flussabwärts leben, in Mitleidenschaft ziehen.«

Deformiert oder demoliert

Tatsächlich scheinen Satellitenbilder zu zeigen, dass die Talsperre bereits deformiert ist. War die Staumauer 2009 aus dem All gesehen noch eine perfekte Gerade, schien sie sich auf Bildern aus dem Jahr 2018 zu schlängeln wie ein lose hingelegter Bindfaden. Auf neueren Bildern, laut Google aus dem Jahr 2021, sind wiederum keine Deformierungen zu sehen. Verwirrend. Zwar können bestimmte Verformungen im Normbereich sein: »Bei einer 200 Meter hohen Bogenmauer können diese in der Mitte der Mauerkrone durchaus 10 Zentimeter erreichen«, erklärt zum Beispiel das Schweizerische Talsperrenkomitee auf seiner Website. Aber das würde man auf Satellitenbildern nicht so deutlich sehen. Und: Kein einziger der 12 000 Sensoren, mit denen die Drei-Schluchten-Staumauer gespickt wurde, habe bisher Alarm geschlagen, versicherte der Direktor des Three Gorges Corp's Hub Management Bureau, Zhang Shuguang, laut *Asia Times* (online, 21.07.2020). Auch bei bedenklichen Verformungen muss es nicht gleich zur Katastrophe kommen, denn zunächst könnte der Wasserstand abgesenkt und so Druck von der Talsperrenmauer genommen werden. Misstrauen löste aber auch der Umstand aus, dass die Belastbarkeit der Talsperre im Laufe der Jahre immer niedriger angegeben wurde: Sollte die Talsperre anfangs noch der schlimmsten Hochwasserflut in 10 000 Jahren standhalten, war später nur noch von 1000 Jahren die Rede. Heute spricht man nur noch von einer »Jahrhundertflut«, die der Staudamm überstehen soll. Nicht gerade beruhigend.

Der natürliche Feind der Talsperre

Der Feind der Talsperre ist jedoch nicht nur der natürliche Monsun. Es gibt noch ein ganz anderes Problem – Pardon: eine Herausforderung: Mit der Drei-Schluchten-Talsperre hat sich China quasi eine Atombombe ins Nest gelegt. Es kann nämlich kein Zweifel daran bestehen, dass fremde Kriegsstrategen die Talsperre längst in das eigene Waffenarsenal eingeplant haben: Sobald ein Krieg ausbräche, müsse »der Drei-Schluchten-Damm ein Hauptziel« sein, stellte schon 1986 ein offizielles Untersuchungsteam fest. Laut *Asia Times* würden beim Drei-Schluchten-Damm zwei Mittelstreckenraketen ausreichen, um das Bauwerk zum Einsturz zu bringen. »Aus militärischer Sicht ist der stromabwärts gelegene Bereich des Drei-Schluchten-Damms in China eine strategische Landschaft. Laut der Studie von Yang Lang, einem militärischen Kommentator, befindet sich das Drei-Schluchten-Projekt in einer sehr kritischen und sehr empfindlichen Position in der gesamten nationalen Verteidigung Chinas. Sobald der Damm bricht, werden sowohl räumlich als auch zeitlich erhebliche Auswirkungen auf die gesamte Landesverteidigung zu spüren sein, und die Auswirkungen des Katastrophenfeldes sind gravierend. Der Unterlauf des Drei-Schluchten-Damms, die Zentralebene der Drei Schluchten, war schon immer das Schlachtfeld der Armee, und jetzt ist es die wichtigste militärische Region Chinas. Hier befinden sich 45 Prozent der chinesischen Gruppenarmee, 20 Prozent der Panzerdivision, 38 Prozent der Infanteriedivision und 100 Prozent der Luftlandedivision. Das ist die strategische Reservetruppe Chinas und die strategische mobile Truppe Chinas« (Quora: »What would the effects be if the Three Gorges Dam were to collapse?«, 2017).

Die unterste Karte des Kartenhauses

Und doch wäre ein offener Angriff auf die Talsperre eine Gratwanderung, um nicht zu sagen: eine Verzweiflungstat. Denn falls China noch verteidigungsfähig wäre, würde es zweifellos zurückschlagen. Zudem: Wenn der chinesische Riese kollabiert, könnte das auch den Rest der Welt in Mitleidenschaft ziehen, so, als zöge man die unterste Karte aus dem globalen Kartenhaus. Doch Bomben und Raketen – ist das nicht von gestern? Denn heute leben wir schließlich im Zeitalter des hybriden Krieges, der alles und jedes in eine Waffe verwandeln kann – auch das Wetter. Die Website *GeoEngineering Watch* listet eine endlose Folge von Patenten zur Beeinflussung des Wetters auf, die meisten beschäftigen sich mit der Erzeugung von Regen. Dabei besteht ein zusätzliches Problem darin, dass sowohl der Angriff als auch der Angreifer nicht so einfach zu identifizieren wären. So ist zu beobachten, dass die Regenfluten in dieser Region Chinas seit einiger Zeit immer mehr zunehmen: »Die Regenzeit in China wird immer schlimmer«, schrieb schon am 19. Mai 2019 das chinesische Finanzportal *0xzx.com*. »Im Süden Chinas kämpfen die Menschen mit den Folgen der anhaltend starken Regenfälle.« Ein Jahr später, im Juni 2020, fielen in der Nachbarprovinz von Hubei in Ostchina mit Namen Anhui »54 Prozent mehr Niederschläge als üblich, der Rekord der vergangenen 60 Jahre. In einigen Städten überstieg das Wasser die Überlaufstufe des Hochwassers um 2 Meter« (*Epoch Times*, online, 03.08.2020). Da hilft es auch nichts, dass eine staatliche Fernsehmoderatorin die Zunahme von Überschwemmungen zur »Illusion« erklärte (ebenda, 16.07.2020). Tatsächlich beobachten Wetterforscher seit einiger Zeit »Anomalien«, die zu den verstärkten Regenfällen in China führen könnten: »Infolgedessen trafen anomale Nordostwinde, die von anomalen Zyklonen im Zentrum des Baikalsees ausgingen, und anomale Südwinde, die von anomalen Zyklonen im südzentralen Bereich Ostchinas ausgingen, im zentralen Ostchina zusammen« (Jae-Won Choi/Hae-Dong Kim: »The recent increase in central eastern China summer rainfall and its possible mechanism«, *Taylor & Francis*, online, 15.02.2019).

Ein Niemand aus dem Nichts

Die Phänomene könnten ihre Ursache jedoch auch ganz woanders haben. Zum Beispiel in einer Wetterwaffe, deren Mechanismus und Hintergrund naturgemäß schwer zu identifizieren wären. Zum Beispiel hat die

US-Luftwaffe bereits im Jahr 2000 in einer Abhandlung versprochen, 2025 das Wetter »zu besitzen« (*Owning the weather in 2025*). Und wenn eine Luftwaffe sich für das Wetter interessiert, dann kann es dabei wohl nur um eine Waffe gehen. Und wie ich schon früher beschrieben habe, findet der hybride Krieg nicht nur auf allen Ebenen statt, wobei praktisch alles in eine Waffe umfunktioniert werden kann, was man sich vorstellen kann. Sein Ausgangspunkt ist auch nur sehr schwer festzustellen, das bezieht sich auf die Frage, ob, und wenn ja, von wem, überhaupt ein Angriff geführt wurde. Dass es dafür keine Beweise gibt, liegt in der Natur der Sache. Eine Gegenwehr oder Vergeltungsaktion gegen einen solchen »Angriff von niemandem aus dem Nichts« könnte dann ihrerseits als nackte Aggression ohne Beweise dargestellt werden. Kompliziert, nicht? China beeindrucken solche Überlegungen indessen nicht. Schon plant man in Tibet eine noch viel größere Talsperre, und zwar am Oberlauf des Brahmaputra: »Er soll den längsten und tiefsten Canyon der Welt in einer Höhe von mehr als 1500 Metern überspannen und jährlich bis zu 300 Milliarden Kilowatt Strom erzeugen. Der im März verabschiedete 14. Fünf-Jahres-Plan erwähnt das Projekt, nennt aber keine Details zum Zeitrahmen oder den Kosten.« Kritiker bezeichneten das Projekt bereits als »tickende Wasserbombe« … (ntv, online, 15.04.2021).

Thema des Monats

4.6. Bill Gates – der Assistent Gottes

4.6. Bill Gates' Start-up Biomilq verkündet Gewinnung von Muttermilch aus menschlichen Brustzellen außerhalb des Körpers – 6.6. Landtagswahl in Sachsen-Anhalt: der Beinahe-Ministerpräsident der AfD – **7.6.** Bayern hebt Corona-Katastrophenfall auf (um ihn im November wieder auszurufen) – ***11.6. Fußball-Europameisterschaft (siehe 23. Juli | Olympische Geisterspiele)*** – **24.6.** Der Bundestag verschärft das Bundesklimaschutzgesetz – ***25.6. Der Corona-Ausschuss befasst sich mit dem ewigen Ausnahmezustand*** – **25.6.** Der US-Polizist Derek Chauvin wird für die Tötung des Schwarzen George Floyd zu 22 Jahren Haft verurteilt (siehe *vvv 2021*, S. 160) – **25.6.** In Würzburg ersticht ein Somalier drei Frauen und verletzt sieben weitere Personen schwer – **29.6.** Ende des deutschen Militäreinsatzes in Afghanistan (siehe Afghanistan, S. 200) – ***30.6. Ende der sogenannten Bundesnotbremse (siehe 25. Juni: Ausnahmezustand)***

4. Juni
Bill Gates: der Assistent Gottes

Was würden wir nur ohne ihn machen?! Ohne wen? Na, ohne Bill Gates: Der Philanthrop und Heilsbringer der Menschheit spendete Milliarden für gemeinnützige Zwecke, investierte in Impfstoffe gegen AIDS, Corona, Tuberkulose, Malaria, Kinderlähmung, Diphtherie, Keuchhusten, Masern und Gelbfieber genauso wie in Bildungsprojekte. Seine Stiftung spendete Geld für die Forschung an neuen Nahrungspflanzen und den kontrollierten Marktzugang von Kleinbauern. Außerdem will er den Klimawandel bekämpfen. Kurz: Bill Gates kämpft an allen Fronten, um das Leben der Menschheit zu verbessern – ach was: zu retten. Und nun auch noch das: Bill Gates hat die Muttermilch neu erfunden! Hurra! Endlich können Babys rund um die Welt ihre verhärmten Bäckchen füllen und müssen nicht länger Hustenanfälle an den staubigen Brüsten ihrer Mütter erleiden. Denn ob Krankheiten, Landwirtschaft oder Klima: Ohne Bill können Gott und die Natur das nicht regeln. Ja, ohne Bill geht gar nichts mehr. Man fragt sich, wie Gott seine Schöpfung ohne den Bill-ionaire eigentlich hinbekommen hat, denn offenbar hapert es da an allen Ecken und Enden. Deshalb sollte man die Schöpfungsgeschichte auch dringend umschreiben: Während Gott sich am 7. Tag auf die faule Haut legte (wo er immer noch liegt, wie man am Zustand der Welt unschwer erkennen kann), kommt Bill Gates daher, um in die Bresche zu springen. Während Gott den Menschen aus Lehm formte und ihm den Atem des Lebens einhauchte, hat Bill da viel bessere Methoden und Labore.

Zum Beispiel auch für Muttermilch. Wo immer ein hungriger Babymund die magere Brust der Mutter sucht, kommt bald Superman Bill mit einer dicken Flasche des besonderen weißen Saftes daher. Aus dem Labor, natürlich. Denn Muttermilch ist viel zu wichtig, um sie der weiblichen Brust zu überlassen. Jetzt sorge der Milliardär »mit seinen Projekten zugunsten des Überlebens des Planeten« wieder für Furore, schrieb am 4. Juni 2021 allen Ernstes die *Berliner Morgenpost*. »Das amerikanische Start-up Biomilq, in das Gates über seine Stiftung Breakthrough Energy 3,5 Millionen Dollar investierte, verzeichnet einen sensationellen Durchbruch. Zum ersten Mal ist es gelungen, Muttermilch aus menschlichen Brustzellen außerhalb des menschlichen Körpers zu gewinnen.« Toll. Während die Frage, ob die Babys davon satt werden, nicht sicher mit einem Ja beantwortet werden kann, ist dies in Bezug auf die Investoren anders: Diese werden es auf jeden Fall. In der Stiftung Breakthrough Energy Ventures drängeln sich Milliardäre wie Amazon-Chef Jeff Bezos,

Facebook-Gründer Mark Zuckerberg und der zähnefletschende Richard Branson um die Wette, um den Müttern beim Stillen ihrer Kinder behilflich zu sein. Eine schöne Vorstellung. Natürlich alles »Philanthropen«.

Wer da hat, dem wird gegeben

Apropos »Philanthropie«: Wie wird man, indem man große Teile seines Vermögens spendet, eigentlich immer reicher? Tja, rätselhaft, nicht: die Quadratur des Kreises. Nichts da: Wahrscheinlich ist Bill Gates einfach nur bibelfest. Denn da heißt es schließlich: »Denn wer da hat, dem wird gegeben, dass er die Fülle habe; wer aber nicht hat, dem wird auch das genommen, was er hat« (Matthäus 25, 29). Siehe da – klingt das nicht wie eine Kurzbeschreibung des Great Reset: Während sich die Vermögen der Superreichen im Rahmen ihrer philanthropischen Bemühungen in der Corona-Krise ins Unermessliche aufblähen, soll die gemeine Bevölkerung enteignet werden, so das offizielle Programm des World Economic Forum (WEF), einer Partnerorganisation der Gottes- beziehungsweise Gates-Stiftung. Denn das Vermögen ist bekanntlich ja nie weg – es gehört nur jemand anders. Und so plündern die Korporatisten die Staatskassen für Impfstoffe und »Corona-Tests« und damit die Kassen des kleinen Mannes, als gäbe es kein Morgen. »Die Investition in globale Gesundheitsorganisationen, um den Zugang zu Impfstoffen zu verbessern«, ist, zum Beispiel, eben nicht etwa eine milde Gabe oder ein Verlustgeschäft. So bezifferte Bill Gates die Rendite seiner Spenden aus den vergangenen 2 Jahrzehnten in einem Interview mit CNBC auf »über 20 zu 1« (*cnbc.com*, 23.01.2019). Mildtätigkeit zahlt sich also aus. So darf man annehmen, dass hinter Bill Gates' Versuch, sich mit seinem Muttermilchprojekt zwischen Mutter und Baby zu drängeln, auch nichts weiter steckt, als maßlose Gier und Machtbesessenheit – wenn nicht noch Schlimmeres. Denn egal, ob Immunsystem, Landwirtschaft, Schädlingsbekämpfung oder Muttermilch: Mit seinen »Innovationen« klinkt sich Gates in natürliche Prozesse ein und versucht, sich dort unentbehrlich zu machen, sodass der natürliche Mechanismus ohne ihn möglichst nicht mehr funktioniert und der Mensch von kostenpflichtigen Gates-Produkten abhängig wird. Das ist sozusagen die »zweite Schöpfung« des Bill Gates: Die erste Schöpfung so zu verändern, dass ohne die zweite gar nichts mehr geht.

Eine Nase für den Dollar

Was zu der Frage führt: Ist der größte Software-Raffzahn der Geschichte wirklich ein »Philanthrop«? Denn natürlich wäre es viel billiger, besser und gesünder, mit all den Milliarden für sauberes Wasser und gesunde Ernährung zu sorgen. Oder ist Gates eben nur ein ebenso genialer wie skrupelloser Geschäftemacher? Um diese Frage zu beantworten, müssen wir uns einen Moment lang mit seinem Werdegang beschäftigen. Laut verschiedener Biografien interessierte sich Bill Gates sein ganzes Leben lang eigentlich nur für Zahlen, Informationen – und natürlich für sich selbst: »Von der Bankiersfamilie seiner Mutter erbte er eine ›Nase für den Dollar‹, wie der Vater eines Jugendfreundes es nannte. Von seinem hart arbeitenden, vertragsorientierten Vater lernte er, wie wichtig es ist, geschäftliche Vereinbarungen zu legalisieren. Als Kind ließ er sogar einen Vertrag aufsetzen, der ihm die Nutzung des Baseballhandschuhs seiner älteren Schwester erlaubte« (»The real Bill Gates«, YouTube, 22.01.2014). Mit dem Sozialen hatte er es dagegen nicht so. Meistens verzog er sich auf sein Zimmer, um zu lesen. Auf ihre Frage, was er denn da mache, antwortete er seiner Mutter: »Ich denke, Mutter – hast du es schon mal mit Denken versucht?«

Bestimmte Merkmale eines Autisten

Touché, kann man da nur sagen: Aber ist das wirklich die Sprache eines Menschenfreundes? »Eine von mehreren Beobachtungen [...] besteht darin, dass er zu Beginn sicherlich über ein hohes Maß an sozialer Unbeholfenheit verfügte. Die Geschichte legt nahe, dass er, wenn ihn seine Mutter nicht gegen seinen Willen in viele soziale Situationen gedrängt hätte, nicht die sozialen Fähigkeiten erlernt hätte, die er im späteren Leben benötigt hätte. Zum Beispiel arrangierte Abendessen und gesellschaftliche Anlässe«, schrieb der Finanzexperte Ben Yeoh über Bill Gates. Auf der einen Seite frech, grenzenlos und hochintelligent, aber auf der anderen Seite linkisch, asozial und ichbezogen. Womit wir bei einer ganz bestimmten psychologischen Störung wären: »Bill Gates, der Microsoft-Geschäftsführer und Windows-Erfinder, hat autistische Merkmale«, so *The Guardian*. Zwar »ein erstaunliches Gedächtnis«, aber auch »mangelnden Augenkontakt, schlechte soziale Fähigkeiten, monotone Stimme« (*The Guardian*, online, 12.12.2000). Und damit ist er nicht allein: »Überdurchschnittlich viele Personen in Technologieunternehmen zeigen autistische Auffälligkeiten, insbesondere in den Bereichen Mathematik, Wissenschaft und IT. Der Microsoft-Gründer Bill Gates und sogar der erfolgreiche Regisseur und Filmproduzent Steven Spielberg könnten mit bestimmten Persönlichkeitsmerkmalen im Bereich des autistischen Spektrums angesiedelt werden«, heißt es auf der Website des Autismus-Therapie-Zentrums Niederrhein (Autismus-Online, *https://www.autismus-online.ch/*, ohne Datum).

Eine Heuschrecke als »Philanthrop«?

»Ein Mangel an Einfühlungsvermögen und Mitgefühl gilt als zentrales Merkmal von Entwicklungsstörungen wie dem Asperger-Syndrom und anderen Erkrankungen aus dem Autismusspektrum« (*Scinexx* [Wissensmagazin], 31.05.2019). Nur: Wie wird man damit »Philanthrop«? Das Denken und Fühlen solcher Menschen erscheint eher als insektenhaft: Ist Bill Gates nicht viel eher die größte Heuschrecke des Planeten? »Die alteingesessenen Beschäftigten von Microsoft waren an Bills Ausfälle gewohnt, aber neue Mitarbeiter reagierten erst mal schockiert. Bill war nicht in der Lage, eisernes Schweigen oder kalte Frustration richtig zu deuten. Er hat nicht immer mitbekommen, wenn er zu weit gegangen war« (Paul Allen, *Idea Man*, S. 208). Als Microsoft-Chef erwarb sich Gates »einen Ruf als Büro-Tyrann«, so CNBC (online, 24.02.2020). Seine Mitarbeiter pflegte er mit sogenannten Flame-Mails – Brandbriefen – zu terrorisieren, und zwar mitten in der Nacht: Gates war »dafür berüchtigt, […] mitten in der Nacht ›kritische und sarkastische‹ E-Mails – oft als ›Flame Mail‹ bezeichnet – an seine Mitarbeiter zu schicken«, heißt es in der Biografie *Hard Drive: Bill Gates and the Making of the Microsoft Empire*. Purer Psychoterror: »Mehr als ein ›unglücklicher Programmierer erhielt um 2:00 Uhr nachts eine E-Mail, die mit ›Das ist das dümmste Stück Code, das je geschrieben wurde‹ begann.« Stellen Sie sich vor, Ihr Chef würde Ihnen mitten in der Nacht eine solche E-Mail schreiben! »Ehemalige Microsoft-Mitarbeiter beschrieben das Büro als eine sehr konfrontative Umgebung […]«, bei Konferenzen gab es extra eine Person, »deren ganze Aufgabe darin bestand, genau zu zählen, wie oft Bill das F-Wort sagte […] Je niedriger die F***-Zahl, desto besser«, erinnerte sich ein ehemaliger Mitarbeiter laut CNBC (ebenda).

Sein alter Schulfreund und späterer Partner bei Microsoft, Paul Allen, »fühlte sich elend und marginalisiert. Und dann wurde es noch schlimmer«: Mit 29 Jahren bekam Allen Krebs. Und Gates wollte Allens Erkrankung nutzen, um ihn aus der Firma zu kicken: »Eines Abends kam er an Gates Büro vorbei und hörte mit, wie Bill mit dem Geschäftsführer Steve Ballmer sprach: ›Sie redeten darüber, wie sie meinen Anteil auf fast Null reduzieren könnten; das war ein schockierender und herzzerreißender Moment für mich‹« (*60 Minutes*, CBS News, 18.04.2011). Allens Anteile an Microsoft wurden immer weiter reduziert; 1983 schied er aus dem operativen Geschäft aus. Im November 2000 verließ er auch den Aufsichtsrat. Mit 65 Jahren starb er an Krebs. Kurz: Der angebliche Philanthrop Bill Gates scheint ausschließlich an sich selbst zu denken, womit wir bei dem griechischen Wort *autós* (das Selbst) wären – dem Wortstamm für »Autismus«. Geprägt wurde der Begriff im Jahre 1911 durch den Schweizer Psychiater Eugen Bleuler: Der »beschrieb damit Patienten mit Schizophrenie, bei denen eine starke Selbstbezogenheit und ein sozialer Rückzug auffällig waren. Inzwischen kennzeichnet der Begriff des Autismus ein von der Schizophrenie abzugrenzendes Krankheitsbild, das geprägt ist durch eine zentrale Ichbezogenheit und gestörte zwischenmenschliche Verhaltensweisen. [...] Starke Selbstbezogenheit sowie Störungen in der zwischenmenschlichen Kommunikation und allgemein im Sozialverhalten – das sind die wesentlichen Charakteristika des Autisten« (*zm-online*, 01.12.2008). Kurz: »Autisten gelten als schwerbehindert«, so das *Handelsblatt* (online, 19.05.2020). Können Menschen wie Bill Gates also wirklich »Philanthropen« sein, die sich für das Wohl anderer Menschen interessieren? Antwort: wohl kaum. Denn die Ichbezogenheit von Autisten steht dem Altruismus (von lateinisch *alter* = der andere) von wirklichen Philanthropen nun einmal diametral gegenüber. Aber gibt es überhaupt echte Philanthropen? Vielleicht. Aber wahrscheinlich hängen sie ihre guten Taten nicht dauernd an die große Glocke ...

6. Juni
Landtagswahl Sachsen-Anhalt: der Beinahe-Ministerpräsident der AfD

Erinnern Sie sich eigentlich daran, dass die AfD 2021 fast einmal einen Ministerpräsidenten gestellt hätte? Nein? Kein Wunder, denn das war auch schnell wieder vergessen. Am 6. Juni 2021, bei der Landtagswahl in Sachsen-Anhalt, lag eigentlich eine Sensation in der Luft. Bei den letzten Umfragen waren CDU und AfD in etwa gleichauf, manche sahen die AfD sogar leicht vorn: Am 26. Mai stand es laut INSA/*Bild* sogar 26 zu 25 Prozent für die AfD! »Dazu muss man wissen«, meinte der investigative Journalist Oliver Janich, »dass die AfD immer unterschätzt wird in Umfragen«, und zwar, weil sich die Menschen bei den Telefonumfragen aus Vorsicht lieber nicht zur AfD bekennen würden (Oliver Janich, Videocast, 27.08.2021). Völlig vergessen wird auch, dass solche Umfragen eigentlich dem Wahlgeheimnis widersprechen. Da hilft es auch nichts, dass die Ergebnisse »anonymisiert« werden, denn hier teilt der Befragte ja am Telefon irgendjemandem mit, wen er wählen wird: nämlich zumindest dem Anrufer, möglicherweise aber auch unautorisierten Zuhörern. Gerade bei der ständigen Ausgrenzung und Diffamierung der AfD hat mancher da möglicherweise Hemmungen. Bei den Wahlen müsste die AfD demzufolge also sogar besser abschneiden, als bei den Umfragen. »Etwas Sensationelles schien sich anzubahnen«, so *Die Rheinpfalz*. »Wenige Wochen vor der Landtagswahl in Sachsen-Anhalt lag die Landes-AfD in einer Umfrage vor der regierenden CDU von Regierungschef Reiner Haseloff. Plötzlich tauchte die Frage auf: Würde die AfD am Ende erstmals einen Ministerpräsidenten stellen?« (*Die Rheinpfalz*, online, 10.08.2021). Am 4. Juni, 2 Tage vor der Wahl, hatte die CDU in Umfragen gegenüber der AfD nur einen hauchdünnen Vorsprung von einem Prozent (27 zu 26). Rechnete man den erwähnten psychologischen »AfD-Malus« heraus, stand damit nach wie vor ein AfD-Ministerpräsident vor der Tür.

Ein AfD-Ministerpräsident wird weggeblasen

Doch siehe da: Nur 2 Tage später, am Wahlabend, war plötzlich alles ganz anders: Simsalabim – der AfD-Ministerpräsident war wie weggeblasen! Statt auf 27 kam die CDU auf 37, und statt auf 26 kam die AfD nur noch auf knapp 21 Prozent. Wie aus dem Nichts gab es plötzlich einen Abstand von 16 Prozent zwischen den beiden Parteien. Und das – nach der letzten

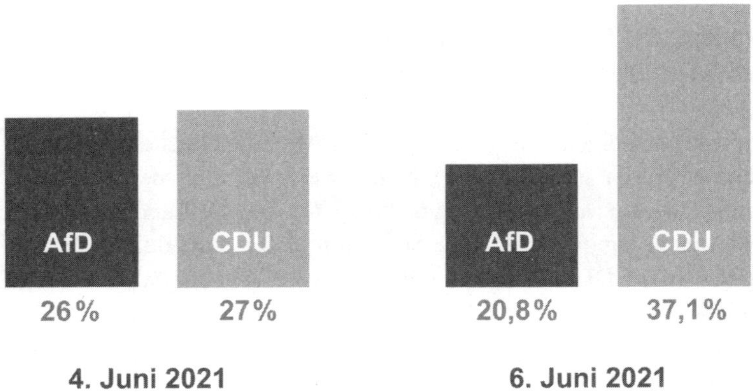

Prozentualer Vergleich des für die AfD und die CDU am 4. Juni prognostizierten und des am 6. Juni tatsächlich erreichten Wahlergebnisses (Landtagswahl Sachsen-Anhalt)

Umfrage – innerhalb von 2 Tagen. Erstaunlich, eigentlich. Irgendwer oder irgendetwas musste hier also falsch gelegen haben. Und da gibt es ja nun einmal nur zwei Möglichkeiten: Entweder war das Wahlergebnis korrekt, dann hätten die Demoskopen falsch gelegen – oder aber die Demoskopen lagen richtig, dann wäre das Wahlergebnis falsch gewesen. Kritiker wie Janich forderten denn auch eine Überprüfung beziehungsweise Anfechtung des Wahlergebnisses durch die AfD. Das Wahlergebnis der Landtagswahl am 6. Juni 2021 habe »viele Wähler in Sachsen-Anhalt verwundert«, hieß es in einer Presseerklärung der AfD – quatsch: der Partei Die Basis! Die AfD ließ sich meines Wissens nicht kritisch über das Resultat der Wahl vernehmen. Auf der Website der AfD Sachsen-Anhalt gab es nicht einmal eine Presseerklärung oder eine andere Stellungnahme zum Wahlergebnis. Auf der Website der Landtagsfraktion hieß es nur, »AfD-Spitzenkandidat Oliver Kirchner zeigte sich mit dem Abschneiden seiner Partei zufrieden«. Aufgeregt hat sich merkwürdigerweise nur die kleine Konkurrenzpartei Die Basis: »Bei der Wahl war das aufgrund von Umfragen von Wahlforschern prognostizierte Kopf-an-Kopf-Rennen zwischen CDU und AfD bei circa 26 Prozent ausgeblieben. Die CDU war völlig überraschend mit über 37,1 Prozent stärkste Kraft geworden, die AfD zweitstärkste mit lediglich 20,8 Prozent.« – »Ich habe von niemandem gehört, dass er das Wahlergebnis für richtig empfindet!«, schrieb Alkje Fontes, eine der Vorsitzenden des Landesverbandes Sachsen-Anhalt der »Basis«. »Die Menschen fühlen sich hier zutiefst betrogen [...] Das Missverhältnis zwischen vorheriger Umfrage und dem letztendlichen Ergebnis ist so groß – das entspricht einfach nicht der Realität im Land.« Die Partei bemängelte »massive Unregelmäßigkeiten« und legte Einspruch gegen das Wahlergebnis ein (Die Basis, Landesverband Sachsen-Anhalt, Presseerklärung, 14.06.2021). Stand hier also wieder einmal ein großer rosa Elefant im Raum?

Wahlbetrug mit Tradition

Halt! »Im besten Deutschland, das es jemals gab« (Steinmeier), kann es so etwas doch ohnehin nicht geben! Vielleicht doch: Hinweise, so Fontes, habe die Partei von den Beobachtern anderer Wahllokale erhalten – zum Teil auch eidesstattlich, so der Internet-TV-Sender Epoch Radar (»›Die Basis‹ legt Einspruch gegen Wahlergebnis bei Landtagswahl in Sachsen-Anhalt ein«, YouTube, 18.06.2021). Wähler hätten über Unregelmäßigkeiten bei den Öffnungs- und Schließzeiten der Wahllokale und von geöffneten Wahlurnen berichtet, zu denen jeder hätte Zugang haben können. Besonders befremdlich: In mehreren Fällen sei Wählern im Wahllokal mitgeteilt worden, sie könnten nicht wählen, weil sie Briefwahlunterlagen angefordert hätten, obgleich dies gar nicht der Fall gewesen sei. Wahlbetrug sei in Sachsen-Anhalt »kein Fremdwort«, so Die Basis. Was man auch weniger nett hätte formulieren können: Wahlbetrug hat in Sachsen-Anhalt quasi Tradition. »Schon in früheren Jahren war es bei Wahlen in Sachsen-Anhalt zu Wahlfälschungen gekommen, die auch gerichtlich festgestellt wurden«, so Epoch Radar. Im Mittelpunkt: jene CDU, die, von den Demoskopen völlig unerwartet, am 6. Juni quasi über Nacht haufenweise Stimmen eingefahren hatte.

2014 zum Beispiel sei es bei den Kommunalwahlen in der Kreisstadt Stendal zu Wahlfälschungen gekommen, »die gerichtlich geahndet wurden«, so Epoch Radar. »Dabei waren bei der Stadtrats- und Kreistagswahl mehr Briefwahlunterlagen an bevollmächtigte Personen herausgegeben worden, als erlaubt. Zudem wurden Vollmachten gefälscht und Briefwahlunterlagen von Dritten ausgefüllt.« 2017 wurde der damalige CDU-Stadtrat Holger Gebhardt wegen Wahlfälschung in 300 Fällen zu zweieinhalb Jahren Haft verurteilt. Und nicht nur das: Laut Gericht war Gebhardt kein Einzeltäter, sondern hatte »Hintermänner«, die Druck auf ihn ausgeübt hätten. Daraufhin fühlte sich der CDU-Kreisvorstand Stendal wohl angesprochen und »trat geschlossen zurück«.

Bei der Wiederholung der Briefwahl verlor die CDU satte 9 Prozent. Wie gewonnen, so zerronnen. Bei dem Prozess war auch herausgekommen, dass es bereits bei der Kommunalwahl 2009 zu Fälschungen gekommen war, die nur deshalb nicht verfolgt wurden, weil sie inzwischen verjährt waren.

Warum lag die Demoskopie so daneben?

Von den etablierten Parteien und Medien wurde nach den Landtagswahlen in Sachsen-Anhalt von 2021 natürlich nicht über das Wahlergebnis, sondern nur über die Demoskopie der Kopf geschüttelt: »Die Landtagswahl in Sachsen-Anhalt ist historisch, zumindest aus Sicht der Wahlforschung.« Denn: »Kaum je lagen die Umfragen so weit daneben wie dieses Mal«, berichtete *Die Zeit* (online, 08.06.2021). Eben – das ist es ja gerade. Aber warum die Demoskopie so daneben gelegen haben sollte, war nicht lange ein Thema. Denn schließlich hätte man sonst auch über die Wahlen reden müssen.

Der Geschäftsführer von Infratest Dimap, Michael Kunert, hatte glücklicherweise eine Erklärung für das Phänomen: »In Sachsen-Anhalt hat sich offenbar eine Entwicklung wie im Herbst 2019 in Brandenburg, Thüringen und Sachsen wiederholt: Bei allen diesen Wahlen hat sich ein erheblicher Teil der Wählerschaft auf den letzten Metern hinter dem Ministerpräsidenten beziehungsweise seiner Partei versammelt« (RND, online, 07.06.2021). Das heißt: In östlichen Bundesländern, bei denen ein größerer Erfolg der AfD drohte, kamen die Menschen also bisher schon auf wundersame Weise in letzter Minute zur »Vernunft«, rauften sich zusammen und wählten auf die Schnelle die Partei des amtierenden Ministerpräsidenten!

Aus irgendeinem Grund soll es auch kurz vor dem 6. Juni eine Art Massenpanik gegeben haben, in deren Rahmen die Leute haufenweise zur CDU übergelaufen sein sollen. Gegenüber 2016 verlor die AfD 2021 dabei sogar 14 ihrer 15 Direktmandate. Unglaublich, nicht? »Alle strömen zu Haseloff«, jubelte *Die Zeit* (online, 07.06.2021). Aber wo kam dieser Tsunami her? War plötzlich der Messias als Spitzenkandidat der CDU aufgetreten? Unwahrscheinlich. Oder kam bei der AfD eine Teufelsfratze zum Vorschein? Nichts dergleichen. Obwohl »viele Institute ein Kopf-an-Kopf-Rennen zwischen CDU und AFD vorhergesagt hatten, lag die CDU am Ende um mehr als 16 Prozentpunkte vorne« (ebenda). Das ist ja praktisch ein Erdrutsch, der sich da zwischen den letzten Umfragen und dem Wahltag ereignet haben muss. Genauer: Der sich in 2 Tagen ereignet haben muss, nämlich zwischen dem Datum der letzten Umfrage (4. Juni) und dem Wahltag 6. Juni.

Wie ein Mann hinter Haseloff?

Auch ein von mir befragter AfD-Abgeordneter war dieser Meinung: »Es gibt eine breite Abwehrfront gegen die AfD«, schrieb er mir. Und: »Da wählen viele Bürger taktisch die jeweils stärkste Partei, um einen Durchmarsch der AfD zu verhindern. Haben wir oft genug erlebt [...] Genauso war es in Sachsen-Anhalt. Ich glaube nicht an den groß angelegten Betrug [...]« Gegen diese Erklärung spricht, dass das Kopf-an-Kopf-Rennen zwischen CDU und AfD laut Umfragen ja schon seit Ende April bestand, ohne irgendjemanden zu erschrecken – jedenfalls keinen Wähler. Über Monate hinweg änderte die Aussicht auf einen AfD-Regierungschef das Umfrageverhalten der Bürger kein bisschen: »Keine einzige Umfrage vor der Wahl in Sachsen-Anhalt sah die CDU bei über 30 Prozent. Im Gegenteil: In den vergangenen 2 Wochen sahen Wahlforscher die Partei von Ministerpräsident Reiner Haseloff zum Teil deutlich unter der 30-Prozent-Marke und nahezu gleichauf mit der AfD. Im letzten INSA-Stimmungsbild in Sachsen-Anhalt 2 Tage vor der Wahl kam die CDU auf 27 Prozent, dicht gefolgt von der AfD mit 26 Prozent. Von den tatsächlichen Wahlergebnissen (CDU: 37,1 Prozent, AfD: 20,8 Prozent) waren die Umfragen weit entfernt« (RND, ebenda). Die These, das knappe Rennen in den Umfragen hätte das Wahlverhalten beeinflusst, ist in diesem Fall damit geschwächt. Trotz »drohender« AfD-Führung ging das Kopf-an-Kopf-Rennen bis 2 Tage vor der Wahl unbeirrt weiter.

Na gut, dann eben so herum: »Jeder hat seine Lieblingsfußballmannschaft. Aber wenn es ins Finale geht und darum, dass nur zwei Mannschaften siegen können, dann stellen sich auch die Fans anderer Mannschaften hinter eine, die noch die Chance hat, siegen zu können. Und das war halt die Union«, erklärte INSA-Chef Hermann Binkert die Diskrepanz in einem Interview bei *Übermedien*. Klingt plausibel – ist es aber nicht. Denn »wenn es einen solchen Last-Minute-Umschwung für die CDU gegeben hat«, hätte die CDU vor allem bei den Urnenwählern gut abschneiden müssen, so *Die Zeit*. Denn Briefwähler, die »ihren Wahlzettel meist mehrere Tage bis Wochen vor dem Wahltag« abschicken, können es sich auf den letzten Metern gar nicht mehr anders überlegen. Wenn, dann hätte die CDU also an den Urnen besonders gut abschneiden müssen. Diesen Run von CDU-Wählern auf die Urnen gab es aber nicht, sondern dort hatte die CDU sogar 2,7 Prozent schlechter abgeschnitten, als bei der Briefwahl.« Aus dem Einspruch der »Basis« gegen das Wahlergebnis von Sachsen-Anhalt wird trotzdem nichts werden – wie aus anderen Einsprüchen kleiner Parteien auch nicht. Denn »nach der Wahlordnung des Landes Sachsen-Anhalt«, teilte mir der Pressesprecher der »Basis« mit, entscheide erst »der neu gewählte Landtag über die Annahme des Einspruchs gegen das Wahlergebnis«. Und dort regieren jetzt CDU, SPD und FDP.

25. Juni
Ausnahmezustand: Kernschmelze der Macht

Ein Ausnahmezustand ist ein Ausnahmezustand ist ein Ausnahmezustand. Und wenn er nicht beendet wurde, dann gibt es ihn noch heute. Doch der Reihe nach: Am 25. Juni 2021 war ich in den Untersuchungsausschuss der Stiftung Corona-Ausschuss geladen. Ein unabhängiges Gremium von Rechtsanwälten (Vergebung: und -innen, natürlich!), das seit Mitte Juli 2020 in mehrstündigen Live-Sitzungen untersucht, »warum die Bundes- und Landesregierungen im Rahmen des Coronavirus-Geschehens beispiellose Beschränkungen verhängt haben und welche Folgen diese für die Menschen hatten und haben«, so die Selbstbeschreibung. Und ein Gremium, das vom Mainstream natürlich totgeschwiegen wird – obwohl hier hochrangigste Experten und Praktiker zu Wort kamen, wie der Seuchenexperte Dr. Wolfgang Wodarg und der Virologe und Bestsellerautor Professor Sucharit Bhakdi. Waren sie bis zum »Ausbruch« der Corona-Grippe als hervorragende Fachleute anerkannt, verwandelten sie sich mit der Äußerung von abweichenden Meinungen in Sachen Corona plötzlich in »Scharlatane« und »Verschwörungstheoretiker«. In der Sitzung 58 vom 25. Juni 2021 wollte ich die sogenannte Corona-Krise aber einmal rein politikwissenschaftlich betrachten. Das hat nämlich durchaus seinen Reiz. Blendet man all die medizinischen Narrative rund um Corona aus, veränderte sich plötzlich die Perspektive auf das Geschehen, und es blieben rein politische Begriffe übrig. Beispiel »Lockdown«: Während darüber dauernd rein medizinisch und epidemiologisch argumentiert wurde, geriet aus dem Blickfeld, worum es sich dabei politisch gesehen handelte. Man musste quasi den ganzen Virusschleier einmal herunterreißen, um auf das politische Konzept der Corona-

Maßnahmen zu treffen. Es war also nötig, die sogenannten Corona-Maßnahmen einmal »von der Politik aus« zu denken.

Die Merkmale eines Ausnahmezustandes

»Die Frage war ja, was läuft hier eigentlich ab auf diesem Globus«, begann ich. »Die meisten Leute sehen hier ja eine Pandemie, das ist bekannt, und es wird ausführlich das Für und Wider besprochen: Virus oder nicht, Pandemie oder nicht, Impfung oder nicht, isoliert oder nicht, aufgereinigt oder nicht – all diese Fachfragen. Inzidenz ist ein weiteres Stichwort. Aber ich habe von Anfang an gesagt, dieses Coronavirus ist kein biologisches Virus, sondern ein politisches Virus. Damit werden ganz bestimmte Zwecke verfolgt. Deshalb die Fragen: Was geschieht eigentlich politisch, wie verändert sich das politische System, und wie verändert sich das internationale System? Erste Antwort: Wir haben einen Notstand, einen Ausnahmezustand. Die Corona-Maßnahmen tragen alle Merkmale eines Ausnahmezustandes, also Einschränkungen zahlreicher Grundrechte, Ausgehverbote, Kontaktbeschränkungen, das Verbot, dass sich mehr als so und so viele Personen treffen, Reiseverbote, Registrierungen, Demonstrationsverbote oder -schikanen. Wer sich ein bisschen in der Geschichte auskannte, der konnte eigentlich schon phänomenologisch erkennen, was da vor sich geht – dass es nicht um Pandemiebekämpfung, also um den Schutz vor einer Infektion, geht, sondern um einen getarnten Ausnahmezustand.«

Am Anfang steht der Schock

Der Schock, beispielsweise durch die Bilder von Särgen oder Menschen auf Intensivstationen, machte die Menschen wehrlos. Ganz bewusst versuchte die Bundesregierung, Panik zu schüren. »Um die gewünschte Schockwirkung zu erzielen, müssen die konkreten Auswirkungen einer Durchseuchung auf die menschliche Gesellschaft verdeutlicht werden«, hieß es in einem Strategiepapier des Bundesinnenministeriums (»Wie wir Covid-19 unter Kontrolle bekommen«, *bmi.bund.de*, 28.04.2020). »Das ist tiefster Zynismus, das ist Bosheit, was da aus dem deutschen Innenministerium herausgegangen ist, das ist Terror«, meinte Professor Christian Schubert von der Med-Uni Innsbruck in einem Gespräch mit dem österreichischen TV-Sender Servus TV. »Die Menschen in Angst und Panik zu versetzen, das ist nicht die Medizin, auf die ich meinen Eid geschworen habe« (Servus TV, »Talk im Hangar 7: Geschäftemacherei Corona?«, 16.04.2021). Das heißt: Mithilfe von Angst wurde gegen den Verstand geputscht, sodass die Menschen plötzlich nicht einmal mehr rechnen konnten: Was sind zum Beispiel die am Anfang der »Pandemie« in Deutschland gezählten 50 »Infizierten« auf 100 000 Getestete? Antwort: ein halbes Tausendstel! So viel zum Thema »Pandemie«.

Meine Vorstellung vom politischen Ausnahmezustand wurde im Verlauf der nächsten Monate der Jahre 2020 und 2021 bestätigt. Denn politische Ausnahmezustände haben es so an sich, dass sie

a) zu Beginn zwar für »vorübergehend« erklärt werden,
b) aber immer wieder verlängert werden.

Also das, was auch mit den Corona-Maßnahmen geschah. Werfen wir einen Blick auf nichtmedizinische Ausnahmezustände:

- Nach der Anschlagsserie in Paris verhängte Präsident Emmanuel Macron am 13. November 2015 den Ausnahmezustand und verlängerte ihn sechsmal – bis zum 31. Oktober 2017 (Deutsche Welle, 06.07.2017). Am 17. Oktober 2020 verhängte Macron dann den »Gesundheitsnotstand«.
- 2016 verlängerte der venezolanische Präsident Maduro den wegen der Energiekrise verhängten Notstand – und hatte »sich und dem Militär dabei weitreichende Sonderrechte eingeräumt. Die Opposition, die die Mehrheit im Parlament hält, warnt vor einem Putsch« (*tagesschau.de*, 17.05.2016). Und wie das bei Ausnahmezuständen so ist, entzog das Regime dem Parlament die Rechte (*faz.net*, 17.05.2016).
- Nach dem niedergeschlagenen Putschversuch vom 15. Juli 2016 verhängte Präsident Erdoğan einen 3-monatigen Ausnahmezustand über die Türkei und verlängerte ihn insgesamt siebenmal um jeweils 3 Monate – also exakt um jene Frist, um die die deutsche Bundesregierung jedes Mal die »epidemische Lage« verlängerte. Ein weiterer Hinweis, dass dies nichts mit Seuchenbekämpfung, sondern etwas mit politischen Motiven zu tun hat.

Aufstands- statt Pandemiebekämpfung

Ein noch älterer Fall ist Griechenland: Am 21. April 1967 putschte das dortige Militär und verhängte den Ausnahmezustand, der die Außerkraftsetzung einer Reihe von Artikeln der griechischen Verfassung bedeutete: »Die persönlichen Freiheiten wurden ausgesetzt und der Belagerungszustand auferlegt. Dies ermöglichte der Polizei und den Militärbehörden, anders gesinnte Personen ohne gerichtlichen Beschluss zu verhaften und auf abgelegene Felseninseln zu deportieren. So auch eine große Anzahl von Journalisten. Versammlungen von mehr als zwei Personen wurden verboten [...]« (FU Berlin, Centrum Modernes Griechenland, 17.01.2017). Interessant, nicht? Während solche Kontaktbeschränkungen hierzulande als »Pandemiebekämpfung« verkauft wurden, handelt es sich in Wirklichkeit um Aufstandsbekämpfung und »Crowd Control«: Es soll verhindert werden, dass Menschen Kontakt aufnehmen und sich zu größeren Gruppen zusammenfinden, die dann möglicherweise nicht mehr kontrollierbar sind. Gemeinsam ist all diesen Ausnahmezuständen, dass immer von »Schutz« gesprochen wird: Schutz der Bevölkerung vor inneren und äußeren Feinden oder eben Schutz vor einer Pandemie (siehe »Bevölkerungsschutzgesetz«). Am deutlichsten wird die Perversion wohl in dem Begriff der »Schutzhaft«: Wir verhaften dich ja nur, um dich zu schützen.

Vom Ausnahmezustand zum Umsturz

Was ist nun aber, wenn der Notstand oder Ausnahmezustand verlängert und immer wieder verlängert wird? Antwort: Häufig kehrt der Staat dann nicht mehr in den vorherigen Zustand zurück. In diesem Fall wird aus einem Ausnahmezustand ein Umsturz des politischen Systems, das heißt: »die neue Normalität«. »Wenn Notmaßnahmen verabschiedet werden, vor allem heute, dann sind sie in der Regel klebrig«, meinte Edward Snowden in einem Interview anlässlich des Kopenhagen Film Festivals 2020. »Der Notstand wird tendenziell ausgeweitet. Dann gewöhnen sich die Behörden an eine neue Macht und beginnen sie zu mögen« (siehe *thenextweb.com*, 25.03.2020):

a) Entweder werden während des Ausnahmezustandes einzelne Gesetze geändert oder geschaffen (zum Beispiel Antiterror- oder Überwachungsgesetze) oder Säuberungen im politischen System durchgeführt (siehe Türkei 2016), sodass sich das Wesen des Staates verändert.

b) Und/oder es wird das politische System geändert, wie in Deutschland.

So verwandelte sich der Ausnahmezustand in einen Umsturz. Dementsprechend wurde in Deutschland am 27. März 2020 ein Ermächtigungsgesetz erlassen, das es dem Bundesgesundheitsminister erlaubte, am Parlament vorbei zu regieren. Die Worte »ermächtigt« oder »Ermächtigung« kommen gleich fünfmal in dem Gesetz vor. Später wurde eine »Bundesnotbremse« eingeführt, mit deren Hilfe die Bundeskanzlerin auch an den Bundesländern vorbei Maßnahmen verhängen konnte. Drei verschiedene, im Grundgesetz nicht vorgesehene Institutionen zeigen die Systemveränderung auf:

1. Um Bund und Länder gleichzuschalten, wurde am 12. März 2020 auf das föderale System aus Bundestag und Bundesrat eine **Bund-Länder-Konferenz (BLK) aufgesetzt, in der sich die Bundesregierung mit den Ministerpräsidenten der Länder kurzschließt.** Im Grundgesetz ist das natürlich nicht vorgesehen. Verfassungsrechtlich gesehen existiert die BLK also gar nicht. Aber trotzdem bestimmt sie das Schicksal von 83 Millionen Bürgern.
2. Am 27. März 2020 beschloss der Bundestag das **»Gesetz zum Schutz der Bevölkerung bei einer epidemischen Lage von nationaler Tragweite«, ein Ermächtigungsgesetz, das praktisch die Gesundheitsdiktatur einführte.** Der Bundesgesundheitsminister wurde »ermächtigt«, mit Wirkung vom 28. März 2020 praktisch nach Belieben und an Bundestag und Bundesrat vorbei das Gesundheitssystem betreffende Verordnungen zu erlassen, die weitreichende Folgen für unser tägliches Leben und unsere Grundrechte hatten und bis heute haben. Damit wurde er faktisch zum Gesundheitsdiktator.
3. Nachdem sich Angela Merkel von den mühsamen Konferenzen genervt zeigte, riss sie kurzerhand die ganze Macht an sich und installierte am 23. April 2021 die **»Bundesnotbremse«, ein Gesetz, mit dem sie nun an den Bundesländern vorbei Maßnahmen direkt beschließen konnte.** Das heißt: »Der Bund legte per Gesetz Corona-Maßnahmen fest – und Kommunen mussten diese ohne Wenn und Aber umsetzen. Strengere Regeln in den Bundesländern waren jedoch auch möglich« (NDR, online, 01.07.2021).

Damit wurden die Bundesländer zu Wohlverhalten in der Bund-Länder-Konferenz diszipliniert. Diese Regelung lief zwar am 30. Juni 2021 aus, allerdings nicht ohne den Hinweis, sie jederzeit wieder aktivieren zu können.

Was Ausgangssperren wirklich sollen

Dass all das verfassungs- beziehungsweise grundgesetzwidrig war und ist, muss eigentlich nicht extra erwähnt werden.

Es ist eine Systemveränderung im rechtsfreien Raum. Interessant dabei ist unter anderem die nächtliche Ausgangssperre, die mit der Bekämpfung einer Pandemie überhaupt nichts zu tun haben kann. Denn warum sollte das Virus nachts ansteckender sein als tagsüber? In Wirklichkeit ist die nächtliche Ausgangssperre ein Klassiker des Kriegs- und Ausnahmerechts. Sie soll verhindern, dass sich Menschen im Schutz der Dunkelheit treffen und gegen die Regierung zusammentun. Dasselbe gilt für Kontaktbeschränkungen in Wohnungen. In Wahrheit ging es darum, jeglichen Kontakt zwischen mehreren Personen zu verhindern, und zwar sowohl in Bezug auf die Kommunikation als auch in Bezug auf die mögliche militante Schlagkraft einer solchen Gruppe. Die Vereinzelung und Isolierung von gesunden Menschen dient nicht der Kontrolle einer Pandemie, sondern der Kontrolle der Bevölkerung. In diesem Zusammenhang sei auch daran erinnert, dass die Bürger seit etwa 20 Jahren unter dem Vorwand immer neuer Amokläufe systematisch entwaffnet wurden – nicht nur in Deutschland, sondern in vielen Teilen der Welt (in den USA ist dies jedoch weitgehend gescheitert).

Ausgangssperren waren »ein großer Fehler«

Dass es nicht um Pandemiebekämpfung geht, dokumentiert auch der Umstand, dass Lockdowns überhaupt keine Auswirkungen auf das Pandemiegeschehen haben: »Der Gouverneur von Florida, Ron DeSantis, erklärte gegenüber der *Epoch Times*, dass die Abriegelungen ein ›großer Fehler‹ waren, auch in seinem eigenen Bundesstaat. ›Wir wollten den Schaden eindämmen. Jetzt, im Nachhinein, haben die 15 Tage, um die Ausbreitung zu verlangsamen, und die 30 Tage nicht funktioniert‹, sagte DeSantis. ›Wir hätten diesen Weg nicht einschlagen sollen.‹« Der Gouverneur bedauere nun, die Anordnung überhaupt erlassen zu haben, »und ist davon überzeugt, dass die Staaten, die die Abriegelung beibehalten haben, einen zerstörerischen Fehler begehen« (*Epoch Times*, online, 20.04.2021). Auch deutsche Forscher bezweifelten die Wirksamkeit der Lockdowns und wiesen darauf hin, dass sich die Infektionskurven bereits vor Beginn der Maßnahmen abgeflacht hatten. Das erinnere »an die vor einigen Wochen veröffentlichten Resultate des kanadischen Ökonomen Douglas Allen«, schrieb das Nachrichtenmagazin *Compact*. Auch dieser Wissenschaftler kam »zu dem Ergebnis, dass Ausgangssperren, Kontaktverbote, die komplette Lahmlegung des gesellschaftlichen, ökonomischen und kulturellen Lebens sehr viel weniger bringen, als die Politiker in den meisten Ländern unterstellen« (*Compact*, online, 02.06.2021).

Erfüllungsgehilfen einer globalen Diktatur

Dass der Ausnahmezustand immer wieder verlängert wird oder in einem neuen, repressiven System enden muss, liegt also nicht daran, dass sich irgendein Virus nicht bekämpfen lässt, sondern daran, dass

a) man einmal gewonnene Macht und Kontrolle nicht mehr aus der Hand geben will; sitzt die Bevölkerung einmal in der Falle, möchte man sie daraus nicht entlassen,
b) es von vornherein so geplant wurde: Ausnahmezustand, Umsturz, Tyrannei.

Oder, um es mit den Worten von Klaus Schwab zu sagen: »Viele von uns fragen sich, wann sich die Dinge wieder normalisieren werden. Die kurze Antwort lautet: niemals. Nichts wird jemals wieder so sein wie zuvor« (Klaus Schwab: *Covid 19: Der große Umbruch*). Dass die Maßnahmen auch bei extrem niedrigen »Inzidenzen« fortgesetzt wurden, zeigt, dass zwischen Pandemie und Ausnahmezustand in Wirklichkeit kein Zusammenhang besteht.

Die Bundesregierung und der Bundesgesundheitsminister sind aber nur Erfüllungsgehilfen einer globalen Struktur – denn wie wir wissen, wurden dieselben Maßnahmen weltweit eingeführt. Wie bereits gesagt, sehen wir hier zum ersten Mal in der Geschichte der Menschheit so deutlich eine globale Befehlsstruktur an der Arbeit: Praktisch alle Länder des Planeten wurden gleichgeschaltet, setzen die Menschenrechte außer Kraft, verhängen und kontrollieren dieselben Maßnahmen, veranlassen eine Impfkampagne usw. Demgemäß können diese Maßnahmen nicht auf dem Mist des Bundesgesundheitsministers oder der Bundesregierung gewachsen sein, sondern kamen »von oben«, das heißt von der WHO, der UNO, der Bill-und-Melinda-Gates-Stiftung, dem Weltwirtschaftsforum und vor allem von China, um nur die wichtigsten »Player« dieses weltweiten Staatsstreichs zu nennen. Insbesondere China gab die totalitären Maßnahmen zur »Pandemiebekämpfung« vor. »Was wir hier erleben, das ist 1933 auf globaler Ebene, also die totale Machtergreifung«, sagte ich denn auch bereits am 14. März 2020 in einem Interview. »Denn wir haben ja nichts anderes vor uns als den globalen Ausnahmezustand – oder jedenfalls den Ausnahmezustand auf großen Teilen des Globus, gemischt mit einem Kriegsszenario, und zwar mit einer psychologischen Kriegsführung und mit einer wirtschaftlichen Kriegsführung. […] Das ist 1933 auf globaler Ebene – die Machtergreifung der WHO-Strukturen zusammen mit chinesischen Strukturen, denn da kommt ja die ganze Inszenierung her, wie wir wissen […], es geht hier um einen Notstand oder einen Ausnahmezustand, der von oben verkündet wurde und der jetzt die globalen Strukturen hinunterläuft, also die globalen Befehlsstrukturen […]«

Die vier Phasen eines Staatsstreiches

Zusammenfassend spielte sich der globale Staatsstreich in vier Phasen ab:

- Phase 1: Schock, Krise,
- Phase 2: Not- oder Ausnahmezustand,
- Phase 3: Verlängerung, Dauerzustand, also Umsturz,
- Phase 4: Tyrannei, in diesem Fall global.

Wie heißt es doch so schön:

- Quarantäne ist, wenn man Kranke isoliert und ihre Grundrechte suspendiert,
- Tyrannei ist, wenn man Gesunde isoliert und ihre Grundrechte suspendiert.

Auch im Infektionsschutzgesetz war bis zum »Ausbruch« dieser »Pandemie« noch nie davon die Rede, Gesunde zu isolieren. Und noch nie in der Geschichte wurden »Infektionsschutzmaßnahmen« über ganze Bevölkerungen verhängt, und schon gar nicht über den gesamten Planeten. Quarantäne für Gesunde ist ein Widerspruch in sich. In Wirklichkeit handelt es sich bei dieser Form der »Absonderung« oder der »Ausgangsbeschränkungen« also um die gute alte nationalsozialistische »Schutzhaft« – allerdings für die gesamte Menschheit. Eine (vorübergehende) Entlassung gibt es letztlich nur gegen die Impfung. Womit wir auch bei dem Thema Profit wären. »Es geht um Geld«, sagte zum Beispiel Professor Christian Schubert von der Med-Uni Innsbruck beim österreichischen Sender Servus TV. »Wir haben eine dynamische Krankheit erfunden, die mutiert, die jeden Menschen auf der ganzen Welt betrifft, wir haben eine Anti-Gentest-Industrie, wir haben eine Impfindustrie, wir haben den größten Reibach der Medizingeschichte, eine Cash-Cow, die sich gewaschen hat […]« (Servus TV, »Talk im Hangar 7: Geschäftemacherei Corona?«, 16.04.2021)

Globale Tyrannei

Wir stehen also vor einer Zeitenwende, bei der über die gesamte Welt dieselbe Tyrannei verhängt wurde: ein einmaliges Ereignis in der Menschheitsgeschichte. Kein Imperium zuvor – weder Ägypter, Römer, Griechen noch Alexander der Große oder die Sowjetunion und Hitlerdeutschland – war bisher in der Lage, eine globale Diktatur zu errichten. Bis das Pharmaimperium kam, ein riesiges Kartell von Arzneimittelherstellern, das man vielleicht am besten mit der IG Farben im Dritten Reich vergleichen kann – wenn auch nicht so fest geschmiedet –, während die Digitalkonzerne das Propagandaministerium bilden. Möglich wurde das durch eine zweigleisige Monopolisierung auf dem Planeten:

- **in politischer Hinsicht** durch immer größere überstaatliche Organisationen wie die UNO, die EU, die Afrikanische Union, den Verband südostasiatischer Nationen (ASEAN), die Shanghai Cooperation Organization (SCO) und andere mehr,
- **in privatwirtschaftlicher Hinsicht** durch immer größere wirtschaftliche und finanzielle Monopole wie Microsoft, Google, Monsanto, Amazon, die Gates-Stiftung und sogar Zusammenschlüsse solcher Monopole im Weltwirtschaftsforum (WEF). Die oberste Schicht bilden finanzielle Billionenmonopole wie Vanguard Group und BlackRock, die wiederum Anteile an den Monopolisten halten.

Die Kernschmelze der Macht: wenn »subkritische Massen« aufeinandertreffen

Wenn man so will, handelt es sich dabei um zwei »subkritische Massen« wie in einer Atombombe oder in einem Kernkraftwerk (KKW). Wenn man die kritischen Massen zusammenführt, kommt es zu einer Kettenreaktion. Kontrollieren kann man diese Kettenreaktion in einem KKW durch Materialien, die zwischen die subkritischen Massen gebracht werden und so die Kettenreaktion bremsen oder sogar abschalten können, zum Beispiel sogenannte Steuerstäbe. In einer Demokratie muss man die kritischen Massen oder Machtzentren durch demokratische Institutionen kontrollieren, das heißt durch Gewaltenteilung und »Checks and Balances«. Wenn diese Institutionen versagen, fehlt die Steuerung beziehungsweise die Bremse, und es kommt quasi zu einer »Kernschmelze der Macht«, bei der Dinge zusammenkommen, die auf keinen Fall zusammenkommen sollten, nämlich die staatlichen und privaten Monopole, um ihre Macht ungehindert zu vermehren und zur Geltung zu bringen. Und genau vor dieser Situation stehen wir heute. Im Fall der »Corona-Diktatur« haben praktisch sämtliche demokratischen und rechtlichen Sicherungen versagt. Folge: Die Staaten setzen den Machtansprüchen und der Gier der privaten Monopole keinen Widerstand mehr entgegen, sondern entwickeln sich zu Zombiestaaten der Kartelle. Getreu dem Zitat von Augustinus von Hippo: »Nimm das Recht weg – was ist dann ein Staat noch anderes als eine große Räuberbande.« – »… als eine große globale Räuberbande«, darf man hinzufügen. Exakt mit einer derartigen Räuberbande haben wir es hier zu tun, die unter dem Vorwand des »Infektionsschutzes« Hunderte von Milliarden aus den Staatshaushalten erpresst und die Menschen buchstäblich zu ihren Leibeigenen erklärt, indem die Hoheit über ihre Körper der Pharmaindustrie übertragen wird.

»Der Faschismus sollte Korporatismus heißen …«

Das Endprodukt dieser »Kernschmelze« nennt man Korporatismus: die Verschmelzung der Konzerne mit und ihre Herrschaft über den Staat. Was bedeutet, dass die Konzerne die Bürger nunmehr quasi direkt besteuern, indem sie Geld aus den Zombiestaaten in ihre Kassen leiten. Ursprünglich war mit Korporatismus die Verbindung von Staat und Wirtschaftsverbänden (Korporationen) gemeint. Mussolini zum Beispiel ließ die italienische Volkswirtschaft in 22 Korporationen gliedern, die in der Camera dei

Fasci e delle Corporazioni (Haus der Verbände und Unternehmen) vertreten waren. So soll Mussolini auch gesagt haben: »Der Faschismus sollte Korporatismus heißen, weil er die perfekte Verschmelzung der Macht von Regierung und Konzernen ist.« Kurz: Korporatismus ist also nichts weiter als Faschismus, nämlich die Bündelung (»fascio« = Bündel) von Macht in einigen wenigen staatlichen und privaten Institutionen. Also genau das, was wir heute auf globaler Ebene haben: Die Verschmelzung der Macht von Konzernen und Regierungen mit überstaatlichen Organisationen wie der UNO, der WHO und den NGOs. Und auch die Bündelung von immer mehr Macht in den Händen der Bundeskanzlerin könnte man Faschismus nennen. Mit anderen Worten reden wir hier von globalem Faschismus, gemischt mit Kommunismus, Stalinismus und Maoismus. Denn auch das sind ja nur Spielarten des Totalitarismus.

Oder anders gesagt:

- Macht ohne Bremse = absolute Macht,
- absolute Macht = absolute Unterwerfung.

Thema des Monats

14./15.6. Ahr-Hochwasser: Ertrinken nach Plan

4.7. Ex-Bundespräsident Joachim Gauck erhält Franz-Werfel-Menschenrechtspreis – ***7.7. Ermordung des haitianischen Präsidenten und Impfskeptikers Jovenel Moïse*** – **11.7.** Italien gewinnt die Fußball-Europameisterschaft – **13.7.** Die Bundeswehr bekommt ein »Weltraumkommando« – ***14./15.7. Hochwasserwalze im Ahrtal – 23.7. Geisterspiele: olympische Sommerspiele 2021 finden ohne Publikum statt*** – **27.7.** Schwere Explosion im Tanklager des Chemparks Leverkusen: 7 Tote, 31 Verletzte – **28.7.** Gesetzentwurf: In Ghana soll homosexueller Geschlechtsverkehr mit bis zu 10 Jahren Haft bestraft werden

7. Juli
Wer ermordete Jovenel M.?

1 Uhr nachts. Es ist heiß in dem Stadtviertel Pétionville der haitianischen Hauptstadt Port-au-Prince – heiß und grün: Links und rechts an der Straße Pelerin 5, inmitten von üppigen Bäumen und satter Vegetation, stehen für haitianische Verhältnisse große und luxuriöse Villen. Hin und wieder hört man ein Auto, das sich über den grünen Hügel schlängelt. Oder einen Hund bellen. Aber plötzlich auch Schritte: »Eine Gruppe von 28 bewaffneten Männern, von denen die meisten vermutlich Kolumbianer sind, stürmt die Pelerin 5 hinunter, eine schmale gepflasterte Straße im Viertel Pétionville in der hügeligen Stadt«, rekonstruierte die spanische Tageszeitung *El País* die Geschehnisse der Nacht (online, 12.07.2021). »Dies ist eine DEA-Operation, verlassen Sie nicht das Haus«, schallt eine Lautsprecherstimme über den Hügel. »›Ich wiederhole, wir sind DEA-Agenten, und wenn Sie das Haus verlassen, werden Sie erschossen!‹ Ein paar mutige Nachbarn zücken ihre Handys und filmen das Vorrücken der Kommandos. Die verwackelten Bilder zeigen fünf Fahrzeuge: zwei dunkle Vans und drei Pick-ups. Die Einheit bewegt sich langsam und tauscht Anweisungen auf Englisch und Spanisch aus. Sie alle tragen gefälschte taktische Westen der US-Drogenbekämpfungsbehörde mit den gelben Initialen und haben schwere Waffen bei sich […], die Gruppe geht an Straßengraffiti mit der Aufschrift ›Team Jovenel‹ vorbei« – Werbung für den amtierenden Präsidenten Haitis. »Sie halten an dem Haus, in dem Haitis Präsident Jovenel Moïse wohnt. Es ist ein einfaches einstöckiges Gebäude mit einer Einfahrt für Fahrzeuge und Fußgänger, so ein ehemaliges Mitglied seines Teams, das mit dem Haus vertraut ist, gegenüber *El País*.«

»An meinem Haus wird geschossen …«

Es ist eine Todesschwadron. Laut *Miami Herald* ruft der Präsident um 1:34 Uhr bei der Polizei an: »An meinem Haus wird geschossen. Mobilisieren Sie Kräfte.« An der Tür angekommen, »teilt sich die Gruppe der Auftragskiller auf«, so wiederum *El País*. »Einige bleiben draußen, um die Wachleute zu beobachten – die in diesen Tagen wegen möglicher Mitwisserschaft bei dem Mord verhört werden – und zehn weitere brechen die Eingangstür auf. Sie betreten das Haus, gehen den Flur entlang und durchqueren einen mit haitianischem Kunsthandwerk dekorierten

Raum. Sie gehen weiter den Korridor hinunter. Unterwegs entdecken sie ein Dienstmädchen, knebeln es und sperren es in eines der Zimmer. Die Männer gehen weiter in das Hauptschlafzimmer, wo Moïse und seine Frau schlafen.« Laut *Miami Herald* telefoniert der Präsident dort verzweifelt mit der Polizei. »Wo sind Sie?«, fragt er, »mein Leben ist in Gefahr, kommen Sie und retten Sie mich!« Plötzlich Stille. Dann Schüsse aus einem Sturmgewehr. »Sie kamen herein, gingen direkt in das Zimmer und sprachen mit jemandem am Telefon, um den Präsidenten zu identifizieren«, sagte ein anonymer Zeuge dem *Herald* (online, 19.07.2021). »Während der Schütze der anderen Person in der Leitung das Profil des Präsidenten beschrieb, drehte er sich zum Präsidenten um und erschoss ihn.«

Die brutalste Impfstoffbestellung der Geschichte

Das war quasi die wohl brutalste Impfstoffbestellung der Geschichte. Monatelang war in der Frage nichts vorwärtsgegangen: »Haiti ist das einzige Land der westlichen Hemisphäre, in dem noch nicht eine einzige Person gegen Covid-19 geimpft wurde«, jammerte die NGO »Open Democracy« am 9. Juli (online, 09.07.2021). »Haiti ist eines der wenigen Länder weltweit und das einzige in Lateinamerika und der Karibik, das noch kein Covid-Impfprogramm eingeleitet hat, sodass es gefährdet ist, wenn die hochinfektiöse Delta-Variante um den Globus zirkuliert«, schrieb die *New York Times* am 15. Juli 2021. Denn bisher wollte es nicht so recht klappen mit Haitis Impfstoffbeglückung. Was unter anderem daran liegt, dass die Karibikinsel ganz andere Probleme hat, als sich mit einer globalen Phantompandemie herumzuschlagen: »Die tägliche Herausforderung, auf dieser anstrengenden Insel zu arbeiten und zu überleben, wird durch die Ungewissheit über die Zukunft des Landes noch verstärkt«, schrieb *Le Monde* über die Situation auf der ständig von Katastrophen und Verbrechen heimgesuchten Insel. »Die Preise für lebensnotwendige Güter steigen wieder, und in einigen Gebieten der Hauptstadt wird das Wasser knapp. Mehrere Pumpanlagen wurden von Banden zerstört« (online, 10.07.2021). Dazu kommen Diebstähle, Schießereien, Entführungen, Raubüberfälle – eben alles, womit ein Land in der Agonie der Armut zu kämpfen hat. Mit anderen Worten, es sind viele Leute krank, verängstigt und hungrig und werden nun noch mit einer Impfung belästigt, die ihren Gesundheitszustand ebenfalls kaum verbessern wird. Denn zunächst stehen für die Insulaner eigentlich sauberes Wasser, Nahrung und Sicherheit im Vordergrund.

»Unklar«, aber »besorgniserregend«?

So war »Corona« nicht gerade der Renner in Haiti: »Covid-19? Es mag zwar Schaden anrichten, aber das ist die geringste unserer vielen Sorgen«, zitierte *Le Monde* denn auch einen Straßenverkäufer und Gelegenheitsfahrer in Port-au-Prince. »Und doch«, versucht die Zeitung mit quietschenden Reifen die Kurve zu Corona zu kriegen, seit Februar werde Haiti von einer Welle von Coronaviren heimgesucht, deren Ausmaß zwar »unklar«, aber dennoch »besorgniserregend« sei. Nur keine Angst vor Widersprüchen. Es handele sich um eine Welle, »die nicht sehr sichtbar ist und wenig bekannt gemacht wird« (das heißt: von der man nichts mitbekommt), »die aber alarmierende Ausmaße annehmen und die gesamte Insel und ihre 11,5 Millionen Einwohner in eine neue Gesundheitskatastrophe stürzen *könnte, wenn sie anhält«*. Ein bisschen viele Konjunktive und Konditionalsätze, finden Sie nicht? Das Ganze hört sich so an, als wolle hier jemand verzweifelt eine Welle herbeischreiben, die sonst bisher niemand wahrgenommen hat. Vielleicht nicht einmal der Präsident. »Die Covid-19-Behandlungszentren wurden aus Mangel an Patienten geschlossen, die Haitianer nahmen ihr normales Leben wieder auf, und die Regierung zögerte aufgrund von Sicherheits- und Logistikbedenken sogar, die ihr im Rahmen des von der UNO unterstützten COVAX-Mechanismus zugeteilten kostenlosen AstraZeneca-Impfstoffe anzunehmen«, beschrieb Reuters am 9. Juni 2021 die Situation in Haiti (online), also einen Monat vor Moïses Tod.

Tee gegen Corona

»Viele Haitianer lebten wie gewohnt weiter, da die Behörden nicht willens oder in der Lage waren, Maßnahmen zu ergreifen. Ein Bürgermeister eines Stadtteils von Port-au-Prince veranstaltete vergangene Woche ein Musikkonzert, das von Tausenden von Menschen besucht wurde, die keine Masken trugen. Präsident Jovenel Moïse forderte die Haitianer auf, medizinischen Tee zu trinken, um das Virus abzuwehren – ein unerprobtes Mittel«, tadelte Reuters. Aber ein Ratschlag, den interessanterweise auch andere (afrikanische) Staatschefs erteilt hatten. Aus Sicht der Globalisten kam Haiti in Sachen Corona einfach nicht in die Gänge: »Nach Angaben der Panamerikanischen Gesundheitsorganisation hat Haiti es auch versäumt, sich für ein Pilotprogramm zu bewerben, um einen Teil der zugeteilten Dosen vorzeitig zu erhalten«, informierte die afroamerikanische

Nachrichtenseite *The Black Enterprise* ihre Leserschaft (*blackenterprise.com*, 12.04.2021).

»Das Land ist bis heute das einzige auf dem amerikanischen Kontinent, der am stärksten von der Pandemie betroffenen Region, das seine Bürger nicht geimpft hat«, schrieb *Le Monde* am 10. Juli 2021. Im Nachbarland Dominikanische Republik habe fast die Hälfte der Bevölkerung bereits eine Dosis erhalten (7,5 Millionen Geimpfte). Und soweit bekannt, ist der Präsident dort auch noch am Leben, darf man hinzufügen. Auf Haiti aber wurde der Impfstoff partout nicht verabreicht, und der Präsident ist tot. »Anders als in der benachbarten Dominikanischen Republik, wo die Einführung des Impfstoffs bereits begonnen hat, wurden in Haiti keine Einzelheiten zu den Impfstofflieferungen oder Impfplänen bekannt gegeben«, schrieb *The New Humanitarian* (TNH) frustriert am 16. März 2021, ein UN-nahes Blatt, das über weltweite Krisen berichtet. »Die haitianischen Gesundheitsbeamten lehnten es ab, spezifische Fragen von TNH über die Einführung zu beantworten.«

Einem geschenkten Gaul schaut man nicht ins Maul

Im Mai 2021 beispielsweise, 2 Monate vor Moïses Tod, »wurden fast 132 000 Dosen Impfstoff von AstraZeneca aus dem UN-Programm COVAX auf ein Schiff verladen und liegen gelassen, nachdem die haitianischen Behörden Vorbehalte wegen möglicher Nebenwirkungen geäußert und auf die fehlende Infrastruktur zur Kühlung der Impfstoffe auf der Insel hingewiesen hatten« (*Le Monde*, ebenda). Na, na, na: Einem geschenkten Gaul schaut man schließlich nicht ins Maul. Aber, verteidigte sich der Generaldirektor des haitianischen Gesundheitsministeriums, Laure Adrien, laut Bloomberg vom 8. Juni 2021 in einem Telefoninterview: »Haiti hat das Impfstoffangebot von COVAX nicht abgelehnt. Wir haben lediglich darum gebeten, den Impfstoff auszutauschen« (*Business Day*, online, 09.06.2021). Das ist ja zum Mäusemelken: Immer wieder kam etwas dazwischen! Als Haiti schließlich doch zugestimmt habe, hätten Lieferschwierigkeiten die Lieferung verzögert, so Bloomberg. »Am 14. Juni hieß es, dass ein Flugzeug mit Tausenden von Dosen in Port-au-Prince landen würde.« Aber das Flugzeug habe »nie abgehoben«: »Nach Angaben eines Mitarbeiters des UN-Kinderhilfswerks Unicef wurde der Flug im letzten Moment gestrichen, ohne nähere Angaben zu machen.« Zuletzt habe die US-Botschaft in Port-au-Prince am 28. Juni in einem Tweet mitgeteilt, »dass das Weiße Haus mit der haitianischen Regierung zusammenarbeite, um die Impfstoffe ›so bald wie möglich‹ zu liefern, nannte aber kein Datum.« Ging es vielleicht um eine »Zusammenarbeit« wie mit Saddam Hussein oder Muammar-al Gaddafi?

Wie gesagt: zum Mäusemelken. In Haiti kam die globale Impfwalze zum Stehen. Erst am 15. Juli, exakt eine Woche nach Moïses Tod, ging plötzlich alles ganz schnell. Was über viele Monate hinweg nicht geklappt hatte, lief nun im Eiltempo ab, und zwar inmitten des Chaos nach dem Mord an dem Präsidenten: »Trotz des politischen Chaos, der sozialen Verwerfungen und des nationalen ›Belagerungszustands‹, die auf den Mord folgten, hat Haiti nun eine Massenimpfaktion gegen Covid-19 für Mitarbeiter des Gesundheitswesens und Menschen über 65 Jahren gestartet«, berichtete das National Public Radio (NPR). Und: »Haiti ist eines der letzten Länder der Welt, das den Impfstoff zur Verfügung stellt. Die große Frage ist nun, ob Haiti die politische Instabilität und das große Misstrauen in der Bevölkerung überwinden kann, damit die Menschen tatsächlich geimpft werden.« Einige Gesundheitsbeamte seien jedoch optimistisch. Zu Beginn dieses Jahres habe Haiti »zwei Angebote von AstraZeneca für Impfstoffdosen abgelehnt – zuerst von Indien und dann von COVAX, dem weltweiten Impfstoffaustauschprogramm« (03.08.2021).

Wendepunkt in der Impfpolitik

Hat letztlich also die Impfstoffindustrie Jovenel Moïse ermordet? Möglich – wer weiß? Sicher ist nur, dass Moïses Tod einen Wendepunkt in der Impfpolitik Haitis darstellte und für den sofortigen Beginn einer Impfkampagne sorgte, die über viele Monate hinweg nicht in Gang gekommen war. Bei der Wahl beziehungsweise Einsetzung eines neuen Premierministers spielten nicht näher genannte ausländische Mächte mit, wie man kryptischen Bemerkungen in der Presse entnehmen konnte: Diesen zufolge fand die Beerdigung von Präsident Moïse »wenige Tage nach der Einsetzung eines neuen Premierministers in Haiti statt, der von wichtigen internationalen Diplomaten unterstützt wird« (*Africa News*, online, 24.07.2021). Wer diese »internationalen Diplomaten« waren, wird man wohl nie erfahren …

14./15. Juli
Ahr-Hochwasser: Ertrinken nach Plan?

Hilfe – der Klimawandel hat zugeschlagen: »An der oberen Ahr – in der Gegend von Müsch und Antweiler — begann das Gewitter gegen 3 Uhr, unterhalb von Kreuzberg bis zum Rhein zwischen 4 und 5 Uhr. Infolge von überaus starken Wolkenbrüchen goss der Regen unaufhörlich nieder [...] In weniger als 4 Stunden trat eine allgemeine Überschwemmung ein. [...] Die Folgen waren entsetzlich. [...] Im Ahrtal samt seinen Nebentälern verschwanden 129 Wohnhäuser, 162 Scheunen oder Ställe, 18 Mühlen und acht Schmieden vollständig vom Erdboden. 469 Wohnhäuser, 234 Scheunen oder Ställe, zwei Mühlen und eine Schmiede wurden schwer beschädigt.« Schrecklich. Aber mit einem »anthropogenen Klimawandel« hatte dieses Hochwasser rein gar nichts zu tun. Und das kann ich beweisen: Denn es ereignete sich bereits am 21. Juli 1804, also fast auf den Tag genau vor 217 Jahren, als »fossile Brennstoffe« im Vergleich zu heute kaum eine Rolle spielten und lange vor einem angeblich »menschengemachten Klimawandel«. 500 Jahre zuvor, im Juli 1342, gab es sogar die »wohl schlimmste Naturkatastrophe der zurückliegenden 1000 Jahre in Deutschland«, die Magdalenenflut, »welche praktisch ganz Mitteleuropa betraf, bis zu 14 Meter tiefe Schluchten riss, fast die gesamte Ernte zerstörte und vermutlich Zehntausende Tote forderte – bei einer viel, viel geringeren Besiedlungsdichte als heute« (Europäisches Institut für Klima und Energie, EIKE). Und natürlich bei einem viel geringeren CO_2-Ausstoß.

Die Wetteruhr tickt immer gleich

Die Magdalenenflut ereignete sich nur etwas später im Juli als die Hochwasser vom Juli 2021, nämlich vom 19. bis 25. Juli 1342. Am 15. August 1501 gab es die bisher schlimmste Flut in der Drei-Flüsse-Stadt Passau, am 29. Mai 1613 kam es zur »Thüringer Sintflut«, die etwa 2000 Menschenleben gefordert haben soll (Europäisches Institut für Klima und Energie, EIKE, online, 18.07.2021). Woran man erkennen kann, dass die Wetteruhr immer noch so tickt wie vor Hunderten von Jahren: Seit Jahrhunderten, wenn nicht Jahrtausenden, ist der Sommer in dieser Gegend und in Mitteleuropa Hochwassersaison. Der regenreichste Monat ist der Juli: »Im niederschlagsreichsten Monat, dem Juli, fallen fast 88 Millimeter je Quadratmeter, das entspricht 88 Litern oder fast viereinhalb

20-Liter-Eimern« (EIKE, ebenda). Seit 1348 zählte man an der Ahr und ihren Nebengewässern an die achtzig bedeutende Hochwasserereignisse. Bis auf unsere Behörden und Politiker kann eine Hochwasserkatastrophe im Juli also eigentlich niemanden überraschen. Diesmal, 2021, schlug das Wasser am 14. und 15. Juli zu: Eine ganze Region zwischen den Niederlanden, Belgien, Luxemburg bis hinunter in die Ostschweiz war von schweren Niederschlägen betroffen. Ebenso Großbritannien, Italien und Kroatien. In Deutschland traf es hauptsächlich Nordrhein-Westfalen, aber auch Nordhessen, Rheinland-Pfalz, Saarland, Sachsen, Thüringen und Bayern. Das malerische Ahrtal im Westen Deutschlands zwischen Nordrhein-Westfalen und Rheinland-Pfalz erwischte es am schlimmsten. Hier stürzte das Wasser in der Nacht vom 14. auf den 15. Juli von den Bergen und Weinbergen der Eifel und vereinigte sich in den Tälern und Wasserläufen zu schnell anschwellenden Flüssen und Bächen. Menschen, Häuser und Autos wurden weggespült. Am Ende wurden hier rund 180 Tote und etwa 8800 zerstörte oder beschädigte Gebäude gezählt.

Der Mensch ist schuld

Während viele vor den Trümmern ihrer Existenz standen und verzweifelt nach Angehörigen suchten, kochten andere auf dem Leid ihr politisches Süppchen. Endlich war der »menschengemachte Klimawandel« auch hierzulande angekommen: »Im Interview mit *Welt* erläutert Klimaforscher Mojib Latif die Hintergründe. Die Situation belege auch, dass die Grenzen unserer Anpassungsfähigkeit erreicht seien.« Und auch die Klimabewegung Fridays for Future tat sich hervor: Die notorische Klimamadonna Luisa Neubauer kündigte gleich mal »mehr Druck auf die Politik« an. »Diese Naturkatastrophe habe ›sicher auch etwas damit zu tun‹, dass der Klimawandel mit Geschwindigkeit fortschreite«, erklärte auch der Kanzlerkandidat der SPD, Olaf Scholz. »Vor allem die Regierungschefs der besonders betroffenen Bundesländer Rheinland-Pfalz und Nordrhein-Westfalen meldeten sich zu Wort und drängten darauf, den Klimawandel zu stoppen.« – »Wer jetzt noch nicht begriffen hat, dass der Klimawandel seine Folgen hat, dem kann man nicht mehr helfen«, sagte die rheinland-pfälzische Ministerpräsidentin Malu Dreyer (SPD). Um hinzuzufügen: »Wir sind alle aufgefordert zu handeln, und zwar sehr, sehr schnell.« Rettung naht also, liebe Hochwasseropfer: Sobald Deutschland mit seinen 2-Prozent-Anteil am planetaren, künstlichen CO_2-Ausstoß den Kohlendioxgehalt der Luft am Sankt Nimmerleinstag herabgesetzt haben wird, werden die Hochwasser zurückgehen – versprochen. Nur die Alternative für Deutschland (AfD) scherte aus dem Klimakanon aus: »Hochwasser und Überschwemmungen sind natürliche Phänomene«, sagte der klimapolitische Sprecher der AfD im Bundestag, Karsten Hilse. »›Die Geschichtsbücher sind voll von verheerenden Katastrophen im vergangenen Jahrtausend mit Tausenden Opfern.‹ Menschengemachte Emissionen hätten dabei keine Rolle gespielt« (Zitate laut *Die Welt*, online, 16.07.2021). Als Bundeskanzlerin Merkel bei einem Besuch im Katastrophengebiet 4 Tage nach der Überschwemmung von Klimawandel und klimaneutraler Wirtschaft sprach, meldete sich der Ortsbürgermeister von Schuld, Helmut Lussi, zu Wort: »Wir haben in der Chronik der Gemeinde Schuld mal nachgesehen: Das erste Hochwasser war so um 1790. Ich glaub', da gab's noch keinen Klimawandel …« (*reitschuster.de*, 19.07.2021). Rumms.

Wissenschaft oder Aberglaube?

So ist es – wer den Glauben, der Mensch sei durch seine CO_2-Emissionen an Wetterkatastrophen schuld, für moderne Wissenschaft hält, liegt falsch: Die Beschuldigung, der Mensch sei durch seine Kohlendioxidabgase für Wetter und Naturkatastrophen verantwortlich, hat mit moderner Wissenschaft überhaupt nichts zu tun, sondern folgt einem uralten Aberglauben. Dem liegt ein antiquiertes homozentrisches Weltbild des *Homo sapiens* zugrunde, er selbst sei der Verursacher von Himmelsereignissen. Bei den alten Griechen entstand daraus eine ganze Götterwelt, deren Chef, Zeus, bei schlechtem Betragen seiner menschlichen Untertanen Blitze auf die Erde schleuderte. Die Windabteilung wurde unter Zeus von dem Gott Aiolos geleitet, aber der wichtigste Wettergott war Zeus persönlich, der für Regen, Schnee, Hagel und Gewitter sorgte: »Er wird deshalb auch fast immer mit Donnerkeilen abgebildet, die unfehlbare Waffen darstellten.« Auch das deutsche Wort »Donner« geht auf einen Gott zurück, nämlich den germanischen Gott Donar. Die Schuld für die Missgunst der Götter wurde jedoch den Menschen zugeschoben, die zur Beschwichtigung der Himmelsbewohner Opfer darbrachten und jede Menge Rituale vollzogen, um die himmlischen Wettermacher gnädig zu stimmen. Genau wie heute. Nach der Eroberung Mitteleuropas durch den christlichen Monotheismus hatte Gott zwar plötzlich nur noch eine Adresse – aber der Glaube, das Wetter sei eine Strafe für menschliche Sünden, blieb bestehen.

Eine Katastrophe war deshalb auch schon früher die Stunde der Panikmacher und falschen Propheten, die ihr Süppchen auf dem Leid der Menschen kochten. »Die Ursache des göttlichen Zornes lag – hier waren sich die Betroffenen einig – in den Sünden, die die Menschen auf ihre Häupter geladen hatten« (David Blischke: »Vor uns die Sintflut. Zur Krisenbewältigung des Magdalenenhochwassers 1342 an ausgewählten Fallbeispielen«, 19.05.2021). Eine Katastrophe war quasi der ultimative Gottesbeweis, genauso wie sie heute als ultimativer Beweis für den »menschengemachten Klimawandel« verkauft wird, denn wo es eine Strafe gibt, muss es logischerweise ja auch eine Schuld geben und jemanden, der die Strafe verhängt. Deshalb war es auch notwendig, sich von Sünden »reinzuwaschen, um von den Unbilden der Natur wieder befreit zu werden« (Blischke, ebenda). Am einfachsten ging das schon immer mit Geld. Nicht zufällig blühte im Jahrhundert der Magdalenenflut der Ablasshandel, bevor Martin Luther die Kirchenfürsten im 15. Jahrhundert Mores lehrte. Dass derartige Wetterkatastrophen von Gott geschickt wurden, dafür gibt es jedoch ebenso wenig einen kausalen Beweis, wie dafür, dass sie mit der sogenannten Erderwärmung zusammenhängen. Dennoch werden wir dauernd mit dieser Vorstellung belästigt, erpresst und zur Kasse gebeten, als wäre dies eine unumstößliche Tatsache. Während das Geld der Sünder damals in die Kassen der Kirche floss, strömt es heute via Ökosteuern und CO_2-Abgabe in die Klimakirche. Bei zahlreichen Klimaportalen kann man sich von seinen Klimasünden freikaufen, zum Beispiel für Langstreckenflüge, für die pikanterweise ausgerechnet die Ikone der Freitagsdemonstranten, Lisa Neubauer, bekannt ist. So kann man beispielsweise bei der Buchung eines Fluges schon einen Ablasspfennig an irgendwelche Klimaschützer spenden, die dafür dann angeblich Bäume pflanzen, um den »CO_2-Abdruck« des Fluges zu neutralisieren (denn Bäume atmen Kohlendioxid und verwandeln es in Sauerstoff). Eine Frage: Sind es wirklich die Taliban, die »unserer Art zu leben, den Krieg erklären«, wie es anlässlich des Abzugs der westlichen Truppen aus Afghanistan in der *Bild*-Zeitung stand (09.08.2021)? Oder nicht vielmehr moderne Klima-Taliban, die uns im Stile mittelalterlicher Propheten mit allerlei Unbill drohen, wenn wir unser Leben nicht zum vermeintlich Guten ändern? Und natürlich, wenn wir nicht immer mehr zahlen und auf immer mehr verzichten. So droht ein ewiges Sklavendasein in der Gewalt der Klimasekte, denn natürlich werden Wetterkatastrophen niemals enden.

Klima-Mobilisierung

Das Hochwasser von Mitte Juli 2021 passte auch bestens in Margaret Klein Salamons Strategie der »Klima-Mobilisierung«, so der Name einer von der amerikanischen Klimastrategin gegründeten Organisation (siehe auch *vvv 2020*). Die angebliche Graswurzelorganisation Climate Mobilization verlangt, die Emission aller sogenannten Treibhausgase innerhalb von 10 Jahren um 100 Prozent zu senken, also auf null. Was nichts anderes ist als ein Todesprogramm für die Menschheit. 2016 verfasste Salamon ein Papier mit dem Titel »Wie man die Öffentlichkeit in den Notfallmodus überführt – eine neue Strategie für die Klimabewegung«. Wie ich in meinem Jahrbuch 2020 schon geschrieben habe, geht es dabei darum, die Angst der Bevölkerung vor einem Klimawandel zu nutzen, um sie in einen permanenten Angstzustand zu versetzen und anschließend zu »mobilisieren« – wie in einem Kriegszustand: mit Rationierung, Preiskontrolle, Produktionsumstellung, Umsiedelung, Steuererhöhungen und Enteignung. Kurz: ein Notstandsregime, das sich für die nächsten Jahrzehnte im »Kriegszustand« wähnt – bis zum Exitus, darf man annehmen. Das hat sich auch UN-Generalsekretär António Guterres zu eigen gemacht. Schon am 12. Dezember 2020 hatte er alle Staaten aufgerufen, den »Klimanotfall« zu erklären (*tagesschau.de*, 12.12.2020).

Zu einer Flutkatastrophe gehören zwei – oder drei?

»Menschengemacht« war das Hochwasser vom Juli 2021 höchstens in dem Sinne, dass die ursprünglichen Überschwemmungsgebiete der Ahr versiegelt, bebaut und besiedelt worden waren. Zum Teil war das Hochwasser von 2021 also wirklich »anthropogen« – nur anders als »Klimaschützer«, Medien und steuergierige Politiker das darstellten. Im 21. Jahrhundert hat der Mensch eigentlich genügend Möglichkeiten, eine friedliche Koexistenz von Mensch und Wasser herzustellen, wie auch das Beispiel der sächsischen Stadt Grimma zeigt, die über eine große Hochwasserschutzanlage verfügt (siehe unten). Zu einem Hochwasser gehören eben immer zwei: der Regen und die Landschaft und Architektur, auf die er trifft. Das heißt, ich korrigiere: Zu einer Hochwasserkatastrophe gehören neuerdings drei: der Regen, die Landschaft und diejenigen, die die Bevölkerung zu warnen »vergessen«. So entstand die eigentliche Katastrophe mit 180 Toten nicht durch das Wasser, sondern durch die Schlamperei von Medien und Behörden. Beim Westdeutschen Rundfunk etwa, in dessen Sendebereich das Ahrtal liegt, schlief man den Schlaf der Gerechten: Während sich die Flutwellen über Städte und Dörfer ergossen, dudelte im Radio Popmusik. Thomas Lückerath, Chefredakteur des Medienmagazins DWDL, bezeichnete das als »unterlassene Hilfeleistung«: »Der WDR war beinahe ein Totalausfall. Beinahe, weil man auf der Website einen einsamen Text-Ticker aktualisierte. Und Twitter wurde irgendwann aktualisiert.« Im laufenden Programm, egal, ob Fernsehen oder Radio, habe es jedoch »Dienst nach Vorschrift« gegeben, kritisierte Lückerath. Im TV sei »unbeirrt die Doku *Vom Traum zum Terror – München 72* gelaufen, »im Radio – etwa bei WDR 2 – die übliche Übernahme der ARD-Popnacht. Nicht einmal ein Laufband informiert oder verweist auf den einsamen Ticker auf der Website. Fast 3 Stunden lang spitzt sich die Lage zu, ohne dass der WDR in den Programmen berichtet.« Macht nichts, denn immerhin lieferte der WDR dann hinterher eine aufwendige Chronik der Katastrophe nach (»Ahrtal unter Wasser, Chronik einer Katastrophe«, *reportage.wdr.de*, ohne Datum).

Randvolle Talsperren

Dabei ist diese Fehlleistung nur die Spitze des Eisbergs. Denn wie bereits dargestellt, sind Hochwasserkatastrophen im Juni und Juli in der Gegend nichts Neues. Allein das müsste eigentlich reichen, um die Behörden bei Niederschlagslagen im Sommer besonders wachsam sein zu lassen. Speziell die Hochwasserkatastrophe vom 14./15. Juli kam nicht etwa überraschend, sondern hatte sich abgezeichnet. Und zwar nicht 1, 2 oder 3 Tage im Voraus, sondern 9: »Die ersten Zeichen der Hochwasserkatastrophe in Deutschland wurden bereits 9 Tage zuvor von Satelliten erfasst«, schrieb am 21. Juli der *Tagesspiegel*. »4 Tage vor den Fluten warnte das Europäische Hochwasser-Warnsystem (Efas) die Regierungen der Bundesrepublik und Belgiens vor Hochwasser an Rhein und Meuse.« Eine Chance bei solchen Wetterlagen sind die Talsperren – vorausgesetzt, dort ist noch Platz. In der Regel würde man bei anstehendem Starkregen vorher kontrolliert Wasser ablassen, um das frei werdende Volumen als Puffer zu nutzen. Stattdessen waren im Vorfeld der Katastrophe viele Talsperren bis zum Rand gefüllt. Das ist in etwa so, als würde man ohne Bremsen Auto fahren. Gegenüber dem TV-Sender *Welt* berichtete ein Anwohner aus Wuppertal: »Ich bin Mountainbiker und fahre jede Woche hier an den Talsperren entlang. Mir ist aufgefallen, dass alle Talsperren in den vergangenen 3 Wochen bis oben hin voll gewesen sind; da war höchstens ein Spielraum von 20, 30 Zentimetern. Und Talsperren sind dafür da, Wasser zurückzuhalten, warum hat man nicht schon viel früher Wasser abgelassen? Das ist für mich unvorstellbar; diese ganzen Schäden hätten nicht sein müssen, wenn 10, 20 Prozent mehr Volumen in den Talsperren gewesen wären.« Und damit stand der Mann nicht allein da, sondern das sei eine Kritik, »die wir immer wieder heute gehört haben«, sagte der *Welt*-Reporter (15.07.2021).

»Eine glatte Lüge«

»Es war schon am Sonntag klar, was vom Himmel kommt«, meinte ein Meteorologe des Wetterdienstes *wetter.net*: »War nicht schon in den Wettermodellen 3–4 Tage vorher absehbar, was da auf Nordrhein-Westfalen und auf den Norden von Rheinland-Pfalz zurauscht? Ich bin der Meinung: ja! Da haben die Behörden total versagt. Die extremen Regenmengen, die waren einige Tage im Voraus vorhersehbar« (*wetter.net*: »Das Totalversagen der Behörden! Wetterkarten beweisen: Extrem-Unwetter war seit Tagen bekannt!«, YouTube, 20.07.2021). Bereits am Sonntag, dem 11. Juli, hätten die Wettermodelle im Süden von NRW und im Norden von Rheinland-Pfalz bis zu 190 Liter pro Quadratmeter prophezeit; am 13. Juli, also einen Tag vor der Katastrophe im Ahrtal, sei die Vorhersage dann sehr genau geworden: »Heftige Niederschläge vom südlichen Teil von NRW bis nach Rheinland-Pfalz rein, und dieses Mal schon sehr exakt – sehr genau – vom südlichen Teil von NRW in die Eifel rein; Richtung Rheinhessen dagegen überwiegend trocken.« Am Tag des Ereignisses, am Mittwoch, habe die Vorhersage mit 150–160 Litern pro Quadratmeter gerechnet: »Und am Ende ist das auch fast genauso runtergekommen.« Auch der Deutsche Wetterdienst habe am Tag zuvor Warnungen vor schweren Unwettern ausgegeben; die Behauptung, die Flut sei in der Nacht gekommen, sei »eine glatte Lüge« gewesen. Bereits um 12 Uhr mittags sei der Pegel am 14. Juli langsam gestiegen, bis 18 Uhr habe es aber schon einen sprunghaften Anstieg gegeben, teilweise um 2–3 Meter, also weit vor der Dunkelheit, »aber keiner hat scheinbar reagiert«. Stattdessen gab das Bundesamt für Bevölkerungsschutz und Katastrophenhilfe (BBK) sogar Entwarnung: »Von einer großflächigen Hochwasserlage mit länderübergreifendem Koordinierungsbedarf durch den Bund wird derzeit nicht ausgegangen«, hieß es in einer »Gesamtlageeinschätzung« vom 14. Juli. »Mehr noch: Es sei nicht mit einem ›bevölkerungsschutzrelevanten Schadensereignis‹ zu rechnen« (Bild, *online*, 27.07.2021). Zufällig war das der erste Tag der Katastrophe.

Mord durch Unterlassen?

Um 20:45 Uhr »kam das letzte Signal des Wasserpegels Altenahr. Danach wurde er von den Wassermassen weggespült. Erst um 23:09 Uhr gab es einen Evakuierungsaufruf vom Krisenstab – zu spät. Bis zu diesem Zeitpunkt starben 132 Menschen, weitere 74 werden vermisst. ›Keine Polizei‹, sagt die Augenzeugin Marion Lehmann, ›keine Sirene, keine Information.‹ So saß sie in ihrem Haus ohne Strom und verständigte sich mit den Nachbarn per Taschenlampe und hörte die Ahr gegen ihr Haus donnern. Während die Hilfsbereitschaft der Bevölkerung von Anfang an enorm war, blieb die offizielle Hilfe tagelang aus« (kla.tv, YouTube, 04.09.2021). »Die Menschen hier wissen nicht, wer wofür eigentlich zuständig wäre, um diese Krise zu managen. Sie wissen nur, dass sie so gut wie nichts von ›offizieller‹ oder ›staatlicher‹ Hilfe sehen oder hören« (*Rhein-Zeitung*, online, 01.08.2021). An dieser Stelle eine wichtige Frage: Kann man hier noch von »Fahrlässigkeit« sprechen? Oder ist das schon Vorsatz? Denn »wer ständig wider besseres Wissen handelt und einschlägige Warnungen missachtet, dessen Verhalten ist irgendwann nicht mehr mit bloßer Fahrlässigkeit zu erklären«, hatte ich bereits in meinem Jahrbuch 2011 in anderem Zusammenhang geschrieben (S. 136). Fahrlässigkeit und Vorsatz stehen nämlich in einem »Stufenverhältnis« zueinander, und die Grenze zwischen Fahrlässigkeit und Vorsatz ist mindestens so fließend wie das Hochwasser von Mitte Juli 2021. Das heißt: Werden eine oder zwei Warnungen ignoriert, kann man das vielleicht als Fahrlässigkeit werten; werden aber ein halbes Dutzend qualifizierte Warnungen ignoriert, kann man das als bewusstes »Weghören« ansehen, also als Vorsatz. Laut Bundesgerichtshof ist der subjektive Tatbestand des Unterlassens »dann gegeben, **wenn der Unterlassende zu dem Zeitpunkt, zu dem er handeln sollte, die Gefahr für das Rechtsgutssubjekt sowie die Umstände kennt, die seine Garantenpflicht begründet. Hinzukommen muss für den Vorsatz aber auch die individuelle Möglichkeit des Täters, zur Abwehr der Gefahr tätig zu werden […]«** (Beschluss vom 24. April 2018 – 1 StR 160/18D, zitiert nach *rechtslupe.de*, 20.08.2018; Hervorhebungen von G. W.). Klingt verdammt passend, nicht wahr? Dazu kommt: Wenn man einen Fehler macht, versucht man anschließend normalerweise, diesen umso eifriger wiedergutzumachen.

»Wir dachten, ihr hättet uns vergessen!«

Man hätte nun also einen entschlossenen Einsatz von Politik, Rettungs- und Hilfskräften erwarten können. Doch merkwürdigerweise blieb dieser konzentrierte Einsatz nach der Wahrnehmung vieler Betroffener aus. Über weite Strecken war in den zerstörten Gebieten nichts von offiziellen Helfern zu sehen, die teilweise zwar bereitstanden, aber keinen Einsatzbefehl bekamen. Stattdessen schufteten sich Schaufeltraktoren und Baumaschinen von Landwirten und Unternehmern durch die Trümmerhaufen: »Die freiwillige Feuerwehr, die aus uns, den Dorfbewohnern, Landwirten und anderen Gewerken besteht, kam mit Schleppern, Räumfahrzeugen, Ladewagen«, hieß es in einem Video von Betroffenen (Projekt Veritas, YouTube, 09.08.2021). Mit dabei waren auch »Unternehmer mit Baggern, Anhängern und allem, was wir Menschen in den Dörfern hergeben konnten«. Eine nach der Flut komplett abgeschnittene Örtlichkeit sei sogar völlig in Vergessenheit geraten: »Ein Dorf, das durch weggespülte Wege isoliert war, wurde erst nach 3 Tagen von einem Hilfstrupp aufgesucht«, der mit den Worten eines älteren Herrn empfangen wurde: »Wir dachten, ihr hättet uns vergessen!« Und nicht nur das: Statt eine massive Hilfsaktion zu starten, schickten Behörden private Helfer wieder weg. Berichten zufolge wurde Ahrweiler am 26. Juli sogar von der Polizei abgeriegelt: »Von heute Nacht, 24 Uhr, bis Montagnacht, 24 Uhr, kommen offiziell nur noch Einsatzfahrzeuge und Einheimische rein und raus. Begründet wird das mit dem Abfalltransport«, schrieb Lothar Mack, ein Pfarrer, der bereits bei vielen Hilfsorganisationen tätig war. »Keiner weiß, was sie eigentlich vorhaben und was nur vorgeschoben ist«, zitierte er Flutopfer. Ja, was hatten »sie« denn nun in Wirklichkeit vor, und warum wurde möglicherweise etwas »vorgeschoben«? War die unterlassene Hilfeleistung nach den unterlassenen Warnungen und Evakuierungen etwa nur der zweite Teil eines gezielten Vorgehens? »Viele Menschen, gerade Einheimische, sind skeptisch und trauen keinem Offiziellen mehr. Viele Straßen sind bereits jetzt zu, und die Polizei steht überall«, so Mack (Lothar Mack: »Stimme und Wort«, Telegram, 24.07.2021). »Warum werden freiwillige Helfer, die aus dem ganzen Land anreisen, von der Polizei mit Straßensperren vor Bad Neuenahr-Ahrweiler davon abgehalten, den von der Flut betroffenen Menschen Hilfe zukommen zu lassen?«, wurde auch in einem Video von Betroffenen gefragt. »Wer trägt die Verantwortung für diese Anweisung, eine Schule zu räumen, in der freiwillige Hilfe von Privatpersonen organisiert wird und in der viele Sachspenden, von Menschen aus den umliegenden Dörfern und Gebieten gespendet, als Müll in Containern landen?« (Projekt Veritas: »Flutopfer und Helfer klagen an! Welches Geheimnis hütet Dr. Pföhler?«, YouTube, 09.08.2021) In der Schule war ein privates Hilfszentrum aufgebaut worden – samt Hilfsgütern und medizinischer Ambulanz. »Alle Anwohner haben uns gesagt, dass wir die Einzigen waren, die ihnen zeitnah geholfen haben. Bundeswehr und Feuerwehren aus anderen Bundesländern waren erst eine Woche nach der Flutkatastrophe vor Ort«, berichtete eine Ärztin des Hilfszentrums (*reitschuster.de*, 01.08.2021). »Ich selbst habe Feuerwehrleute aus Norddeutschland versorgt, die mit 700 Mann tagelang nicht helfen DURFTEN, weil man sie nicht eingesetzt hat, obwohl überall dringend Hilfe gebraucht wurde«, so die Medizinerin. »Wer ist der Entscheider solcher menschenverachtender Handlungen?« (Projekt Veritas, ebenda). Im Zentrum der Kritik stand Landrat Jürgen Pföhler (CDU): »Schon im Fall des Nürburgringskandals oder der Insolvenzverschleppung und des fragwürdigen Verkaufs des Nürburgrings hatten Sie, Herr Landrat Dr. Pföhler, als Mitglied des Nürburgring-Aufsichtsrates maßgeblich die Verantwortung. Dieser Skandal mündete in einer Gefängnisstrafe für ein weiteres Aufsichtsratsmitglied. Auch die mutmaßliche Veruntreuung von Steuergeldern in schwindelerregender Höhe in der Verbandsgemeinde Adenau liegt in Ihrem Zuständigkeitsbereich. Diese bekannt gewordenen Unregelmäßigkeiten werfen für uns die Frage auf, ob für Sie als Landrat das Wohl der Menschen dieser Region überhaupt oberste Priorität hat. Ihr Verhalten vor und während der aktuellen Flutkatastrophe lässt daran große Zweifel aufkommen« (ebenda). Pföhler selbst bat Anfang September 2021 »aus gesundheitlichen Gründen« um Versetzung in den einstweiligen Ruhestand (SWR aktuell, online, 29.10.2021).

Schlamperei oder Sabotage?

Roch es vor der Katastrophe nach Schlamperei, roch es nun nach Sabotage. Dem Technischen Hilfswerk (THW) wurde vorgeworfen, fälschlicherweise ein Haus abgerissen zu haben (*Rhein-Zeitung*, online, 16.09.2021). Hochwasser, Leichen, Kadaver, Exkremente und die ausbleibende Hilfe beschworen eine weitere Katastrophe herauf – nämlich Seuchen. »In Altenahr riecht es nach Tod«, zitierte ntv einen betroffenen Bewohner. »Überall Schutt, Chaos und Verwesungsgestank« (online, 21.07.2021). Im Seuchenfall wäre das Desaster wirklich perfekt gewesen – wie einst im amerikanischen New Orleans, als nach dem Durchzug des Hurrikans *Katrina* im August 2005 überall Tote im Wasser schwammen. Wollte man etwa solche Bilder produzieren – als Warnung vor dem »anthropogenen Klimawandel« und als Booster für eine menschenfeindliche grüne Politik? Wenn ja, dann wurde die volle Entfaltung der Katastrophe nur durch private Initiativen verhindert. Im Ahrtal zur Seuchenprävention dringend benötigte mobile Toiletten zum Beispiel wurden nach eigenen Angaben vom coronakritischen Arzt Dr. Bodo Schiffmann zur Verfügung gestellt. Von ihm gesammelte Hilfsgelder seien von den Bürgermeistern der betroffenen Gemeinden hingegen abgelehnt worden: »Der Bürgermeister von Schuld, Herr Lüssi, schmeißt 683 707 Euro weg, weil er nicht mit Querdenkern in Verbindung gebracht werden will«, erklärte Schiffmann in einem Video (*report24.news*, 24.07.2021). Und schließlich habe PayPal kurz vor der Auszahlung der rund 700 000 Euro an besonders schlimm betroffene Flutopfer noch das Guthaben gesperrt (ebenda, 04.08.2021). Ach ja: Falls jemand auf eine der von ihm gespendeten 190 Toiletten im Flutgebiet gehe, solle derjenige daran denken, dass sie von ihm, Schiffmann, bezahlt worden seien, fügte der Arzt hinzu. Wie viele politisch Korrekte daraufhin ihren Stuhlgang unterdrückt haben, ist nicht bekannt geworden.

Sabotage oder »Terrorismus«?

Das heißt: Sagte ich oben »Sabotage«? Das ist natürlich ein hartes Wort. Aber vielleicht noch nicht hart genug: Der Bürgermeister vom sächsischen Grimma, Matthias Berger, hatte ein noch härteres Wort parat: »Terrorismus«: Zwischen dem 23. und 24. Juli 2021, also kurz nach der Regenwalze vom Ahrtal, wurde eines der 78 Hochwasserschutztore seiner Stadt von Unbekannten sabotiert. Da »jede Kette nur so stark wie ihr schwächstes Glied« sei, sei die Kreisstadt »gerade jetzt in der Hochwasserhauptsaison völlig schutzlos«, so Berger. Käme es zum Ernstfall, wären »3300 Menschenleben und 800 Gebäude dem Hochwasser preisgegeben«. Fazit: »Das ist Terrorismus.« Nicht doch, nicht doch: Laut Axel Bobbe von der Landestalsperrenverwaltung Sachsen habe die Stadt »auswärtige Feiernde« als Urheber der Tat vermutet. Ach so. Die Partyszene also: Als hätten ein paar Betrunkene mal eben eine Scheibe eingeworfen. Aber so war es eben nicht. Sondern die Hochwasserschutzanlage von Grimma wurde ganz gezielt sabotiert:

- Erstens fand das Ganze wenige Tage nach der verheerenden Regenwalze und den Überschwemmungen im Westen statt – möglicherweise in der Erwartung, dass dieses Regentief nach Osten weiterziehen könnte.

- Zweitens ereignete sich die Sabotage ausgerechnet an der tiefsten Stelle von Grimma, »die als Erstes betroffen ist, wenn die Mulde steigt«, so Bobbe. Also der Fluss, der durch Grimma fließt. Was für eine überlegte Tat spricht und nicht für ein Vorgehen in »Partylaune«.
- Drittens brauchte man laut Bürgermeister Berger »einen Spezialschlüssel«, um die Bolzen hochzuschrauben: »Ich vermute, man hat die Spindel hochgeschraubt, das Tor herausgelöst, was schon gar nicht sein darf, und dann ist das mehrfach mit voller Wucht rumgeschlagen.« Dabei sei die Spindel verbogen und die Gummidichtungen aus der Wand gerissen worden.

Bei einer Überprüfung habe sich herausgestellt, dass man die Gewindestange nicht mehr hätte zurückdrehen können. Was wiederum hätte bedeuten können, dass man das Fluttor beim nächsten Hochwasser nicht hätte schließen können (»Grimmas OBM Matthias Berger zur Beschädigung der Hochwasserschutzanlage«, YouTube, 30.07.2021). »Wenn nur ein Tor offengeblieben wäre, wäre Grimma abgesoffen«, so Berger bei einer Pressekonferenz (»Hochwasserschutztor in Grimma beschädigt«, Muldental TV, Facebook, 29.07.2021). Betrunkene Amateure scheiden hier also eher aus. Mit anderen Worten hätten wir bei entsprechender Wetterlage möglicherweise noch eine weitere Hochwasserkatastrophe in Deutschland erlebt.

Das heißt: In einem Punkt muss ich mich korrigieren. Im Ahrtal hat es eben doch rechtzeitige Evakuierungen gegeben. Tja, mea culpa – irren ist menschlich. Und zwar soll am Abend vor der Flut in Heppingen eine Frau mit Sack und Pack in ihrem Haus gewartet haben, bis plötzlich ein Polizeiwagen vorgefahren sei und die Frau mit Kind und Kegel mitgenommen habe. »Wenn nicht zufällig die Nachbarin rauchend auf dem Balkon gesessen wäre und das gesehen hätte, hätte es kein Mensch mitgekriegt.« Die Nachbarin »hat die Polizei gefragt, ›was macht denn ihr?‹ – da haben die gesagt: ›wir evakuieren hier‹, und sind weitergefahren.« Des Rätsels Lösung: Die Evakuierte soll selbst Polizistin gewesen sein … (»Heppingen – Polizei evakuiert rechtzeitig Kollegin, ohne Bevölkerung zu warnen«, BitChute, 21.07.2021).

23. Juli
Olympische Geisterspiele:
Zirkus für eine gottverlassene Welt

Ein wunderschöner, lauer Abend im Olympiastadion von Tokio. Wir befinden uns bei der Eröffnungsfeier der Olympischen Spiele 2020, die aufgrund der »Pandemie« erst heute, am 23. Juli 2021, eröffnet werden können. Wie immer paradieren die Athleten aus den teilnehmenden Nationen durch das Stadion – doch was ist das: Wo sind all die Menschen hin, die bei früheren Eröffnungsfeiern lachten, winkten und jubelten? Wo sind sie geblieben? Sind sie krank? Oder gar tot? Zum ersten Mal in der über 100-jährigen Geschichte der Olympischen Spiele sind die Zuschauerplätze leer! Aber warum? Die Antwort lautet: aus Angst. Die Angst schwebt über dem Stadion – die Angst vor Corona und die Angst vor dem Tod. Die Olympiade ist nämlich nicht länger fröhlich und gesellig, sondern ein »Super-Spreader-Event«. Jedenfalls möglicherweise. Alle könnten sterben – ja, wirklich. Deshalb räumte man die Ränge bereits vor dem Sensenmann leer – quasi in vorauseilendem Gehorsam. So, als könnten zu viele lebendige Menschen Freund Hein verärgern und er fürchterliche Rache nehmen. Und so begingen die Olympischen Spiele Selbstmord aus Angst vor dem Tod. Denn ohne Zuschauer sind sie genau das: nämlich tot. Eine Feier und ein Sportfestival ohne Menschen gibt es nicht – kann es gar nicht geben. Und so marschierten die Athleten wie überlebende Zombies an den verwaisten Rängen vorbei.

Aber plötzlich setzt ein hundertfaches, penetrantes Heulen ein, und ein Schwarm kleiner, leuchtender Objekte schießt wie eine ganze Klingonenflotte überfallartig in den Nachthimmel. Drohnen. Ruckzuck bilden die beleuchteten Brummerchen riesige Mosaike am Himmel, zum Beispiel eine digitale Weltkugel oder die olympischen Ringe. Doch wieder fehlt etwas: kein Jubel, keine Begeisterung begleiten das Spektakel, das schön ist und gruselig zugleich. Denn plötzlich wird aus der Weltkugel ein Globus, dessen Oberfläche aus chipartigen Mustern besteht: der Erdball als Chip-Skulptur. Das Ganze scheint ein Zirkus für eine verlassene Welt zu sein – um nicht zu sagen: für eine gottverlassene Welt. Genau das ist sie nämlich: Von allen guten Geistern verlassen und dem Gottseibeiuns zum Fraß vorgeworfen. Weil die Menschen keinen Schutz mehr haben, frisst der sich seit eineinhalb Jahren immer dreister an ihnen satt – in Gestalt von korrupten Ärzten, Politikern, Wissenschaftlern und der Pharmaindustrie.

Jede Ideologie im Kopf vernichten

Das vordergründig unterhaltsame Drohnenballett ist eine Machtdemonstration: Drohnen und Digitalisierung sind Kernelemente des künftigen Überwachungsstaates, das heißt: ein Kernwerkzeug des heraufziehenden globalen Faschismus, dessen Fähigkeiten anhand solcher Drohnenschwärme eindrucksvoll demonstriert werden – nur zu harmlosen Zwecken natürlich. In diesem Fall: im Jahr 2021 die Vereinigung der Menschen auf einem gemeinsamen Planeten zu symbolisieren. Wie schön! Was man mit Drohnen sonst noch alles anstellen kann, ist dabei natürlich kein Thema: Zum Beispiel Menschen bespitzeln und überwachen, ja sogar töten. Und damit meine ich nicht einmal die großen amerikanischen Drohnen, die Raketen auf angebliche Terroristen abfeuern. Sondern die immer kleiner werdenden Brummer, die schon bald an jeder Ecke lauern und uns um die Ohren fliegen können. Wie zum Beispiel jene von der olympischen Eröffnungsfeier. Man müsste sie nur etwas umprogrammieren und ergänzen, und schon könnten sie über Menschen herfallen – wie in dem fiktiven Horrorkurzfilm *Slaughterbots*, in dem ein Moderator auf der Bühne kleine, mit 3 Gramm Sprengstoff beladene Drohnen vorführt, die mittels Gesichtserkennung in den Kopf einer Schaufensterpuppe knallen. Ganze Schwärme davon könnten in Gebäude, Züge oder Autos eindringen und dabei jeder Gegenmaßnahme ausweichen: »Sie können nicht gestoppt werden […] Wenn Sie Ihren Feind mithilfe von Daten, sei es auch nur ein Hashtag, finden können, können Sie eine schädliche Ideologie direkt an ihrem Entstehungsort ins Visier nehmen: im Kopf« (YouTube: »Sci-Fi Short Film *Slaughterbots* | DUST, 17.10.2019). Diese Zukunft könnten wir noch verhindern, meint Stewart Russell, Professor für Computerwissenschaft in Berkeley, am Ende des Videos: »Aber das Fenster schließt sich schnell.«

Die niedrigsten Einschaltquoten aller Zeiten

Und das ist schon einige Jahre her. Aber das ist ja gar nicht unser Hauptthema. Unser Thema sind die toten Olympischen Spiele mit Feuerwerken ohne Menschen und Wettkämpfen ohne Publikum. Das heißt: wieso ohne Publikum? Schließlich gibt es ja noch die Fernsehzuschauer! Doch selbst die waren nicht mehr alle da – beziehungsweise sind in Scharen davongelaufen: »Kaum waren die Sommerspiele vorbei und eine Sturzflut von Medaillen gezählt, schlugen Amerikas einflussreichste

Medienorgane bereits Alarm«, schrieb die *Frankfurter Allgemeine Zeitung*. »Der Fernsehkonzern NBC, der auf mehreren Kanälen aus Tokio berichtet hatte, habe die ›niedrigsten Einschaltquoten aller Zeiten erzielt‹, titelte etwa das *Wall Street Journal*, das Leib- und Magenblatt der Börsianer.« Im Vergleich zu Olympia 2016 in Rio de Janeiro seien die Zahlen um 42 Prozent gesunken: »Und das, nachdem der Sender bereits in Brasilien ein Minus von 15 Prozent verzeichnet hatte. ›Katastrophal‹ nannte die *Washington Post* die Entwicklung. Und in der *Los Angeles Times* war vom ›schlimmsten Albtraum‹ für den Sender die Rede, der seit 2002 exklusiv die amerikanischen Übertragungsrechte für alles besitzt, was unter dem Dach des IOC[7] stattfindet.« Und der dafür Milliarden bezahlt hat, wohlgemerkt. Aber keine Sorge, meinte die *Frankfurter Allgemeine Zeitung*, schließlich hätten viele Menschen die Spiele oder Teile davon ja auf ihrem Computer, Smartphone oder Tablet angeschaut – was wohl heißen sollte, dass viele Zuschauer so bei der Quotenzählung »übersehen« worden seien. Und dieses veränderte Medienverhalten scheine die werbetreibende Industrie »nicht zu irritieren, die für den größten Teil der Einnahmen von NBC verantwortlich ist. Die zahle mehr denn je […] Und deshalb habe NBC mit den Übertragungen aus Rio de Janeiro einen Rekordgewinn von 250 Millionen Dollar erzielt« (*faz.net*, 18.08.2021). Was die FAZ übersah: Genau deswegen gab es ja Ärger. Denn die Werbekunden waren der Meinung, dass sie zwar gezahlt, NBC aber nicht geliefert habe, nämlich Zuschauer. Verweise auf Handys oder Tablets verfingen dabei offenbar nicht: »Deshalb muss NBC die Kunden entschädigen. Entweder durch zusätzliche Spots im Streaming oder auf den digitalen Plattformen oder durch kostenfreie Spots bei anderen Sportübertragungen, beispielsweise bei der NFL« (Deutschlandfunk, online, 08.08.2021).

Befremdlich oder gespenstisch

Ja, was ist denn da los? Ganz einfach: Die leichten und lustigen Zeiten sind vorbei. Jetzt geht es ums Eingemachte, um die Wurst, oder besser gesagt: um die Spritze. Ohne Spritze keine Freiheit mehr, kein Konzert, kein Fitnesstraining, kein Restaurant, keine Kneipe, keine Freunde, ja: ohne Spritze bald keinen Spaß und keine Arbeit mehr! Und bald vielleicht auch keine Nahrungsmittel mehr? Und Olympia erinnerte uns wieder

7 International Olympic Committee = Internationales Olympisches Komitee.

daran: die leeren Ränge, die fehlenden Menschen, kurz: die Anzeichen eines gespenstischen Kampfes gegen ein gespenstisches Virus. Aber nicht doch: Zumindest bei den Wettkämpfen waren der Jubel und das Klatschen doch da! Dafür sollten »in den Arenen mit einem ›umfassenden Soundsystem‹ Zuschauerreaktionen von früheren Sommerspielen abgespielt werden«, berichtete *sport1.de*. »Die Sportler und Sportlerinnen sollen sich schließlich ›wie von Fans umgeben fühlen‹, erklärte [IOC-Präsident] Bach auf der Pressekonferenz. ›Wir wollen nicht, dass sich die Athleten in den Stadien alleine fühlen, sie sollen wissen, dass viele Menschen sie unterstützen‹« (17.07.2021). Was nur bedeutet, dass die Perversen ihre eigene Perversion nicht einmal mehr bemerken. Denn die geisterhaften Stimmen waren nicht geeignet, den beklemmenden Effekt zu mildern, sondern konnten ihn nur verstärken. Und so riefen, jubelten und applaudierten nun Tausende von Stimmen wie unsichtbare Seelen aus dem Hades. »Authentisch kann das nicht sein«, meinte denn auch Bahnradfahrer Maximilian Levy laut *Bild*. »Dass es echt klingt, werden sie nicht hinbekommen. Wenn etwas zum falschen Zeitpunkt eingespielt wird, ist das befremdlich« (zitiert nach *tokio.sportschau.de*, 19.07.2021). Um nicht zu sagen: gespenstisch. Und so wollte natürlich auch vor den TV-Schirmen keine Stimmung aufkommen. »Das Fehlen jedweder kribbelnder Livestimmung« hätten laut FAZ viele als Ursache für die nachlassende Begeisterung ausgemacht – neben der wachsenden Abneigung »weißer Teile des amerikanischen Massenpublikums gegenüber dem zunehmenden politischen Selbstbewusstsein schwarzer Sportstars« (*faz.net*, ebenda). Mit anderen Worten gegenüber dem Missbrauch der Olympischen Spiele für penetrante politische Botschaften. Doch dazu komme ich gleich.

TV-Rekord beim Fußball

Tja: Kein Mensch hat »Bock« auf Geisterspiele! Ganz anders bei der Fußball-EM 2021 vom 11. Juni bis 11. Juli 2021. Da freute man sich über einen neuen TV-Rekord: »Insgesamt verfolgten die 51 Spiele des Sommerturniers 5,23 Milliarden Zuschauer – Rekord!«, jubelte die *Bild*-Zeitung. »Dies ist die Summe aller Einschaltquoten weltweit, die der europäische Verband UEFA ausgewertet hat. Es ist eine Steigerung im Vergleich zu 2016, als 4,9 Milliarden dabei waren.« Und woran lag's? »Die Fans waren heiß darauf, dieses erste große Turnier seit Beginn der Corona-Krise mit Zuschauern in den Stadien zu sehen«, sagte Guy-Laurent Epstein, Marketing-Direktor bei der UEFA. »Das sorgte für einen Wow-Effekt«

(*sportbild.bild.de*, 02.09.2021). Na, bitte! Geht doch. Fragt sich nur noch, warum Zuschauer bei den Olympischen Spielen dagegen als so ansteckend betrachtet wurden, dass man sie nicht ins Stadion lassen wollte. Von einem »Super-Spreader-Event« bei der EM ist schließlich auch nichts bekannt geworden. Der Zuschauerbann bei den Olympischen Spielen war in Wirklichkeit das Todesurteil für die Veranstaltung.

Wenn die Politik den Sport vergewaltigt

Hinzu kam die ständige Belästigung mit politischen Botschaften. Früher wurden Politik und Sport fein säuberlich voneinander getrennt und der Sport als »die schönste Nebensache der Welt« bezeichnet. Aus gutem Grund. So konnten sich Menschen jeder politischer Couleur, geografischer Herkunft und Weltanschauung treffen und abseits alltäglicher politischer Spaltungen und Querelen am Sport erfreuen. Heute vergewaltigt die Politik den Sport. Da werden zahlreiche Sportler zu politischen Ergebenheitsgesten genötigt, während wieder andere von sich aus mit politisch korrekten Botschaften Punkte sammeln wollen – auf oft peinlich wirkende opportunistische Weise: »Politische Proteste erreichen das Podium der Spiele. Mal wird gegen Rassismus demonstriert, mal für Mao«, schrieb die *taz* am 4. August 2021. Zuvor hatte das IOC extra noch die Olympische Charta gelockert und so politische Statements und Gesten bei den Wettkämpfen ermöglicht, hieß es in der *Badischen Zeitung* (online, 25.07.2021):

07

- »Da hatte Silbermedaillengewinnerin Raven Saunders bei der Siegerehrung ihre Fäuste geballt und mit den Unterarmen über dem Kopf ein Kreuz gebildet, um gegen homophobe, rassistische Diskriminierung und solche wegen psychischer Krankheit zu protestieren. Das soll eigentlich die Regel 50 der Olympischen Charta verhindern, die politische Äußerungen weitgehend verunmöglicht« (»Mao erobert die Spiele«, *taz*, ebenda).
- Da waren »die chinesischen Olympiasiegerinnen Bao Shanju und Zhong Tianshi, die auf ihren Rädern den Teamsprint auf der Bahn gewonnen hatten, mit kleinen Buttons, die das Konterfei von Mao Tse-tung zeigten, aufs Podium geklettert. Angesichts dessen, was der Große Vorsitzende einst in China angerichtet hat, wird man sich schwertun, das Statement als Einsatz für die allgemeinen Menschenrechte zu werten« (*taz*, ebenda).

- Da waren die Spielerinnen von Großbritannien und Chile, die vor dem Anpfiff des Auftaktspiels des Frauenfußballturniers in die Knie gingen, »um ein Zeichen gegen Rassismus zu setzen« (»Politische Athleten bei Olympia«, *taz*, online, 23.07.2021).
- Oder wie wäre es mit der farbigen US-Hammerwerferin Gwen Berry, die sich nicht nur die Lippen leuchtend blau schminkte, sondern sich auch vorbehielt, bei einer eventuellen Siegerehrung die Faust gegen Rassismus und Polizeigewalt in den Himmel zu recken? (*Brigitte*, online, ohne Datum)

Botschaften sind wichtiger als Medaillen

Wenn es wenigstens mit Meinungsfreude und -vielfalt zu tun gehabt hätte! Wenn auf diese Weise jeder zum Botschafter seiner eigenen politischen Einstellung geworden wäre, wäre das unter Umständen sogar noch unterhaltsam gewesen. In Wirklichkeit aber geht es nicht um die eigene Meinung, sondern um die immer gleichen, anbiedernden Botschaften gegen Rassismus, Diskriminierung, »Homophobie« und anderes mehr. Natürlich weiß jeder, dass hier nur bestimmte politische Botschaften erwünscht sind. Die Frage lautet nur, ob irgendein Weltproblem einen solchen stromlinienförmigen »Protest« verdient hat, der schon aufgrund seines offensichtlichen Opportunismus nur verlogen erscheinen kann. Aber so kann man bei Olympia eben auch ohne Medaille Furore machen. Laurel Hubbard zum Beispiel: Denn diese »Dame«, die bei den Frauen Gewichte drückte, war früher mal ein Mann. Schrieb man bei Olympia in der Vergangenheit durch neue Rekorde Geschichte, kann man heute sportlich versagen und trotzdem berühmt werden: Zum Beispiel, indem man sich sein bestes Stück operativ entfernen lässt. »Ihre Olympia-Botschaft ist wichtiger als Medaillen«, bekannte das ZDF ganz offen in Bezug auf Hubbard. Was ganz klar beweist, dass die sportliche Leistung hinter politisch erwünschtem Auftreten in den Hintergrund tritt. »Eine Medaille hat sie verpasst. Aber mit ihrer Teilnahme als erste offene Transgenderathletin bei Olympia hat Laurel Hubbard Geschichte geschrieben«, so das ZDF auf seiner Website (02.08.2021). Botschaft: Können muss man bei Olympia nichts, außer zur rechten Zeit die richtige Botschaft unters Volk bringen. Das wendet sich ab mit Grausen …

August 2021

Thema des Monats

16.6. Chaos beim Abzug aus Afghanistan

1.8. Hansi Flick wird neuer Fußballbundestrainer – ***6.8. Reitskandal bei den Olympischen Spielen*** – **6.8.** Die Staatsanwaltschaft Koblenz leitet gegen den Landrat des Landkreises Ahrweiler Ermittlungen wegen des Verdachts der fahrlässigen Tötung und fahrlässigen Körperverletzung ein – ***7.8. Vor genau 2 Jahren starb der Erfinder der Polymerase-Kettenreaktion (PCR), Kary Mullis*** – **8.8.** Abschlussfeier der Olympischen Spiele in Tokio – **15.8.** Präsident Aschraf Ghani flieht aus Afghanistan – **15.8.** Taliban-Sprecher Mohammed Naeem erklärt den Afghanistankrieg für beendet – ***16.6. Chaos beim Abzug aus Afghanistan*** – **26.8.** In der Ukraine werden Massengräber aus der Stalin-Zeit entdeckt – **30.8.** Die letzte US-Militärmaschine verlässt den Flughafen von Kabul

6. August
Warum versagte St. Boy?

Das Gesicht der Frau ist vor Verzweiflung verzerrt. Tränen laufen ihr über die Wangen. Von hinten schreit jemand: »Hau drauf! Hau richtig drauf!« Hilflos traktiert die Reiterin ihr Pferd mit Gerte und Sporen, doch es will partout nicht über die Hindernisse gehen. Und das ist misslich, denn gerade jetzt käme es darauf an. Wir befinden uns nämlich in der Disziplin Moderner Fünfkampf, Abteilung Springreiten, bei den Olympischen Spielen in Tokio. Die Szene wurde zu einem globalen Medienaufreger: Weltweit sitzen Millionen Menschen vor den TV-Schirmen und wollen sehen, wie die deutsche Springreiterin Annika Schleu mit ihrem Pferd Saint Boy elegant die Hindernisse nimmt. Jetzt geht es nämlich um alles. In den ersten vier Sportarten des Fünfkampfs war Schleu schon erfolgreich gewesen (Querfeldeinlauf, Schwimmen, Degenfechten, Pistolenschießen), und nun hatte sie die Goldmedaille direkt vor der Nase. Nur noch ein paar Hindernisse, und das Metall würde ihr gehören. Wenn, ja wenn, da nicht Saint Boy gewesen wäre. Der hatte nämlich gar keine Lust zum Springen: Er bockte, scheute und ging rückwärts. Zum Skandal entwickelte sich die Situation, als Bundesfünfkampftrainerin Kim Raisner laut und vernehmlich »Hau richtig drauf!« rief und das Pferd an der Bande zusätzlich mit der Faust traktierte. Ein Desaster. Sofort wurden Reiterin und Trainerin der Tierquälerei beschuldigt. Hier hatten offenbar zwei krankhaft ehrgeizige Schurkinnen ein wehrloses Pferd misshandelt, um ihre narzisstischen Ziele zu erreichen, so der öffentlich erweckte Eindruck. Der Präsident des Weltverbandes der Modernen Fünfkämpfer (UIPM), Klaus Schormann, habe Annika Schleu »die alleinige Schuld zugewiesen«, hieß es auf *Eurosport.de* (07.08.2021).

»Es ist so verrückt, wie es klingt«

Rumms: Selbst schuld, diese Blindgänger! Doch was waren eigentlich die Hintergründe dieses globalen Medienhypes? Antwort: Das Chaos begann nicht erst mit Schleus Ritt oder Nicht-Ritt auf Saint Boy, sondern schon etwas früher. Genauer gesagt: vor 109 Jahren – 1912. »Es ist so verrückt, wie es klingt«, meinte das Sportressort des *Business Insider*. »Bei dem für die Olympischen Spiele konzipierten Wettkampf treten die Sportler in fünf Disziplinen gegeneinander an: Fechten, Schwimmen, Reiten, Laufen und Schießen. Er soll die Aufgaben der Soldaten im 19. Jahrhundert widerspiegeln. Erfunden von Pierre de Coubertin, dem Vater der modernen Spiele, hat die Veranstaltung seit 1912 an jeder Olympiade teilgenommen« (online, 06.08.2021). Genau genommen sind die Modernen Fünfkämpfer also gar keine Reiter, sondern in erster Linie Läufer, Schwimmer, Schützen und Fechter – alles anspruchsvolle Sportarten, genau wie Disziplin Nummer 5: das Springreiten. Hier kommt sogar noch ein äußerst sensibler Teilnehmer mit ins Spiel, nämlich das Pferd. Wie lässt sich all das unter einen Hut bringen? Antwort: kaum. Bei Annika Schleu stand Reiten im Training erstaunlicherweise sogar an letzter Stelle: »Wir trainieren sechsmal die Woche Laufen, etwa viermal Schwimmen, zweimal Reiten, dreimal Schießen und dreimal Fechten«, wurde sie von der Zeitschrift *Die Bundeswehr* zitiert (Juni 2021). An anderer Stelle, in einem gut einstündigen Interview über ihre Sportart, verlor sie über das Reiten fast kein Wort (»Moderne Fünfkämpferin Annika Schleu über Olympia & die Kunst, fünf Sportarten zu meistern«, YouTube, 21.11.2020).

Auf das Schauspiel kommt es an

Keine guten Voraussetzungen. Die Hauptursache liegt jedoch in der von Anfang an bizarren Konfiguration des Modernen Fünfkampfs und dem völlig absonderlichen Reglement. Als ob die Kombination dieser fünf Sportarten nicht schon problematisch genug wäre, werden die Pferde dem jeweiligen Reiter vor dem Wettkampf auch noch zugelost. Als ich das zum ersten Mal gehört hatte, konnte ich es gar nicht glauben. Denn Reiten, und insbesondere anspruchsvolle Disziplinen wie Springreiten, funktioniert nur aufgrund der Beziehung zwischen Reiter und Pferd. Das heißt: Wenn man sich kennt und weiß, dass man sich aufeinander verlassen kann. Andernfalls sind Fehler programmiert. Es kommt aber noch besser: Um sich miteinander bekannt zu machen, haben Pferd und Reiter nach dem Losverfahren und vor dem Wettkampf nur 20 Minuten Zeit. Was ganz so klingt, als würde man es darauf anlegen, Pferd und Reiter möglichst voneinander fernzuhalten. Damit wird die zentrale Voraussetzung für einen erfolgreichen Ritt angegriffen: der Kontakt und das Verständnis zwischen Pferd und Reiter. »Das besondere Reglement der Sportart, wonach die Athlet:innen ihre Pferde zugelost bekommen und nur für 20 Minuten vor der Prüfung über fünf Sprünge kennenlernen können, wirkt für die Pferdesportwelt durchaus befremdlich. Ist das Pferd hier reines Sportgerät statt Partner? Ist ein solches Reglement nicht fast Garant für Stress und Kampf zwischen Reiter:in und Pferd?«, fragte das Reitmagazin *Pferderevue* (online, 12.08.2021). Allerdings. Dazu kommt, dass dasselbe Pferd an demselben Wettkampftag zuvor schon von anderen Reitern geritten worden sein kann.

Sabotage und Sensation

Traten schon dabei Schwierigkeiten auf – zum Beispiel Nervosität, Abwürfe, Verweigerung von Hindernissen – kann sich das natürlich auch auf den nächsten Ritt übertragen. Aber das ist immer noch nicht alles. Um das Maß vollzumachen, wurde ein Wechsel des Pferdes praktisch unmöglich gemacht. Die Latte, gegebenenfalls ein anderes Pferd zu verlangen, wurde sehr hoch gelegt: Genehmigt wird der Austausch nur dann, wenn es bei dem vorangegangenen Einsatz des Pferdes zu vier Verweigerungen gekommen ist, was praktisch nie der Fall ist. Kurz: Diese Regeln greifen logisch so ineinander, dass beim Wettbewerb eine sehr kritische Situation entsteht. Auch da, wo Auswege möglich wären, werden diese verbaut, zum Beispiel, indem der Austausch des Pferdes sehr erschwert wurde – sodass letztlich eigentlich das pure Glück entscheidet, ob und wenn ja, welche Pferde und Reiter den Parcours weitgehend fehlerfrei absolvieren können. Oder welche Pferde den Job praktisch allein machen, wie etwa das der Brasilianerin Iêda Guimarães (siehe unten). Tatsächlich ist es so, als hätte es hier jemand auf Chaos und Spektakel angelegt. Nach dem Motto: »Du hast keine Chance, aber nutze sie.« Und tatsächlich bekennt der Weltverband des Modernen Fünfkampfs (UIPM) ganz unverblümt: »Die Unberechenbarkeit, die darin liegt, dass die Athleten auf unbekannten Pferden reiten, die sie nur 20 Minuten kennenlernen durften, ist Teil des dramatischen Spektakels, das den Modernen Fünfkampf einzigartig und fesselnd macht« (UIPM: Official Statement, 08.08.2021). So, so. Weniger freundlich könnte man auch von Sabotage im Dienste der Sensation sprechen. Oder von einem Spektakel auf dem Rücken von Pferden und Menschen.

Wenn der Reiter vor dem Pferd springt …

Hinter der heulenden Schleu standen also eigentlich der Erfinder dieser absurden Disziplin, Pierre de Coubertin, und der Weltverband des Modernen Fünfkampfs, der diese ganze Farce »dramatisch und fesselnd« findet. Und so waren Schleus Tränen natürlich auch nicht die ersten an diesem

Tag. Ihr desaströser Auftritt war nur der Höhe- und Schlusspunkt einer ganzen Reihe von Pannen und Fehlleistungen im Modernen Fünfkampf. Dass es an diesem 6. August 2021 nicht zu Schwerverletzten oder sogar Toten kam, war reines Glück. Nehmen wir zum Beispiel die Brasilianerin Iêda Guimarães. Bei ihrem vorausgegangenen Ritt »stieg« sie gleich zweimal ab. Beim ersten Mal bockte das Pferd vor dem Hindernis, und Guimarães flog über den Hals des Tieres nach unten. Wer genauer hinsah, konnte jedoch erkennen, dass das Ross wohl nicht das Problem war. Sondern dass sich die Reiterin schon vor dem Absprung nach vorn auf den Hals des Pferdes gelegt hatte, sodass dieser nach unten gedrückt wurde. So kann natürlich kein Pferd springen. »Viele dieser Reiter« hätten die Pferde »absolut begraben und es unmöglich gemacht«, hieß es denn auch in einem Pferdeforum, in dem sich Reiter über den Vorfall austauschten. »Da ist sie vor dem Pferd gesprungen, das ist eigentlich der größte Fehler, den man überhaupt machen kann«, meinte auch ein *Eurosport*-Kommentator. Das heißt, die Frau war mit dem Tier überhaupt nicht im Gleichtakt. »Bei keinem dieser Reiter sah es so aus, als hätten sie überhaupt jemals trainiert«, hieß es in dem Forum weiter. Und: »Ich habe Schüler, die seit 4–5 Jahren reiten und besser springen als jeder dieser Reiter. Die Pferde, die sie für diese Spiele gefunden haben, waren absolute Heilige und haben alles in ihrer Macht Stehende versucht, um über die Sprünge zu kommen.« Was im Fall Guimarães absolut zutraf: Das Pferd war quasi die Gutmütigkeit in Person und hätte auch einen Sandsack erfolgreich über den Parcours getragen, sofern dieser nur ordentlich festgebunden worden wäre. Nach dem ersten Abstieg versuchte Guimarães es noch einmal. Diesmal erhob sie sich weit vor dem Absprung des Tieres in den Steigbügeln, sodass, als das Pferd freundlicherweise trotzdem sprang, Guimarães auf dem steigenden Pferd so übel in den Sattel knallte, dass sie das Gleichgewicht verlor, nach vorn über den Hals fiel und dabei zwischen die Hufe geriet. Auch hier konnte man sehen, dass Pferd und Reiter nicht im selben Takt waren. Nur sehr viel Glück (und wahrscheinlich der Umsicht ihres Pferdes) war es zu verdanken, dass sie dabei nicht verletzt wurde. Dieser Vierbeiner war überhaupt äußerst kooperativ und die Ruhe selbst. Nach Guimarães Abstieg trabte der Gaul seelenruhig noch ein bisschen weiter und ließ sich dann ganz entspannt von den Helfern in Empfang nehmen.

Ein braver Junge streikt

Schleus Wettkampfpferd Saint Boy (»Heiliger« beziehungsweise »Braver Junge«) wurde zuvor von der Russin Gulnaz Gubaidullina »zerritten« (*Eurosport*). Dabei fing alles ganz manierlich an: Entspannt und locker galoppierten die beiden in den Parcours, doch gleich beim ersten Hindernis ritt die Russin zu dicht heran und riss damit eine Stange. Womit die Harmonie bereits gestört war: »Jetzt nicht das Pferd von Annika zerreiten!«, warnte *Eurosport*-Kommentator Matthias Sandten hellseherisch. Obwohl hier eine Russin ritt, drückte der Deutsche den beiden die Daumen, denn auf das Pferd kam es an: »Ich bin zwar jetzt nicht unbedingt für die Russin, aber ich bin dafür, dass sie sauber drüberkommt«, bekannte er ehrlich, um die erste Verweigerung gleich darauf mit »Mein Gott!« zu quittieren. Aber bei den nächsten Hindernissen schienen sich Ross und Reiterin »gefangen zu haben«, so Sandten hoffnungsvoll – kurz bevor die Russin ein Hindernis verpasste, um daraufhin nochmals ansetzen zu müssen. »Sah so aus, als ob sie gar nicht auf dem Schirm hatte, dass sie diesen Sprung nehmen muss«, so der Kommentator. In der nächsten Kurve wurde Gubaidullina so weit nach außen getragen, dass sie das darauffolgende Hindernis nicht mehr senkrecht anreiten konnte, sodass das Pferd zum dritten Mal verweigerte. »Komplett mies angeritten, das Hindernis«, kommentierte Sandten. Und jetzt fiel das Zweierteam aus Saint Boy und Reiterin komplett auseinander: Das Pferd bockte, tänzelte, ging rückwärts. »Jetzt mach' das Pferd nicht nervös, das muss Annika Schleu gleich übernehmen«, bettelte der deutsche Fernsehmann fast flehentlich. Aber die Beziehung schien zerrüttet. Der »Brave Junge« spielte überhaupt nicht mehr mit, bockte, scheute, stieg fast hoch, während die Reiterin sichtbar hilflos im Sattel zappelte. »Saint Boy streikt komplett, hat keinen Bock mehr. Das Pferd will jetzt eigentlich nur noch raus hier«, so Sandten. Tatsächlich hatte Saint Boy seine Entscheidung über den Ritt – und vielleicht den ganzen Wettbewerb – hiermit bereits getroffen und bewegte sich Richtung Ausgang: »Absolut miese Aussichten für Annika Schleu«, so der Kommentator. Und: »Gubaidullina hat jetzt meiner Meinung nach das Pferd komplett zerritten« (*eurosport.de*: »Olympia 2021: Saint Boy verweigert bereits Ritt von Gulnaz Gubaydullina«, 06.08.2021). Betrachtet man den späteren Auftritt von Schleu, kann man sich des Eindrucks nicht erwehren, dass dieser nur die Fortsetzung des Gubaidullina-Rittes war. Das Pferd hatte sich seitdem offenbar überhaupt nicht gefangen und kam im selben Zustand in den Parcours, in dem es ihn mit Gubaidullina zuvor verlassen hatte. Kurz: Es befand sich immer noch im Generalstreik. Woraus man lernt: Auch Pferde sind nur Menschen und können irgendwann die Nüstern gestrichen voll haben …

P. S.: Lange nach Fertigstellung dieses Kapitels montierte der Präsident der Deutschen Reiterlichen Vereinigung, Hans-Joachim Erbel, den Modernen Fünfkämpfern die Sporen ab: »Das sind keine Reiter«, sagte er. »Für die Anforderungen bei Olympia mit Sprüngen über 1,20 Meter seien Kenntnisse erforderlich, ›die sie nicht haben‹.« Erbel verlangte, das Reiten aus dem Modernen Fünfkampf zu streichen: »Wenn sie das nicht können, sollen sie das Reglement so ändern, dass sie die Tiere und Menschen schützen« (*Bild*, online, 16.09.2021).

7. August
Der Tod des »Scary Mullis«

Das Schicksal geht manchmal seltsame Wege: Heute vor 2 Jahren, am 7. August 2019, starb ein Mann, der vielleicht als Einziger den Corona-Wahnsinn hätte stoppen können. Erst jetzt bekommt sein Tod eine besondere Dimension. Wir erinnern uns: Kurz nach diesem Datum stellten einige Leute die richtigen Weichen:

- Anfang September 2019 investierte die Stiftung von unserem Propheten und Glückspilz Bill Gates 50 Millionen Euro in die deutsche Firma Biontech, die just wenige Monate später überraschend einen »Impfstoff« gegen das angeblich gefährliche Coronavirus entwickeln und sich damit eine goldene Nase verdienen sollte – eine Firma, die noch nie zuvor eine Arznei zugelassen hatte. Laut der Zeitschrift *Der Aktionär* investierte Gates auch in Aktien diverser anderer Impfstoffhersteller – eine hellseherische Entscheidung im Vorfeld von Corona (online, 15.09.2020). Die Biontech-Aktie stieg innerhalb eines Jahres um 400 Prozent (*businessinsider.de*, 10.08.2021).
- Am 10. Oktober 2019 ging Biontech an die Börse.
- Am 18. Oktober 2019 fand in New York eine Simulation des World Economic Forum und der Gates-Stiftung statt, die die kommende Pandemie en detail vorwegnahm – sozusagen die Generalprobe. Mit dabei war zufällig auch der Direktor der chinesischen Gesundheitsbehörde, George Gao.

- 2 Monate später, im Dezember 2019, traten in China die ersten »Corona-Fälle« auf. Das Reich der Mitte meldete schließlich auch die ersten 24 Corona-Toten.
- Am 31. Januar 2020 rief die WHO den weltweiten Gesundheitsnotfall aus.

Von da an nahm alles seinen Lauf: Erstens bescherten die Panikmache und die weltweiten Maßnahmen rund um das angeblich neue Virus den Pharmakonzernen Milliardengewinne. Zweitens führte die Corona-Pandemie zu einer politischen Revolution auf dem Globus, um nicht zu sagen: zu einem Putsch von oben.

Konzerne machen sich die Kassen voll

Der Planet wurde medizinisch und politisch gleichgeschaltet: weltweite Einschränkung der Bürgerrechte, Ausgangssperren, Lockdowns, Maskenpflicht, Abstandsregeln und vieles andere mehr. Länder wie Deutschland suspendierten den Föderalismus und stürzten ihre politischen Systeme um – Strukturen, die nach den Erfahrungen mit der zentralistischen Nazidiktatur eingeführt worden waren. Mit Hals über Kopf entwickelten Impfstoffen machten sich außer Biontech auch andere Pharmakonzerne die Kassen voll, was nur deshalb funktionierte, weil die Zulassungsbehörden die nicht ausreichend getesteten Impfstoffe mit »Notfallzulassungen« durchwinkten. Die fehlenden Tests fanden nun am Patienten statt, etwas, das absolut verboten ist: Dem Nürnberger Kodex zufolge, der nach den Menschenversuchen der Nationalsozialisten verabschiedet worden war, handelte es sich dabei um illegale Menschenversuche und Verbrechen gegen die Menschlichkeit. Egal: Im Rahmen des wuchernden Korporatismus flossen Abermilliarden aus den Staatshaushalten via Impfstoff in die Kassen der Konzerne. Aber diese gesamte monumentale Operation fußt auf sandigem Boden: Sie hing und hängt nur von einer einzigen Schlüsseltechnologie ab, einer Technologie, auf der all die Fallzahlen und »Inzidenzwerte« beruhen, mit deren Hilfe der gesamte globale Putsch begründet wird (Inzidenz = Häufigkeit pro 100000 Einwohner). Und eine Technologie, deren Erfinder zu Lebzeiten bereits klipp und klar verdeutlicht hatte, dass sie sich für den Nachweis von Infektionen nicht eignet. Die Rede ist von der Polymerase-Kettenreaktion (englisch: PCR – Polymerase Chain Reaction), also dem berüchtigten »PCR-Test«.

Ein Mann verändert die Welt

Wahrscheinlich hätten wir 2020 nichts von einer »Corona-Pandemie« gehört, wenn der erwähnte Wissenschaftler nicht »rechtzeitig« am 7. August 2019 im Alter von 74 Jahren das Zeitliche gesegnet hätte – einen Monat, bevor Bill Gates in Biontech investierte, um den Reibach seines Lebens zu machen. Die Rede ist von Kary B. Mullis, dem Erfinder der Polymerase-Kettenreaktion. Alle seine Preise und Ehrungen hier aufzuzählen, würde den Rahmen dieses Kapitels sprengen, deshalb nur so viel: Bevor er für seine Innovation 1993 den Nobelpreis bekommen hatte, hatte er bereits ein Dutzend andere Ehrungen eingesammelt. Und nach dem Nobelpreis brach dann erst recht eine redlich verdiente Flut von Preisen aus aller Welt über ihn herein. Ganz einfach deshalb, weil er mit seiner Methode gleich mehrere Bereiche der Wissenschaft revolutioniert hatte: »Nobelpreisträger Dr. Kary Mullis (Chemie, 1993) ist mit einer der weitreichendsten Erfindungen der modernen Wissenschaft verbunden«, schrieb nach seinem Tod Anfang August 2019 das *Molecular Frontiers Journal*. »Ein Durchbruch, der die Tür zu der Welt der DNA und der Genetik aufstieß und einen tief greifenden Paradigmenwechsel einleitete, der die Interessen und die Zukunft der Menschen betrifft.« Ja, »Kary Mullis wissenschaftlicher Beitrag hat unsere Welt für immer verändert« (*Molecular Frontiers Journal*, Vol. 03, No. 02, S. 101–102, 2019).

Eine quantitative Lupe

Inwiefern? Ganz einfach: indem er die winzige Welt der Gene und der DNA beziehungsweise DNS der Wissenschaft und den Labors überhaupt erst mit vertretbarem Aufwand zugänglich machte. Wie das? Um es vereinfacht zu sagen: indem er eine »quantitative Lupe« erfand, eine Technik, die auch winzigste Gen- und Molekülschnipsel so stark vervielfältigen konnte, dass man im Labor damit arbeiten konnte. Nehmen wir beispielsweise ein winziges Sandkorn, das man mit bloßem Auge nicht erkennen kann: Während eine optische Lupe das Objekt optisch vergrößert, würde eine »quantitative Lupe« wie die PCR das Sandkorn so lange vervielfältigen, bis ein Sandhaufen entsteht und wir erkennen können, was wir da vor uns haben, nämlich Sand. Vorausgesetzt, wir wissen, was Sand ist, wie er aussieht, welche Farbe und anderen Eigenschaften er hat. Dafür müssten wir Sand aber bereits isoliert und gereinigt vorliegen haben. Zum Vergleich. Und das ist bei SARS-Cov-2 nach Meinung vieler

Fachleute eben nicht der Fall. Solange aber ein Virus nicht aufgereinigt und isoliert vorliegt, können sogenannte PCR-Tests auch nicht auf das Virus geeicht werden, so Engelbrecht und Köhnlein in ihrem Buch *Virus-Wahn* (Lahnstein 2020, S. 101). »Mit der PCR wird wohlgemerkt kein komplettes Virus, sondern es werden nur feinste Spuren Erbsubstanz (DNA, RNA) aufgespürt, doch ob diese von einem (bestimmten) Virus oder von einem Zellpartikel stammen, bleibt unklar.« Bei jedem Schritt der Vervielfältigung werden die entsprechenden DNA-Schnipsel dann jedoch verdoppelt, das heißt also mit 2 multipliziert: aus 1 mach 2, aus 2 mach 4, aus 4 mach 8, aus 8 mach 16 und so weiter. Diese einzelnen Verdoppelungsschritte nennt man »Zyklen«. Und je mehr Zyklen, umso mehr Molekülschnipsel kommen dabei heraus. Mathematisch ausgedrückt würden zum Beispiel 30 PCR-Zyklen 2^{30} bedeuten, also 1 073 741 824. In Worten: über 1 Milliarde. Bei über 40 Zyklen, wie sie häufig bei den sogenannten PCR-Tests verwendet werden, sind wir bereits bei über 1 Billion. Oder wie es John Lauritsen, ein für den *New Yorker* tätiger investigativer Journalist, während der HIV-Epidemie in den USA beschrieb: Das »wäre, als ob man ein paar abgeschnittene Fingernägel und einen Haufen anderen Müll finden und das Ganze zu einem kleinen Berg von Fingernagelschnipseln vervielfältigen würde. Und dann kommt ein ›Experte‹ vorbei und schließt daraus auf einen ganzen Zug von Soldaten, voll bewaffnet und kampfbereit« (zitiert nach Maine Policy Institute, online, 18.12.2020). Denn wie gesagt haben wir es nicht mit einem Virus, sondern nur mit DNA-Schnipseln zu tun. Wobei wir damit an einem entscheidenden Punkt angekommen sind, nämlich der Frage, wozu man angebliche Viren überhaupt vervielfältigen muss. Denn ein Erreger soll sich doch gerade dadurch auszeichnen, dass er sich selbst vermehrt, und sei es auch – wie im Fall eines Virus – mithilfe menschlicher Zellen. Demnach müsste er in einer Probe bereits massenhaft vorliegen. Oder andersherum gedacht: Ein Erreger, den man erst milliardenfach vervielfältigen muss, ist gar keiner – denn sonst hätte er das nämlich selbst erledigt. Und wenn man es trotzdem tut, dann heißt das, dass man willentlich und wissentlich aus einer Mücke einen Elefanten macht.

Computermodelle sind geduldig

Jetzt wissen wir auch, was die PCR ist – nämlich eine quantitative Methode –, und was sie nicht ist: nämlich eine qualitative Methode, also ein »Test«. Was die PCR nämlich nicht kann, ist festzustellen, *worum* es sich bei dem kopierten Objekt handelt. Denn dafür bräuchten wir eine eindeutig identifizierte Vergleichsprobe, in unserem Beispiel eine Handvoll Material, von dem eindeutig feststeht, dass es sich um Sand handelt. Im Fall von Corona ein Virus, von dem eindeutig feststeht, dass es sich um SARS-CoV-2 handelt. Da das sogenannte Coronavirus SARS-CoV-2 noch nie in Reinform isoliert wurde, gibt es dieses Vergleichsobjekt aber nicht. »[…] was ich sicher sagen will, ist, dass es keinen einzigen Wissenschaftler gibt, der ein Virus isoliert oder gereinigt oder eine konkrete Verbindung zu einer neuen Krankheit hergestellt hat. Es gibt also keine Wissenschaft, die das beweist oder auch nur annähernd beweist«, so der bekannte US-amerikanische Biologe und Arzt Dr. Andrew Kaufman (»Eine unbequeme Covid-Wahrheit – Dr. Andrew Kaufman«, YouTube, 30.07.2020). Es gibt nur so etwas wie einen Molekül- oder DNA-Schlamm, der als SARS-CoV-2 bezeichnet wird. Daher auch die vielen falschen und widersprüchlichen Testergebnisse, die ein und dieselbe Person einmal positiv und einmal negativ »diagnostizieren«. Oder auch Orangensaft, Papayas, Motoröl und Ziegen, wie der am 17. März 2021 ebenfalls verstorbene tansanische Präsident John Magufuli bekannt gab. Da die meisten falsch positiv getesteten Menschen natürlich gar keine Symptome hatten, nannte man sie einfach »asymptomatisch«, so, als wären sie infiziert, aber eben nicht krank. Auch »eine zweifelsfreie elektronenmikroskopische Identifikation (des SARS-CoV-2-Virus) kenne ich nicht«, so der deutsche Arzt, Privatdozent und Buchautor (*Der betrogene Patient*) Dr. Gerd Reuther: Es gebe nur »eine Computerrekonstruktion«. Und dafür gilt, was für Papier auch schon immer galt: Sie ist geduldig. Auf derartigen Computerrekonstruktionen oder -simulationen basiert fast unsere gesamte Scheinwelt aus Klimakatastrophe, Ozonloch, Pandemien, Bevölkerungsentwicklung und vielen anderen beängstigenden »Entwicklungen« mehr. In meinem vorangegangenen Jahrbuch 2021 habe ich das ausführlich beschrieben.

Für Diagnose nicht geeignet

»Obwohl sich die ganze Welt auf [die Methode] RT-PCR verlässt, um eine SARS-CoV-2-Infektion zu ›diagnostizieren‹, ist die wissenschaftliche Antwort eindeutig: Sie ist für diesen Zweck nicht geeignet«, hieß es am 1. Juli 2020 auf der Website der Bulgarischen Gesellschaft für Pathologie, einem Zusammenschluss von Pathologen, Labortechnikern und Präparatoren. »Leider verstarb Mullis vergangenes Jahr im Alter von 74 Jahren, aber es besteht kein Zweifel, dass der Biochemiker die PCR für ungeeignet hielt, um eine Virusinfektion nachzuweisen. Der Grund dafür ist, dass die beabsichtigte Verwendung der PCR darin bestand und besteht, sie als Herstellungsverfahren anzuwenden, um DNA-Sequenzen millionen- und milliardenfach zu replizieren, und nicht als diagnostisches Werkzeug zum Nachweis von Viren« (Bulgarian Pathology Association: »COVID19 PCR Tests are Scientifically Meaningless«, 01.07.2020, *https://bpa-pathology.com/covid19-pcr-tests-are-scientifically-meaningless/*).

Genau das hätte Mullis Anfang Januar 2020 auch bestimmt klar gemacht, wenn – ja, wenn – er da nicht bereits mausetot gewesen wäre. Schließlich war der Mann war nicht nur ein begnadeter Wissenschaftler, sondern auch ein ausgesprochener Individualist. »Nach dem Empfang des Nobelpreises sagte Mullis der *New York Times*: ›Ich wurde mehr oder weniger von meinen eigenen Vorstellungen geleitet und nicht davon, was irgendjemand anderes denken könnte‹« (*The Charlotte Observer*: »Dreher High School grad who revolutionized DNA has died«, 09.08.2019, *https://www.charlotteobserver.com/news/state/south-carolina/article233664142.html*).

Zu Deutsch: Mullis benutzte sein eigenes Gehirn und kümmerte sich den berühmten feuchten Kehricht um das, was andere dachten. »Kary Mullis revolutionierte die Biologie und ging allen auf die Nerven«, wie es das Alumni-Blatt der Universität von Berkeley in einem Nachruf ausdrückte. Kurz: Der Mann war ein unkontrollierbares Enfant terrible. Und er war bereits »zu einem lautstarken Kritiker weithin akzeptierter wissenschaftlicher Ideen geworden und machte sich über die Vorstellung lustig, dass FCKW das Ozonloch verursacht, dass der Mensch am Klimawandel schuld ist und dass HIV für AIDS verantwortlich ist«, schrieb das Berkeley-Alumni-Blatt in einem Nachruf. »Mainstream-Wissenschaftler seien korrupt, behauptete er, und würden durch die Verbreitung von Paranoia Gelder für ihre Forschung eintreiben« – also genau das, was mit Corona geschieht. »Wissenschaftler könnten uns unterhalten und schöne Dinge erfinden, anstatt ihre Existenz zu rechtfertigen, indem sie uns zu Tode erschrecken«, so Mullis. Im Januar 2020, als die Corona-Pandemie mithilfe der sogenannten PCR-Tests weltweit propagiert wurde, wäre sie also auf einen scharfen Kritiker gestoßen. Das Problem für unsere »Pandemiker« hätte darin bestanden, dass Mullis nicht nur ein Gigant der Wissenschaft war, sondern auch Nobelpreisträger *und* der Vater derselben PCR-Methode, die für die ganze Panikmache benutzt wurde. Wer, wenn nicht er, sollte darüber Bescheid wissen, was diese Methode kann und was nicht? Die Gefahr, dass Mullis in Sachen Corona zum Whistleblower werden und die ganze Party sprengen würde, war unübersehbar. Besonders gern verteilte er nämlich auch klatschende Ohrfeigen. Berkeley-Professor Randy Schekman nannte ihn denn auch ein »Äquivalent zu Donald Trump«.

Der Missbrauch der PCR

Obwohl Mullis wenige Monate vor der Ausrufung der Corona-Pandemie einen so rechtzeitigen Tod starb, wissen wir glücklicherweise trotzdem, was er zu all dem gesagt hätte – weil er sich nämlich vor seinem Tod dazu äußerte: Die PCR könne man nicht missbrauchen, aber »die Resultate, die Interpretation dessen. […] Wenn man die PCR korrekt durchführt, kann man fast alles in jedem finden. Man fängt an, an die buddhistische Auffassung zu glauben, dass alles in allem enthalten ist. Denn wenn man ein einzelnes Molekül so oft vervielfältigen kann, dass man etwas wirklich Messbares erhält, dann gibt es nur sehr wenige Moleküle, die man nicht mindestens einmal in seinem Körper finden kann. Zu behaupten, dass das irgendeine Bedeutung hat, könnte ein Missbrauch der PCR-Methode sein. Es erlaubt einem, eine winzige Menge von irgendetwas zu nehmen, es messbar zu machen und es dann so darzustellen, als ob es wichtig wäre« (siehe YouTube: »Re-Upload Kary Mullis, Erfinder des PCR-Test und Nobelpreisträger KLÄRT AUF! DEUTSCH«, 13.10.2020). Und solange man das Virus selbst nicht aufgereinigt und isoliert hat, kann man natürlich auch keinen wirksamen Impfstoff entwickeln, den es gegen Corona nachweislich ja auch nicht gibt.

Die hustende Ärztin

All diese Mullis-Zitate passen nicht zufällig so gut auf die Corona-Pandemie, denn derartige Pandemien gab es ja schon zu Mullis' Lebzeiten: Vogelgrippe, Schweinegrippe, SARS und andere mehr. Oder nehmen wir Keuchhusten: »Dr. Brooke Herndon, eine Internistin am Dartmouth-Hitchcock Medical Center, konnte nicht aufhören zu husten«, beschrieb die *New York Times* 2007 einen eindrucksvollen Fall. »Ab Mitte April vergangenen Jahres hustete sie 2 Wochen lang, scheinbar ununterbrochen, gefolgt von einer weiteren Woche, in der sie sporadisch hustete und damit, wie sie sagte, jeden nervte, der mit ihr arbeitete.« Sehr verdächtig: »Schon bald hatte Dr. Kathryn Kirkland, eine Spezialistin für Infektionskrankheiten in Dartmouth, einen beunruhigenden Gedanken: Könnte das der Beginn einer Keuchhustenepidemie sein? Ende April husteten auch andere Mitarbeiter des Krankenhauses, und schwerer, hartnäckiger Husten ist ein Kennzeichen für Keuchhusten. Und wenn es Keuchhusten war, musste die Epidemie sofort eingedämmt werden.« Alarm! »Monatelang dachten fast alle Beteiligten, dass im medizinischen Zentrum ein riesiger Keuchhustenausbruch mit weitreichenden Folgen stattgefunden hatte. Fast tausend Mitarbeiter des Krankenhauses in Lebanon, New Hampshire, wurden einem vorläufigen Test unterzogen und von der Arbeit beurlaubt, bis die Ergebnisse vorlagen; 142 Personen, darunter Dr. Herndon, wurde gesagt, dass sie die Krankheit zu haben schienen; und Tausende erhielten Antibiotika und einen Impfstoff zum Schutz. Krankenhausbetten wurden außer Betrieb genommen, darunter auch einige auf der Intensivstation.«

Das Keuchhustenphantom

Fein – klingt alles, wie ein kleines Modell der Corona-Pandemie. Nur: worauf beruhte das Ganze? Natürlich auf PCR-Tests! Weil die Anzüchtung des Keuchhustenbakteriums im Labor viele Wochen gedauert hätte, bediente man sich der Erfindung von Kary Mullis, um irgendwelche Moleküle zu vervielfältigen und auf Keuchhusten »zu testen«. Etwa 8 Monate später, nachdem die herkömmlichen Verfahren abgeschlossen waren, stellte sich heraus, dass es sich gar nicht um Keuchhusten gehandelt hatte: »Kein einziger Fall von Keuchhusten wurde mit dem definitiven Test bestätigt, bei dem das Bakterium, *Bordetella pertussis*, im Labor gezüchtet wird. Stattdessen scheint es, dass die Mitarbeiter des Gesundheitswesens wahrscheinlich von gewöhnlichen Atemwegserkrankungen wie einer Erkältung befallen waren.« Na, so was! Woran erinnert uns das nur? »Jetzt, im Rückblick auf die Episode«, schrieb die *New York Times*, »sagen Epidemiologen und Spezialisten für Infektionskrankheiten, dass das Problem darin bestand, dass sie zu viel Vertrauen in einen schnellen und hochempfindlichen molekularen Test setzten, der sie in die Irre führte.« Gerade die Empfindlichkeit mache falsch-positive Ergebnisse wahrscheinlich, »und wenn Hunderte oder Tausende von Menschen getestet werden, wie es in Dartmouth der Fall war, können falsch-positive Ergebnisse den Anschein einer Epidemie erwecken«. So, so! »Es ist ein Problem; wir wissen, dass es ein Problem ist«, zitierte die *New York Times* (online, 22.01.2007) den Epidemiologen Dr. Trish M. Perl, »eine Vermutung ist, dass das, was in Dartmouth passiert ist, immer häufiger vorkommen wird.«

Aspekte einer Pseudoepidemie

Wie wahr. »Epidemiologen sagen, einer der beunruhigendsten Aspekte der Pseudoepidemie ist, dass alle Entscheidungen zu der Zeit so vernünftig erschienen [...] Als in Dartmouth die ersten verdächtigen Pertussisfälle auftauchten und der PCR-Test Pertussis zeigte, glaubten die Ärzte das. Die Ergebnisse schienen mit den Symptomen der Patienten völlig übereinzustimmen [...] Dann beschlossen die Ärzte, auch Menschen zu testen, die keinen starken Husten hatten [...] Jeder, der einen Husten hatte, bekam einen PCR-Test, ebenso wie jeder mit einer laufenden Nase, der mit Hochrisikopatienten wie Säuglingen arbeitete«, zitierte das Blatt Dr. Kirkland. Kommt uns irgendwie bekannt vor, nicht? »Und das, so fügte sie hinzu, war der Grund, warum 1445 Mitarbeiter des Gesundheitswesens schließlich Antibiotika erhielten und 4524 Mitarbeiter des Krankenhauses, oder 72 Prozent aller Mitarbeiter des Gesundheitswesens dort, innerhalb weniger Tage gegen Keuchhusten geimpft wurden.« Bravo! »Aber am Ende war die Schlussfolgerung klar: Es gab keine Keuchhustenepidemie [...] Die große Botschaft ist, dass jedes Labor anfällig für falsch-positive Ergebnisse ist«, zitierte die Zeitung die Infektionsspezialistin Dr. Cathy A. Petti von der Universität von Utah. »Kein einzelnes Testergebnis ist absolut, und das ist umso wichtiger bei einem Testergebnis, das auf PCR basiert.«

PCR-Guru gegen Corona-Guru

Mit anderen Worten haben wir es hier mit dem eigentlich bekannten Problem zu tun, dass, wer suchet, der findet. Durch immer empfindlichere Methoden wird die Zahl der »Diagnosephantome« immer größer. All die vielen Phantompandemien funktionieren nach demselben Muster: Man vervielfältige irgendein Molekül, erkläre es zum gefährlichen Virus oder Bakterium und entwickele und/oder verabreiche anschließend entsprechende »Impfstoffe«, um sich eine goldene Nase zu verdienen. Und was noch brisanter war: Ausgerechnet mit dem Corona-Guru, der die Corona-Pandemie in den USA (und damit auch weltweit) maßgeblich propagierte, hatte PCR-Guru Mullis ein Problem: mit dem »Virologen« und Präsidentenberater Dr. Anthony Fauci, den Mullis bereits aus der AIDS-Forschung kannte. »Leute wie Fauci kommen dann und reden, dabei weiß er absolut gar nichts. Ich würde ihm das auch ins Gesicht sagen«, erläuterte Mullis viele Jahre vor seinem Tod in einem Interview seine Meinung über Fauci.

»Dieser Mann denkt, dass man eine Blutprobe unters Mikroskop legen und sehen kann, ob darin ein Virus enthalten ist. Er versteht nichts von Elektronenmikroskopen, nichts von Medizin. Er sollte nicht in der Position sein, in der er ist. Die meisten Leute dort an der Spitze sind Verwalter, und sie wissen nichts darüber, was ›unten‹ wirklich vor sich geht. Diese Leute haben eine Agenda, und diese verfolgt nicht das, was wir uns wünschen, während wir sie bezahlen, um sich um unsere Gesundheit etc. zu kümmern. Sie haben eine persönliche Agenda und machen ihre eigenen Regeln, ändern sie und treten selbstgefällig vor die Kamera, so auch Fauci, und belügen die Leute, von denen sie bezahlt werden. Sie können nicht erwarten, dass die Schafe die Klügsten und Besten respektieren, denn sie erkennen den Unterschied gar nicht. Ich mag die Menschen wirklich, verstehen Sie mich nicht falsch, aber die Mehrheit kann nicht beurteilen, wer ein guter und wer kein guter Wissenschaftler ist. […] Wem vertrauen wir? Fauci? Er weiß nicht genug. Wenn Fauci ins Fernsehen wollte, um mit jemandem zu debattieren, der sich auskennt, hätte er das sehr leicht tun können. Denn er wurde gefragt« (»Kary Mullis on Fauci«, YouTube, 08.12.2020).

Scary Mullis: der schreckliche Mullis

Damit war in Sachen Corona massivster Ärger programmiert – für die Pharmakartelle war Kary Mullis gewissermaßen »Scary Mullis« (der schreckliche Mullis). »Dr. Kary Mullis war Big Pharma ein ständiger Dorn im Auge – bis er 2019 plötzlich starb, nur wenige Monate vor Beginn der Plandemie«, heißt es auf der Website *Humans are free* in einem Artikel über den »mysteriösen Tod von Dr. Faucis wichtigstem Kritiker kurz vor Covid-19«. Und auch die kritische amerikanische Website *State of the Nation* fand es »äußerst verdächtig, dass der Biochemiker Kary Mullis, der den PCR-Test erfand, am 7. August 2019 gestorben ist« (07.10.2020). Und wenn ein Nobelpreisträger stirbt, hört man normalerweise etwas davon, insbesondere, wenn er so bahnbrechende Erfindungen gemacht hat, wie Mullis. Normalerweise sind die Medien in diesem Fall voll mit Nachrufen. Außer im Fall Mullis: »Der Typ, der die PCR erfunden hat, ist gestorben«, hieß es auf einem Blog, »seltsamerweise hat sein Tod praktisch keine Medienaufmerksamkeit gefunden« (*https://freethoughtblogs.com/pharyngula/*, 09.08.2019).

»Ihre Suche nach ›Mullis‹ war leider erfolglos«

Kurz: Mullis war nicht nur tot, sondern wurde auch noch totgeschwiegen. Suchte man bei Google News im Monat August 2019 nach Nachrichten über Mullis, wurde keine einzige deutsche Fundstelle angezeigt. Und auch in den USA beschäftigte sich nur eine Handvoll namhafter Medien mit seinem Ableben, wie etwa die *Washington Post*, die *Los Angeles Times* oder der *San Francisco Chronicle*. Ansonsten nur einige Fachmagazine und Außenseitermedien. Macht man eine Stichprobe auf der Website der *Tagesschau*, erhält man die Meldung: »Ihre Suche nach ›Mullis‹ war leider erfolglos. Bitte überprüfen Sie Ihre Eingabe.« Auch bei der ZDF-Nachrichtensendung *heute* heißt es: »Kein Ergebnis für ›Mullis‹ in ZDFheute« (Stand: 31.05.2021). Mit anderen Worten reden wir hier von einer Omertà – einem Schweigegelübde. Der Name Mullis war sogar bei seinem Tod ein Tabu.

Aber soll das heißen, dass der erst 74-jährige Mullis aus dem Weg geräumt wurde? Wurde er sozusagen, wie später der eine oder andere afrikanische Staatschef, ein Opfer der Corona-Cancel-Culture? Antwort: Darüber wurde nur auf ganz wenigen Websites spekuliert. »Kary Mullis erfand die Polymerkettenreaktion (PCR) und erhielt dafür den Nobelpreis für Chemie […], nur 3 Monate bevor der Covid-Betrug absichtlich installiert und gegen die Menschheit in Stellung gebracht wurde, starb Kary Mullis auf mysteriöse Weise an einer angeblichen Lungenentzündung. Dies war für die Erfinder dieses bösen und tödlichen Betrugs sehr praktisch […]« (*https://www.garydbarnett.com*, 23.05.2021).

Recherchiert man über die Todesumstände von Kary Mullis, findet man noch weniger, als über die Tatsache seines Ablebens. Wenn überhaupt, dann sind über seine Todesumstände nur einzeln hingeworfene Begriffe im Umlauf, wie »Lungenentzündung«, »Krebs« oder auch »Herz-Lungen-Versagen«, aber ohne jede Fakten- oder Quellenbasis. »Herz-Lungen-Versagen« könnte auf eine tödliche Beatmung hinweisen, aber auch das ist nur Spekulation. Nicht einmal, ob der Tod überraschend kam oder ob Mullis bereits länger krank war, ist zu erfahren. Auch das wäre bei einem Nobelpreisträger vom Kaliber eines Mullis schließlich ein Thema gewesen – zum Beispiel in Nachrufen von Familie und Freunden. Aber zu finden war nichts. In der Hoffnung, dass die noch vorhandene Mullis-Website weiter von der Familie verwaltet wird, habe ich auch dort nach den näheren Umständen des Ablebens gefragt, habe allerdings keine Antwort erhalten. So muss die Frage, wie es kam, dass der größte Stolperstein der »Corona-Plandemie« rechtzeitig von der Bildfläche verschwand, vorerst leider unbeantwortet bleiben …

16. August
Afghanistan: Der Klügste ging schon vor 2300 Jahren

Hilfe: Die Taliban sind auf dem Vormarsch! Alles »rennet, rettet, flüchtet«! Schon seit Tagen fiel in Afghanistan eine Provinzhauptstadt nach der anderen an die islamischen Kämpfer, mit Dschalalabad wurde die letzte Großstadt vor Kabul besetzt. Am 15. August floh auch der afghanische Präsident Ashraf Ghani aus dem Land, danach nahmen die Taliban den Präsidentenpalast ein. Um den heranziehenden Kriegern zu entkommen, quetschten sich auf dem Flughafen von Kabul verzweifelte Menschen in Militärmaschinen, andere klammerten sich an rollenden Flugzeugen fest, um schon bald nach dem Start in die Tiefe zu stürzen. Der sogenannte Afghanistankrieg war verloren. Die Taliban übernahmen das Land, als wäre nichts gewesen. Ein schändliches Ende, bei dem sich all die angeblich in Afghanistan geschaffenen politischen und sicherheitsrelevanten Strukturen in Luft auflösten – so, als hätte es sich nur um Potemkin'sche Dörfer gehandelt.

Dass es so kommen würde, hätte man schon länger wissen können. Genauer gesagt: seit etwa 2300 Jahren. »Seit 2300 Jahren haben immer wieder Eroberer von außen in das Gebiet hineingestoßen, das heute Afghanistan heißt. Zum Beispiel Alexander der Große, das war 300 vor Christus. Das war der Klügste von allen. Der ist reingegangen, und auch gleich über den Khaiber-Pass wieder raus«, mahnte 2009 Altbundeskanzler Helmut Schmidt, also 12 Jahre vor dem unrühmlichen Kriegsende von 2021. »Das afghanische Problem ist unlösbar. Es hat noch niemals einen afghanischen Staat gegeben, der länger als 2 Jahrzehnte funktioniert hat. Es wird auch keinen geben. Es hat auch niemals eine afghanische Nation gegeben. Das Wort Afghanistan gibt es erst seit 200 Jahren.«

Und nun hatte der Westen 20 Jahre lang Billionen an Steuergeldern und viele Soldatenleben verheizt – aber warum und wozu, das war eigentlich schon längst vergessen. Afghanistan – das war vor allem auch in Deutschland zum Dauerbrenner geworden, zur Dauerinstitution des hohlen politischen Geplänkels zwischen den Parteien, so, als gäbe es nichts Selbstverständlicheres für deutsche Truppen, als die deutsche »Demokratie am Hindukusch« zu verteidigen, wie der frühere SPD-Verteidigungsminister Peter Struck einmal fantasierte. Schon das war eine faustdicke Lüge.

Die Beziehung zwischen Krieg und Wahrheit

Über die Beziehung zwischen Krieg und Wahrheit ist ja schon viel geschrieben und gesagt worden. Das berühmteste Zitat lautet wohl: »Das erste Opfer des Krieges ist die Wahrheit.« Dabei ist das falsch, denn es klingt so, als wäre die Wahrheit quasi der erste Tote auf dem Schlachtfeld, ihr Tod also die Folge der ersten Kampfhandlungen. Nichts könnte falscher sein. Der Tod der Wahrheit ist nicht die Folge des Krieges, sondern seine Voraussetzung. Erst wenn genügend Kriegslügen in die Welt gesetzt wurden, kann man überhaupt einen Krieg beginnen. Siehe Pearl Harbor, siehe Tonking, siehe 9/11, siehe »Massenvernichtungswaffen«. Und was ergibt ein Haufen Lügen? Richtig: Eine Show – die Summe aller Inszenierungen und Lügen nennt man eine Show. Und da im Krieg eigentlich dauernd gelogen wird, muss es sich also um eine Show handeln – oder nicht? Was keineswegs heißen soll, dass im Rahmen einer solchen Inszenierung nicht auch echte Menschen und echtes Material verheizt werden.

Alles, was wahr ist, ist geheim

In aller Regel steht der Ausgang sogar schon zu Beginn fest – sonst würden die maßgeblichen Mächte gar keinen Krieg riskieren. Oder glaubt hier irgendjemand, dass die USA und Großbritannien jemals va banque gespielt haben? Mitnichten: Das Schlachten und Sterben wird so gesteuert, dass am Ende »die Richtigen« gewinnen oder verlieren. So würde es mich nicht weiter wundern, wenn die 20-jährige »Machtpause« mit den Taliban von vornherein vereinbart worden wäre. Wobei man auch Sieg und Niederlage noch genauer definieren muss: Gab es überhaupt eine Niederlage? Oder besteht die Niederlage darin, dass die westlichen Verbündeten in Afghanistan angeblich Militärgerät im Wert von 85 Milliarden Dollar zurücklassen mussten? Und wenn das eine Niederlage war, für wen? Für die USA? Wahrscheinlich. Für den militärisch-industriellen Komplex? Wohl kaum. Um Gewinner und Verlierer zu identifizieren, müsste man die wirklichen Kriegsziele der Beteiligten kennen. Denn es gibt immer wirkliche und vorgeschobene Kriegsziele. Das muss so sein, es liegt quasi in der Natur des Krieges. Die öffentlich genannten Kriegsziele können gar nicht die wahren sein, denn sonst würde diese ja auch der Feind kennen. Denn was die Öffentlichkeit weiß, weiß auch der Feind, weshalb Öffentlichkeit und Feind aus der Sicht von Militärs ein- und dasselbe sind. Die wirklichen Kriegsziele wiederum müssen geheim bleiben, damit der Feind sie nicht erfährt. Faustregel: Alles, was wahr ist, ist geheim – und alles, was nicht geheim ist, ist nicht wahr. Getreu dem Zitat des berüchtigten CIA-Chefs William Casey: »Unsere Desinformation funktioniert dann, wenn alles, was die Amerikaner glauben, falsch ist.« Und was die Welt glaubt, ebenfalls. In diesem Fall also, dass der Afghanistankrieg wegen Osama bin Laden und der Anschläge auf das World Trade Center begonnen wurde. Doch das ist eine längere Geschichte, die in einen anderen Monat gehört. Deshalb sprechen wir uns am 11. September und am 7. Oktober in der Sache wieder …

September 2021

Thema des Monats

11.9. 20 Jahre 9/11

5.9. In Duisburg wird ein Hochhaus des Wohnparks Hochheide gesprengt – ***7.9. In München beginnt die Fahrradausstellung IAA Mobility*** – **7.9.** In El Salvador wird der Bitcoin gesetzliches Zahlungsmittel – **10.9.** Fertigstellung der Ostsee-Pipeline Nord Stream 2 zwischen Deutschland und Russland – **10.9.** Aufhebung der Corona-Maßnahmen in Dänemark – ***11.9. 20. Jahrestag der Anschläge von New York und Washington*** – **16.9.** In Sachsen-Anhalt wird Reiner Haseloff vom Landtag zum Ministerpräsidenten gewählt – **18.9.** Tankstellenmord in Idar-Oberstein – ***26.9. Bei der Bundestagswahl dreht CDU-Kanzlerkandidat Armin Laschet im Wahlraum einen illegalen Wahlspot*** – **26.9.** Bei der Bundestagswahl und der Landtagswahl in Mecklenburg-Vorpommern erzielt die Union beziehungsweise die CDU historisch schlechte Ergebnisse – **29.9.** In Haltern am See stürzt einen Tag vor der Einweihung ein neues Windrad ein

7. September
IAA Mobility: Krieg gegen das Auto

München. Belagerungszustand. Alle wichtigen Autobahnen sind blockiert. Von den Autobahnbrücken rund um die bayerische Landeshauptstadt seilen sich vermummte Gestalten ab und breiten Transparente aus. Auf den Bannern steht »Autos zerstören« und »Block IAA«. Die blauen Autobahnwegweiser werden mit Parolen überklebt: »Smash Carlobby & industry – No IAA« oder »Verkehrskollaps in 2000 m«. Und der kommt denn auch: Der Verkehr bricht zusammen. Mehrere Autobahnen müssen gesperrt werden, um die »Aktivisten« herunterzuholen und eine Kollision mit Fahrzeugen zu verhindern.

Peinlich wie Hämorrhoidensalbe

Am Messegelände steigen Greenpeace-»Aktivisten« in den Messesee, zeigen Bilder von Überschwemmungen und Waldbränden der vergangenen Jahre und Slogans wie »Die Klimakrise startet hier«. Mit weißen Overalls angetane »Aktivisten« liefern sich in der Stadt erbitterte Schlachten mit der Polizei. Gegen das Privathaus des VW-Konzernchefs Herbert Diess fliegen Farbbeutel, am Bosch-Werk in Berg am Laim brennt Pyrotechnik. Eine andere Gruppe besetzt den Mercedes-Stand am Odeonsplatz. »Für den Nachmittag sind weitere Blockaden geplant« (*taz*, online, 10.09.2021).

Denn obwohl die Abgaswerte der Fahrzeuge in den zurückliegenden Jahrzehnten bis an den Rand der technischen Möglichkeiten hinuntergeschraubt wurden, ist das Auto wegen seines Verbrauchs von »fossilen Brennstoffen« angeblich ein »Klimakiller«. Macht nichts: Es geht schließlich um Höheres: den Kampf gegen die Lebensgrundlagen der Deutschen, in diesem Fall in Gestalt des Automobils und der Internationalen Automobilausstellung, IAA. »Unser Kampf gegen den fossilen und automobilen Kapitalismus steht vor einem neuen Moment der Zuspitzung«, heißt es im besten »RAF-Sprech« auf der impressumfreien Website der militanten Protestgruppe »Ende Gelände«. »Jetzt ist der Moment, in dem wir gemeinsam den deutschen Autokapitalismus angreifen«, so das pseudorevolutionäre Gestammel. Die Folge der ständigen Hetze besteht darin, dass eines der wichtigsten Erzeugnisse der deutschen Industrie »imagekrank« wird, wie es in der Werbebranche heißt – das Schlimmste, was einem Produkt passieren kann. Das heißt, das Auto wird zu etwas Beschämendem und Peinlichem wie Hämorrhoidensalbe, mit dem man sich nur noch ungern erwischen lässt – in diesem Fall, weil man dann als rücksichtsloser Klimafeind angesehen wird. Kurz: Überall wird alles getan, damit die Welt die Lust am Auto verliert.

Feldlager der Autofeinde

Das Feldlager der Klimaretter und Autofeinde steht auf der Münchner Theresienwiese und nennt sich »Mobilitätswendecamp München«. In besseren Zeiten hätte hier schon bald das Oktoberfest eröffnet. Doch statt Bierzelten gibt's jetzt Koch- und Vorratszelte (natürlich vegan) für die Autofeinde – ein Lager mit beachtlicher Infrastruktur: Biergartentischen, Geschirranhängern, Zelten, Toilettenhäuschen, Waschbecken für 1500 Menschen und einer politisch korrekten Jurte für Veranstaltungen. »Smash IAA« (IAA zerschmettern) kann man da genauso lesen wie »No Future for IAA«, »Kapitel IAA endgültig beenden« oder eben »Autos zerstören«. Denn: »Straßenverkehr ist einer der Hauptverursacher von Treibhausgasemissionen in Deutschland« (»Ende Gelände«). Getragen wird das Ganze wie immer von einem brutalen beziehungsweise »breiten Bündnis« aus meist jugendlichen Besserwissern, Leberechten und Volkserziehern unter dem Deckmantel des Klima- und Umweltschutzes: Das »Bündnis Sand im Getriebe« wolle die Messe mit »Tausenden Menschen« blockieren, berichtete der Bayerische Rundfunk; das »Bündnis #Aussteigen« wolle eine Demonstration und Radsternfahrt veranstalten. Mit Protest hat das schon lange nichts mehr zu tun, sondern mit Krieg – hybridem Krieg: Es sind die gleichen Menschen, die auch Kohlekraftwerke und Braunkohlegruben blockieren, Bauprojekte behindern, sich an Eisenbahnschienen ketten oder auf angeblich schützenswerte Bäume klettern, um den Braunkohleabbau zu stoppen – während Wälder anderswo von Windkraftanlagen zerfressen werden. Volkserzieher von Greenpeace schweben auch schon mal mit einem motorbetriebenen Gleitschirm in ein voll besetztes Stadion (15. Juni 2021 in München), natürlich nur, um uns daran zu erinnern, »das Öl rauszuschmeißen«, so die Aufschrift auf dem Schirm (»Kick out Oil – Greenpeace«). Das heißt: Es sind Menschen, die alles sabotieren, was mit effizienter Energieversorgung, Transport, Verkehr, Nahrungsversorgung, Infrastruktur und deutscher Entwicklung zu tun hat. Ihr »Protest« richtet sich gegen wirtschaftlichen und technischen Fortschritt genauso wie gegen wirkliche Mobilität und Freiheit. Kurz: Es sind die hybriden Fußtruppen der New World Order.

Die Brot- und Butterindustrie der Deutschen

Was die meisten von ihnen nicht wissen, ist, dass sie im Sinne von George Soros' aufgerissener Gesellschaft (»Open Society«) und Klaus Schwabs »Great Reset« gegen die Lebensgrundlagen der eigenen Gesellschaft kämpfen. Nach dem Motto: »Du wirst nichts besitzen und glücklich sein.« Aber auf dem massenhaften Individualverkehr fußt nun einmal ein guter Teil des westlichen Wohlstands: In Deutschland ist die Automobilindustrie »die größte Branche des Verarbeitenden Gewerbes und gemessen am Umsatz der mit Abstand bedeutendste Industriezweig«, hat man selbst im Bundesministerium für Wirtschaft und Energie herausgefunden. »Die Unternehmen der Branche erwirtschafteten im Jahr 2019 einen Umsatz von gut 436 Milliarden Euro und beschäftigten direkt knapp 833 000 Personen. Die Automobilindustrie hat daher eine sehr hohe Bedeutung für Wohlstand und Beschäftigung in Deutschland« (*bmwi.de*, ohne Datum). Weil die Autoindustrie nämlich nicht nur die genannten 833 000 Menschen ernährt, sondern viele Millionen mehr – zum Beispiel die Familienangehörigen der Beschäftigten. Und wenn man die 833 000 Autobeschäftigen einmal mit dem Durchschnittsnettolohn in Deutschland (circa 25 000 Euro per anno) multipliziert, kommt man auf mindestens 20,8 Milliarden Euro Kaufkraft pro Jahr, die an den Arbeitsplätzen der Autoindustrie verdient werden, anschließend in die Kassen des restlichen Gewerbes fließen (zu einem kleinen Teil natürlich auch wieder in die Autoindustrie) und auch dort ihren Mann und ihre Frau ernähren. Weil die Mitarbeiter der Autoindustrie besser bezahlt werden als der Durchschnitt, dürfte der Betrag sogar noch um einiges höher liegen. Womit wir wieder bei des Pudels Kern wären: Denn bläst man einmal das ganze Klima- und Umweltparfüm weg, bleibt nur noch die Kulturrevolution und der hybride Krieg gegen eine Brot- und Butterindustrie der Deutschen übrig (und natürlich auch anderer Autos produzierender Länder).

Nützliche Kolonnen der NWO

Wie einst in der chinesischen Kulturrevolution wird die Jugend aufgehetzt, um gegen die (technische) Kultur der Alten vorzugehen und alles niederzutrampeln und zu vernichten, was diese in der Vergangenheit geschaffen hat. Damals wie heute sind die Kulturrevolutionäre Angehörige der Generation »Noch nicht ganz trocken hinter den Ohren«, die sich leicht benutzen lässt und in den meisten Fällen keine Ahnung hat, von wem und wofür: als nützliche Kolonnen von Figuren wie Gates, Gore, Soros und Salamon, jener Klimastrategin, die seit Jahren den Klimanotstand herbeisehnt, um die Gesellschaft umzukrempeln. »Viele ›Aktivisten‹ sind Studenten oder bekommen ihr Geld vom Staat, wohnen in der Stadt im Altbau, und brauchen beim besten Willen nicht mehr als Rad und ÖV, darum kann man ja auch wunderbar ›dagegen‹ sein, gegen Autos, Konzerne, Banken […] Und weil man kein Haus besitzt, muss man auch keine Ölheizung ersetzen oder für Solarzellen arbeiten gehen, und weil man nichts herstellt, muss man keine Auflagen tragen oder etwas transportieren oder einen Traktor mit Diesel befüllen«, schrieb ein Kommentator auf *golem.de* (10.09.2021).

Gastgeber oder Totengräber

»Mir geht es zunehmend auf die Nerven, dass mir als Familienvater jemand ohne Kind erklären will, wie die Welt funktioniert«, wurde ein FAZ-Leser in einem Artikel zitiert. Und weiter: »Es gibt eben Menschen, die müssen morgens um 6 zur Frühschicht. Die wohnen in der Vorstadt. Die leiden unter vollen und verspäteten S-Bahnen. Im Regen einkaufen. Kinder zum Sport und in die Schule fahren. Oma und Opa besuchen. Und Tausende weitere Gründe, allesamt individuell, unsere Gesellschaft bereichernd und ausmachend. Ingenieure und verantwortungsvolle Unternehmer, gerade auch im Mittelstand, machen die genutzte Technik immer umweltverträglicher. Nirgends auf der Welt, um bei dem Beispiel zu bleiben, gibt es sauberere Autos als hierzulande« (online, 16.10.2019). Und was tut die Autoindustrie? Wie bereits in der Einleitung dieses Buches gezeigt, herrschen dort Opportunismus, Liebedienerei und Defätismus. Die tragende Industrie der deutschen Wirtschaft ist auf der Flucht. München ist für sie nur ein Unterschlupf: 70 Jahre lang fand die IAA in Frankfurt statt, als ein glanzvolles Ereignis und Mekka der globalen Automobilindustrie. Der Frankfurter Wirtschaft bescherte die IAA ein glänzendes Geschäft und der Stadt satte Steuereinnahmen – bis … ja, bis der SPD-Oberbürgermeister Peter Feldmann kam und begann, an diesem bedeutenden Wirtschafts- und Imagefaktor seiner Stadt herumzumäkeln. Soll heißen: Der oberste Gastgeber der IAA war gleichzeitig auch ihr oberster Totengräber. »Über Jahrzehnte galten Paradigmen wie größer, schneller, komfortabler. Das muss sich künftig ändern«, belehrte der SPD-Bonze die Autoindustrie – wahrscheinlich ungefragt. Und wahrscheinlich deshalb wollte man den Oberbürgermeister – entgegen der

Tradition – bei der IAA 2019 auch nicht als Redner haben. Denn der SPD-Mann kritisierte nicht nur die Autobauer, sondern fand »sogar lobende Worte« für die Klima-Taliban – Pardon: »für Protestaktionen von Umweltaktivisten« (*Der Spiegel*, online, 12.09.2019). Schon zur – auch dank Feldmann – »umstrittenen« IAA 2019 kamen nur noch 800 Aussteller, 4 Jahre zuvor waren es noch 1100 gewesen: »Big Player wie Fiat, Renault, Suzuki oder Toyota sind reihenweise ferngeblieben, auch Luxusmarken wie Rolls-Royce, Ferrari oder Maserati sucht man vergebens. Sogar die Zukunft der IAA steht zur Debatte« (*Die Zeit*, online, 15.09.2019). Jedenfalls war Frankfurt für die IAA kein Standort mehr: Der Frankfurter OB »wurde ausgeladen, die Pkw-IAA als Veranstaltung neu ausgeschrieben« (*efahrer.chip.de*, 08.03.2020). So bekam die BMW-Metropole München den Zuschlag, wahrscheinlich deshalb, weil einige prominente Messestände mitten in der Stadt aufgebaut werden durften: »München hat auch damit überzeugt, die Innenstadt und citynahe, hochattraktive Plätze als Event Locations zur Bühne der IAA zu machen«, freute sich der Verband der Automobilindustrie. Und: »Der VDA wird die IAA damit [...] direkt zu den Menschen bringen.« Jedoch gut getarnt und von Zweirädern umzingelt – wie in der Einleitung beschrieben.

Autofahrer sind auch Menschen

Eine Zukunft hat die IAA eben auch hier nicht, denn die BMW-Stadt München wurde unter dem SPD-Oberbürgermeister Dieter Reiter zu einer der autofeindlichsten Gegenden der Republik umgebaut. Seit etwa eineinhalb Jahren wird die Metropole durch weiträumige und langwierige Baustellen blockiert, Fahrspuren bis zum Kollaps verengt, Park- und Fahrraum durch extrabreite Radwege ersetzt. In den Stadtvierteln durften Gastwirte auf öffentlichem Parkraum Außenbereiche errichten, die sie auch im Winter nicht abbauen mussten. Kein Zufall, sondern Strategie, denn anderswo will man genauso vorgehen. Die Berliner Bezirksbürgermeisterin Monika Herrmann von den Grünen zum Beispiel »will Straßen sperren, Fahrstreifen aufheben und Parkplätze beseitigen«, schrieb die *Berliner Zeitung* (online, 06.10.2020). »Hier schimmert der ideologische Kampf gegen das Auto durch«, meinte der Allgemeine Deutsche Automobilclub (ADAC). Kurz: Alles, was sich gegen das Auto richtet und dem Autofahrer das Leben zur Hölle macht, ist willkommen. Wobei vergessen wird,

- dass Autofahrer auch Menschen sind, oft sogar dieselben Menschen, die auch Fahrrad fahren, zu Fuß gehen oder die U-Bahn nehmen,
- dass Autofahrer auch Steuerzahler sind, die über Kfz- und Mineralölsteuer kräftig zur Kasse gebeten werden, um jenes Gemeinwesen zu finanzieren, das sich zunehmend als gemeines Wesen entpuppt,
- dass im Falle Münchens vor den Toren der Stadt das Stammwerk des Automobilherstellers BMW steht, in dem etwa 8000 Menschen täglich etwa 1000 Autos produzieren.

So begeht die BMW-Stadt München genauso Harakiri wie der Rest der Autorepublik. Selbst der Mainstream hat da hin und wieder noch helle Momente: »Die zügige Abschaffung des Autos in Deutschland wäre der kollektive Suizid eines noch leidlich florierenden Gemeinwesens, Wahnsinn in seiner klarsten und reinsten Form«, wie ein *Tagesspiegel*-Kolumnist herausfand (online, 06.09.2020). Am Ende der IAA Mobility zog der Veranstalter trotzdem tapfer eine »positive Bilanz«: 744 Aussteller und 400 000 Besucher seien gekommen – unter den erschwerten Bedingungen der Corona-Maßnahmen, nota bene. Trotzdem ist die einst glanzvolle Internationale Automobilausstellung nur noch ein Schatten ihrer selbst. 2019, in Frankfurt, waren es noch 800 Aussteller und 560 000 Besucher und davor (2015) 931 000 Besucher und 1100 Aussteller gewesen. Ob die nächste IAA Mobility, wie angekündigt, 2023 in München stattfinden kann, steht in Wirklichkeit in den Sternen. Denn die hybriden Kolonnen haben ihr bereits den totalen Krieg erklärt: Man werde »das Kapitel IAA endgültig beenden« …

11. September
20 Jahre Party im Pentagon

11. September 2001, Manhattan, New York, 8:46 Uhr. Strahlend blauer Himmel: Ein wunderschöner Herbstmorgen liegt über der Stadt. Doch plötzlich zerschneidet das Heulen von Düsentriebwerken die morgendlichen Stadtgeräusche. Eine zweistrahlige Passagiermaschine rauscht über dem Broadway entlang, wo gerade ein Kamerateam ein paar Feuerwehrleute filmt, die auf der Straße nach einem Gasleck suchen. Geistesgegenwärtig richtet der Filmemacher seine Kamera in Flugrichtung der Maschine auf das World Trade Center, wo der Flieger wenig später in einer

Explosionswolke einschlägt. So begann vor 20 Jahren das offizielle Narrativ der neunzehn Flugzeugentführer, die zwei Maschinen in die Türme des World Trade Centers und eine in das Pentagon gesteuert haben sollen. Eine vierte zerschellte angeblich auf einer Wiese in Pennsylvania. Die Türme des World Trade Centers stürzten ein, und die USA beschuldigten einen gewissen Osama bin Laden aus Afghanistan, das Ganze geplant und die Hijacker angeheuert zu haben. Die Vereinigten Staaten rüsteten auf und beanspruchten eine neue Führungsrolle in der Welt, mit einer Tyrannei nach innen (Patriot Act) und einer nach außen (Kriege gegen Afghanistan, den Irak und andere).

Technisch und forensisch wurde dieses Ereignis in den vergangenen 20 Jahren ja schon ausführlich untersucht, allerdings nicht von den USA, sondern von vielen unabhängigen internationalen Beobachtern und unter anderem auch in meinen Büchern *Operation 9/11* und *Mythos 9/11*. Nach Jahren anfänglichen Schweigens haben sich auch große Vereinigungen zur Untersuchung der Attentate gebildet, wie »Architects and Engineers for 9/11 truth«, »Pilots for 9/11 truth«, »Scholars for 9/11 truth« und andere mehr. Ergebnis: Für die offizielle Version vom Angriff bin Ladens auf die USA gibt es keine Beweise, und das World Trade Center konnte nicht durch die Flugzeugabstürze kollabiert sein. Stattdessen wurden zahlreiche Beweise für einen anderen Ablauf gefunden, zum Beispiel dafür, dass das World Trade Center gesprengt wurde.

Bin Laden selbst stritt im Übrigen jede Beteiligung an den Attentaten ab. Die US-Regierung selbst verfügte über eine ganze Zitatesammlung bin Ladens, in der er eine Verwicklung in die Anschläge dementierte: »Nach den Explosionen in den Vereinigten Staaten zeigen einige Leute mit dem Finger auf mich, aber ich weise das zurück, weil ich es nicht getan habe«, wird er da zitiert. Und: »Die Vereinigten Staaten haben mich schon immer derartiger, von ihren Feinden begangener Anschläge beschuldigt. Um es noch mal zu sagen: Ich habe es nicht getan. Die Täter haben dies in ihrem eigenen Interesse durchgeführt. Ich lebe im Islamischen Emirat Afghanistan, und ich habe mit seiner Eminenz Amir al-Momenin gesprochen, der derartige Angriffe vom Territorium Afghanistans aus nicht erlauben würde.« Klingt logisch: Keine Regierung, die bei Trost ist, würde derartige Anschläge von ihrem Territorium aus auf die USA erlauben. Schon wieder ein dickes Fragezeichen in der offiziellen Version. Auch von der Zeitung *Karachi Unmat* wurde bin Laden am 28. September 2001 gefragt: »Sie wurden beschuldigt, an den Angriffen von New York und Washington beteiligt gewesen zu sein. Was möchten Sie dazu sagen? Wenn Sie nicht beteiligt waren, wer könnte es dann gewesen sein?«

Verschwörer oder Verschwörungstheoretiker?

Die Antwort: »Ich habe bereits gesagt, dass ich nicht in die Anschläge vom 11. September in den Vereinigten Staaten verwickelt bin. Als Moslem tue ich mein Bestes, um nicht zu lügen. Weder wusste ich irgendetwas über diese Anschläge, noch würde ich den Tod von unschuldigen Frauen und Kindern und anderen Menschen als einen begrüßenswerten Akt ansehen. Der Islam verbietet es strikt, unschuldigen Frauen, Kindern und anderen Menschen Leid zuzufügen.« Und siehe da: Tatsächlich tauchten die Anschläge des 11. September 2001 nicht einmal im FBI-Steckbrief von Osama bin Laden auf! Dort stand kein Sterbenswörtchen über die Attentate auf das World Trade Center und das Pentagon. Ach ja, und dann sagte bin Laden noch: »Wer auch immer die Attentate vom 11. September begangen hat, ist kein Freund des amerikanischen Volkes. Ich habe bereits gesagt, dass wir gegen das amerikanische System sind, nicht gegen das amerikanische Volk, während bei diesen Anschlägen normale Leute getötet wurden [...] Die Vereinigten Staaten sollten versuchen, die Täter in ihrem Innern zu suchen; Leute, die Teil des Systems sind, aber dagegen opponieren.« Und dann: »Oder solche, die für ein anderes System arbeiten. Personen, die das gegenwärtige Jahrhundert zu einem Jahrhundert des Konflikts zwischen Islam und Christenheit machen wollen, damit ihre eigene Zivilisation, Nation, ihr Land oder Ideologie überleben kann.«

Ein neues amerikanisches Jahrhundert

Siehe da: Osama bin Laden war gar kein Verschwörer, sondern ein »Verschwörungstheoretiker«! Denn in diesem Statement gab er zwei wichtige Hinweise auf die wirklichen Hintergründe der Attentate:

1. den »Konflikt zwischen Islam und Christenheit«,
2. das »gegenwärtige Jahrhundert«, im Jahr 2001 also das neue Jahrhundert.

Damit spielte bin Laden auf zwei strategische Projekte der USA aus jener Zeit an:

1. Den »Kampf der Kulturen«, postuliert Anfang der 90er-Jahre des vergangenen Jahrhunderts von dem Strategen Samuel Huntington. Demnach würden sich im 21. Jahrhundert nicht mehr Ost und West

bekriegen, sondern Orient und Okzident, Islam und Christentum. Erst durch diese »Prophezeiung« Huntingtons konnten islamistische Anschläge wie auf das World Trade Center 10 Jahre später überhaupt plausibel erscheinen.

2. Das »Project for the New American Century« (PNAC, Projekt für das neue amerikanische Jahrhundert). Also jener Thinktank, der damals wichtige Öl-Lobbyisten und Mitglieder der US-Regierung versammelte, darunter auch Verteidigungsminister Donald Rumsfeld, Vizepräsident Dick Cheney und andere.

Die Schattenregierung

Das Project for the New American Century wurde 1997 gegründet, also während der Präsidentschaft von Bill Clinton und einige Jahre vor dem Beginn des herbeigewünschten »neuen amerikanischen Jahrhunderts«. Das PNAC war Zentrum der sogenannten neokonservativen Bewegung, die man wohl besser als Neofaschisten bezeichnen sollte. Aus der Sicht des PNAC machte Clinton außenpolitisch alles falsch, was man nur falsch machen konnte, und so bombardierte ihn das PNAC unter anderem mit Briefen, die ihn zu einem Kurswechsel aufriefen: Die USA sollten endlich eine neue Rolle in der Welt übernehmen und bestimmte Länder angreifen. Im PNAC saß schon damals praktisch die gesamte nächste US-Regierung im Wartestand, nämlich die von George W. Bush, darunter hochkarätigste Öl- und Rüstungslobbyisten:

- Dick Cheney, US-Verteidigungsminister von 1989 bis 1993, bis 2000 Chef des Ölfeldausrüsters Halliburton, ab 2001 US-Vizepräsident »unter« Bush (2001–2009),
- Donald Rumsfeld, Verteidigungsminister von 1975 bis 1977 und von 2001 bis 2006,
- Paul Wolfowitz, stellvertretender Verteidigungsminister von 2001 bis 2005, Weltbank-Direktor von 2005 bis 2007,
- Richard Armitage, Vizeaußenminister von 2001 bis 2005,
- Richard Perle, Präsidentenberater von 2001 bis 2003,
- Jeb Bush, Ex-Gouverneur von Florida und Bruder von George W. Bush,
- John R. Bolton, Botschafter bei den Vereinten Nationen von 2005 bis 2006,
- Lewis Libby, Stabschef des Vizepräsidenten von 2001 bis 2005,

- William J. Bennett, Direktor der Drogenaufsichtbehörde Office of National Drug Control Policy von 1989 bis 1991,
- Zalmay Khalilzad, Mitte der 1990er-Jahre Berater von United Oil of California (UNOCAL), später US-Botschafter in Afghanistan (2003–2005) und im Irak (2005–2007).

Katzenjammer im Pentagon

Diese Schattenregierung scharrte bereits vernehmbar mit den Hufen. Eines ihrer Probleme bestand in dem Macht- und Konfliktvakuum nach der Auflösung des Ostblocks Anfang der 1990er-Jahre. Ohne den alten Feind hing das amerikanische Imperium durch: Wozu noch Rüstung, Militär, Verteidigungshaushalte?, lautete die Frage. Und wozu – nach der Auflösung des Warschauer Paktes – noch die NATO? Katzenjammer machte sich breit, der Boden unter dem Pentagon begann zu wackeln, Tausende von Rüstungsunternehmen ahnten magere Zeiten voraus. Militärs und Machtpolitiker sahen sämtliche Felle davonschwimmen, die Führungsrolle der USA war in Gefahr. Eine konfliktfreie Welt ist kein guter Nährboden für den militärisch-industriellen Komplex. Während die Weltpolitik nach dem Zusammenbruch der Sowjetunion mehr oder weniger vor sich hin dümpelte, brauchte es dringend ein neues Konfliktthema, mit dem sich die USA würden profilieren und als Retter und Beschützer der Welt aufspielen können. Und mit dem man, nicht zuletzt, die NATO würde retten können. Denn manche sprachen gar schon vom »Ende der Geschichte« und dem endgültigen Siegeszug der liberalen Demokratie, so der Titel eines berühmten Buches des Politikwissenschaftlers Francis Fukuyama aus dem Jahr 1992. Aber »Endsiege« oder gar »Das Ende der Geschichte« sind für Militärs, Machtpolitiker und Imperialisten der reinste Gräuel. Denn ohne Kriege und Konflikte können weder Politiker noch Militärs noch Imperien überleben. Ein neuer Feind und ein neues Feindbild mussten also her.

Die steilen Thesen des Herrn H.

Just im selben Jahr 1992 betrat daher plötzlich der amerikanische Politikwissenschaftler Samuel Huntington mit einer steilen These die Bühne, wonach der Ost-West-Konflikt nun durch einen kulturellen Konflikt zwischen Islam und Christentum abgelöst würde. Etwas, was Anfang der

1990er-Jahre regelrecht fantastisch wirkte; denn in Wirklichkeit lebten damals beispielsweise in den westlichen Industriestaaten alle möglichen Religionen und Ethnien friedlich zusammen und bedachten sich gegenseitig mit freundlicher Nichtbeachtung. Doch siehe da: Die Huntington-These bekam die wohlwollende Unterstützung der internationalen Medien und der Dunkelmänner in den Geheimdiensten, die sich beeilten, »islamistische Anschläge« zu inszenieren, um die Vorstellung zu untermauern, dass nun nicht mehr Ost und West, sondern Orient und Okzident aufeinander losgehen würden:

- 1993: Wie eine Antwort auf das Buch *Das Ende der Geschichte* gab es einen aufsehenerregenden Bombenanschlag im Keller des New Yorker World Trade Centers mit sechs Toten und über tausend Verletzten. Das FBI war jedoch schon seit 1992 durch einen Informanten über den geplanten Anschlag »informiert« worden: »Wir haben bereits mit dem Bau der Bombe begonnen, die im World Trade Center hochgehen wird«, enthüllte ein Whistleblower namens Emad A. Salem. »Sie wurde unter der Aufsicht des FBI und der Staatsanwaltschaft gebaut. Wir waren alle informiert und wussten, dass die Bombe gebaut wurde« (Artloft, online, »The 1993 World Trade Center Attack – An Inside Job?«, 06.07.2021).
- 1995: Attentate einer »bewaffneten islamischen Gruppe« auf den öffentlichen Nahverkehr in Frankreich, acht Tote, 157 Verletzte.
- 1996: Vier angebliche Islamisten schossen am Europa-Hotel in Kairo auf griechische Touristen und töteten achtzehn Menschen.
- 1998: Aufsehenerregende »islamistische« Anschläge auf die US-Botschaften in Kenia und Tansania, insgesamt über 220 Tote und rund 4500 Verletzte. Beschuldigt wurden Osama bin Laden und ein »Ägyptisch-Islamischer Jihad«.

Das »neue Pearl Harbor«

Dieser besonders laute Paukenschlag vor dem 11. September 2001 trug die Botschaft vom neuen islamischen Terrorismus in die Welt. US-Präsident Clinton reagierte mit Lenkwaffenanschlägen auf angebliche al-Qaida-Trainingscamps in Afghanistan und mit einem Anschlag auf eine Arzneifabrik im Sudan, die mit irgendwelchen Terrorakten überhaupt nichts zu tun hatte. Damit schien der »Kampf der Kulturen« in Gang gekommen zu sein und die These des Politikwissenschaftlers Huntington bestätigt: Es gab einen neuen Feind; der Ost-West Konflikt war durch den »Clash of Civilizations« abgelöst worden. Fast unnötig zu erwähnen, dass in viele dieser islamistischen Anschläge westliche Behörden verwickelt waren (siehe World Trade Center 1993).

Aber etwas fehlte noch. Wir sprachen von einer neuen Rolle der USA nach dem Zusammenbruch des Ostblocks. Die erwähnte Bush-Schattenregierung des PNAC hatte seit 1997 genau diese neue Führungsrolle gefordert. Im Zentrum standen neue Kriege und ein gewaltiges Rüstungsprogramm mit dem Namen »Wiederherstellung der amerikanischen Verteidigung«. In dem gleichnamigen Strategiepapier beklagten die PNAC-Autoren unzureichende Verteidigungsausgaben, »schlechte Entscheidungen« und »falsche Einsparungen«. Aber, so das Papier, die Transformation in ein neues, starkes Amerika könne lange dauern, »sofern nicht ein katastrophales und auslösendes Ereignis – wie ein neues Pearl Harbor – eintritt«, das heißt: ein (nach dem offiziellen Narrativ) feiger, hinterhältiger Angriff, wie der Überfall der Japaner auf die US-Marinebasis Pearl Harbor 1941. Um den historischen Faden aufzunehmen, wurde genau dieser Begriff nach dem 11. September 2001 für die »feige, hinterhältige Attacke« auf das World Trade Center und das Pentagon benutzt. Zur Auffrischung lief im Sommer 2001 noch das mithilfe des Pentagon gedrehte Kriegsdrama *Pearl Harbor* in den Kinos an. Und schon konnte man die Anschläge vom 11. September 2001 3 Monate später dem Publikum als »neues Pearl Harbor« verkaufen, denn dank des Films wusste nun auch der kleine Mann auf der Straße, worum es sich dabei überhaupt handelte. Und dieses herbeigesehnte »neue Pearl Harbor« ereignete sich am 11. September 2001 mit dem Anschlag auf das World Trade Center und das Pentagon.

Das Amerika des PNAC

Und siehe da: Fast alle Kernforderungen des PNAC-Papiers wurden nach dem 11. September 2001 verwirklicht, insbesondere:

- die Verteidigung des »amerikanischen Heimatlandes« (Gründung des Ministeriums für »Homeland Security«),
- das Führen und Gewinnen von »mehreren, gleichzeitig stattfindenden größeren Kriegen« (Afghanistan, Irak),
- die massive Erhöhung der Verteidigungsausgaben: von etwa 350 Milliarden Dollar pro Jahr auf rund 800 Milliarden Dollar 2010, also auf mehr als das Doppelte.

Mit anderen Worten war das Amerika nach dem 11. September 2001 das Amerika des PNAC. Denn das PNAC saß seit dem 20. Januar 2001 in der Regierung von George W. Bush. Der ersten Bush-Regierung gehörten die PNAC-Leute Richard Perle, Richard Armitage, Paul Wolfowitz und Lewis Libby an, die meisten davon in hohen Pentagon-Positionen. Von den 25 Unterzeichnern der ersten »Statement of Principles« des PNAC von 1997 dienten ab dem Jahr 2001 zehn in der Bush-Regierung. Der mächtigste davon war Vizepräsident Dick Cheney (Spitzname: Darth Vader), der am 11. September 2001 mit zentralen PNAC-Figuren im Bunker des Weißen Hauses verschwand und Präsident Bush – der mit der Air Force One durch die Vereinigten Staaten vagabundierte – davon abhielt, zurück nach Washington zu kommen. Das heißt: Das PNAC hatte das Kommando über die USA, allerdings nicht nur an diesem Tag. Sondern die Wahrheit ist: Weil Bush dafür zu schlicht war, war PNAC-Boss Dick Cheney schon die ganze Zeit der heimliche Chef der US-Regierung gewesen. Es gibt sogar ein Buch darüber: *Angler. The Shadow Presidency of Dick Cheney* (»Angler« war Cheneys Secret-Service-Codename). Selbst bei *Wikipedia* kann man lesen, dass Cheney zusammen mit Verteidigungsminister Donald Rumsfeld die Bush-Regierung prägte: »Für manche Beobachter wirkten die beiden als Drahtzieher bei einem schwachen Präsidenten« (*Wikipedia* [deutsch], abgerufen am 08.09.2021). Siehe da! Und diese PNAC-Regierung hatte nicht nur die alleinige Deutungshoheit hinsichtlich des von ihr heraufbeschworenen Ereignisses am 11. September 2001, sondern war auch entschlossen, sie für die Durchsetzung ihrer Strategien zu nutzen:

- Der frühere Pentagon-Chef und nunmehrige Vizepräsident Cheney genehmigte in Gestalt von »Präsident« George W. Bush dem Pentagon gleich mal einen Sofortscheck in Höhe von 43 Milliarden Dollar.
- Die USA brachten die NATO auf Linie und erklärten die Attentate zum ersten Bündnisfall nach Artikel 5 des NATO-Vertrages.
- Die USA übernahmen die Führung einer bis zu siebzig Mitglieder zählenden Kriegskoalition im »Krieg gegen den Terror«, die auch symbolisch für den globalen Führungsanspruch der Vereinigten Staaten stand. Die Einsätze dieser Operation »Enduring Freedom« (dauerhafte Freiheit) fanden in Afghanistan, am Horn von Afrika, auf den Philippinen und in der Sahara statt.
- Am 7. Oktober 2001 fielen die USA und Großbritannien in Afghanistan ein.

- Am 20. März 2003 griffen die USA, Großbritannien und eine »Koalition der Willigen« den Irak an. Laut Weißem Haus schloss diese Koalition etwa fünfzig Staaten mit insgesamt 1,2 Milliarden Einwohnern und einem Bruttosozialprodukt von 22 Billionen Dollar ein und symbolisierte damit nicht nur große Teile des Planeten. Der Umstand, dass nach Angaben der US-Regierung jede »bedeutende Rasse«, Religion und Ethnie in der Koalition vertreten war, betonte darüber hinaus den Aspekt einer globalen Vereinigung unter Führung der Vereinigten Staaten (genau wie in dem Film *Independence Day* aus dem Jahre 1996 vorweggenommen, wo eine multiethnische, globale Koalition unter der Führung der USA einen Alien-Angriff abwehrt).

Mit anderen Worten: Die Welt stand stramm vor den USA, das PNAC-Strategiepapier wurde von der Cheney-/Bush-Regierung gewissenhaft abgearbeitet und die »neue Führungsrolle« der Vereinigten Staaten verwirklicht.

Geburtstagsparty im Pentagon

Die Wahrheit ist: Der 11. September 2001 und die Kriege in Afghanistan und im Irak waren keine Desaster, sondern Erfolge. Besser gesagt: die reinste Party. Während auf den Schlachtfeldern Schüsse fielen und Streubomben explodierten, knallten im Pentagon und in den Zentralen der Rüstungsindustrie die Sektkorken. Denn was in diesem Zusammenhang von unseren Medien verschwiegen wurde: Der 11. September 2001, der das Steuersäckel für das Pentagon und die Rüstungsindustrie erst so richtig aufschloss, war nicht irgendein Datum, sondern der 60. Jahrestag der Grundsteinlegung des Pentagons. So ein Zufall, nicht? Denn am Ende des Tages würde es noch viel mehr zu feiern geben: einen Haufen neuer Kriege und einen Haufen Geld. George W. Bush, Präsident von PNACs Gnaden, machte via Kongress gleich mal 43 Milliarden Dollar Rüstungsgelder extra locker, und für das Jahr des Irakkriegs (2003) verlangte Bush dann insgesamt 379 Milliarden Dollar für das Verteidigungsministerium, an dessen Spitze der PNAC-Mann Donald Rumsfeld saß. Tendenz: steigend. In Wirklichkeit war der 11. September 2001 also eine Riesensause für das US-Verteidigungsministerium: Nach außen hin bemitleidenswertes Opfer eines feigen Angriffs durch einen gekidnappten Airliner, war niemand anderer als das Pentagon der größte Profiteur der Attentate – und der angeschlossene industrielle Komplex, versteht sich. Der 11. September 2001 bescherte dem Verteidigungsministerium einen neuen historischen Bedeutungsschub und sagenhafte Einnahmen, sozusagen jenes »neue amerikanische Jahrhundert«, das die Denkfabrik Project for the New American Century heraufbeschworen hatte.

Das große Fressen

Mit anderen Worten: Der 11. September 2001 war der Paukenschlag für ein großes Fressen des militärisch-industriellen Komplexes und seiner Anleger und Investoren. So gab es »unmittelbar vor dem 11. September massive Spekulationen an den Weltbörsen, wo Anleger auf ein Fallen der Kurse von genau den Firmen gewettet hatten, die dann durch die Terroranschläge tatsächlich massive Einbußen erleiden sollten, also etwa die Luftfahrtgesellschaften«, sagte Yukushisha Fujita, langjähriger Vorsitzender des Außen- und Verteidigungsausschusses des japanischen Unterhauses. Und: »Dies hat mir gegenüber der damalige Chef der Bundesbank, Ernst Welteke, bestätigt. Auch er geht davon aus, dass die Käufer dieser sogenannten Put Options Vorwissen gehabt haben müssen« (siehe *Compact*, online, 10.09.2021). Sogar am 11. September 2001 selbst gab es eine Investorenkonferenz der Investmentbank Carlyle Group, die intensiv im Rüstungssektor engagiert war und ausgerechnet von George Bush senior, also dem Vater des damaligen US-Präsidenten, »beraten« wurde. Ob es an dieser Beratung lag, weiß man nicht, aber die Carlyle Group war schon 1997, also im Gründungsjahr des Kriegstreiberklubs PNAC, in eine der größten Rüstungsfirmen der Welt eingestiegen: United Defense Industries (UDI): ein riesiger Militärbauchladen beziehungsweise Kriegsausstatter, der so ziemlich alles im Programm hatte, was man auf dem Schlachtfeld brauchte: »Kampffahrzeuge, Artilleriesysteme, Marinegeschütze, Raketenwerfer und Präzisionsmunition, die vom US-Verteidigungsministerium und seinen Verbündeten weltweit eingesetzt werden«, zählte die Militär-Website *globalsecurity.org* auf (07.05.2011). Nach dem Kauf 1997 brachte man UDI etwa gleichzeitig mit den Anschlägen des 11. September 2001 für 19 Dollar pro Aktie an die Börse. 2005 ging die Firma für 75 Dollar pro Aktie an den britischen Rüstungskonzern BAE Systems. Also für fast das Vierfache.

Bush und Bin

Und noch jemand freute sich: die bin Ladens. Während alle Welt an einen Krieg gegen bin Laden und den Terror glaubte, könnten die Familien Bush und bin Laden über ihre Beteiligungen an den von Bush senior beratenen Rüstungsfonds Seite an Seite die Ernte eingefahren haben. Denn schließlich nützte der dadurch ausgelöste Rüstungswahn beiden, so das *Wall Street Journal Europe*: »Wenn die USA ihre Verteidigungsausgaben erhöhen, um bin Ladens mutmaßliche terroristische Aktivitäten zu stoppen, dann könnte es dabei einen unerwarteten Nutznießer geben: Herrn bin Ladens Familie« (online, 28.09.2001). Unter ihren weit gestreuten Geschäftsinteressen befinde sich auch das Investment in Fonds der amerikanischen Investmentbank Carlyle Group. Das sei eine »auf den Aufkauf von Rüstungs- und Aerospace-Unternehmen spezialisierte Washingtoner Investmentbank mit den besten Verbindungen«. Das ist nicht übertrieben, und die bin Ladens konnten ihr Investment in die Fonds der im Rüstungssektor tätigen Bank in den allerbesten Händen wissen, zum Beispiel in jenen von George Bush senior, dem Vater des unnachgiebigen Terroristenjägers und US-Präsidenten George W. Bush. Vater Bush trat laut *Wall Street Journal* für die Carlyle Group als Repräsentant auf und war für einen der Carlyle-Fonds als »Senior Adviser« tätig: Schon »in früheren Jahren pilgerten Ex-Präsident George Bush [senior], Ex-Außenminister James Baker und Ex-Verteidigungsminister Frank Carlucci zum Hauptquartier der Familie bin Laden im saudi-arabischen Jiddah«. Nach den Attentaten des 11. September 2001 waren die Flugzeuge des bin-Laden-Clans die einzigen nicht amtlichen Luftfahrzeuge, die in den USA fliegen und das Land verlassen durften – vollbesetzt mit Familienmitgliedern der bin Ladens. Selbst die *Süddeutsche Zeitung* schrieb 2010: »Die US-Bundespolizei FBI hat nach den Terroranschlägen vom 11. September 2001 Familienangehörigen von al-Qaida-Chef Osama bin Laden und anderen saudi-arabischen Staatsbürgern das Verlassen der USA ermöglicht, bevor Ermittler sie vernehmen konnten« (online, 17.05.2010). Ach nein!

Der Unterschied zwischen Mann und Marke

Schon in den 80er-Jahren des vergangenen Jahrhunderts vergaben die Vereinigten Staaten in Saudi-Arabien das teuerste militärische Bauprojekt, das es außerhalb der USA jemals gegeben hatte. Sage und schreibe

200 Milliarden Dollar wurden dabei für Waffen, Häfen, Stützpunkte und Flugplätze ausgegeben. Mit dabei war sehr wahrscheinlich auch der Baukonzern bin Laden, der schon früher mit dem US Army Corps of Engineers zusammengearbeitet hatte. Man kann sich eben aufeinander verlassen, und die bin Ladens sind einfach zu nützlich – besonders ihr Enfant terrible Osama. Selbst wenn der sich angeblich am Imperium versündigt, erwächst daraus letztlich nur Gutes für die Seinen und die Vereinigten Staaten. So soll er zwar 1996 an dem Bombenanschlag auf einen Militärkomplex der Amerikaner in Saudi-Arabien beteiligt gewesen sein. So richtig böse konnte man ihm aber schon damals nicht sein. Denn erstens konnten die USA nun die Basis wieder aufbauen und modernisieren. Und zweitens ging der Auftrag dafür – richtig – an das Bauimperium bin Laden. Wie man sieht, hatte Osama bin Laden schon immer das Talent, enorme Märkte zu schaffen. Wobei man bei bin Laden sorgfältig zwischen Mann und Marke trennen muss: Während sein Gesicht wie ein Etikett auf die Anschläge des 11. September geklebt wurde, konnte man dem Saudi in Wirklichkeit nichts nachweisen. Und während er selbst seine Beteiligung dementierte, wurde er von den amerikanischen Neokons und seiner Familie als Aushängeschild des Bösen benutzt.

Von wegen »amerikanisches Jahrhundert«

Der 11. September 2001 ermöglichte Milliarden-, wenn nicht Billionengeschäfte. Es ging um einen jahrzehntelangen Krieg gegen mehrere Länder. Allein der Afghanistankrieg soll die USA 2,2 Billionen Dollar gekostet haben. »Dabei wurde all dieses Geld ganz offensichtlich aus dem Fenster geworfen, wie das aktuelle Komplettversagen der ANDSF [Afghan National Defense and Security Forces] angesichts der Offensive der Taliban zeigt«, schrieb die *Preußische Allgemeine Zeitung* nach der Kapitulation der afghanischen Armee und dem Abzug der Weststreitkräfte (online, 30.08.2021). Nicht doch: Das Ganze war ein glanzvoller Sieg, und zwar für das Militär, die Waffenindustrie, ihre Investoren und Lobbyisten. Bekanntlich ist das Geld ja nicht weg – es hat nur jemand anders. Nämlich die Rüstungs- und Investmentfirmen, die sich am Afghanistan- und Irakkrieg eine goldene Nase verdient haben. Interessanterweise behandelten die Medien diese finanziellen Kennzahlen lediglich als illustres Beiwerk, dabei handelte es sich um nicht weniger als den eigentlichen Kriegsgrund, der da lautete: Macht und Profit. Am Ende sollen die Alliierten auch noch Waffen im Wert von 85 Milliarden Dollar in Afghanistan zurückgelassen haben, aber auch das war keine Niederlage, sondern ein Erfolg – nämlich ein Verkaufserfolg der Rüstungsindustrie und der sie tragenden Investmentfirmen. Die Waffen waren ja schließlich bezahlt – von den Steuerzahlern. Und nur wenn sie in Afghanistan blieben, konnte man sie als Verlust abschreiben und neue kaufen. Größeren Schaden kann das Gerät dagegen kaum anrichten, da man es über Wartung und Ersatzteile weiterhin kontrollieren kann.

Und was ist nun aus all dem geworden? Jetzt, nach 20 Jahren, kann man das noch besser beurteilen als damals: Wie bereits gesagt, sollte der 11. September 2001 der Startschuss für »ein neues amerikanisches Jahrhundert« werden, wie schon der Name des damals bestimmenden US-Thinktanks verriet: Project for the New American Century. Aber während die Geschäfte tatsächlich überwältigend gut gelaufen sein dürften, wurde im Hinblick auf die offiziellen Ziele nichts erreicht:

- 2005 wurde das Project for the New American Century abgewickelt. Heute ist diese einst mächtige Schattenregierung fast vergessen. 2009 schied der »9/11-Präsident« George W. Bush aus dem Amt und mit ihm auch seine PNAC-Drahtzieher, allen voran Dick Cheney.
- Aus dem ebenfalls angestrebten Krieg gegen den Iran wurde nichts. Bisher jedenfalls nicht.
- Die (als Bürgerkrieg getarnte) Offensive in Syrien scheiterte am Widerstand der Russen.
- Der Feldzug im Irak hinterließ einen failed state mit »bürgerkriegsähnlichen Zuständen, Tausenden Terroranschlägen, Kriegshandlungen und Gewaltkriminalität, sowohl verschiedener irakischer Gruppen gegeneinander als auch gegen die westlichen Besatzungstruppen«, also ein Chaos.
- In Afghanistan sind die Taliban stärker als je zuvor.
- Aus dem »neuen amerikanischen Jahrhundert« wurde ebenfalls nichts. Der »Kick« durch den 11. September 2001 wirkte nur wie eine Aufputschpille, die einen im Grunde kranken Mann mal eine Nacht durchtanzen ließ. Am Ende wachten er und der Rest der Welt mit einem Kater auf. Und in einem neuen chinesischen Jahrhundert.

26. September
Laschet: Wahlkampagne im Wahllokal

Aachen, circa 11 Uhr, ein schöner sonniger Herbsttag. Die Grundschule am Römerhof ist heute Wahllokal für die Bundestagswahl. In der Schlange der Wähler steht auch ein älterer Herr mit dünnem blondem Haar und Brille: Armin Laschet, Kanzlerkandidat der Union. Mit Gattin. Ein paar Meter weiter wartet auch schon die Presse – denn die wurde extra zum Wahltermin eingeladen. »Stimmabgabe von Ministerpräsident Armin Laschet bei der Bundestagswahl 2021«, konnte man im Pressebereich der Website der Landesregierung Nordrhein-Westfalen lesen. Denn in Wirklichkeit wurde hier an diesem Tag nicht nur gewählt, sondern auch ein Last-Minute-Wahlkampfspot für Laschet gedreht. Verbotenerweise. Mit anderen Worten befand man sich plötzlich nicht in einem Wahllokal, sondern in einem improvisierten Film- und Fotostudio. Für Bildjournalisten würde es dabei »eine feste Bildposition« geben: der Ministerpräsident mit der Urne und dem Stimmzettel hier, die Journalisten da. Ein Grüppchen Kameraleute und Fotografen machte sich bereit, wie eine Jagdgesellschaft auf Großwildjagd. So kamen Laschet und seine Frau denn auch aus ihrer Wahlkabine, zeigten dem Wahlhelfer artig ihren Wahlschein und stellen sich fotogen an die Urne. Laschet hob den Pappdeckel von der Urne und steckte seinen Stimmzettel – wie in solchen Fällen üblich – für die Kameras nur halb in den Schlitz, damit Fotografen und Kameraleute genügend Zeit haben würden, alles genau aufzunehmen.

Eine »peinliche Panne«

Doch was war das? Auf Laschets Stimmzettel sah man klar und deutlich zwei Kreuze bei der CDU, und auch auf dem Stimmzettel seiner Frau konnte man ein Kreuz bei der CDU erkennen. Na und? Was sollen die beiden denn sonst wählen? Klar, aber darum geht es gar nicht. Sondern wie jeder (und wahrscheinlich auch Laschet) weiß, gibt es in Deutschland ein Wahlgeheimnis: »Bei der Urnenwahl muss der Wähler, um das Wahlgeheimnis zu wahren, in der Wahlkabine seinen Stimmzettel – nachdem er ihn gekennzeichnet hat – in der Weise falten, dass seine Stimmabgabe nicht erkennbar ist«, erklärte der Bundeswahlleiter auf seiner Website. »Der Wähler wirft dann den so gefalteten Stimmzettel in die Wahlurne.« Und: »Der Wahlvorstand hat einen Wähler zurückzuweisen, wenn dieser

- seinen Stimmzettel außerhalb der Wahlkabine gekennzeichnet oder gefaltet hat oder
- seinen Stimmzettel so gefaltet hat, dass seine Stimmabgabe erkennbar ist oder ihn mit einem äußerlich sichtbaren, das Wahlgeheimnis offensichtlich gefährdenden Kennzeichen versehen hat.«

Aha – und was ist eigentlich mit Wählern, die ihren falsch gefalteten Stimmzettel auch noch in die Kameras der versammelten Medien halten? Na und: ein »schwerer Fehler« eben, wie *web.de* am 26. September schrieb, oder eine »peinliche Panne« (Redaktionsnetzwerk Deutschland, online, 26.09.2021). Wirklich? Schwer zu glauben: Denn erstens ist Laschet ein Polit-Profi. Wahlen sind quasi sein täglich Brot. Zweitens faltet sich der Stimmzettel nach der Kennzeichnung praktisch von alleine wieder in die Ausgangslage zurück. »Eigentlich sollte so etwas bei einer Wahl nicht passieren«, sagte Wahlexpertin Sabine Oehl aus dem Büro des Bundeswahlleiters. »Die Zettel sind vorgeknickt, sodass die Stimmenabgabe beim Einwurf nicht gesehen werden kann« (*kreiszeitung.de*, 28.09.2021). »Man müsste den Zettel schon mutwillig in die andere Richtung knicken«, so Oehl. So, so. Gegen einen Zufall oder ein »Versehen« spricht drittens, dass auch Laschets Frau den Stimmzettel verkehrt herum gefaltet hatte, sodass auch ihr Kreuzchen sichtbar war. Viertens ist auch kein Wahlhelfer beziehungsweise der Wahlvorstand eingeschritten, wie es seine Pflicht gewesen wäre. Denn das Ganze ist immerhin ein Verstoß gegen § 34 Bundeswahlgesetz.

Laschet: Rechtsbrecher im Wahllokal

Aber nicht doch: Der Wahlvorstand hatte von der ganzen Situation gar nichts mitbekommen – großes Indianerehrenwort: »Nach Angaben der Stadt war es wegen der Situation im Wahllokal dem Wahlvorstand nicht möglich, zu erkennen, dass Laschet den Zettel falsch gefaltet hatte. ›Die Wahlvorsteherin wurde zur Seite gebeten und stand unglücklich im Rücken von Herrn Laschet‹, so die Stadt« (*Tagesspiegel*, online, 27.09.2021). So, so. Betrachtet man die veröffentlichten Fotos, sitzt im Rücken der beiden ein Wahlhelfer, den Blick zwischen den Laschets hindurch fest auf den falsch gefalteten Stimmzettel gerichtet. Na, so was! Sollte dieser Mann seine Pflichten als Wahlhelfer beziehungsweise Wahlvorstand verletzt haben? Oder fand das Theater etwa mit Komplizenschaft des Wahlvorstands statt? Aber das kann doch nicht sein! Eben: Das kann doch nicht sein. Zumindest die Wahlvorsteherin hatte schließlich gar keine Ahnung, was hier vor sich ging. Denn sie wurde zur Seite gebeten und stand über- beziehungsweise unglücklich »im Rücken von Herrn Laschet, so die Stadt«.

Auf den veröffentlichten Fotos steht im Rücken der Laschets aber niemand. Dort sitzt nur der Wahlhelfer, der irgendwie zufrieden auf den falsch gefalteten Wahlzettel blickt. Eine Frau sieht man nur seitlich der Laschets stehen – ebenfalls mit freiem Blick auf das gesamte Geschehen. Diese etwas stärker gebaute Dame hatte sich offenbar extra aufgebaut, um den Wahlvorgang zu beobachten. Eine Wählerin war es jedenfalls nicht, denn weder hatte sie Stimmzettel oder irgendwelche Umschläge in der Hand, noch befand sie sich auf dem Weg zu einer Urne oder einer Wahlkabine. Dem etwas breitbeinigen Auftreten der Dame nach handelte es sich hier vermutlich um die von der Stadt erwähnte Wahlvorsteherin oder zumindest um eine für die Überwachung des Vorgangs abgestellte Wahlhelferin. Und diese stand eben nicht im Rücken der Laschets, sondern seitlich von ihnen – mit freiem Blick auf Wahlurne und Stimmzettel. Womit die Stellungnahme der Stadt schon einmal als faule Ausrede entlarvt wäre.

Na, na, na: Es geht doch hier nur um eine Lappalie! Genau das ist ja das Problem: dass Gesetzesverstöße von Politikern und Behörden immer häufiger als Lappalien angesehen werden. Ein weiteres Problem ist der Umstand, dass es eben nicht nur – wie von den Medien dargestellt – um Paragraf 34 Bundeswahlgesetz ging (Verletzung des Wahlgeheimnisses), sondern auch um Paragraf 32: unerlaubte Wählerbeeinflussung. Zwar hatte sich auch der Mainstream um den Vorgang gekümmert, aber eben leider nur halb. Denn der amtierende Ministerpräsident und Profipolitiker Laschet hatte gleich doppelt gegen des Bundeswahlgesetz verstoßen. Das Verbot des Paragrafen 34, seine ausgefüllten Stimmzettel zu zeigen, dient dazu, zu verhindern, dass sich Wähler im Wahllokal durch die Wahlentscheidung eines anderen beeinflussen lassen.

Der Unterschied zu einer Panne

Na, wenn schon: Selbst wenn nun ein oder zwei andere Wähler einen Blick auf Laschets Stimmzettel geworfen hätten – was soll schon sein: Dass einer von ihnen sich danach gerichtet hätte, wäre doch sehr unwahrscheinlich. Aber was ist mit den Millionen, die den Vorgang auf Pressefotos und Videos beobachtet haben? Des Weiteren handelte es sich ja nicht um irgendeine Stimmabgabe, sondern erstens um die Stimmabgabe eines rein optisch sehr wichtigen und kompetenten Herrn, also eines Meinungsführers, der zweitens Ministerpräsident von Nordrhein-Westfalen ist. Und dieser Mann und seine Gattin verbreiteten ihre Wahlentscheidung nun (gewollt und bewusst, wie ich annehme) millionenfach über Funk und Fernsehen. Schon kurz nach Laschets Stimmabgabe gegen 11 Uhr vormittags prangten die Fotos und die Videos mit den CDU-Kreuzen auf sämtlichen Medien-Websites und flimmerten durch alle Nachrichtenkanäle. Nach dem Wahlgesetz ein absolutes Unding: Das dürfte wohl der krasseste Verstoß gegen Paragraf 32 des Bundeswahlgesetzes aller Zeiten gewesen sein. Das ist der kleine Unterschied zu einer banalen »Panne«. Na ja – aber wer würde sich schon davon beeinflussen lassen, dass ein CDU-Vorsitzender CDU wählt? Gute Frage – aber zu bedenken ist auch, dass viele Millionen Menschen bis zum letzten Moment nicht genau wissen, wen sie wählen sollen und es somit einem letzten Impuls überlassen, bei wem sie ihre Kreuzchen machen. Die Wähler seien sehr viel unberechenbarer und spontaner als früher, sagt nicht umsonst der Politikwissenschaftler Florian Hartleb: »Etwa 30 Prozent der Wähler entscheiden erst unmittelbar vor der Wahl, für wen sie stimmen« (*web.de*, 25.09.2017). Einer Grafik des Statistischen Bundesamtes zufolge treffen 12 Prozent der Wähler ihre Entscheidung sogar erst am Wahltag, bei 60,4 Millionen Wahlberechtigten also 7,25 Millionen (*statista.de*: »Wann werden Sie voraussichtlich entscheiden, welche Partei Sie bei der kommenden Bundestagswahl im September wählen werden?«, Juli 2009). In diesem Fall also an jenem Wahltag, an dem Laschets CDU-Kreuzchen millionenfach über die Bildschirme flimmerten. Dass der Wahlkampf daher »bis zuletzt« dauert, ist schon seit vielen Jahren bekannt. Gerade die »Impulswähler« befänden sich im Fadenkreuz (FAZ, online, 16.09.2005). Mit anderen Worten dürfte die Aktion der Laschets durchaus für einige Tausend Wählerstimmen gut gewesen sein, wenn nicht für mehr.

Wahlkampf aus dem Wahllokal

Es gibt da nur ein kleines Problem: »Während der Wahlzeit sind in und an dem Gebäude, in dem sich der Wahlraum befindet, sowie unmittelbar vor dem Zugang zu dem Gebäude jede Beeinflussung der Wähler durch Wort, Ton, Schrift oder Bild sowie jede Unterschriftensammlung verboten« (§ 32 Bundeswahlgesetz). Kurz und gut: Laschet tat also etwas absolut

Verbotenes: Er machte Wahlkampf vom Wahllokal aus – und zwar mit einer gewaltigen Reichweite. Strafbar? Natürlich: »Nach § 107 c StGB wird mit Freiheitsstrafe bis zu 2 Jahren oder mit Geldstrafe bestraft, wer einer dem Schutz des Wahlgeheimnisses dienenden Vorschrift in der Absicht zuwiderhandelt, sich oder einem anderen Kenntnis davon zu verschaffen, wie jemand gewählt hat.« Und das hat Laschet offenbar. Als beispielsweise der AfD-Abgeordnete Hannes Gnauck am Wahlsonntag ein Foto eines Stimmzettels mit zwei Kreuzen für sich selbst und seine Partei twitterte, kannten die Behörden keine Gnade: »Der Kreiswahlleiter der Uckermark, Robert Richter, hat Anzeige wegen Verletzung des Wahlgeheimnisses erstattet«, hieß es beim rbb (online, 27.09.2021). Also jener Mann, dessen Kollegen bei Laschets illegaler Stimmabgabe in Aachen nur untätig herumstanden. »Wir haben auf einen Hinweis der Polizei aus dem Lagezentrum reagiert«, sagte Richter dem rbb.

Sehr gut! Laschet dagegen erfreute sich der ausdrücklichen Milde des Bundeswahlleiters Georg Thiel, der ein ehemaliger Untergebener des CDU-Bonzen Wolfgang Schäuble (»Mr. 100 000 Mark«) ist. »Ein bundesweit bekannter Politiker hat wie erwartet seine eigene Partei gewählt […], eine Wählerbeeinflussung kann darin nicht gesehen werden«, verharmloste Thiel den Missbrauch des Wahllokals als Werbestudio (*Allgemeine Zeitung*, online, 08.05.2021). Fein: Wenn Sie mich fragen, riecht das nach Rechtsbeugung. Denn in Wirklichkeit wurde hier am Tag der Bundestagswahl von einem Wahlraum aus eine dreiste Last-Minute-Werbekampagne für Laschet und die CDU gestartet.

Eine uralte Verkaufsmasche

Ach so, ja! Die Bundestagswahl hätte ich beinahe vergessen! Lassen Sie's mich kurz machen: Tatsächlich habe ich überlegt, ob ich darüber überhaupt ein eigenes Kapitel schreiben soll. Diese Wahl war nämlich weder spannend noch verdient sie überhaupt diesen Namen. Denn um das Ergebnis dieser Bundestagswahl vorauszusehen, brauchten wir keine Hochrechnungen. Und zwar deshalb nicht, weil wir nämlich schon vorher wussten, wie sie ausfallen würde. Schlecht. Und zwar, weil wir gar keine Wahl hatten. Die Kandidaten waren uncharismatisch und unverkäuflich wie Restobst im Supermarktregal am Samstagabend um viertel vor acht. Und das waren sie ja auch: die letzten Überbleibsel und Ladenhüter aus 70 Jahren bundesdeutscher Parteiengeschichte mit großen Namen wie Ludwig Erhard, Kurt Georg Kiesinger, Franz Josef Strauß, Willy Brandt und Helmut Schmidt. Politiker, die noch mit Leidenschaft um den richtigen Kurs gekämpft hatten (ohne hier klischeehaft werden zu wollen, denn auch auf diese Figuren lohnt sich einmal ein tieferer Blick). Aber die heutigen Politiker sind nur noch zu blassen Abziehbildern dieser Urgesteine verkommen, der Kandidatenschaulauf sollte Alternativen suggerieren, die es gar nicht gab. Gewinnen würde auf jeden Fall immer dieselbe Konstellation – nämlich eine antideutsche Koalition aus pseudokonservativen, »liberalen«, linken und grünen Don Quichottes, die das Land unter dem Vorwand des Kampfes gegen Corona- und Klima-Windmühlen weiter zugrunde richten und seine Bürger entrechten, ausrauben und den globalen Oligarchien ausliefern würden. Das Ganze war also nur eine Scheinwahl.

Wer oben ist, bleibt oben

Des Weiteren kann es freie Wahlen nur bei geistiger Freiheit geben. Wenn die Staatsparteien im Vorfeld jedoch durch Staatsmedien unterstützt werden, während Konkurrenzparteien als Helfer von Terroristen dargestellt werden, kann man wohl kaum von »freien Wahlen« sprechen. Auch sehr »hilfreich« ist die Reihenfolge auf dem Stimmzettel, die den etablierten Parteien Hunderttausende von Stimmen einbringen dürfte. Bitte gehen Sie nicht davon aus, dass alle so wählen, wie Sie und ich. Sondern viele entscheiden mehr oder weniger unbeteiligt, lustlos und spontan und folgen einem letzten Impuls, wo sie ihr Kreuzchen anbringen. Bei all dem Rummel um Umfragen, Themen und Skandale ist in Wirklichkeit der Stimmzettel der entscheidende »selling point«, an dem die jeweilige Partei »gekauft« wird! Und dieser selling point funktioniert auch nicht anders als ein Supermarktregal: Was auf Augenhöhe steht, wird häufiger gekauft als das, was sich auf den unteren Rängen befindet – eine uralte Verkaufsmasche. Und wer auf dem Stimmzettel oben steht, entscheidet sich bisher nach dem Zweitstimmenergebnis der letzten Bundestagswahl. Das heißt: Wer es nach oben schafft, kommt auch das nächste Mal wieder ganz nach oben auf dem Stimmzettel, was im Supermarkt schließlich auch der Fall ist: Wenn sich die Produkte in den oberen Regalreihen gut verkaufen, werden sie auch bei der nächsten Lieferung wieder oben eingeordnet. Neue und kleine Parteien müssen dagegen jahrelang gegen diese Benachteiligung kämpfen, bis sie überhaupt einmal ins Blickfeld des Wählers gelangen.

Ein vergessenes Hindernis

Neben der viel kritisierten 5-Prozent-Hürde ist dies ein weiteres, aber völlig vergessenes Hindernis, gegen das kleine und/oder neue Parteien ankämpfen müssen – ein unfaires und undemokratisches Verfahren, das eines angeblich demokratischen Staates nicht würdig ist. In Wirklichkeit gibt es nur ein faires und objektives Verfahren, und das ist die Verlosung der Stimmzettelplätze. Allein dadurch sähe unsere Republik bereits anders aus. Das ist jedoch eine Wahlrechtsreform, für die man die Parteien an der Spitze des Stimmzettels wohl kaum gewinnen wird ...

Oktober 2021

Thema des Monats

16.10. 60 Jahre Milgram-Experiment

1.10. »Klimaschutzaktivisten« besetzen Maschinen im Braunkohletagebau Garzweiler II und fordern den sofortigen Kohleausstieg – ***7.10. 20 Jahre Afghanistankrieg**: **Verstoß gegen das Völkerrecht*** – **7.10.** Der polnische Verfassungsgerichtshof erklärt einige Klauseln der EU-Verträge und Urteile des Europäischen Gerichtshofs für verfassungswidrig – **9.10.** Blackout im Libanon wegen Brennstoffmangels in zwei Kraftwerken – **9.10.** Der österreichische Bundeskanzler Kurz tritt zurück – ***10.10. Der Moorforscher Hans Joosten erhält den Deutschen Umweltpreis (siehe 21. Mai: Moore: die Fehler unserer Vorfahren)*** – **14.10.** In Bayern beginnt die Zeichnungsfrist für das Volksbegehren zur Abberufung des Landtages – ***16.10. 60 Jahre Milgram-Experiment: auf der Spur des Unmenschen*** – **20.10.** Der russische Regierungskritiker Nawalny bekommt den Sacharow-Preis – **20.10.** In den USA gelingt die Transplantation einer Schweineniere in einen Menschen – **26.10.** In Berlin findet die Konstituierende Sitzung des 20. Deutschen Bundestages statt – **31.10.** Im britischen Glasgow beginnt die UN-Klimakonferenz

7. Oktober
20 Jahre Afghanistankrieg: 20 Jahre Verstoß gegen das Völkerrecht

Afghanistan, 7. Oktober 2001. Explosionen erschüttern Kabul, Kandahar, Dschalalabad, Kunduz und Mazar-e-Sharif. Die amerikanische Luftwaffe fliegt Bombenangriffe auf angebliche Stützpunkte der Taliban und von al-Qaida. Gleichzeitig werfen andere Flugzeuge humanitäre Hilfsgüter für die afghanische Zivilbevölkerung ab. Frankreich, Deutschland, Australien und Kanada stellen logistische Unterstützung bereit. Wenige Wochen später ist die Taliban-Regierung Geschichte und das Land in der Hand der westlichen Kriegskoalition und der mit ihr verbündeten »Nordallianz«.

Bilder, die die Welt regieren

Ein großer Sieg! Aber nicht für lange: 2021, 20 Jahre später, mussten die westlichen Mächte Afghanistan mit Schimpf und Schande verlassen. Schrecklich! Für den Afghanistankrieg hatte es doch gute Gründe gegeben: Angeblich hatte ein gewisser Osama bin Laden aus den Bergen Afghanistans heraus die Attentate des 11. September 2001 geplant und neunzehn Flugzeugentführer angestiftet, mit ihren Maschinen in das World Trade Center und das Pentagon zu fliegen (siehe 11. September). Irgendwie archaisch und fast schon rührend, wie sich die arabischen Amateurpiloten mit den Teppichmessern zwischen den Zähnen schneidig in die Türme bohrten. Auf den ersten Blick barg das Narrativ eine entwaffnende Logik: Flugzeuge, Flugbenzin, Flammen – rumms: Menschen stürzen aus den Fenstern, Gebäude kollabieren, Menschen weinen. Das verstand jeder, und deshalb berührte es auch jeden. Es sind eben – neben dem Geld – die Bilder, die die Welt regieren. Und neben den Bildern sind es die Definitionen, die dazu gegeben werden.

Osama und die neunzehn Räuber: Es begann mit einer Lüge

Papperlapapp! Der Krieg war nötig, denn: »Afghanistan war bis zum Jahr 2001 die wichtigste Operations- und Trainingsbasis des internationalen Terrorismus«, so die deutsche Bundesregierung (Die Bundesregierung: »Frieden und Entwicklung in Afghanistan – Sicherheit für uns«, Berlin 2008). »Hier wurden die mörderischen Anschläge auf das World Trade

Center in New York und das Pentagon in Washington geplant. Das Eingreifen der internationalen Gemeinschaft hat die Schreckensherrschaft der Taliban beendet und den Terroristen von al-Qaida ihre operative Basis weitestgehend genommen.« Ach so – ja. Aber Moment mal: Für eine Täterschaft Osama bin Ladens gibt es keine Beweise – schon gar nicht für eine Täterschaft aus Afghanistan heraus. Der ganze Krieg war in Wirklichkeit ein Verstoß gegen das Völkerrecht. Die beiden immer wieder angeführten UN-Resolutionen 1368 und 1373 vom Herbst 2001 enthielten kein UN-Mandat für einen Krieg gegen Afghanistan. In Nummer 1368 (12. September 2001) ist stattdessen explizit davon die Rede, die Täter vor Gericht zu stellen: »Der Sicherheitsrat fordert alle Staaten dringend zur Zusammenarbeit auf, um die Täter, Organisatoren und Förderer dieser Terroranschläge vor Gericht zu stellen, und betont, dass diejenigen, die den Tätern, Organisatoren und Förderern dieser Handlungen geholfen, sie unterstützt oder ihnen Unterschlupf gewährt haben, zur Verantwortung gezogen werden.« Also vor Gericht kommen.

Kein Ticket nach Afghanistan

Zwar steht da auch etwas von der »Bereitschaft, alle erforderlichen Schritte zu unternehmen, um auf die Terroranschläge vom 11. September 2001 zu antworten und alle Formen des Terrorismus zu bekämpfen«, aber auch das ist kein Mandat für ein militärisches Vorgehen. Denn der Sicherheitsrat bekundete lediglich *seine* Bereitschaft, *selbst* alle erforderlichen Schritte zu unternehmen (also vielleicht auch ein militärisches Mandat zu erteilen), darin war aber keine Ermächtigung für militärische Schritte *von anderen* enthalten: »Er hat sich damit die Auswahl der erforderlichen Schritte vorbehalten und beansprucht hier seine alleinige Kompetenz für Maßnahmen nach Art. 41 und 42 UN-Charta [Sanktionen und militärische Einsätze]«, so der renommierte Völkerrechtler Prof. Dr. Norman Paech in einem Gutachten. Und: »Er hat den Staaten keine Blankovollmacht gegeben.« Denn: Dafür hätte sich die Resolution auf Artikel 41 beziehungsweise 42 berufen müssen. »Der Wortlaut dieser Resolution [1368] zeigt eindeutig, dass die USA ihr Ziel, eine Ermächtigung für militärische Reaktionen auf den Terroranschlag zu erhalten, nicht erreichen konnten«, so Paech. Und das ist auch kein Wunder, denn im Sicherheitsrat saßen auch Russland und China mit am Tisch, die ihrem Widersacher USA sicher kein Mandat für seine expansiven Raubzüge Richtung Asien erteilen wollten. Und das gilt auch für Resolution 1373 vom

28. September 2001. Dort geht es ebenfalls nicht um eine Invasion, sondern hauptsächlich um die strafrechtliche Verfolgung, die Bekämpfung der Finanzierung des Terrorismus und anderes mehr – aber nirgends um militärische Maßnahmen.

Das zweite Problem: Zwar legt Artikel 51 der UN-Charta fest, dass im Falle eines »bewaffneten Angriffs« das Recht auf Selbstverteidigung gewahrt bleibt, »solange der Sicherheitsrat nicht die zur Wahrung des Weltfriedens und der internationalen Sicherheit erforderlichen Maßnahmen getroffen hat«. Aber handelte es sich bei den Flugzeugattentaten wirklich um einen »bewaffneten« Angriff? Worin bestanden die Waffen: in den Flugzeugen? Oder in den Teppichmessern? Dass der Artikel hier nicht greift, ist deutlich zu erkennen, weil bei der Abfassung nicht an Terrorismus, sondern an einen klassischen militärischen Angriff eines Staates auf einen anderen Staat gedacht wurde. »Keine Resolution der Vereinten Nationen und des UN-Sicherheitsrates hat irgendeinem Staat jemals erlaubt, gegen Afghanistan Waffengewalt einzusetzen und eine Invasion Afghanistans durchzuführen«, meinte denn auch der frühere CDU-Bundestagsabgeordnete und -Verteidigungsexperte Willy Wimmer (*apolut.net*, 31.08.2021).

Weder Recht noch Logik

Ja, aber die NATO hat den Afghanistaneinsatz doch abgesegnet! Tatsächlich kreuzte der damalige US-Verteidigungsminister Colin Powell nach den Anschlägen vom 11. September 2001 im NATO-Hauptquartier in Brüssel auf, um dem (nach dem Ende des Warschauer Pakts) obsolet gewordenen Verteidigungsbündnis neues Leben einzuhauchen. Powell marschierte hinein, überrollte die übrigen NATO-Vertreter und verlangte die erstmalige Anwendung von Artikel 5 NATO-Vertrag (gegenseitige Beistandspflicht). Tja – irgendwie ärmlich: Jahrzehntelang hatte man da schon an etwas anderes gedacht, nämlich an einen ausgewachsenen Atomkrieg. Dabei sollte uns die NATO im Ernstfall heldenhaft verteidigen. Aber nun hatte die westliche »Schutzmacht« nicht mehr zu bieten, als eine fadenscheinige Inszenierung mit einem zotteligen Islamisten in der Hauptrolle. Zwar bestimmt Artikel 5 des NATO-Vertrages, »dass ein bewaffneter Angriff« gegen eines oder mehrere NATO-Mitglieder »als ein Angriff gegen sie alle angesehen werden wird«, woraufhin alle anderen Mitglieder Beistand zu leisten haben (Musketier-Klausel). Aber nochmals: Handelte es sich bei den Flugzeugattentaten wirklich um einen

»bewaffneten« Angriff? Auch hier besteht die Schwierigkeit, dass der NATO-Vertrag auf Terrorismus nicht anwendbar ist. Überdies besteht der Sinn des Beistands laut Vertrag darin, »die Sicherheit des nordatlantischen Gebiets wiederherzustellen und zu erhalten«. Aber war tatsächlich die Sicherheit des gesamten »nordatlantischen Gebiets« durch die Flugzeugattentate gefährdet? Wenn, dann hatte hier – militärisch gesehen – doch eher eine Mücke einen Elefanten gestochen. Aus dem Geist des Vertrages ergibt sich darüber hinaus, dass Beistand nur dann zu leisten ist, wenn dieser auch nötig ist – und nicht, um einen angeblich wild gewordenen Terroristen aus den Bergen Afghanistans zu vertreiben. Und obwohl die NATO Powells Ansinnen durchwinkte, konnte dies das fehlende UN-Mandat nicht aufwiegen, denn als Verteidigungsbündnis von Staaten ist auch die NATO rein völkerrechtlich gesehen an das gebunden, was für Staaten gilt, nämlich die UN-Charta und die Resolutionen des Sicherheitsrates. Mit Recht und Logik hatte der Afghanistaneinsatz also überhaupt nichts zu tun. Die USA trampelten durch das Völkerrecht wie der berühmte Elefant durch den Porzellanladen und »reagierten« auf den 11. September 2001 mit Unterdrückung nach innen (Patriot Act, Homeland Security etc.) und nach außen (Kriege). Statt Demokratie und Recht zu stärken, betrieben die Vereinigten Staaten Vandalismus im nationalen und internationalen Recht, während sie auf dem Boden mordeten und brandschatzten.

Der Staat als Räuberbande

Oder wie schon Augustinus von Hippo sagte: »Nimm das Recht weg – was ist dann ein Staat noch anderes als eine große Räuberbande.« Und genau das war es denn auch, was am 7. Oktober 2001 über Afghanistan herfiel: Eine Schlägerbande, deren Anführer behauptete, nachts auf dem Gehsteig von einem Afghanen angerempelt worden zu sein und nun Vergeltung und Entschädigung verlangte. Dabei war Osama bin Laden gar kein Afghane. Ja, in Wirklichkeit war *nicht ein einziger angeblicher 9/11-Attentäter Afghane gewesen*: Osama bin Laden war genauso ein Saudi, wie fünfzehn der neunzehn angeblichen Flugzeugentführer. Zwei weitere Verdächtigte kamen aus den Vereinigten Arabischen Emiraten, jeweils einer aus Ägypten und dem Libanon. Bin Laden war auch kein Feind der Vereinigten Staaten, sondern hatte lange Zeit im Dienst der CIA gestanden und den Amerikanern geholfen, die Sowjets, die sich zuvor dort festgesetzt hatten, aus Afghanistan zu vertreiben. Die Rekrutierungsliste für Osamas antisowjetische Rebellen hieß al-Qaida (»Die Basis«). Noch im Sommer 2001 soll bin Laden laut der französischen Tageszeitung *Le Figaro* vom 31. Oktober 2001 in einem amerikanischen Militärkrankenhaus in Dubai an einer Nierenerkrankung behandelt worden sein: »2 Monate vor dem 11. September flog Osama bin Laden für 10 Tage nach Dubai, um sich in einem amerikanischen Krankenhaus behandeln zu lassen, wo er von dem dortigen CIA-Agenten besucht wurde, wie die französische Zeitung *Le Figaro* berichtet«, schrieb der britische *Guardian* (online) am 1. November 2001. »Die Enthüllungen stammen bekanntermaßen vom französischen Geheimdienst, der die zweifelhafte Rolle der CIA aufdecken und Washington von einer Ausweitung des Krieges auf den Irak und andere Länder abhalten will. Bin Laden soll am 4. Juli aus Quetta in Pakistan mit seinem persönlichen Arzt, einer Krankenschwester und vier Leibwächtern in Dubai eingetroffen sein, um in der urologischen Abteilung behandelt zu werden. Dort wurde er von mehreren Mitgliedern seiner Familie, saudischen Persönlichkeiten und der CIA besucht. Der CIA-Chef wurde im Aufzug auf dem Weg zu bin Laden gesehen und soll später vor Freunden mit seinem Kontakt geprahlt haben. Bald darauf wurde er nach Washington zurückgerufen. Aus Geheimdienstkreisen wurde bekannt, dass auch ein anderer CIA-Agent anwesend war und dass bin Laden auch von Prinz Turki al Faisal, dem damaligen Chef des saudischen Geheimdienstes, besucht wurde, der seit Langem Verbindungen zu den Taliban und bin Laden unterhielt.«

Natürlich wurde diese Meldung von dem amerikanischen Krankenhaus in Dubai nachdrücklich dementiert. Man sei sich ganz sicher, dass bin Laden dort nicht behandelt worden sei. Der damalige Leiter der Klinik, Bernard Kovel, sagte, »Gespräche mit dem Klinikpersonal, einschließlich Dr. Terry Callaway, dem in Kanada geborenen Spezialisten, der angeblich Herrn bin Laden behandelt hat, hätten keinen Hinweis auf die Anwesenheit des Terroristen ergeben« (*New York Times*, online, 01.11.2001). Allerdings gibt es weitere Hinweise darauf, dass der etwa 54-jährige bin Laden, während er die Großoperation gegen die USA gesteuert haben soll, tatsächlich bereits schwer krank war und in Krankenhäusern behandelt wurde: So sei er »einem Bericht des CBS-Korrespondenten Barry Petersen zufolge« am Abend des 10. September 2001 »in das Militärkrankenhaus in Rawalpindi zu einer Dialysebehandlung eingeliefert« worden, schrieb der Journalist Mathias Bröckers, Autor mehrerer Bücher über die Attentate des 11. September 2001 (*Telepolis*, 17.05.2015). »›In dieser Nacht‹, so eine Angehörige des medizinischen Personals, die ihre Identität nicht preisgeben wollte, ›haben sie die gesamte reguläre Belegschaft der urologischen Abteilung abgezogen und ein geheimes Team geschickt, um sie zu ersetzen‹.« Die Angehörige des medizinischen Personals »sagte, es handele sich um eine Behandlung für einen ganz besonderen Menschen, und ›das Spezialteam führte offensichtlich nichts Gutes im Schilde‹«, so die Website von CBS News am 28. Januar 2002. »›Sie hatten ihn militärisch umzingelt‹, sagte ein Krankenhausangestellter, der seine Identität ebenfalls nicht preisgeben wollte, ›und ich sah, wie dem mysteriösen Patienten aus einem Auto geholfen wurde. Seitdem‹, so der Angestellte, ›habe ich viele Bilder von diesem Mann gesehen. Er ist der Mann, den wir als Osama bin Laden kennen.‹« Was ganz so klingt, als wäre bin Laden da bereits unter militärischer Kontrolle der Pakistanis oder der Amerikaner gewesen: »Der Mastermind des avanciertesten Terroranschlags der Geschichte hängt also während des finalen Countdowns am Tropf des pakistanischen Militärs und wird vor einem Nierenversagen gerettet«, schrieb Bröckers süffisant (*Telepolis*, ebenda). Das Krankenhaus in Rawalpindi dementierte die Berichte, weigerte sich aber, die Aufzeichnungen der fraglichen Nacht zugänglich zu machen.

Der britisch-pakistanische Journalist, Korrespondent und Afghanistanexperte Ahmed Rashid »sagte, dass das [pakistanische] Militär vor dem 11. September oft zu Hilfe kam: ›Es gab Berichte, dass der pakistanische Geheimdienst den Taliban beim Kauf von Dialysegeräten geholfen hatte, und das Gerücht ging um, dass diese für Osama bin Laden bestimmt waren‹, so Rashid« (CBS, ebenda). Tatsächlich bestätigte aber auch der pakistanische Präsident Pervez Musharraf, »dass bin Laden an einem Nierenleiden« erkrankt ist und dass er glaube, »dass bin Laden dem Tod nahe sei«. Woher wusste er das so genau? Berichten zufolge soll bin Laden tatsächlich im Dezember 2001 verstorben sein.

Des Weiteren war Osamas Familie eng mit der Familie Bush befreundet. Dass sich bin Laden zu den Attentaten des 11. September 2001 bekannt haben soll, ist dagegen gelogen. Ein entsprechendes Video war gefälscht. Der echte bin Laden hat seine Beteiligung an den Attentaten immer dementiert (siehe 11. September). »Die direkte Linie von den Anschlägen des 11. September zu dem saudischen Terroristen ist ein Konstrukt der amerikanischen Regierung geblieben«, so der Politikwissenschaftler Professor Dirk Nabers in seinem Buch *Allianz gegen den Terror* (Wiesbaden 2005, S. 136).

Die Fabrik der Realitäten

Im Sommer 2002 hatte der Journalist Ron Suskind von der *New York Times* ein Treffen mit dem Bush-Präsidentenberater Karl Rove, bei dem zwei Welten aufeinanderprallten: nämlich die »realitätsorientierte Welt« auf der einen und die neue Scheinwelt des Imperiums auf der anderen Seite. Rove sagte, so Suskind, »dass Leute wie ich zu dem gehören, ›was wir die realitätsorientierte Gesellschaft nennen‹, die er als Leute definierte, ›die glauben, dass Lösungen aus dem vernünftigen Studium der erkennbaren Realität hervorgehen‹«. Also zum Beispiel Leute wie Sie und ich. »Ich nickte und murmelte etwas über Aufklärungsprinzipien und Empirie. Er unterbrach mich: ›Wir sind jetzt ein Imperium, und wenn wir handeln, dann erschaffen wir unsere eigene Wirklichkeit. Und während Sie diese von uns geschaffene Realität studieren [...], werden wir wieder handeln und neue Wirklichkeiten erschaffen, die Sie wiederum studieren können. So sieht es aus. Wir sind die Akteure der Geschichte, und Ihnen, Ihnen allen bleibt nichts, als zu studieren, was wir tun« (*New York Times*, online, 17.10.2004). Rove sprach also von der Inszenierung ganzer Wirklichkeiten, die schon bald wieder durch andere, neue Realitäten ersetzt werden könnten. Und während die Welt noch ein Ereignis untersucht, werden immer neue und wieder neue geschaffen. Eine Variante der alten Geschichte vom Hasen und dem Igel also. Ein starkes Stück zwar, aber etwas, wovor sogenannte Verschwörungstheoretiker schon immer gewarnt haben.

Warum Afghanistan?

Warum also Afghanistan? Eine gute Frage: »Afghanistan war nicht besiegbar für das Britische Imperium auf dem Höhepunkt seiner Macht; es war nicht besiegbar für Darius oder Alexander den Großen, den Schah, den Zaren oder den Großen Mogul. Auch von 240 000 Sowjetsoldaten konnte es nicht unterworfen werden. Also was genau versuchten wir, dort zu gewinnen?«, fragte Craig Murray, der seinerzeitige britische Botschafter in dem Nachbarland Usbekistan und intime Kenner der Region (Quelle siehe unten). Nun, darauf gibt es verschiedene Antworten – eine davon: Schon seit vielen Jahren planten die USA eine neue Öl- und Gaspipeline durch das Land. Die 1800 Kilometer lange Röhre sollte von Turkmenistan quer durch Afghanistan nach Pakistan verlaufen. Der amerikanische Konzern Union Oilcompany of California (UNOCAL) engagierte sich an vorderster Front für das Projekt und hatte voll auf die Taliban gesetzt. Viele Jahre lang drehten sich die Bemühungen darum, mit den Taliban eine stabile Regierung beziehungsweise eine politische und staatliche Basis für den Bau der Pipeline zu schaffen. Ohne eine stabile Regierung würde der Bau einer Pipeline durch Afghanistan nicht gelingen. Ebenso wenig würde es Kredite der Weltbank dafür geben. Damit die Pipeline endlich errichtet werden konnte, mussten die Taliban also weg. Besser, man würde gleich jemanden mit einem Verständnis für die Ölindustrie in die Regierung setzen. Und so kam es denn auch: Durch den 11. September und den Afghanistankrieg wurden die Taliban vertrieben und ein Mann, dem Verbindungen zu UNOCAL nachgesagt wurden, Präsident des Landes: Hamid Karsai. Einen früheren UNOCAL-Mann ernannte Präsident George W. Bush zum amerikanischen Gesandten in Afghanistan: Zalmay Khalilzad. So kam das Pipeline-Vorhaben nach dem Überfall auf Afghanistan wieder in Gang.

Opium ist auch nur ein Rohstoff

Darüber hinaus ging es in Afghanistan noch um einen weiteren Rohstoff, nämlich Opium: »Was die riesige Heroinindustrie Afghanistans betrifft, so spielten die Vereinigten Staaten eine Hauptrolle bei deren Expansion. Während der gesamten 1980er-Jahre nutzten die Mudschahidin und ihre pakistanischen Sekundanten die verdeckten Versorgungsrouten, die mithilfe der CIA aufgebaut wurden, um Waffen [für den Kampf gegen die Sowjets] nach Afghanistan zu bringen, zum groß angelegten Opiumschmuggel aus dem Land heraus. Die CIA ignorierte den Drogenhandel im Interesse der Fortführung des Krieges gegen die sowjetische Armee. Die Vereinigten Staaten ähnelten mit ihrer Haltung in dieser Frage sehr den Taliban, die ursprünglich für ein Verbot der Opiumproduktion eingetreten waren, die Entscheidung aber zurücknahmen, als sie feststellten, dass es kaum alternative Einnahmequellen in Afghanistans ruinierter Wirtschaft gab«, so die World-Socialist-Website (WSWS, online, 01.11.2001).

Laut Craig Murray wiederum hatten die Taliban bis zum segensreichen Eingreifen von George W. Bush und der mutigen Bundeswehr den Opiumanbau in Afghanistan sogar zum Erliegen gebracht: »Die Taliban hatten die Opiumernte präzise auf null reduziert«, schrieb Murray. Ob nun null oder auch 150 Tonnen (wie die *Frankfurter Allgemeine Zeitung* den Opiumexport aus Afghanistan für das Jahr 2001 beziffert), im Vergleich zu den 4500 Tonnen, die noch 1999 produziert worden sein sollen, war das so gut wie nichts. Die Methoden der Taliban bei der Drogenbekämpfung würde er zwar »nicht für gut heißen«, so Murray, »denn sie beinhalteten, den Leuten Körperteile abzuschneiden, oft lebenswichtige Körperteile. Die Taliban waren ein Haufen verrückter und extrem widerlicher religiöser Fanatiker. Aber eine der Sachen, die sie vehement bekämpften, war Opium.«

Neben ihrer Unfähigkeit, eine stabile Öl- und Gasregierung als Grundlage für den Bau einer Pipeline zu errichten, war das keine gute Basis für eine tiefe Freundschaft der Taliban zu George W. Bush. Denn von den schwarzen Drogengewinnen profitieren auch die Geheimdienste, denen die Familie Bush eng verbunden ist (Bush senior war von 1976 bis 1977 Direktor der CIA). Mit den schwarzen Gewinnen und dem Elend von Drogenabhängigen auf der ganzen Welt finanzieren die Dienste die schwarzen Operationen, mit denen sie weltweit Demokratien unterwandern und bekämpfen. Papperlapapp: Natürlich habe auch die afghanische US-Vasallenregierung von Hamid Karzai seit ihrem Amtsantritt das Drogenproblem zu lösen versucht, versicherte die Deutsche Welle. Diese Lösung sah so aus, dass Afghanistan 6 Jahre nach dem Amtsantritt dieser Regierung seine Opiumproduktion von rund 180 Tonnen auf eine Rekordproduktion von über 8000 Tonnen gesteigert hatte und damit praktisch zum exklusiven Lieferanten der nach Verbreitung tödlichsten Droge des Planeten aufgestiegen war (siehe *Blätter für Internationale Politik*, online, 4/2018). Karzais Bruder, Ahmad Wali Karzai, galt bis zu seinem Tod am 12. Juli 2011 als der größte Drogendealer Afghanistans (BBC, online, 12.07.2011).

Größte Drogenplantage der Welt

Mit »Wiederaufbau des Landes« dürfte nach Lage der Dinge denn auch vor allem der Wiederanbau und mit »wirtschaftlicher und sozialer Entwicklung« (Bundesregierung) die explodierende Opiumproduktion gemeint gewesen sein.

»Innerhalb von 6 Jahren hat die Besatzung eine massive Transformation in Afghanistan bewirkt«, so Murray, »eine so gewaltige Entwicklung, dass sie nun 40 Prozent der afghanischen Wirtschaft repräsentiert und das afghanische Bruttoinlandsprodukt um 66 Prozent zugenommen hat. Das ist in jeder Hinsicht eine verblüffende Errungenschaft – trotzdem hängen wir es nicht an die große Glocke. Warum nicht?«, fragte Murray. Weil »die Antwort lautet: Die Errungenschaft besteht in der größten Opiumernte, die die Welt jemals gesehen hat« (*craigmurray.co.uk*, 27.07.2007). Deutschland sei »auch in Zukunft zu seinem nachhaltigen zivilen und militärischen Engagement bereit, damit Afghanistan nicht wieder zu einem Ausbildungszentrum des Terrorismus zurückfällt«, heißt es in einer Pressemitteilung des Verteidigungsministeriums. Und: »Afghanistan darf nicht wieder extremistischen Kräften überlassen werden« – die einfach die schönen Opiumfelder platt machen oder vernachlässigen, darf man hinzufügen. 6 Jahre nach der Absetzung der Taliban-Regierung 2001 stammten 2007 rund 93 Prozent der globalen Opiumproduktion aus Afghanistan (Deutsche Welle, online, 27.08.2007).

Aufmarschgebiet gegen den Iran

Und schließlich hatte Afghanistan noch eine weitere wichtige Funktion in der damaligen US-Strategie: als Aufmarschgebiet und Sprungbrett für einen Krieg gegen den Iran. Nicht zufällig nehmen Afghanistan und der Irak den Iran geografisch gesehen in die Zange. Mit dem Einmarsch in Afghanistan im Jahre 2001 und 2003 im Irak war die beidseitige Umklammerung des Irans perfekt. Aber der Plan lief ins Leere. Zwar verstieg sich Bundeskanzlerin Merkel noch am 11. Dezember 2006 in der Talk-Sendung *Beckmann* dazu, »dass wir im nächsten Konflikt, also im Konflikt mit dem Iran, alles daransetzen müssen, Europa und möglichst Russland und China mit den Amerikanern auch zusammenzuhalten«. Allerdings war dieser Zug da schon längst abgefahren. Das Project for the New American Century, der Thinktank, der von vielen als eigentlicher Drahtzieher der 9/11-Attentate angesehen wird, hatte just im selben Jahr geistige und politische Insolvenz angemeldet (siehe 11. September). Ein neues amerikanisches Jahrhundert würde es genauso wenig geben, wie die von Merkel angedeutete Allianz gegen den Iran mit Russland, China und den USA. Denn bei denselben großen Jungs, die Merkel gegen den Iran vereinen wollte, saß der Iran längst auf dem Schoß: Seit 2005 ist das Land Beobachter bei der Shanghai Cooperation Organization (SCO) – ein Zusammenschluss von China, Russland, inzwischen sogar Indien und Pakistan, um nur die wichtigsten Staaten zu nennen. Russen und Chinesen hätten schon damals den Teufel getan, im Sinne der amerikanischen Strategen gegen ihren eigenen Verbündeten Iran vorzugehen. Denn von einem hielten sie verständlicherweise gar nichts: von einem »neuen amerikanischen Jahrhundert« …

16. Oktober
Milgram: auf der Spur des Unmenschen

Universität Yale. Der Raum ist schmucklos und kahl. Ein Mann sitzt vor einem wuchtigen Apparat. Darauf befinden sich Dutzende Schalter mit Beschriftungen von 15 bis 450 Volt. Über eine Sprechanlage liest er einem zweiten Mann in einem Nebenzimmer Wortpaare vor (zum Beispiel »Arm – Beuge«), an die sich dieser später richtig erinnern muss. Bei Versagen setzt es einen Stromschlag – beim ersten Mal 15 Volt, bei jedem weiteren Fehler jeweils 15 Volt mehr. Angeblich soll damit die Beziehung zwischen Strafe und Lernerfolg erforscht werden, hat der Versuchsleiter den beiden Probanden erklärt. Er sitzt im grauen Laborkittel hinter dem »Lehrer«. Wer »Lehrer« und wer »Schüler« ist, wurde zuvor per Los entschieden. Glaubt jedenfalls der »Lehrer« am Schaltpult (Milgram, Stanley: *Das Milgram-Experiment. Zur Gehorsamsbereitschaft gegenüber Autorität*, Hamburg 1986, S. 37).

Das ist eine Szene aus dem Spielfilm *Experimenter – Die Stanley Milgram Story*, dessen US-amerikanisches Original heute vor exakt 6 Jahren herauskam. Minutiös beschreibt der Streifen das berühmte Experiment des US-Psychologen Dr. Stanley Milgram über Autorität und Gehorsam aus dem Jahr 1961, das sich 2021 zum 60. Mal jährt. Aber nicht nur dieses Experiment feiert dieses Jahr Jubiläum: Auch die Versuche von Philip Zimbardo aus dem Jahr 1971 und Solomon Asch aus dem Jahr 1951, die unsere heutige Situation gleichzeitig perfekt und erschreckend genau beschreiben und erklären, haben 2021 einen runden Geburtstag. Die in der breiten Öffentlichkeit weitgehend vergessenen Experimente sind Meilensteine auf dem Weg zum Verständnis einer Tyrannei und können eine weitere Antwort auf die bereits im Kapitel über den 30. April (Vater Staat und Mutti Merkel) gestellte Frage geben, warum die meisten Menschen angesichts der offensichtlichen Corona-Tyrannei nicht aufmucken. Die Experimente geben Aufschluss darüber, wie der Mensch tickt und wie man ihn ganz einfach und ohne Gewalt in eine gefährliche Waffe gegen seine Mitmenschen verwandeln kann.

Asch: lieber mit der Mehrheit, als mit der Wahrheit

Als Erstes wäre da Solomon Asch zu nennen, der 1951, also vor 70 Jahren, auf ein ganz einfaches Modell verfiel. Denn nach dem Zweiten Weltkrieg verlangte die Welt Antworten auf Fragen über die menschliche

Psyche, vor allem darauf, wie derartige Gräuel überhaupt möglich gewesen waren. Viele Millionen Menschen wurden aufgewühlt durch den Krieg, die Nürnberger Prozesse und/oder durch Streifen wie den Holocaust-Film *Todesmühlen* (1945), hergestellt vom Hollywood-Regisseur Billy Wilder im Auftrag des US-Verteidigungsministeriums, das Buch *Die Weiße Rose* (1952) über den Widerstand der Geschwister Scholl oder *Das Tagebuch der Anne Frank* (1947). 1956 folgte der Film *Nacht und Nebel* über die deutschen Konzentrationslager, der bis heute in deutschen Schulen gezeigt wird. Asch also begab sich 1951 als einer der ersten Wissenschaftler »auf die Spur des Unmenschen«. Einer Gruppe von sechs Personen zeigte er zwei Blätter Papier: eines mit nur einer geraden Linie, das andere mit drei unterschiedlich langen Linien. Der Gruppe von Probanden stellte Asch nun eine ganz einfache Frage, nämlich, welche der drei stark unterschiedlich langen Linien dieselbe Länge hätte, wie die vierte auf dem zweiten Blatt Papier. Aber nur eine der sechs Versuchspersonen war echt, die fünf anderen waren von der Versuchsleitung angewiesen worden, auf eine falsche Linie zu deuten. Die Fragestellung des Experiments lautete, inwieweit sich die nicht eingeweihte Person beeinflussen lassen würde, wenn die anderen fünf auf falsche Linien zeigen würden, die nicht identisch mit der vierten Linie waren. Das heißt, ob die Versuchsperson angesichts des Gruppendrucks die Realität glatt verleugnen würde. Und siehe da: Was angesichts der einfachen Aufgabenstellung und der Offenkundigkeit der Wahrheit kaum zu glauben ist, geschah: »76 Prozent der Testpersonen passten sich mindestens einmal dem falschen Urteil der Gruppe an.« Diese Probanden zeigten also der offensichtlichen Realität zum Trotz auf die falsche Linie, nur um der Mehrheit nicht zu widersprechen. Wir reden hier also von Mitläufern, die bereit sind, auch die offensichtlichste Realität zu leugnen. Nur ein Viertel der Testpersonen »ließ sich nicht von der Gruppe beeinflussen und verhielt sich nicht konform« (Bundeszentrale für politische Bildung, online, 30.06.2010). Ein sensationeller und gleichzeitig erschreckender Befund. Und ein Phänomen, das wir derzeit wieder beobachten können.

Milgram: das Dritte Reich in uns allen

Der nächste, der der menschlichen Psyche auf den Zahn fühlen wollte, war ein Schüler Aschs, der Psychologe Dr. Stanley Milgram. Genau wie Asch war Milgram Jude und von Anfang an interessiert an der Idee, »wissenschaftlich zu beweisen, dass Deutsche anders sind«, wie das

Magazin *Esquire* schrieb. »Die Deutsche-sind-anders-Hypothese wurde von Historikern, wie zum Beispiel William L. Shirer, zur Erklärung der systematischen Vernichtung der Juden durch das Dritte Reich gebraucht: Ein Wahnsinniger könnte beschließen, die Juden zu vernichten und sogar einen Masterplan dafür zu entwerfen. Aber um ihn in dem Ausmaß zu verwirklichen, wie Hitler es tat, müssten Tausende von anderen Menschen mit dem Plan einverstanden sein und bei der Umsetzung helfen. Die Shirer-These, die Milgram zu testen versuchte, besagt, dass die Deutschen eine grundlegende Charakterschwäche haben, die das Ganze erklärt, und dieser Charakterfehler ist die Bereitschaft, einer Autorität widerspruchslos zu gehorchen, egal, welche ungeheuerlichen Handlungen sie befiehlt« (*Esquire*, 2/1970).

Gehen wir also zurück in jenen kahlen Raum in der Yale-Universität, in dem 1961 Probanden vor einem Schaltpult saßen, um anderen Probanden Wortpaare vorzulesen und sie zu bestrafen, wenn sie sich nicht richtig erinnerten. Von Anfang an wichtig waren dabei Identifikation, Rollenverteilung und Spaltung. Das geschah durch Begriffe wie »Lehrer« und »Schüler« (oder später bei Zimbardo: »Wächter« und »Häftling«). Was Milgrams Versuchspersonen an dem »Schockgenerator« nicht wussten: Der »Schüler«, dessen Lernfähigkeit abhängig von der Bestrafung angeblich erprobt werden sollte, gehörte in Wirklichkeit zum Versuchsteam und stieß nur zum Schein Schmerzensschreie aus. Und Strom floss durch die Leitungen auch nicht. Denn nicht der »Schüler« war das Versuchsobjekt, sondern der »Lehrer« am Schaltpult und dessen Bereitschaft, einen anderen auf Anweisung »von oben« bis zum Äußersten zu quälen.

Die Überraschung: Trotz schriller »Schmerzensschreie« der »Schüler« gingen in den Grundlagenstudien alle »Lehrer«, also 100 Prozent der Versuchspersonen am Schaltpult, bis zu einem Stromschlag von 300 Volt, und das trotz schriftlicher Warnungen auf dem Generator wie »INTENSIVER SCHOCK«. 65 Prozent, also rund zwei Drittel, gingen noch weiter – bis die Versuchspersonen auf dem »elektrischen Stuhl« bei 450 Volt keinen Mucks mehr von sich gaben. Also bis zum mutmaßlichen Tod. Milgrams Ergebnisse jagten Schockwellen durch die internationale Nachkriegsgesellschaft, sodass Milgram seinen Plan, die Versuche in Deutschland zu wiederholen, aufgab: Das Böse schien doch weit weniger deutsch zu sein, als angenommen! Das Dritte Reich war anscheinend nicht geografisch oder ethnisch begrenzt, sondern lebte in jedem Menschen auf, sobald man es unter bestimmten Bedingungen und Vorwänden herauskitzelte!

Ein Fuß in der Tür der Ethik

Aber wie konnte das sein? Antwort: Wichtig waren ein »flacher Anfang« in Form eines 15-Volt-Schlages und eine sachte Steigerung. Auf diese Weise sollte nicht etwa der »Schüler« an die Stromschläge gewöhnt werden (der ja gar keine bekam), sondern der »Lehrer« – nämlich daran, einem anderen Menschen wehzutun. Oder wie Philip Zimbardo, ein Schulkamerad Milgrams, später formulierte, »einen Fuß in die Tür« der Ethik der Versuchsperson zu bekommen. Nach dem Motto: »Es ist doch nur ein kleines Bisschen mehr [...]« Jeder weitere Schritt erschien dann ebenfalls als sehr klein – so klein, dass der Unterschied zur vorhergehenden Stufe kaum eine Rolle zu spielen schien. »Es sind doch nur 15 Volt mehr [...]«, beschrieb Zimbardo Milgrams Vorgehen. Soll heißen: Der Horror kommt in Trippelschritten. Der Mensch gewöhnt sich an alles, auch an ein Dasein als Folterknecht (und übrigens auch als Folteropfer beziehungsweise Sklave). Heute, in Corona-Zeiten, heißt das: »Es ist doch nur eine Maske. Es sind doch nur 3 Wochen. Es ist doch nur eine App«, gab der Schauspieler Hans-Jörg Karrenbrock gängige Sprachregelungen im Zusammenhang mit den Corona-Maßnahmen zum Besten. Und schließlich: »Es ist doch nur, bis sich die Klappe unter Ihren Füßen öffnet. Es wird schon nicht wehtun« (»Es ist doch nur ...« [Hans-Jörg Karrenbrock], YouTube, 13.03.2021).

Tatsächlich beginnt alles mit im Grunde genommen harmlosen Handlungen: Zum Beispiel damit, einen Kunden aufzufordern, eine Maske zu tragen und Abstand zu halten. Später folgt dann die Frage, ob er geimpft sei, um ihn im Falle der Verneinung aus dem Geschäft, dem Krankenhaus oder dem Restaurant zu verweisen. Wenn man sich an diese Stufe gewöhnt hat, folgt die nächste: zum Beispiel das Verbot, arbeiten zu gehen oder Lebensmittel einzukaufen. Funktionieren kann das nur, weil es vorher viele kleine Stufen gab. Jede weitere Steigerung wird also nicht absolut, also vom Nullpunkt (oder der »Normalität«) aus, beurteilt, sondern relativ – von der vorhergegangenen Stufe aus.

Hilfreich dabei ist auch die »Verantwortungsdiffusion«. »Dafür will ich aber nicht die Verantwortung tragen«, sträubte sich bei Milgram eine »Lehrer«-Versuchsperson. Erst nachdem ihm der Versuchsleiter versichert hatte, dass er die alleinige Verantwortung übernehme, machte der Proband weiter – bis zum Ende (»The Milgram Experiment 1962 Full Documentary«, YouTube, 26.04.2016, ab 21:54).

Diese sogenannte Verantwortungsdiffusion erinnert an eine Karikatur aus der Zeit der Nürnberger Prozesse: Zu sehen ist eine Person im Nazi-

Braunhemd, die auf einen Mann mit Mittelscheitel deutet. Dieser wiederum richtet seinen Finger auf einen Hauptmann, der auf ein weiteres hohes Tier zeigt, und so weiter. Der Mann am Ende dieser Reihe deutet auf Hitlers Sarg. Die Bildunterschrift: »Er hat mir's doch befohlen!«

Befehle schaden nur

In zivilen Zusammenhängen wie in Milgrams Experiment dagegen erwiesen sich direkte Befehle als kontraproduktiv. Auf Sätze wie »Sie haben keine Wahl, Sie müssen weitermachen!« verweigerten die Versuchspersonen ausnahmslos die Kooperation (»Professor Stephen Reicher on obedience«, YouTube, 12.10.2018). »Oh doch, es bleibt mir eine andere Wahl«, lautete beispielsweise die Antwort eines Probanden, »wieso sollte ich nicht die Wahl haben? Ich bin freiwillig hierhergekommen« (Milgram, ebenda, S. 68). Auch bei anderen Studien (zum Beispiel der Psychologen Alex Haslam und Steven Reicher) stellte sich heraus, dass der Befehl in zivilen Umgebungen das ineffektivste Mittel ist, um eine Testperson zu weiteren Elektroschocks zu bewegen. Am besten funktionierte dagegen die Rechtfertigung mit einem höheren Zweck. Bei Milgram reichte der Satz: »Das Experiment [also die wissenschaftliche Erkenntnis] erfordert, dass Sie fortfahren.« Daraufhin machten zwei Drittel der Versuchspersonen bereitwillig weiter, wohlgemerkt bis zu einem vermeintlich tödlichen Schock (»The Psychology of Tyranny: Did Milgram Get It Wrong?«, YouTube, 02.09.2016).

»Warum gerade diese Phrase Erfolg hat?«, fragte der Psychologe Alex Haslam. Antwort: Weil sie an das gemeinsame »Interesse am Fortschritt der Wissenschaft« (»The Psychology of Tyranny«, ebenda) appelliert. Ein höherer Zweck ist also wichtig: Im Dritten Reich vielleicht die »Reinheit der Rasse«, heutzutage die Bekämpfung einer Pandemie und die Rettung von Menschenleben durch die sogenannten Corona-Maßnahmen, die in Wirklichkeit jedoch nicht der Bekämpfung einer Pandemie dienen, sondern der schrittweisen Entwicklung einer Tyrannei. Die Verantwortung wird dabei so oft verteilt und weitergegeben, bis sie sich in Luft auflöst: Beamte, die Bußgelder wegen Corona-Verstößen verhängen, verweisen auf ihre Vorgesetzten, diese berufen sich auf Gesetze und Verordnungen, und der Gesetzgeber oder die Exekutive berufen sich auf »die Wissenschaft«.

Die Verantwortung diffundiert, bis sie weg ist …

»Nun hat uns die Leopoldina für diese Zeit gesagt, wir sollen alle Kontakte, die nicht absolut notwendig sind, wirklich reduzieren und meiden«, begründete Angela Merkel am 9. Dezember 2020 zum Beispiel einen zweiten harten Lockdown über Weihnachten (Bundeskanzlerin Angela Merkel [CDU] bei der Generaldebatte zum Bundeshaushalt 2021, YouTube, 09.12.2020). Dass wir in einen Lockdown gehen sollten, sagte also nicht Frau Merkel, sondern die Nationale Akademie der Wissenschaften (die übrigens von der Regierung finanziert wird). Das bedeutet: Erstens konnte Merkel anscheinend nichts dafür – siehe Verantwortungsdiffusion. Und zweitens kam die Anweisung von einer Stätte der höheren Weisheit und diente einem höheren Zweck. Merkel behauptete, dass »die Wissenschaft uns geradezu anfleht, vor Weihnachten […] eine Woche der Kontaktreduzierung zu ermöglichen« (ebenda). Der Bürger, der der Wissenschaft und Medizin helfen wollte, identifizierte sich mit ihr wie der Proband mit dem Versuchsleiter, der sich ebenfalls auf die Wissenschaft berief. Diese »Gefolgschaft aufgrund von Identifikation« ist für Haslam und Reicher ein weiterer bedeutender Schritt in Richtung Tyrannei. Denn: Die Identifizierung mit dem Versuchsleiter und dem höheren Ziel machte aus »blinden Konformisten« »engagierte Mitläufer« (Haslam/Reicher: »Contesting the ›Nature‹ Of Conformity«, in: *Plos Biology*, 20.11.2012). Das heißt: Die sogenannten Schlafschafe sind Überzeugungstäter. »Dies sind Menschen«, so Reicher, »die versuchen, ihr Bestes für die Wissenschaft zu geben. […] Sie wenden diese Schocks nicht gerne an, aber sie glauben, dass die Wissenschaft wichtig ist« (»Professor Stephen Reicher on obedience«, ebenda). Während Haslam ergänzt: »Die Teilnehmer dachten bei Weitem nicht, dass sie etwas Schreckliches getan haben. Sie dachten, dass sie etwas Wunderbares getan haben. Das ist beängstigend. Das ist schockierend, und ich denke, das ist das alarmierendste Ergebnis von Milgrams Forschung« (»The Psychology of Tyranny«, ebenda). Siehe das Leitzitat zu Beginn des Buches.

Eine Zutat der Tyrannei

Vor 50 Jahren, 1971, veranstaltete Milgrams früherer Schulkamerad Philip Zimbardo schließlich ein weiteres berühmtes Experiment und richtete im Keller der Stanford-Universität ein Versuchsgefängnis ein. Drei Büros wurden ausgeräumt, und die Türen wurden mit Gitterstäben versehen. Die

Bühne war bereit. Nun rekrutierte Zimbardo wie einst Milgram per Zeitungsanzeige Probanden. Die Bewerber – junge Studenten in Geldnot – wurden zufällig in »Häftlinge« und »Wärter« eingeteilt. Womit wir bei einer weiteren Zutat der Tyrannei wären – der Spaltung: ich und er, wir und sie, Häftlinge und Wärter, Geimpfte und Ungeimpfte. Die Dichotomien sind austauschbar. Was dann passieren kann, konnte man bei Zimbardos »Stanford Prison Experiment« beobachten: Mit einem groben Regelwerk versehen, sollten die Probanden auf sich gestellt 2 Wochen ein Gefängnis simulieren. Doch nach nur 6 Tagen musste der Versuch abgebrochen werden, da die Misshandlungen seitens der »Wärter« und die Nervenzusammenbrüche unter den »Gefangenen« so überhandgenommen hatten, dass sich eine Fortsetzung nicht verantworten ließ. Ergebnis: Das »Stanford Prison Experiment« ist ein Paradebeispiel dafür, wie Individuen unter dem Druck von Schikanen zerbrechen und wie Aufsichtspersonen (Wärter, Polizei, Beamte etc.) zu Unmenschen mutieren können. Die willkürlichen Strafen, die unwürdige, identitätslose Häftlingskleidung gegenüber der Uniform der Wärter – all das hatte dazu geführt, dass die Gefangenen sich immer passiver verhielten und die Wärter auf diese Weise immer mehr Macht und Spielraum bekamen, bis das Ganze eskalierte.

Der Rufmord geht dem Mord voraus

Die Spaltung in »wir« und »sie« spielt eine ebenso wichtige Rolle wie die Ausgrenzung und Brandmarkung, heutzutage zum Beispiel als »Corona-Leugner« oder »-Verharmloser« – Etiketten, die an die Begriffe »Holocaust-Leugner« oder »-Verharmloser« anknüpfen und damit zu einer zusätzlichen Stigmatisierung führen. Die Botschaft: Mit »Leugnern« und »Verharmlosern« diskutiert man nicht. Zusätzlich repräsentieren Spaltung und Ausgrenzung ein Gefälle oder eine Hierarchie im Sinne von oben und unten, die immer mehr verstärkt wird. Während das »Wir« oben verortet wird, ist das andere oder sind »sie« unten angesiedelt. Schrittchenweise werden die Kritiker im Ansehen der Bevölkerung immer weiter ausgegrenzt und nach unten manipuliert. Aus Kritikern werden erst »Verharmloser«, dann »Leugner«, dann »Gefährder« und schließlich »Schädlinge«, die zu einer Bedrohung für die Gesellschaft werden. Siehe »die Pandemie der Ungeimpften«. Kurz: Der gesellschaftliche Ruf der Kritiker und Skeptiker wird komplett vernichtet. Und der Rufmord geht dem Mord nun einmal voraus.

Für die meisten Angehörigen der Nachkriegs- und der heutigen Generation steht zwar fest: Niemals würden sie selbst auf Geheiß von Autoritäten andere Menschen drangsalieren – schon gar nicht bis zum Tode. Und auch heute noch, 60 Jahre nach Milgrams und 50 Jahre nach Zimbardos Versuchen, würde sich wohl ein Großteil der Menschen zu den »Widerstandskämpfern« zählen, die im Ernstfall »aufstehen« oder »Haltung bewahren« würden. Schließlich leben wir in einer Gutmenschen-Kultur, die sich von morgens bis abends mit dem »Kampf gegen rechts« oder »gegen Nazis« beschäftigt. Zimbardo kommt als Vertreter des sogenannten Situationismus, das heißt der Vorstellung, dass das eigene Verhalten nicht vom Charakter, sondern von der Situation abhängt, zu dem Ergebnis: »Die meisten wären Nazis gewesen.« Der Psychologe Zimbardo ließ auch andere Vorstellungen wie Seifenblasen platzen: »Sie wären Nazis gewesen, die Juden auf verschiedene Weise misshandelt hätten. Das ist gar keine Frage. Denn es hat nichts mit Deutschsein zu tun oder mit dem deutschen Nationalcharakter […]« Sondern damit, dass »die Nazis damals alle Sphären der Gesellschaft kontrollierten. ›Hitlers Partei kontrollierte alle verfügbaren Systeme. Offensichtlich hatte er Massen von Propaganda und Massen von Medien zur Verfügung, sodass es damals, umgeben von all dieser Propaganda, fast unmöglich gewesen wäre, nicht Heil Hitler zu sagen.‹ Man könne gar nicht anders, als unter diesen Umständen zum Nazi zu werden« (*Zeit Wissen*, Podcast, 21.04.2019). Ja, man kann sogar zum Nazi werden, ohne es überhaupt zu bemerken. Denn auch im Dritten Reich glaubten die Nazi-Schergen wie auch die »engagierten Mitläufer«, dass sie nur im Sinne des Guten handeln würden. »Das ist schockierend, und ich denke, das ist das alarmierendste Ergebnis von Milgrams Forschung« (»The Psychology of Tyranny«, ebenda). Weshalb? Weil es bedeutet, dass das Gewissen in diesem Fall nicht mehr eingreifen kann. Warum auch – denn man tut ja nur Gutes …

Thema des Monats

3.11. Das Ausland feiert Merkel zum Abschied als deutsche Bundeskanzlerin

1.11. Bodo Ramelow löst Reiner Haseloff als Bundesratspräsident ab – ***3.11. Angela Merkel wird zu ihrem Abschied als Bundeskanzlerin im Ausland gefeiert*** – **6.11.** Sprengung der maroden Salzbachtalbücke in Wiesbaden – **9.11.** Der geänderte Bußgeldkatalog mit drastisch erhöhten Strafen tritt in Kraft – **10.11.** Der bayerische Ministerpräsident Markus Söder ordnet erneut den Katastrophenfall an (ab 11.11.)

3. November 2021
Abschied von der Stiefmutti

Die Menschen sind begeistert: »Vivat Mutti«, ruft die Menge. Und: »Angela, wir lieben dich!« Toll. Zum Abschiedsbesuch am 3. November gabs ein Galadiner, Klavierkonzerte und natürlich einen Orden. Leider nicht in Deutschland. Sondern in Frankreich (Deutsche Welle, online, 03.11.2021). Und natürlich war das nur eine von vielen Abschiedsstationen. Angefangen beim Empfang ihrer Entlassungsurkunde bei Bundespräsident Steinmeier am 26. Oktober zog sich die »Abdankung« Merkels quälend lange hin. Denn Merkel hat viele Leben. Schon oft wurde sie totgesagt und lebte dennoch als politisch Untote weiter. Auch noch als nunmehr geschäftsführende (»Übergangs«-)Kanzlerin war sie noch sehr aktiv und regte zum Beispiel harte »Corona-Maßnahmen« an: Über ihren Sprecher ließ Merkel ihren Untertanen »ausrichten, dass die Lage ernst sei. Einschränkungen nur für Nichtgeimpfte seien denkbar«, so der *Münchner Merkur* am 3. November (online). Aber zurück nach Frankreich: Angela Merkel ist im Ausland sehr beliebt. »Mehr als jeder zweite Befragte aus 28 Ländern hat über Angela Merkel eine positive Meinung«, schrieb beispielsweise *Die Welt* am 16. September 2021. Nirgends hat sie so viele Orden und Preise erhalten, wie außerhalb Deutschlands – vielleicht zu viele. Reihenweise haben Länder Merkel dekoriert: Italien, Saudi-Arabien, Norwegen, Portugal, Peru, die USA, Bulgarien, Israel, Österreich, Litauen, Belgien, Slowenien, Estland, die Ukraine und andere mehr. Und das sind nur die staatlichen Auszeichnungen. Überall, wo sie auch hinkommt, wird ihr der rote Teppich ausgerollt. Aber wofür – was hat Merkel denn für das Ausland getan? Ich würde mal tippen, dafür dass sie

- große Teile des deutschen Volksvermögens ins Ausland transferiert,
- Deutschlands Industrie zerstört,
- Deutschland für »Flüchtlinge« öffnete,
- Deutschlands Energieversorgung zerstört,
- Deutschlands Infrastruktur verkommen lässt,
- Deutschlands Bürger verarmen lässt,
- Deutschlands Verkehr sabotiert und anderes mehr.

Unterm Strich: weil sie Deutschland ausnimmt, ruiniert und als internationale Konkurrenz beseitigt. Kurz: Eigentlich all das, warum man in früheren Zeiten Krieg gegen Deutschland geführt hat. Zum Beispiel auch

Frankreich. Die Wohltaten an das Ausland – zum Beispiel der Euro-Rettungsschirm, Vergemeinschaftung der Schulden etc. – sind nichts weiter als ewige Reparationen. In »friedlichen Zeiten« hat Merkel quasi einen Versailler Vertrag nach dem anderen unterschrieben. Wenn das kein Grund zum Feiern ist!

Von der Magd zur Mutti

Eben. Also bitte nicht rummaulen. Denn zum Kampf gegen den »Klassenfeind« und gegen den »Kapitalismus« war Merkel als FDJ-Mitglied schließlich abgerichtet worden. So gesehen hat sie doch ganze Arbeit geleistet. Und immerhin mögen nicht nur Ausländer, sondern auch mehr als zwei Drittel der Deutschen die Kanzlerin. Was man nicht anders als mit dem Stockholm-Syndrom erklären kann. Eben wie misshandelte Kinder ihre Eltern mögen. Denn sie haben ja niemand anderen. Womit wir wieder bei dem Framing »Mutti« wären. Wie schon unter dem 30. April angedeutet, war diese liebevolle Etikettierung ein entscheidender Propagandakniff. Und das war hilfreich, denn eine Mutti muss man lieben, kann man nicht abwählen und hat man ein Leben lang. Nur leider war Merkel noch nie eine »Mutti«. Wie man auf früheren Fotos aus der Ära Kohl und erst recht aus der Zeit davor sehen kann, hatte Merkel früher keinerlei weibliche oder gar mütterliche Ausstrahlung. Es bedurfte vielmehr eines raffinierten Geniestreichs aus Styling und Imagepflege, um aus Kohls »Mädel« beziehungsweise Magd »Mutti Merkel« zu machen. In Wirklichkeit fehlt Merkel zur »Mutti« aber noch viel mehr. Als Erstes wären da zum Beispiel leibliche Kinder zu nennen. Das ist ja nun mal nicht irgendetwas, sondern eigentlich kann nur dadurch jemand zu Vater oder Mutter werden. Wie ein großer Teil der schwulen, sexuell undefinierbaren und/oder sterilen Regierungsmitglieder hat Merkel aber keinen eigenen Nachwuchs, also keinen Anker in der Zukunft.

Joachim Sauer: das Phantom der Oper

»Mutti Merkel« ist nämlich nur eine Stiefmutti – und zwar sowohl der beiden Kinder, die ihr langjähriger Ehemann Joachim Sauer mit in die Ehe brachte, als auch der Deutschen. Ob Merkel auch ihren Sauer-Stiefkindern eine böse Stiefmutter war, wissen wir nicht – für die Deutschen ist sie es auf jeden Fall. Obwohl sie angeblich verheiratet ist, trägt

»Mutti« (oder im Migrantenjargon »Mama Merkel«) Berichten zufolge auch keinen Ehering. Den Namen ihres Ehemannes Joachim Sauer hat sie ebenso wenig angenommen, wie sie zu ihrem Mädchennamen Kasner zurückgekehrt ist, sondern hat lieber den Namen ihres vorhergehenden Gatten Ulrich Merkel behalten. Um die reine Leidenschaft schien es sich bei dieser ersten Ehe nicht gehandelt zu haben: »Es war keine große Liebe«, erklärte sie selbst. »Wir haben geheiratet, weil alle geheiratet haben.« Aha. »[…] außerdem war es als Ehepaar leichter, zwei Arbeitsstellen und eine Wohnung in einer Stadt zu finden«, sagt Ulrich Merkel. »10-Quadratmeter-Zimmer. Bad und Toilette teilten wir uns mit Kommilitonen […], wir trennten uns friedlich […], sie nahm die Waschmaschine, ich behielt die Möbel« (*Focus*, online, 05.07.2004). Prickelnd. Der jetzige Ehemann Sauer lässt sich nur sehr selten mit Merkel blicken, zum Beispiel bei den Bayreuther Festspielen – weshalb er sich auch den Spitznamen »Phantom der Oper« einfing. Sauer war oder ist auch Angehöriger der Nationalen Akademie der Wissenschaften Leopoldina, die Merkel bei den Corona-Maßnahmen berät. Darüber hinaus sitzt ihr Gatte im Kuratorium der Stiftung von Merkels Freundin Friede Springer (laut *Spiegel* für eine »Grundvergütung« in Höhe von 10 000 Euro per anno; online, 09.04.2016). Schließlich ist er auch noch Mitglied der britischen Royal Society, einer ebenso »feinen« Akademie der Wissenschaften, wo gelegentlich der Geheimdienstdirektor Andrew Parker eine Rede hält (2016). Sauer sei »unsichtbar wie ein Molekül«, schrieb die *taz* (online, 30.05.2005). 2005 blieb Sauer sogar »Merkels Wahl zur Bundeskanzlerin fern, was in der Geschichte der Bundesrepublik eine Premiere darstellte« (*Wikipedia*: Joachim Sauer, abgerufen am 07.11.2021).

Berichte für die Stasi?

In der DDR gehörte Sauer zum sogenannten Reisekader, also zu jenem Personenkreis, der in den Westen reisen durfte: »Die Überprüfung und Bestätigung der infrage kommenden Personen erfolgte durch die Hauptabteilung XIX des Ministeriums für Staatssicherheit (MfS). […] Da es sich hierbei um ›zuverlässige‹ Bürger der DDR handelte, waren viele gehalten, dem MfS Pflichtberichte abzuliefern.« So wurden viele Reisekader also zu Inoffiziellen Mitarbeitern der Stasi (IMs; *Wikipedia*, abgerufen am 07.11.2021). Da die Mauer auch durch die Reisekader durchlässiger wurde, versuchte das SED-System, diese Wirkung zu minimieren, so Stefan Wolle in »Das System der Reisekader als Instrument der

DDR-Wissenschaftspolitik« (Band IV/2, in: Deutscher Bundestag, *Materialien der Enquete-Kommission »Überwindung der Folgen der SED-Diktatur im Prozess der deutschen Einheit«*, Frankfurt am Main 1999). »Dies geschah nicht zuletzt durch Anbindung an das MfS. Durch die Werbung zum Reisekader-IM, dem damit verbundenen Verrat an den bespitzelten Kollegen und Gesprächspartnern, schuf das DDR-System zusätzliche Abhängigkeiten« (ebenda). Das Umfeld auszuspionieren, »erwartete das System von allen Wissenschaftlern, die es in den Westen ließ« (Ralph Georg Reuth: *Das erste Leben der Angela M.*, München 2013). Aber das sind natürlich nur allgemeine Informationen. Interessant ist, dass auch Merkel, die im Übrigen nie als Regimekritikerin aufgefallen ist, »in den Westen reisen durfte, wo sie sogar Republikflüchtlinge« besuchte (laut Reuth, ebenda, S. 139). Handfeste Beweise, dass Sauer und Merkel IMs waren oder gar »zur Stasi gehörten«, sind mir nicht bekannt. Merkels Stasi-Akten sind bis heute unter Verschluss. Dem Autor dieses Buches wurde eine Einsicht in ihre Stasi-Akten schon vor Jahren verwehrt. Doch zurück zur »Mutti«: Über ihre Sauer-Stiefkinder hinaus hat Merkel nur ein Kind adoptiert – und zwar einen Pinguin: »Im Mai 2011 adoptierte Merkel einen Humboldt-Pinguin aus dem Ozeanium in Stralsund. Die Kanzlerin taufte ihr Pinguin-Töchterchen auf den Namen Alexandra« (*bunte.de*, 29.10.2013). Anderen Berichten zufolge handelt es sich um eine »Patenschaft«. Zu dem Pinguin habe sie »eine innige Beziehung« (*Ostsee-Zeitung*, online, 23.12.2020). Was man von Deutschland nicht behaupten kann, bei dessen Nationalhymne sie mitunter Schüttelfrost bekommt.

Ein Wink mit dem Zaunpfahl

Tja – was ist Merkel also für eine »Mutti«? Wie Schulkameraden berichten, soll sie schon in jungen Jahren zum »CDU« gehört haben, zum »Club der Ungeküssten« (Ralph Georg Reuth, ebenda). Später führte sie zwei Ehen, aus denen keine Kinder hervorgingen; einen Ehering trägt sie nicht, ihre engste Vertraute soll ihre Büroleiterin sein. Die LGBTQ-Szene winkt denn auch gern mal mit dem Zaunpfahl, etwa 2014, als Merkel sich gegen die »Ehe für alle« positionierte. Nehmen wir zum Beispiel die TV-Sendung *Menschen bei Maischberger* zum Thema Homosexualität vom 12. Februar 2014. Kurz vor Schluss würgte Maischberger den Gast Birgit Kelle mitten im Satz ab, um das letzte Wort der anwesenden Berufstranse »Olivia Jones« zu erteilen. Und zwar mit der seltsamen Frage: »Glauben

Sie, es gibt jemals eine transsexuelle Kanzlerin in Deutschland, und wenn ja, wann?« Antwort: »Haben wir nicht schon eine?« Haha, ein Scherz natürlich. Und ein Déjà-vu: Denn schon 1991 hatte der schwule Regisseur Rosa von Praunheim mitten in einer Talkshow plötzlich den Moderator Alfred Biolek und den Komiker Hape Kerkeling als schwul »geoutet«: »Noch zwei weitere Namen ließ er – ›ganz hypothetisch‹ – fallen«, so *Der Spiegel*: »Peter Gauweiler und Johannes Rau« (*Der Spiegel*, 15.12.1991). Also Politiker. Am 16. Juli 2015 erlaubte sich das Lesbenmagazin *Straight* (»Das Magazin für Frauen, die Frauen lieben«) in einem Werbevideo einen weiteren »Scherz« auf Merkels Kosten. Darin sah man ein täuschend echtes Merkel-Double, das von hinten von einer Frau umarmt wird (siehe: STRAIGHT Magazine »Paparazzi FENSTER«, YouTube, 16.07.2015). Als Untermalung sagte eine Radiostimme, Irland habe »mit deutlicher Mehrheit von rund 62 Prozent für die Ehe zwischen gleichgeschlechtlichen Paaren gestimmt« (Straight TV, YouTube, 16.07.2017). Hm – was sollte denn dieser Bezug? Über die »Ehe für alle« wurde schließlich schon »in der gesamten Legislaturperiode gestritten« (also seit 2013), schrieb die *Frankfurter Allgemeine Zeitung*. Aber Merkel war dagegen. Am 17. Juli 2015 (an Merkels 61. Geburtstag) wurden die sexuellen und politischen Anspielungen in einem zweiten *Straight*-Video jedoch wiederholt. Im Hintergrund sagte die Nachrichtenstimme aus dem Radio erneut: »Ja zur Homo-Ehe. Die Iren haben mit deutlicher Mehrheit von rund 62 Prozent für die Ehe zwischen gleichgeschlechtlichen Paaren gestimmt.« Dazu sah man die Pseudo-Merkel auf einer Bettkante sitzen, während ihr eine Schöne von hinten zärtlich den Reißverschluss schloss (Straight TV, YouTube, 17.07.2017).

»Ist Angela Merkel jetzt lesbisch?«

Siehe da – was sollte das denn heißen? »Ist Angela Merkel jetzt lesbisch?«, fragte die Website *Wunderweib*, ein anderes Fachmedium für die Weiblichkeit. »Das *Straight*-Team hofft darauf, mit dem Spot auch ein Umdenken bei Angela Merkel erreichen zu können«, berichtete *Wunderweib*. »Wir stehen Frau Merkel grundsätzlich positiv gegenüber«, erklärte *Straight*-Herausgeberin Felicia Mutterer im Gespräch mit *Wunderweib*, »in der Frage der gleichgeschlechtlichen Ehe vertritt sie allerdings eine komplett konträre Meinung zu unserer, denn wir sind für die Ehe für alle. Angela Merkel ist die mächtigste Frau Deutschlands, wenn nicht sogar der Welt, und es wäre großartig, wenn sie eines Tages ihre Meinung ändern würde.« Aber ob der Spot »tatsächlich im Kampf um mehr Gleichberechtigung für homosexuelle Paare helfen« werde, sei fraglich, so *Wunderweib*. Erst kürzlich habe Angela Merkel in einem Interview mit dem Youtuber LeFloid »klargemacht, dass es für sie in Sachen Gleichstellung von homosexuellen Paaren mit heterosexuellen Paaren klare Grenzen gibt« (*Wunderweib.de*, 22.07.2015).

Aber die Frage lautete ja: Wollte Merkel noch weitere derartige Videos sehen? Oder wollte sie noch weitere Andeutungen von der unberechenbaren Transe Olivia Jones hören? Jones hatte schließlich auch schon mal Klaus Wowereit öffentlich kompromittiert, indem er eine Affäre mit ihm hatte anklingen lassen. So wurde Jones 2013 im Fernsehen vor laufender Kamera gefragt: »Wowereit? Ist das nicht dein …? Dein …?« Darauf Jones: »Ja, das war nur einmal« (*Tagesspiegel*, online, 21.01.2013). Das Vorhaben, Jones daraufhin zu verklagen, ließ Wowereit wieder fallen. Für sich genommen war Jones Äußerung wohl auch zu vage, um mit einer Klage Aussicht auf juristischen Erfolg zu haben. Merkel aber änderte ihre Blockade gegen die Homo-Ehe nach den *Straight*-Videos. »Na endlich«, schrieb später ein Kommentator der Deutschen Welle, der die gleichgeschlechtliche Ehe selbst gefordert hatte: »Lange hat es gedauert. Zu lange! Aber jetzt endlich hat sich Angela Merkel einen Ruck gegeben: Sie hat ihre bisherige Ablehnung gegen die Ehe für alle aufgegeben. Die Kanzlerin will es im Bundestag der Gewissensentscheidung eines jeden Abgeordneten überlassen, ob Schwule und Lesben in Sachen Ehe die gleichen Rechte haben sollen wie heterosexuelle Paare« (online, 27.06.2017). Damit gab die Kanzlerin den Weg für die Homo-Ehe frei, ohne ihre eigene Haltung ändern zu müssen. Sie selbst vortierte dagegen, wohl wissend, dass sie ohnehin überstimmt werden würde. Aber hat wirklich sie selbst sich einen Ruck gegeben, oder war es eher die geschwätzige LGBTQ-Szene, in der jeder jeden kennt?

Merkels bester Mann

Nach der offiziellen Demission Merkels am 26. Oktober 2021 (seitdem ist sie nur noch geschäftsführend im Amt) wird nun vielleicht auch der offizielle Ehemann Sauer nicht mehr gebraucht. Und wer hatte davon Wind gekriegt? Natürlich *Wunderweib*, das Fachblatt für den Unterleib der Eliten. »Oh je! Bittere Neuigkeiten von Angela Merkel und Ehemann Joachim Sauer!«, schrieb die Website bereits zu Beginn der Kanzlerdämmerung vor 2 Jahren, als wären Merkel und Sauer ein Traumpaar wie anfangs Lady Di und Prinz Charles. »Wie nun enthüllt wurde, soll ihre Ehe in Scherben liegen. Die Trennung ist nicht mehr fern« (online, 25.09.2019). Und nun, am 22. September 2021, fast genau zu Merkels Abschied von ihrem Amt, schrieb *Wunderweib*, das Paar habe sich nunmehr »für eine räumliche Trennung entschieden«. Angeblich aus privaten und beruflichen Gründen: Während Merkel als Ex-Kanzlerin in Hamburg leben wolle, sei Sauer beruflich in Berlin gebunden. »Offenbar macht die Kanzlerin weiterhin Pläne ohne ihn. Stattdessen hat sie eine andere Vertraute an ihrer Seite: Beate Baumann, ihre rechte Hand! Die beiden arbeiten seit 1990 zusammen. Sie wird sogar nach Angelas Kanzlerschaft weiterhin deren Büro leiten ...« (25.09.2019). Erstaunlich! Wer distanziert sich schon vom Ehemann und nimmt »stattdessen« seine Büroleiterin in die Pensionierung mit? Abgesehen von Helmut Kohl und Juliane Weber vielleicht, aber das war ja, wie es die Spatzen von den Dächern pfiffen, auch seine Geliebte, mit der er in Bonn unter einem Dach lebte (*Kölner Express*, online, 11.06.2011). Weshalb der mächtige Arbeitgeberpräsident Hanns-Martin Schleyer 1976 auch verlangte, dass dieses »Zigeunerlager« weg müsse, einschließlich der »Marketenderin« (Weber). Ein Jahr später war Hanns-Martin Schleyer weg: entführt und ermordet. Und zwar von »RAF«-Terroristen.

Ein Pakt fürs Leben

Aber das sind alte Geschichten: Beate Baumann ist natürlich nicht Merkels Geliebte. Sondern sie ist mehr als das. Sie haben »einen Pakt fürs Leben geschlossen«, schrieb der *Stern* über die Anfangszeit der beiden. »Die beiden Frauen sehen sich. Sie mögen sich. Und knüpfen den Pakt ihres Lebens.« Merkel sieht Baumann jeden Tag – »verschmolzen, siamesisch, untrennbar«, so die Journalistin Franziska Reich (*Stern*, online, 05.03.2007). Hoppla – ist uns da etwas entgangen? Sehr wahrscheinlich, denn Baumann ist ein ebensolcher Schatten wie Merkels Ehemann Sauer: Für die Medien sind das Wesen und die Natur dieser seltsamen Beziehung tabu, »so still und anonym, wie es Geheimagenten brauchen«, so die renommierte Politikberaterin Gertrud Höhler (Gertrud Höhler: *Angela Merkel. Das Requiem*, Berlin 2019). Wie bitte? Geheimagenten? Tatsächlich spekulieren manche anscheinend nicht nur über Merkels mögliches sexuelles Doppelleben, sondern auch über ein noch viel dunkleres Doppelleben. In den Augen dieser Menschen scheint Baumann eine Art »Romeo-Agentin« zu sein, mit Merkel als hörigem Opfer. Statt »Wie führt Merkel?« müsse die richtige Frage »*Wer* führt Merkel?« lauten, so Höhler. Denn ihr zufolge regiert Deutschland nicht Merkel, sondern ein von Baumann gesteuertes »Undercover-Imperium«. Baumann »ist mächtiger als die Kanzlerin«, meint Höhler. »Beate Baumann ist zuständig für die dunkle Seite der Macht.« Hm, das klingt so nach »Deep State«. Ist das etwa mit dem »Undercover-Imperium« gemeint? Oder eine Schattenregierung? Oder ein (ausländischer) Geheimdienst? Oder ist das alles nicht ein und dasselbe? Und wird die »Multiagentin« Baumann (so Höhler) Merkel auch weiter leiten, wenn die Ex-Kanzlerin als »elder stateswoman« durch die Welt tingeln wird, um sich im Ausland für ihre Erfolge bei der »Abkanzelung« Deutschlands feiern zu lassen? Oder waren es eigentlich Baumanns Erfolge bei der Führung Merkels? Oder was sollen Vokabeln wie »Undercover-Imperium«, »Multiagentin« und »Geheimagenten« in diesem Zusammenhang sonst bedeuten? Verwirrend. Ich distanziere mich jedenfalls schon mal von diesen Vorstellungen: Merkel hat nur und ausschließlich an Deutschlands Wohl gedacht. Wie eine Mutter. Da bin ich ganz sicher …

Trends: ab ins Tohuwabohu

»›Die Errichtung einer autoritären, allmächtigen Weltordnung ist das endgültige Ziel, das wir anstreben müssen‹, sagte der Freimaurer und damalige britische Premierminister Winston Churchill am 11. Oktober 1950 (Kenneth W. Thompson, *Winston Churchills World View*, London, 1983, S. 284). 2020 war es so weit. Erstmals zeigte sich jenes Monster, vor dem ›Verschwörungstheoretiker‹ schon immer gewarnt hatten: ein Tier mit 200 Fangarmen, für jedes Land des Globus einen. Eine autoritäre, globale Befehlsstruktur, die für jedermann, der Augen hat, sichtbar wurde«, schrieb ich am Ende des letzten Jahrbuches. »Kurz: 2020 war das Schicksalsjahr der Menschheit – das Jahr des Umsturzes der alten Weltordnung, der Demokratie, der Wirtschaft, der Gesellschaft, des sozialen Lebens, der gesamten Lebensbedingungen. Ob die Menschheit der globalen Diktatur widerstehen oder in die ewige Sklaverei gehen wird, wird sich zeigen. Im Hinblick darauf gibt es nur eine Wahl: Aufstand oder Gulag.«

Was kommt nach dem Gulag?

So endete das Kapitel »Trends« in meinem vorangegangenen Jahrbuch *verheimlicht – vertuscht – vergessen 2021*. Und was soll ich sagen: Heute, ein Jahr später, sind diese Aussage und dieses Kapitel gültig wie nie zuvor. Ich erlaube mir deshalb, Ihnen die (erneute) Lektüre dieses damaligen Kapitels dringend ans Herz zu legen. Es war nicht nur der Abschluss eines Buches, sondern eine journalistische Zäsur, die mich heute in die Verlegenheit bringt, Ihnen nach diesem Kapitel von damals noch etwas Neues bieten zu müssen. Denn es ist im Grunde alles Wesentliche gesagt. Ich habe nicht nur die »Trends 2021« verfasst, sondern in den vergangenen 15 Jahren, die diese Buchreihe nun existiert, mir die Finger wund geschrieben über Diktatur, DDR 2.0, Tyrannei, Sklavenplanet und anderes mehr. Alles beginnt sich nun zu bewahrheiten. Vorübergehend hatte ich mir daher überlegt, dieses Kapitel diesmal kurz zu machen, und zwar sehr kurz. Vorübergehend. Denn natürlich heißt das nicht, dass man nicht noch weiterdenken kann und muss. Ja, um das Weltgeschehen zu verstehen, müssen wir diesmal noch in ganz andere Sphären vorstoßen. Also: Welche Steigerung gibt es noch nach Begriffen wie »Gulag«, mit denen mein letztes Jahrbuch endete?

Das drehbare Gewissen

Die Antwort liegt eigentlich auf der Hand: Im Oktober-Kapitel über die »runden Geburtstage« der drei berühmten Versuchsreihen von Asch, Milgram und Zimbardo wurde nochmals deutlich, wie sich die Unmenschlichkeit in kleinen Schritten entwickelt. Beziehungsweise: Wie sie bewusst und gewollt entwickelt *wird*. Und wie es sogar gelingt, das menschliche Gewissen »umzudrehen«. Denn wie schon der kluge Erich Kästner sagte: »Das Gewissen ist fähig, Unrecht für Recht zu halten, Inquisition für Gott wohlgefällig und Mord für politisch wertvoll. Das Gewissen ist um 180 Grad drehbar.« Die Trippelschritte zur Tyrannei können wir seit März 2020 verstärkt mitverfolgen: Maskenpflicht, Abstandsgebot, Lockdown, Kontaktsperren – alles wurde Schritt für Schritt eskaliert, mit vorübergehenden Entspannungsphasen dazwischen, ganz wie im Handbuch der Psychofolterer vorgesehen (siehe *verheimlicht – vertuscht – vergessen 2021*, S. 151 ff.). Nun sind wir schon so weit, dass bestimmte Bevölkerungskreise ausgegrenzt und stigmatisiert werden und nicht mehr dieselben Rechte genießen wie andere. Um das mit der Situation der Juden im Dritten Reich zu vergleichen, muss man nicht viel Fantasie haben. Wie – das darf man nicht vergleichen? Aber die Geschichte wurde uns ja zum Vergleichen gegeben – genau wie die eigenen Lebenserfahrungen. Nur dass die Geschichte eben die Erfahrung eines ganzen Volkes oder einer ganzen Menschheit ist. Geschichtliche Vergleiche zu verbieten, wäre dasselbe, wie einem Individuum den Rückgriff auf die eigenen Erfahrungen zu verbieten. Absurd. Damit wären wir gezwungen, alte Fehler zu wiederholen. Nicht umsonst spricht man dauernd von »Erinnerungskultur«. Die Geschichte ist unser Maßstab, den wir nicht vergessen dürfen. Und dieser Maßstab sagt: Wir leben hier in einer Spielart von Faschismus und Maoismus. Denn beide sind Brüder im Geiste, verbunden durch gemeinsame Merkmale und die gemeinsame Abstammung vom Totalitarismus. Das Problem ist, dass dieser »Mao-Faschismus« diesmal global errichtet wurde.

Leibeigene der Impfindustrie

Ein bedeutender Schritt fand am 19. November 2021 statt: Der neue österreichische Bundeskanzler Alexander Schallenberg verkündete ab dem 1. Februar 2022 einen allgemeinen Impfzwang, womit das Menschenrecht auf körperliche Unversehrtheit in Österreich abgeschafft und die Menschen endgültig zu Leibeigenen der Politik beziehungsweise der Pharmaindustrie werden. Und zwar in einem viel wörtlicheren Sinne als während der Leibeigenschaft des Mittelalters, als invasive körperliche Eingriffe meines Wissens nicht zum Recht des »Leibherrn« gehörten. Und wenn doch: Wollen wir wirklich ins Mittelalter zurück? Die Erringung der Herrschaft über die Körper der Menschen ist ein besonderer Akt der Unterwerfung und stellt den Menschen auf eine Ebene mit einem Nutztier, das der Bauer ebenfalls nach Gutdünken »impfen« und behandeln kann. Natürlich strebte die Pharma- und Giftmischerindustrie noch nie etwas anderes an. Nur fehlten ihr seit dem Dritten Reich dafür die Macht und die Mittel. Während der Naziherrschaft fanden zahlreiche Menschenversuche statt – auch für die Pharmaindustrie. Aufgrund dieser Untaten kam es nach dem Krieg aber zur Verabschiedung des Nürnberger Kodex, einer ethischen Richtlinie zur (Nicht-)Durchführung von Menschenversuchen, die heute zum Völkerrecht gehört. Da es sich bei den heute verabreichten mRNA-Corona-»Impfstoffen« nicht einmal um Vakzine handelt, werden die »Geimpften« darüber im Unklaren gelassen, dass sie an einem zweifelhaften Menschenversuch mit neuartigen Gentherapien teilnehmen. »Es ist ja keine Impfung«, sagte der österreichische Rechtsanwalt Dr. Michael Brunner, der sämtliche bedingten Impfzulassungen für nichtig erklären lassen will: »Sondern es ist die Verabreichung einer genbasierten, experimentellen Substanz. Und die schützt nicht vor der Infektion mit SARS-CoV-2, und sie schützt nicht davor, dass man dieses Virus weitergeben kann.« Und nachdem es auch keine Impfung im klassischen Sinne sei, könne man sie auch nicht vorschreiben (Pressekonferenz der Initiative für evidenzbasierte Corona-Informationen, Dr. Michael Brunner, YouTube, 02.08.2021). Laut Nürnberger Kodex muss die Versuchsperson über alle Aspekte eines solchen Versuchs aufgeklärt werden und in der Lage sein, »unbeeinflusst durch Gewalt, Betrug, List, Druck, Vortäuschung oder irgendeine andere Form der Überredung oder des Zwanges, von ihrem Urteilsvermögen Gebrauch zu machen«. Auch »dass sie das betreffende Gebiet in seinen Einzelheiten hinreichend kennen und verstehen muss, um eine verständige und informierte Entscheidung treffen zu können«, ist Voraussetzung für Menschenversuche. Mit anderen Worten verstößt die heutige Impfpolitik eklatant gegen den Nürnberger Kodex und ist damit ein Verbrechen gegen die Menschlichkeit.

Schleichwege in den Körper

Um an den menschlichen Körper heran- und hineinzukommen, musste sich die Pharmaindustrie seit dem Ende des Dritten Reiches diverser Schleichwege bedienen, hauptsächlich mithilfe von Werbung, Versprechungen, Irreführung, Angstmache, Lügen und falschen Hoffnungen. Das heißt, ausschließlich mit dem Mittel der »Überzeugung« und Verführung, sei es durch Fakten oder Unwahrheiten. Zwangsbehandlungen waren kaum und nur unter sehr speziellen Bedingungen möglich. Obwohl monumentale Lügen auch heutzutage die Hauptrolle spielen, ist die Verführung nicht mehr das alleinige Mittel. Wer die Lügen nicht glaubt, der wird eben genötigt, erpresst und nun auch noch gezwungen: In Deutschland ist mittlerweile ebenfalls eine Impfpflicht geplant. Und dies ist nicht nur wegen der »Impfung« ein hochgefährlicher Zustand, sondern weil damit eine grundsätzliche Grenze überschritten wird, nämlich die Grenze der körperlichen Unversehrtheit. Damit wird auch anderen körperlichen Eingriffen Tür und Tor geöffnet: angefangen bei weiteren Impfungen über Verchippung und Operationen bis hin zur physischen Folter. Denn wenn der Körper einmal zum Spielfeld für Politik und Pharmaindustrie geworden ist – warum dann nicht auch noch weitergehen? Das Ende ist also nicht schwer zu erraten. Man muss nur extrapolieren:

- Körperliche Enteignung: Zwangsimpfungen (Masern, Corona etc.), Zwangsbehandlung und anderes mehr.
- Seelische und geistige Enteignung: Massenmedien, Pseudokulte (Klima, Corona etc.), Pseudoglück (Drogen), Pseudoleben (virtuelle Welten/Metaverse).
- Finanzielle Enteignung: Inflation, Negativzinsen, Zwangshypotheken, Lastenausgleich, Bankenrettung etc. pp.

Mit anderen Worten: Der Mensch soll auf allen Ebenen enteignet, entrechtet und entmachtet werden. Auch das klang ja schon in den letzten »Trends« im Jahrbuch 2021 an, wo ich davor warnte, dass die Abschaffung der Sklaverei keine Selbstverständlichkeit ist.

»Great Reset« = »ordo ab chao«

Aber die totale Ausbeutung der menschlichen Sklaven soll nur eine Zwischenstation sein. Die gegenwärtige Zerstörung der Gesellschaft durch

Inflation, Wirtschaftskrise, Arbeitslosigkeit, Qualifikations- und Bildungsnotstand, Energiekrise – kurz: den »Great Reset« – wird über kurz oder lang ins Chaos führen. Und das ist kein Zufall. Sondern verschiedene Globalisten haben die »Krise« oder »das Chaos« ja schon als Mittel zum Zweck gerühmt, um eine neue Weltordnung aufzubauen. Aber nur wenigen Menschen ist klar, dass die führenden Eliten des Planeten das Chaos verherrlichen und als erstrebenswertes (Zwischen-)Ziel ansehen. Nicht erst seit Klaus Schwabs »Great Reset« stand dahinter schon immer die Idee, aus dem Chaos einen ganz neuen Machtapparat und eine »Neue Welt« zu errichten, wie ein Kind, das seinen Klötzchenturm einreißt, um danach etwas Neues zu bauen. Damit sind wir bei den »Baumeistern«, die die Idee des »Great Reset« schon seit langer Zeit verherrlichen, allerdings unter dem Namen »ordo ab chao« (Ordnung aus dem Chaos): bei den Freimaurern. Schwabs »Great Reset« ist nur alter Wein in neuen Schläuchen – wobei aber auch die Freimaurer nicht als letzte Quelle der Chaosverherrlichung anzusehen sind (siehe unten).

Ein schöpferisches Chaos

Dass wir bereits im Chaos leben, wird angesichts der immer verrückteren »Corona-Maßnahmen« und deren zerstörerischer Folgen wohl niemand bestreiten. Das ist jedoch nur der Anfang. Denn es geht ja um ein »schöpferisches Chaos«, wobei die Frage ist, ob uns das Ergebnis dieser »Schöpfung« gefallen wird. Zufälligerweise hat sich gleichzeitig mit Klaus Schwabs Buch über den »Great Reset« Giuliano Di Bernardo, Hochgradfreimaurer und Professor der Philosophie an der Universität Trient, herabgelassen und ein Buch über die Zukunft des Menschen – *Il futuro di Homo sapiens* – veröffentlicht – ein Titel, der in Stein gemeißelt klingt, wie der Titel einer päpstlichen Enzyklika. Und so etwas wie ein Papst war Di Bernardo ja auch, nämlich der Großmeister der Großloge Großer Orient von Italien: »In den Jahren seiner Amtszeit vertrat er Positionen, die in offenem Gegensatz zur katholischen Kirche standen« und »erklärte ausdrücklich seine Unterstützung für die Sozialistische Partei Italiens« (*Wikipedia* [italienisch]). Was sonst, denn nun kämpft Di Bernardo für den globalen Sozialismus beziehungsweise Kommunismus. Für unser diesjähriges Kapitel über die Trends der Zukunft kommt sein Buch aus dem Geburtsland des Faschismus gerade recht: »Es ist ein beunruhigendes Buch wegen seiner Klarheit, mit der es eine Zukunft skizziert, die durch die folgenden Faktoren gekennzeichnet ist: aufgeklärter Atheismus, chinesisches Modell, diktatorische Weltregierung des ›Gott-Einen‹, unterstützt von seinem ›Rat der Weisen‹, vorzugsweise alles Illuminaten«, so die konservative Website *katholisches.info*, die das Buch dankenswerterweise vorgestellt hat (13.07.2021).

Die Diktatur von Darth Vader

»Die Demokratie«, schreibt Freimaurer Di Bernardo demzufolge, »kann nicht die Regierungsform sein, die darüber entscheidet, wie der neue Mensch in Zukunft sein wird« (Di Bernardo, S. 103). Hört, hört! »Der Autor glaubt an Ethik und an seine Fähigkeit, Menschen um ein künftiges Projekt zu vereinen, aber dieses Projekt, damit es das Gemeinwohl zum Ausdruck bringt, muss vorgeschrieben werden«, so *katholisches.info*. »Wenn es von einem demokratischen Staat nicht durchgesetzt werden kann, muss man sich woanders umsehen.« Also bei anderen Staatsformen: »Ich glaube, dass es nur eine Möglichkeit gibt, die durch einen einzigen Mann repräsentiert wird, den ich den ›Einen‹ nenne, der, unterstützt von einer kleinen Elite, die Welt regieren wird«, so Di Bernardo. Sieh an! Wenn das nicht Platonismus ist: »Solange nicht der Stand der Philosophen Herr über den Staat wird, wird es weder für den Staat noch für die Bürger ein Ende des Elends geben«, meinte der berühmte antike Philosoph und Staatstheoretiker Platon. Es geht also um die Herrschaft einer weisen Elite mit »dem Einen« an der Spitze. Nur leider ist das eine totalitäre Idee. Es ist natürlich klar, dass dieses Modell dem Machtmissbrauch Tür und Tor öffnet. Denn wie sollte diese »weise Elite« beziehungsweise intellektuelle Aristokratie ausgewählt, legitimiert und kontrolliert werden?

Der Geburtsfehler dieses »Philosophenrates«: Macht korrumpiert, absolute Macht korrumpiert absolut. Ja, eigentlich hat man dieses Zitat des englischen Historikers John Emerich Lord Dalberg-Acton (1834–1902) schon so oft gehört, dass man es gar nicht mehr richtig wahrnimmt. Aber was bedeutet der Spruch eigentlich genau? Er bedeutet, dass die Macht ihren Missbrauch bereits in sich trägt. In dem Moment, in dem jemand Macht erringt, ist er bereits korrupt. Er und andere merken es vielleicht nicht gleich, aber die Saat der Korruption ist damit ausgebracht. Und je mehr Macht jemand erringt, umso korrupter wird er, bis er allmächtig ist und absolut korrupt. Das ist denn auch das Problem jeder Herrschaft, besonders von Platons Staatsmodell, in dem die angeblich »weise« Elite nicht durch das Volk legitimiert und kontrolliert wird. Und wenn wir die

Geschichte betrachten, sehen wir ja, wohin absolute Macht in der Vergangenheit geführt hat. Genau diese Situation haben wir auch heute. Mit der Ausrufung der »Corona-Pandemie« hat die globale Korruption in den Bereichen Politik, Finanz-, Pharma- und Digitalindustrie die totale Macht auf dem Planeten errungen. Und wie ebenfalls schon einmal gesagt, bedeutet absolute Macht absolute Unterwerfung. Und zu dieser »Unterwerfung« gehört, wie der Name schon sagt, auch die körperliche Ebene: das Niederwerfen vor dem absoluten und gnadenlosen Herrscher, quasi dem globalen »Darth Vader«.

Der Geist der Tyrannei

Platon zweifelte denn auch selbst an diesem Modell und »hielt diese Aristokratie allerdings nicht für sehr langlebig. Denn er dachte daran, wie eitel die Mächtigen agierten; und so sah er voraus, dass die Aristokratie herabsinken werde zu einer Timokratie: Dort zählte nicht mehr Weisheit, sondern das gesellschaftliche Image – ein Eldorado der Blender und Schaumschläger. Daraus dann werde sich eine Oligarchie entwickeln – die Herrschaft der materiell Reichen.« Wie weise. Eine Oligarchie, die sich auch aus »Demokratien« entwickeln kann – siehe Bill Gates, Warren Buffett, Mark Zuckerberg, Jeff Bezos, Elon Musk und andere mehr. Heute wird der Planet von einer Oligarchie von Milliardären beherrscht. »Es gehe dort nur noch ums Geld – und die gute Erziehung der Jugend werde vernachlässigt«, so Platon. »So wachse eine Gesellschaft heran, die von Verschwendungssucht und Müßiggang geprägt sei. Daraufhin aber werde die breite Bevölkerung materiell verarmen« (Deutschlandfunk: »Platon – Der Staat«, 18.11.2019). Wie wahr. »Früher oder später werde sich die Unzufriedenheit dieser Menschen in einer Revolution entladen; und aus der gehe eine Demokratie hervor«, so Platon (DLF, ebenda). Eine Vorstellung, der auch heutzutage viele anhängen, die glauben, die Tyrannei werde in eine Revolution münden und diese in eine Demokratie. Also in das, was soeben wieder einmal ebenso plangemäß wie krachend gescheitert ist.

Di Bernardo, als Freimaurer gleichzeitig ein Mann mit tiefem Insiderwissen und ein Verschwörer, sieht die Philosophenherrschaft wie gesagt als Nährboden für eine Art Märchenherrscher: »Der, von dem wir hier sprechen, ist nicht der Tyrann, den wir in der Geschichte der Menschheit in seinen verschiedenen Erscheinungsformen kennengelernt haben, vom Tyrannen von Syrakus bis zu Hitler«, beugt er Zweifeln vor. Sondern »der

Eine ist ein Mann mit großem Charisma, außergewöhnlichen intellektuellen Gaben und tiefer Weisheit« (ebenda, S. 103f). Eine kindlich-naive Vorstellung. Wie ein Märchen zum Einschlafen: »Der ›Eine‹ entsteht jedoch nicht aus dem Nichts oder aus dem Geist des Jupiter. Seine Ankunft muss von nun an von Menschen von hoher Qualität vorbereitet werden«, so Di Bernardo weiter, »ohne Unterschied von Geschlecht, Hautfarbe, Rasse, Sprache, Religion und Kultur, die ich ›Illuminaten‹ nenne. Sie werden die historischen und sozialen Bedingungen schaffen, aus denen im richtigen Moment derjenige hervorgehen wird, der zum obersten Führer der Menschheit aufsteigen muss« (ebenda, S. 104). Was stark an christliche und jüdische Messias-Vorstellungen erinnert. Dass hier die sogenannten Illuminaten, ein dubioser Club aus dem Schoß der Jesuiten und Freimaurer, die Finger im Spiel haben, haben ja schon viele vermutet. Aber welchen Geist die neue Tyrannei atmet, hat nichts mit Licht zu tun, sondern mit Finsternis in Form von Angstmache, Nötigung, Erpressung, Körperverletzung, Entrechtung, Zwangseingriffen, Arbeitslosigkeit und schließlich Armut, Hunger und Tod. Auch wie es mit den Pandemien weitergehen wird, glaubt Di Bernardo zu wissen: »In der Zukunft der Menschheit, gerade weil der Globalisierungsprozess zur Totalität tendiert [!], werden Pandemien nicht mehr die Ausnahme, sondern die Regel sein.«

Kontrolle und Gleichschaltung

Das heißt also, dass Pandemien kein medizinisches, sondern ein politisches und totalitäres Phänomen sind! Nichts anderes habe ich von Anfang an behauptet: nämlich dass das Coronavirus kein biologisches Virus, sondern ein politisches Mittel zur Erringung einer Diktatur ist. »Das eigentliche Problem wird also nicht darin bestehen, wie man sie verhindert, sondern wie man sie kontrolliert«, so Di Bernardo – nämlich die Pandemien. »Damit verschiebt sich der Diskurs von der wissenschaftlichen auf die politische Ebene« (ebenda, S. 122). Eben. Die Covid-19-Pandemie wurde in China »erzeugt«, erklärt der Verschwörer, »und dann über den ganzen Planeten verbreitet«, was sich ganz nach der »Laborhypothese« anhört. »Im Gegensatz zu anderen Ländern hat China sie trotz einer Bevölkerung von 1,4 Milliarden Menschen schnell unter Kontrolle gebracht und ausgerottet«, schwärmt der Freimaurer über das »Reich der Mitte«: »Wie ist das alles passiert?« Die Antwort liege in der Konvergenz von zwei Faktoren: »einer diktatorischen Regierung und dem Glauben an den Konfuzianismus. Der erste, durch die Ausübung sozialer Kontrolle. Der zweite, durch die Förderung des Konsenses.« Man könnte das auch übersetzen: Kontrolle und Gleichschaltung. »Nur die Regierung des Einen kann die Handlungen des Einzelnen in der Gesellschaft effektiv und vollständig kontrollieren. Dafür stehen ihm leistungsstarke technologische Werkzeuge wie künstliche Intelligenz und das 5G-Kommunikationsnetz zur Verfügung. Covid-19 war eine Gelegenheit, uns Menschen des Westens wissen zu lassen, wie soziale Kontrolle in China ausgeübt wird« (ebenda, S. 122 f.). Damit erklärt Bernardo, dass der vortreffliche »Eine« also jeden einzelnen Menschen mithilfe der Elektronik gängeln und bespitzeln wird. Wobei dieser »Eine« eben staatstheoretisch gemeint ist – als real existierende Person: »Der globalisierte Planet wird von einem einzigen Mann und einem Rat von Weisen regiert«, zitierte das *Compact*-Magazin Di Bernardo (Dezember 2021). »Der ›Eine‹ und der Rat der Weisen werden die absolute Macht haben. Folglich werden sie keine anderen Mächte brauchen, um die Welt zu regieren. Die absolute Macht des ›Einen‹ wird ihn zu einem Gott machen. Die in der Vergangenheit der Gottheit zugeschriebenen Kräfte gehören jetzt ihm. Mit einem grundlegenden Unterschied. Der Gott der Religionen (hauptsächlich monotheistisch) war ein mächtiges, aber erfundenes Wesen. Mit seinen Attributen hat er nicht in die Geschichte der Menschheit eingegriffen. Der ›Gott-Eine‹ hingegen ist ein konkretes Wesen, das in der Geschichte wirkt und das Schicksal der Menschen bestimmt. Nicht alle Menschen werden Götter sein, sondern nur ein kleiner Kreis. Die Kluft zwischen Götter-Menschen und Menschen-Menschen wird abgrundtief sein.« Eine zutiefst faschistische Vorstellung. »Der Eine« ist also nicht mit dem platonischen und kabbalistischen »Einen« (The ONE) zu verwechseln – dem singulären Ursprung der Welt (siehe unten).

Das große, weise China

Protest und Widerstand passen da natürlich nicht hinein: »Kein Chinese ist auf die Idee gekommen, im Namen seiner subjektiven und sozialen Rechte zu rebellieren.« Natürlich nicht, denn das wurde den Chinesen schon lange gründlich ausgetrieben. Schließlich leben sie schon seit 72 Jahren im totalitären Kommunismus, genannt »Volksrepublik China«. »Zusammenfassend lässt sich sagen, dass China den Völkern des Planeten demonstriert, dass es weiß, wie man gegenwärtige und künftige Pandemien kontrolliert und ausrottet.« Mit anderen Worten hat das große, weise China dem Westen einmal gezeigt, wo es langgeht. »Das chinesische Modell beginnt trotz der Kontroverse, die es über die Bürgerrechte entfesselt hat, sich eine Bresche zu schlagen und auch in die Köpfe einiger Rechtschaffener im Westen einzudringen.« Wohl wahr – nur dass solche Leute nicht rechtschaffen sein können. »Die Alternative zur sozialen Ordnung ist Unordnung, die die Form von Revolte oder Revolution annehmen kann. Die Angst vor Unordnung breitet sich in den demokratischen Ländern aus, die gegen Covid-19 kämpfen, und bringt die Widersprüche der Demokratie zum Vorschein. […] Man hat Angst vor der Pandemie, ist aber nicht bereit, eine soziale Kontrolle zu akzeptieren, wie sie in China existiert, die allein die einzig wirklich gültige Reaktion ist« (S. 123 f.). Die soziale Kontrolle dient eben nicht der Pandemie- sondern der Aufstandsbekämpfung.

Chaos = Tod

Aus der Chaosdrohung (»Unordnung«) wird aber der Wunsch nach (einer totalitären) Ordnung, das heißt: »ordo ab chao«. Wobei es für Chaos übrigens noch ein anderes Wort gibt, nämlich Tohuwabohu. Das kommt aus dem Hebräischen und bezeichnet das vorschöpferische Chaos, als alles noch »wüst und leer« war und es kein Leben gab (Gen., 1, 2). Dabei steht *tohu* für »Öde« oder »Leere«, *wa* für »und« und *bohu* für »Unordnung«. Eigentlich ein Widerspruch in sich, denn die »Leere« kann ja nicht gleichzeitig unordentlich sein. Erst »der Gott der Bibel« schuf »aus dem Chaos eine geordnete Welt«, heißt es bei den Christen (*Vivat!*-Magazin: »Tohuwabohu«, ohne Datum). Das Chaos erscheint also auch hier als Vorbedingung für die Schöpfung und Ordnung. Kein Wunder, denn eigentlich heißt ja auch das griechische Wort »Chaos« nichts anderes als »der weite leere Raum«, also genau das, was man für eine Schöpfung braucht, wie etwa der Lehrer eine sauber geputzte Schultafel. Und in Öde, Leere und Wüste klingt auch noch etwas anderes an: nämlich der Tod. Während man Chaos und Unordnung auch als Desorganisation bezeichnen kann, bedeuten Ordnung und Organisation Leben (= Organismus).

Nach der Formel:

Desorganisation = Chaos = Tohuwabohu = Antischöpfung = Tod

Organisation = Anti-Chaos = Schöpfung = Organismus (Lebewesen) = Leben

Desorganisation ist also gleichbedeutend mit dem Tod. Wenn man eine Gesellschaft desorganisiert, wie es zur Zeit geschieht, dann wird es Tote geben, weil dann die meisten Logistiken nicht mehr funktionieren. Und »Logistik« ist zufälligerweise auch nicht irgendein Wort, sondern stammt ab vom griechischen *logos*, das auch für Vernunft und Ordnung steht – also für die »logistische Ordnung«, die uns am Leben erhält. Und ein Angriff auf die Logistik ist nicht irgendetwas, sondern ein Angriff auf das Prinzip des Lebens. Man denke zum Beispiel an die Havarie des Frachters *Ever Given* im Suezkanal: Ein empfindlicher Nadelstich für den internationalen Handel, bei dem es nicht nur um ein Schiff ging, sondern darum, dass Hunderte von Schiffen und Hunderttausende von Containern plötzlich nicht mehr da waren, wo sie sein sollten – und damit auch Millionen von Lieferungen betroffen waren. Die *Ever Given* trug allein etwa 20 000 Container, aber noch weitere 400 oder 500 Fracht- und Containerschiffe mussten mindestens eine Woche lang auf die Durchfahrt warten. Andere wiederum wählten einen 7-Tage-Umweg um Afrika herum nach Westeuropa. Mit anderen Worten genügte dieser Nadelstich, um die Logistik ins Chaos oder ins Tohuwabohu zu stürzen. Weitere Nadelstiche kamen hinzu, wie beispielsweise die Schließung eines kompletten chinesischen Hafenterminals wegen *eines einzigen* Corona-Infizierten. Logistik ist genau wie Ordnung und Organisation also das Gegenteil von Chaos. In der platonischen Philosophie und in der *Kabbala* steht *logos* daher auch für den Schöpfergott, auch Demiurg genannt, der die praktische »Schöpferarbeit« erledigt, und das kann er nur durch Ordnung. Das antischöpferische Chaos als Folge der Corona-Maßnahmen ist dagegen kein Versagen oder eine unerwünschte Nebenwirkung. Sondern es ist das Ziel – genauer: ein Etappenziel.

Tod oder Tyrannei

Das heraufziehende Tohuwabohu ist demnach die Rückführung der Menschen in den vorschöpferischen Zustand, also in die Öde, Wüste und Leere. Und das ist nicht etwa etwas Schönes, sondern eben ein Zustand *ohne* Schöpfung und *ohne* Ordnung, das heißt: des Nichts. Das Corona-Chaos ist demzufolge ein Todesprogramm. Und anhand der Ereignisse des Jahres 2021 können wir das auch sehr gut nachvollziehen. Durch dieses Chaos sollen wir hindurchgehen, was zweifellos Abermillionen Menschen das Leben kosten wird. Die Frage ist nur, ob daraus wirklich etwas Neues entsteht, und sei es auch nur die abscheulichste Diktatur.

Oder ob die Menschheit das Chaos überhaupt überleben wird. Denn schließlich handelt es sich quasi um eine Rosskur: Sämtliche Organisationen und Strukturen werden zerstört, um etwas »Neues« aufzubauen (»Great Reset«/»ordo ab chao«). Vom Chaos aus verzweigt sich der kollektive Weg denn auch in Richtung Tod oder in Richtung Tyrannei (der individuelle Weg kann davon abweichen). Möglich ist natürlich auch beides: Dass Teile der Menschheit sterben werden, während andere in eine Diktatur gezwängt werden. Aber es gibt da eben auch die radikale Idee, die Menschheit vollständig auszurotten. Was für die »Eliten« natürlich einen Interessenkonflikt bedeutet: Soll man die Menschheit nun ausbeuten und ausrauben oder ausrotten? Aber warum nicht beides: Erst nimmt man den Menschen alles ab (Enteignung), dann – oder gleichzeitig beziehungsweise deswegen – werden sie jämmerlich sterben. Das ist eigentlich auch nichts anderes, als das, was Dschingis Khan praktiziert hat, nur dass er sehr viel direkter und offensichtlicher vorging – ohne PR-Agenturen, Psychokrieger und verlogene Politiker. Sonst hätte er seine Mordzüge damals sicherlich ganz anders verkauft. Hatte die Deagel-Liste also doch recht? Im Detail wohl kaum. Wie schon in dem entsprechenden Kapitel dargestellt, besaß sie selbst nach eigenem Eingeständnis der Website *Deagel.com* keinerlei Basis in irgendwelchen Fakten. Eine Überprüfung ihrer Prognosequalität ergab, dass die Deagel-Vorhersagen in der Vergangenheit massiv danebenlagen.

Die Weichen sind gestellt

Die Weichen sind also bereits gestellt – die Frage ist nur: Stehen wir da auch noch irgendwo am Stellwerk? Die Antwort lautet, dass wir uns Zugang verschaffen müssen. Aber das ist nicht einfach, denn die »Chaoten« haben sowohl das Chaos als auch den (weitgehenden) Untergang der Menschheit fest eingeplant. Interessanterweise hat Di Bernardo als Verschwörer und Großmeister der Freimaurer nämlich auch die »Mystik« der »jüdischen *Kabbala*« gelobt (*katholisches.info*, ebenda), von der die Freimaurer einige Elemente übernommen haben. Und das lässt aufhorchen, denn beide, Freimaurerei und *Kabbala* (sinngemäß: Überlieferung), betrachten das Chaos beziehungsweise das Tohuwabohu als notwendiges Durchgangsstadium: die Freimaurer auf dem Weg zur »Neuen Weltordnung«, die Kabbalisten auf dem Weg ins Himmelreich, wobei dem Chaos die Aufgabe zukommt, minderwertiges Leben vom Antlitz der Erde zu tilgen. Puh – schrecklich: »die Juden« also mal wieder? Keineswegs.

Sondern wie man an der israelischen Impfpolitik ablesen kann, werden Juden nicht ausgespart. Ein Sonderweg für Israel ist in dem Plan momentan nicht erkennbar, sondern nur für wenige Auserwählte. Überdies handelt es sich zunächst einmal um die Glaubenswelt einer Art Sekte, wenn auch einer mächtigen Sekte. Quasi eines Todeskults – jedenfalls für rund 99,999 Prozent der Menschen, also auch der »normalen Juden«. Weil ich sagte »zurück ins Himmelreich«: Mit naiven christlichen Himmelsvorstellungen hat das nichts zu tun. Die Kabbalisten wollen zurück zum Ursprung allen Seins, den sie »das Eine« nennen, quasi der singuläre Ausgangspunkt von allem, in etwa wie die Welt eine Sekunde vor dem Urknall – nur nicht im physikalischen, sondern im metaphysischen Sinn. Interessanterweise sind wir damit auch schon wieder bei der platonischen Philosophie, deren Ideenwelt bei der Entstehung der kabbalistischen Weltanschauung Pate gestanden hat. Denn eigentlich stammt die Vorstellung des ursprünglichen »Einen« aus dem Neoplatonismus.

Es lebe »das Eine«

Und um »das Eine« zu erreichen, muss die Welt der normalen Menschen quasi ins Chaos gestürzt und vernichtet werden. Vielleicht ist Ihnen auch schon einmal die Karriere aufgefallen, die seit einiger Zeit der Begriff »The ONE« (das Eine) macht – nicht zu verwechseln mit dem oben erwähnten »einen Herrscher« in Menschengestalt. Der Begriff der »One World« existiert ja schon längere Zeit, aber nun wird alles Mögliche plötzlich »The One« genannt, zum Beispiel ein TV-Sender, ein Mobilfunkanbieter, eine Motel-Kette, eine Hilfsorganisation (gegründet ausgerechnet von Bono und Bob Geldof), im Bau befindliche Hochhäuser in Frankfurt am Main und Toronto und anderes mehr. Natürlich kann das zum Teil auch trivial sein, denn schließlich will jeder die »Nummer 1« sein. Misstrauisch wird man aber, wenn auch globale Oligarchen auf den »One«-Zug aufspringen, wie etwa Bill Gates, der die oben genannte Hilfsorganisation nun unterstützt. Besonders nachdenklich stimmt die Gründung eines gemeinsamen Hauses der Religionen in Berlin unter dem Namen »House of One« (Grundsteinlegung: 27. Mai 2021). Wobei man Staatslehre (der »eine« Herrscher) wie gesagt nicht mit Kosmologie verwechseln darf: »Das Eine« (The One) ist in der *Kabbala* ein okkulter Begriff für den letzten Ursprung allen Seins, zu dem manche die Welt zurückführen wollen, indem die menschliche Welt ins Chaos gestürzt werden muss – eine Welt, die überwunden werden müsse, um die Welt zu

»heilen« und wenige Auserwählte (nicht: *die* Juden!) zum Ursprung allen Seins zurückzuführen. Wenn die bisher gut organisierte Welt der normalen Menschen kein Chaos darstellt, dann muss man es eben schaffen, um den Untergang der »Normalen« und die Göttlich- beziehungsweise Einswerdung der »Auserwählten« zu ermöglichen. Und genau diese Phase spitzt sich jetzt zu. Zwar wird das Chaos bereits seit Jahrzehnten angestrebt – durch Desorganisation auf allen Ebenen, die von mir bereits vielfach als hybrider Krieg beschrieben wurde. Aber erst jetzt merken viele, dass wir wirklich am Abgrund stehen. Deutschland ist mit seinen durch das Merkel-Regime geschaffenen Problemen dafür ein besonders finsteres Beispiel. Denn gerade Deutschland steht mit seinem Ordnungs- und Organisationstalent sowie seiner zentralen Rolle als ein wirtschaftliches und technologisches Zentrum in Europa und auf der Welt den Chaosplänen besonders im Wege.

Logistik = Leben

Die zwei wichtigsten Gegenstrategien bestehen darin,

1. eine eigene Logistik zu gründen in Form von Vernetzung alternativer Einkaufsmöglichkeiten, medizinischer Versorgung sowie anderen Gütern und Dienstleistungen,
2. in die Logistik der Gegenseite einzugreifen, und zwar durch Streiks, zivilen Ungehorsam und jedes andere legitime Mittel.

Denn wie Artikel 20 des Grundgesetzes besagt: Gegen jeden, der es unternimmt, die freiheitlich-demokratische Grundordnung zu beseitigen, »haben alle Deutschen das Recht zum Widerstand, wenn andere Abhilfe nicht möglich ist«. Jeder muss also einen eigenen »Aufstand« anzetteln – entweder allein oder zusammen mit anderen. Zum Beispiel, indem man aufhört, dem Apparat Daten zur Verfügung zu stellen, mit der Bürokratie zu kooperieren und Anweisungen zu befolgen. Jeder kleine persönliche Widerstand ist wertvoll. Und da gibt es auch ermutigende Zeichen: So musste die Regierung der kanadischen Provinz Quebec die im November 2021 verhängte Impfpflicht für Pflegekräfte wieder zurücknehmen, nachdem sich über 12 000 Mitarbeiter trotz der staatlichen Erpressung nicht impfen ließen (*Report24*, 21.11.2021). In den USA verlassen die Menschen ihre Arbeitsplätze, »nicht weil sie ihren Job verlieren wollen, sondern weil sie nicht an dem Impfstoff sterben wollen!«, sagt der bekannte US-amerikanische Internist, Kardiologe und Epidemiologe Dr. Peter McCullough. »Sie sagen: ›Hören Sie, ich will nicht sterben. Das ist der Grund, warum ich den Impfstoff nicht nehme.‹ So offensichtlich ist das« (*The Unz Review*, online, 20.11.2021). Ende November 2021 gingen bei Großdemonstrationen in Rom und anderen Städten Hunderttausende auf die Straßen. In Wien, Bregenz und anderen österreichischen Städten gab es Ende November eindrucksvolle und große Demonstrationen gegen die Impfpflicht. In Linz schrieb ein Busfahrer am 19. November 2021 in großen Lettern »Impfen ist Mord« in sein Bus-Display. Eine weitere wichtige Antwort: Die Angst muss weg. Den Umgang mit Leuten, die Angst haben, ist das Regime gewöhnt – aber nicht den Umgang mit Leuten, die keine Angst haben, sondern eigenständig denken, handeln und sich vernetzen. Schmeißen Sie dem Regime die Klamotten hin, wie man so schön sagt. Nur wenn jeder Einzelne kämpft und mithilft, können wir vermeiden, was sonst unweigerlich am Ende des Chaos auf uns wartet: Leichenberge.

Nachwort

Das war *verheimlicht – vertuscht – vergessen* Nummer 15 (2022): ein Ritt durch die Apokalypse. Ich habe versucht, dieses Buch nicht vom Thema Corona dominieren zu lassen, so wie viele versuchen, ihr Leben nicht von Corona bestimmen zu lassen. Meistens vergeblich. Schon mein vorangegangenes Jahrbuch 2021 wurde schließlich von dieser Angelegenheit beherrscht und enthält daher alle wesentlichen Basisinformationen zu dem Thema. Es wurde daher fast schon eine eigene Chronik des »Jahres 1 Corona«, also des Jahres 2020, »in dem alles anfing« – jedenfalls für die Öffentlichkeit. Seitdem hat für die Menschheit eine neue Zeitrechnung begonnen: nicht mehr 2021 n. Chr., sondern 1 n. C. (nach Corona). Und zweifellos wäre *Die Corona-Chroniken* auch ein passender Titel für ein eigenes Buch gewesen: eine Chronologie der totalen Unterjochung und Versklavung der Menschheit unter dem Deckmantel einer »Pandemie«. Und wenn wir nicht aufpassen, könnte es auch noch eine Chronik des Unterganges der Menschheit werden. Aber so war also *verheimlicht – vertuscht – vergessen 2021* vorerst meine persönliche Corona-Historie – und *verheimlicht – vertuscht – vergessen 2022* wurde mein Versuch, mich (und uns) wieder aus dieser Hypnose zu befreien.

Was allerdings nicht einfach ist. Denn Corona ist überall. Statt über das Wetter redet man heutzutage zuerst über Corona: Jeder Small Talk an der Straßenecke verwandelt sich schnell in einen Strudel, der einen unverhofft in einen hektischen Austausch über den neuesten Wahnsinn des Impf- und Ausnahmeregimes hineinzieht. Kein Wunder, denn inzwischen wurde eine eher mittelmäßige Grippe zur zentralen Sorge der Menschen hochgejazzt, wodurch wir alle von selbstbestimmten Menschen wieder zu Kindern wurden: Darf ich noch einkaufen, Sport treiben, Freunde und Verwandte treffen? Ja, mehr noch: Kann ich mein Studium oder meine Ausbildung fortsetzen? Werde ich meinen Arbeitsplatz behalten? Wird mich mein Arzt noch behandeln, meine Apotheke mir Medikamente verkaufen? Und wenn ich oder liebe Freunde und Verwandte uns impfen lassen (müssen): Werden wir das vertragen, oder werden wir elend an Thrombosen, Schlaganfällen und Herzmuskelentzündungen zugrunde gehen? Und können junge Frauen noch schwanger werden und ein gesundes Baby zur Welt bringen, das später auch wieder gesunde Nachkommen in die Welt setzen kann? Und vor allem: Was geht hier eigentlich vor? Die Antwort: Die Regierungen und industriellen Komplexe haben die Menschheit in die schwerste existenzielle Krise ihrer Geschichte gestürzt. Wenn man all die existenziellen Fragen zusammenzählt, die die globalen Regime durch ihre Corona-Politik aufgeworfen haben, dann sind das dieselben Fragen, die man sich im Ersten und Zweiten Weltkrieg auch gestellt hat: Werden wir unser Vermögen, unseren Altersgroschen, unser Häuschen oder unsere Wohnung behalten oder verlieren? Werden wir gesund bleiben oder krank werden und verhungern? Werden wir verletzt und versklavt werden oder eines Tages wieder normal und in Frieden leben können? Kurz: Werden meine Familie und ich überleben? Denn im Gegensatz zum Ersten und Zweiten Weltkrieg richtet sich dieser moderne »Corona-Krieg« fast ausschließlich gegen die Zivilbevölkerung.

Auch ich kann Ihnen diese Fragen nicht beantworten, liebe Leser. Aber viel, wenn nicht alles, hängt davon ab, wie wir uns persönlich verhalten: Werden wir im Gleichschritt marschieren oder uns wehren? Werden wir Nein sagen oder zu allem Ja und Amen? Kurz: Werden wir Sand oder Öl ins Getriebe schütten? Jeder kann diese Frage nur für sich selbst beantworten. Der Einsatz ist dagegen klar: Es geht um alles. Und es wird nur aufhören, wenn wir aufhören.

In diesem Sinne hoffe ich, dass wir uns nächstes Jahr wiederlesen und dann auf bessere 365 Tage zurückblicken können.

Es grüßt sie ganz herzlich

Ihr Gerhard Wisnewski
München, 1. Dezember 2021

Telegram: *https://t.me/GWisnewski*
BitChute: *https://www.bitchute.com/channel/gerhard-wisnewski/*
Website: *wisnewski.ch*
YouTube: *https://www.youtube.com/user/WisnewskiGerhard*

Dank

Die Danksagung: Endlich mal ein Kapitel, das ich guten Gewissens immer wieder abschreiben kann – und zwar bei mir selbst. Mein erster Dank geht wie immer an meine Familie, vor allem an meine Frau, die mir jederzeit mit Rat, Tat und Inspiration zur Seite gestanden hat. Mein zweiter Dank geht an meine Leser und Unterstützer, die mir nicht nur mit zahlreichen Hinweisen, Tipps und Informationen geholfen haben, sondern auch mit ihren Spenden und vor allem Einkäufen auf meinem Telegram-Kanal, ohne die beispielsweise mein Engagement in den sozialen Medien nicht möglich wäre. In diesem Zusammenhang wären auch unwägbare Risiken und Kosten durch juristische Angriffe zu nennen, die nicht aus Buchhonoraren allein zu bestreiten sind. Ein weiterer Dank geht selbstverständlich an meinen Verleger Jochen Kopp, der in diesen schwierigen und gefährlichen Zeiten die Fahne des freien Verlegertums hochhält, sowie an alle Mitarbeiter des Verlages, insbesondere meinen Lektor Thomas Mehner.

Vielen Dank!

Gerhard Wisnewski

Abbildungsverzeichnis

Seite15: © Marina Demidiuk/Shutterstock.com

Seite 35: »2021 storming of the United States Capitol« | *https://commons.wikimedia.org/wiki/File:2021_storming_of_the_United_States_Capitol_09.jpg* | Tyler Merbler, CC BY 2.0 <*https://creativecommons.org/licenses/by/2.0*>, via Wikimedia Commons

Seite 67: »FFP2 face mask« | *https://commons.wikimedia.org/wiki/File:Corona_Face_mask_FFP2_(50577401782).jpg* | dronepicr, CC BY 2.0 <*https://creativecommons.org/licenses/by/2.0*>, via Wikimedia Commons

Seite 77: »John Magufuli, President of Tanzania« | *https://commons.wikimedia.org/wiki/File:John_Magufuli_2015.png* | Issa Michuzi/*issamichuzi.blogspot.co.uk*, CC BY-SA 2.0 <*https://creativecommons.org/licenses/by-sa/2.0*>, via Wikimedia Commons

Seite 105: © Andrei Minsk/Shutterstock.com

Seite 123: »Modell der Talsperre« | *https://commons.wikimedia.org/wiki/File:Dreischluchtendamm_modell.jpg* | Modell des Dreischluchtendamms am Jangtsekiang, Aufnahme vom 9.11.2002. Fotograf Thomas Matthes (selbst fotografiert). Lizenzstatus »GNU-FDL« | Permission is granted to copy, distribute and/or modify this document under the terms of the GNU Free Documentation License, Version 1.2 or any later version published by the Free Software Foundation; with no Invariant Sections, no Front-Cover Texts, and no Back-Cover Texts. A copy of the license is included in the section entitled GNU Free Documentation License.

Seite 137: »Bill Gates während der Münchner Sicherheitskonferenz 2017« | *https://commons.wikimedia.org/wiki/File:Bill_Gates_MSC_2017_2.jpg* | Mueller/MSC, CC BY 3.0 DE <*https://creativecommons.org/licenses/by/3.0/de/deed.en*>, via Wikimedia Commons

Seite 159: »Hochwasser in Altenahr-Kreuzberg« | *https://commons.wikimedia.org/wiki/File:Hochwasser_Altenahr_Kreuzberg.jpg* | Martin

Seifert (The original uploader was CnndrBrbr at German Wikipedia), CC0, via Wikimedia Commons

Seite 183: »A U.S. Air Force Boeing C-17 Globemaster III safely transported approximately 640 Afghan citizens from Hamid Karzai International Airport, Aug. 15, 2021. At first it had been reported that the crew took 640 Afghans out of Kabul but the true number was 823 and includes 183 children whose presence on board wasn't previously accounted for.« | *https://commons.wikimedia.org/wiki/File:C-17_carrying_passengers_out_of_Afghanistan.jpg* | Air Mobility Command Public Affairs, Public domain, via Wikimedia Commons

Seite 203: »The north tower (1 WTC) of the World Trade Center after the September 11 attacks in New York, New York, United States. By this time, the south tower (2 WTC) had already collapsed.« | *https://commons.wikimedia.org/wiki/File:World-Trade-Center_9-11.jpg* | Anonymous Unknown author, Public domain, via Wikimedia Commons

Seite 229: »Illustration of the setup of a Milgram experiment. The experimenter (V) convinces the subject (L) to give what he believes are painful electric shocks to another subject, who is actually an actor (S). Many subjects continued to give shocks despite pleas of mercy from the actors. Quelle: Created by Wapcaplet in Inkscape. SVG version.« | *https://commons.wikimedia.org/wiki/File:Milgram_Experiment.png* | Permission is granted to copy, distribute and/or modify this document under the terms of the GNU Free Documentation License, Version 1.2 or any later version published by the Free Software Foundation; with no Invariant Sections, no Front-Cover Texts, and no Back-Cover Texts. A copy of the license is included in the section entitled GNU Free Documentation License.

Seite 249: © picture alliance/REUTERS/POOL New

Stichwortverzeichnis

Symbole
11. September
209, 211, 214–221, 230–235, 237, 239
1933 auf globaler Ebene 155
1984 Magazin 7, 8
5G-Kommunikationsnetz 267

A
Ablasshandel 168
Abschaffung der Menschheit 52, 54, 55
Abstandsregeln 190
Achilles 79
»Acht Vorhersagen für das Jahr 2030« 55
Afghanistan 168, 200, 201, 210, 214–216, 218, 220, 221, 230–233, 236–239
Afghanistankrieg 200, 202, 220, 230, 237
Africa Report 90
Afrikanische Union 156
Ahrtal 70, 131, 165, 166, 170, 171, 175, 176
al-Qaida 231, 234
Alexander der Große 156, 200
Allen, Douglas 154
Allen, Paul 142
Allianz gegen den Terror 235
Altmaier, Peter 60, 120
Altruismus 142
Amazon 105, 156
Angler. The Shadow Presidency of Dick Cheney 216
Angstmache 262, 266
Anti-Gentest-Industrie 156
Apathie 73–75
Arbeitslosigkeit 52, 53, 263, 266
Arbeitsschutzgesetze 71
Aristokratie 264, 265
Artikel 2 Grundgesetz (Recht auf körperliche Unversehrheit) 69
Artikel 20 Grundgesetz (Recht auf Widerstand) 272
Arzneimitteltest 21
Asch, Solomon 240
AstraZeneca 162–164
Atemkontrolle 73
Atemreduzierung 71
Atheismus 264
Athene 79
Augustinus von Hippo 157, 233
Auserwählte 271, 272
Ausgangssperre 29, 31, 62, 68, 153, 154, 190
Ausnahmezustand 148–152, 154, 155
Autismus 142
Autist 140, 142
Autoimmunreaktion 27
Automobilindustrie 10, 206–208
Autovermietung 50, 51, 56

B
BAE Systems 218
Bakayoko, Hamed 89, 90
Baumann, Beate 256, 257
Berger, Matthias 175
Bernhard Schulte Shipmanagement 102
Bevölkerungsverluste 110, 113
Bewusstseinskontrolle 75
Bezos, Jeff 138, 265
Bhakdi, Sucharit 148
Bhandari, Jayant 62

Biber 128, 129
Biden, Joe 36, 45
Bilderberger 93
Bildungsnotstand 263
Bill-und-Melinda-Gates-Stiftung 37, 88, 155
bin Laden, Osama 17, 202, 210, 211, 214, 219, 220, 230, 233–235
Binkert, Hermann 147
Biomilq 138
Biontech 20, 21, 27, 109, 130, 189–191
Blackout 61
BlackRock 156
Bleuler, Eugen 142
Borders, Sarah 23
Brahmaputra 136
Breakthrough Energy 138
BreathTech-S3 71
Bröckers, Mathias 234
Brunner, Michael 261
Buffet, Warren 265
Bulgarische Gesellschaft für Pathologie 193
Bund für Umwelt und Naturschutz Deutschland (BUND) 131
Bund-Länder-Konferenz 152, 153
Bundesamt für Bevölkerungsschutz und Katastrophenhilfe 171
Bundesnotbremse 152
Bürgerrechte 190, 268

C

Car-Sharing 56
Carlson, Tucker 43
Carnegie Department of Global Ecology 94
Casey, William 79, 202
Centers for Disease Control and Prevention (CDC) 21
Cheney, Dick 212, 216, 221
chinesisches Modell 264
Christenheit 211
Christentum 212, 213
Churchill, Winston 259
Clinton, Bill 212
Cody, Candice 20
Containerhäfen 103
Corona-Maßnahmen 89, 121, 148–150, 152, 209, 243, 244, 250, 252, 263, 269
Council on Foreign Relations 88
COVAX 162–164
Covid 19: Der große Umbruch 154
Covid-19 19–21, 23, 24, 28, 61, 65, 87, 90, 91, 149, 161, 162, 164, 198, 266–268
Covid-19-Pandemie 266
Crowd Control 151
Cum-Ex-Geschäfte 12

D

Dartmouth-Hitchcock Medical Center 195
Das Ende der Geschichte 214
Das erste Leben der Angela M. 253
Das Milgram-Experiment. Zur Gehorsamsbereitschaft 240
Deagel-Liste 105, 110–115, 270
Deagel.com 110–112, 270
Demiurg 269
Denkblockade 117
Dennard, Austin 23
Der betrogene Patient 193
»Der Eine« 265, 267
DeSantis, Ron 153
Desinformation 202
Desorganisation 268, 269, 272
Despoten-Narrativ 86
Deutscher Wetterdienst 171
di Bernardo, Giuliano 263–267, 270
Digitalisierung 178
Dine, Kim 39
Ditfurth, Jutta 32

Dlamini, Ambrose 89
Donar 167
Dover, Tiffany 24
Drei-Schluchten-Damm 132–134
Dreyer, Malu 166
Drive-Impf 106, 109
Drogenhandel 237
Drohne 54, 177, 178
Dschingis Khan 92–95, 270

E
Energiewende 11, 60
Enteignung 54, 131, 169, 262
EnviaM 50
Ermächtigungsgesetz 152
Erpressung 266, 272
Ethik 243, 264
Euro-Rettungsschirm 251
Europäisches Institut für Klima und Energie (EIKE) 60, 165
Ever Given 97–102, 269

F
Falun Gong 58
Faschismus 53, 54, 61, 157, 158, 178, 260, 263
Fauci, Anthony 25, 197, 198
Fehlgeburt 22, 25–28
Feierverbot 29
Feldmann, Peter 207
Feuerwerk 30, 32, 178
FFP2-Maske 70, 71
Fikenzer, Sven 71
Fischer, Bobby 82
Folter 73, 262
Fontes, Alkje 144
Freimaurer 259, 263
Fridays for Future 166
Fujita, Yukushisha 218
Fukuyama, Francis 213

G
Gates, Bill 27, 63, 130, 137–142, 189, 191, 265, 271
Gehorsam 30, 121, 177, 240
GeoEngineering Watch 135
Germer, Peter 131
Gesundheitsdiktatur 152
Gewaltenteilung 58, 157
Gewissen 96, 247, 260
Ghani, Ashraf 200
Giffey, Franziska 11, 105
Gleichschaltung 266, 267
globale Korruption 265
Globalisierungsprozess 266
Globalisten 55, 85, 89, 91, 162, 263
Gnauck, Hannes 226
Google 133, 156
Gott-Einer 267
Götter-Menschen 267
Great Reset 54, 61, 64, 99, 139, 206, 262, 263, 270
Greenpeace 204, 205
Greifswald Moor Centrum 126
Grimma 169, 175, 176
Großloge Großer Orient von Italien 263
Grundgesetz 12, 70, 107, 152, 272
Guardian 86, 88, 95, 117, 140, 234
Guimarães, Iêda 186, 187
Gulag 259
Gwajima, Dorothy 87

H
Haiti 161–164
Hanau-Attentäter 16
Hänsel, Rudolf 121
Hartleb, Florian 225
Haseloff, Reiner 143, 147
Haslam, Alex 244

Herndon, Brooke 195
Herrmann, Monika 208
Heussler, Volker 130
Hilse, Karsten 167
Hindukusch 200
Hochwasser
127, 132, 159, 165, 167, 169, 170, 172, 174–176
Hochwasser-Warnsystem 170
Höhler, Gertrud 256
Hungerspiele 62
Hungertagebuch 62
Huntington, Samuel 211, 213
Huxley, Aldous 57, 93
Huxley, Julian 93
hybrider Krieg 136, 206, 272
Hyperkapnie 71, 75

I

IAA Mobility 9, 10, 204, 209
Ibrahim, Mark 43, 44
Il futuro di Homo sapiens 263
Illuminaten 264, 266
Immunsystem 22, 139
Impfindustrie 156, 260
Impfpflicht 262, 272, 273
Impfprogramm (Covid) 90, 161
Impfzwang 260
Indien
52, 62, 63, 113, 115, 164, 239
Infratest Dimap 146
INSA 143, 147
intelligente Maske 70, 71
Inzidenz 149, 190
Islam 211–213

J

Jahn, Ronny 52
Jangtsekiang 132
Janich, Oliver 143
Jesuiten 266
Joosten, Hans 124

K

Kabbala 269–271
Kabul 12, 183, 200, 230
Kampf der Kulturen 211, 214
Kampf gegen rechts 37, 247
Kanthavel, Krishnan 98
Kapitol 35–38, 40–43, 45
Karsai, Hamid 237
Kasparow, Garri 82
Kasraie, Saghar 42
Kästner, Erich 260
Kaufman, Andrew 193
Kelly, Patricia 49
Keuchhusten 195–197
Keuchhustenepidemie 196, 197
Keuchhustenphantom 196
Khalilzad, Zalmay 213, 237
Kirchner, Oliver 144
Kirkland, Kathryn 195
Kirsch, Konstantin 112
Kleber, Claus 39
Klima-Taliban 168, 208
Klimawandel
13, 59, 64, 125, 138, 165–169, 175, 194
Klöckner, Julia 120
Kohlendioxid 72, 95, 127, 168
Kollektivierung 51, 55, 57
Kommunismus 57, 158, 263, 267
Konfuzianismus 267
Kontaktbeschränkung
149, 151, 153
Kontaktverbot 154
Kontrolle der Bevölkerung 153
Konzernsozialismus 54
Körperverletzung 266
Korporatismus
53, 54, 157, 158, 190
Krieg gegen den Terror 216
Krogmann, Kay 128
Kulturrevolution 206
Kunert, Michael 146
künstliche Intelligenz 267

L

Landnutzungsentscheidung 96
Landtagswahl Sachsen-Anhalt 143, 144
Laschet, Armin 109, 222
Latif, Mojib 166
Lauritsen, John 192
Le Monde Diplomatique 118
Lehmann, Marion 172
Leibeigenschaft 261
Leopoldina 245, 252
Lieferkette 62, 64, 99
Lockdown 25, 50, 52, 53, 61, 63–65, 68, 148, 153, 154, 190, 245
Loth, Kader 46–49
Lowis, Stephan 50
Lückerath, Thomas 170
Lussi, Helmut 167

M

Maas, Heiko 12
Machtergreifung 155
Mack, Lothar 173
Macron, Emmanuel 150
Magdalenenflut 165, 168
Magufuli, John 84–89, 91, 92, 193
Malaria 90, 128–130, 138
Mangelwirtschaft 59
Mao-Faschismus 50, 260
Maoismus 158, 260
Martin, Jane 23
Maskenpflicht 75, 89, 190, 260
Massenmord 93, 95, 96
Massensterben 110, 111, 115
McCullough, Peter 273
Mehlhorn, Heinz 129
Menschenbild 53
Menschenrecht auf körperliche Unversehrtheit 260
Menschenrechte 154, 181
Menschenversuche 21, 190, 197, 267, 268
Merkel, Angela 11, 120, 152, 245, 254–256
Methan 127
Microsoft 140–142, 156
Mietmobil 56
Milgram, Stanley 240, 241
Mind Control 75
Mobilitätswendecamp München 205
Moderna 21
Moderner Fünfkampf 184
Modi, Narendra 62
Moïse, Jovenel 160, 162, 164
Monopolisierung 54, 156
Monsanto 156
Moore 124–131
Moorlandschaft 126
Moorschutzprogramm 127
Morgenthau-Plan 60
mRNA-Impfstoff 23, 29
Mücken 27, 129–131
Mulde 176
Müller, Daniel 108
Mullis, Kary 191, 194, 196, 198, 199
Multilateralismus 53
Murray, Craig 236, 237
Musharraf, Pervez 235
Musk, Elon 265
Mussolini, Benito 54, 157, 158
Muttermilch 138

N

Nabers, Dirk 235
Nanjing 102, 133
NATO-Vertrag 216, 232, 233
Nebenwirkungen 19, 20, 23, 26, 27, 163
Nebenwirkungsregister (VAERS) 25
Neoplatonismus 271
Netflix 79, 80
Neubauer, Luisa 166
Nkurunziza, Pierre 87, 89
Nordallianz 230

Nötigung 266
Nürnberger Kodex 190, 261

O
Oehl, Sabine 223
OffGuardian 86–88, 117, 119
Ökosteuern 168
Oligarchie 265
Olympische Charta 181
Olympische Spiele (Tokio) 177, 178, 180, 181, 184
Operation »Enduring Freedom« 216
Opium 237, 238
Opiumproduktion 237–239
Organe aus dem Drucker 58
Orwell, George 51
»Owning the weather in 2025« 136

P
Paech, Norman 231
»Pandemie der Ungeimpften« 246
Parin, Paul 118
Parker, Andrew 252
Patriot Act 210, 233
Paul Parin 118
PCR-Test 103, 104, 190, 192, 194–198
Pence, Mike 36, 38, 45
Pentagon 209–211, 213, 215–217, 230, 231
Pétionville 160
Pfizer 19–21, 26
Pfizer-Biontech-Impfstoff 21
Pföhler, Jürgen 174
Pharmadiktatur 70
Pharmaindustrie 116, 157, 177, 261, 262
Philanthropie 139
Philosophenherrschaft 265
Platon 264, 265
Platonismus 264
Polymerase-Kettenreaktion 190, 191
Pompeo, Mike 87
Pongratz, Julia 94
Port of Suez 101
Port Said 101
Port-au-Prince 160, 162, 163
Powell, Colin 232
Prinz Bernhard der Niederlande 93
Project for the New American Century 212, 218, 221, 239
Pseudoepidemie 197
psychologische Kriegsführung 44
Psychoterror 141

R
Raisner, Kim 184
Rashid, Ahmed 235
Rat der Weisen 264, 267
»realitätsorientierte Welt« 236
Reich, Franziska 256
Reicher, Steven 244
Reisekader 252, 253
Reiter, Dieter 208
Reuther, Gerd 193
Revolte 268
Revolution 190, 265, 268
Richter, Robert 226
Roberts, Terry 41
Rove, Karl 79, 236
Royal Society 252
Rumsfeld, Donald 212, 216, 217
Russel, Stewart 178

S
Sabotage 174–176, 186
Saint Boy 184, 188
SARS-CoV-2 191, 193, 261
Sauer, Joachim 251, 252, 255
Schach 78, 80–84
Schachweltmeisterschaft 81, 82, 84
Schallenberg, Alexander 260
Schäuble, Wolfgang 226
Schavan, Annette 11
Scheinwahl 227

Scheuer, Andreas 11
Schiffmann, Bodo 175
Schleu, Annika 184, 185, 188
Schmidt, Helmut 12, 200, 227
Scholz, Olaf 12, 120, 166
Schormann, Klaus 184
Schubert, Christian 149, 156
Schwab, Klaus 99, 154, 206, 263
Schwangere
15, 19–21, 23, 25, 28, 29
Schwarzmarkt Organhandel 58
Schweinegrippe 195
Shanghai 133
Shanghai Cooperation Organization
156, 239
Sharing Economy 56, 57
Sicknick, Brian 40
Sixt, Erich 56
Sklaverei 57, 259, 262
Snowden, Edward 151
Sozialismus 59, 61, 263
Spahn, Jens 48, 120
Spiegel-Bestsellerliste 7, 8
Springreiten 184, 185
Staat als Räuber 233
Stalinismus 158
Stanford Prison Experiment 246
Staumauer 133
Steuererhöhung 169
Stickstoffdioxidwerte 64
Stiftung Corona-Ausschuss 148
Stigmatisierung 246
Stockholm-Syndrom 251
Straw, Jack 74
Strompreis 11, 60
Struck, Peter 201
Suezkanal 5, 97–103, 269
Suezkanalbehörde 99, 101, 102
Suskind, Ron 236
Systemrelevanz 68

T
Taliban
12, 74, 168, 200, 201, 220, 231, 238, 242, 245–247, 249–251
Talsperre 132–136, 170, 171
Tanneberger, Franziska 126
Tansania 85, 87–89, 91, 92, 214
Terrorismus
175, 214, 230–233, 239
The Black Enterprise 163
»The ONE« 271
Thiel, Georg 226
Thüringer Sintflut 165
Tibet 136
Todesprogramm 169, 269
Todesschwadron 160
Tohuwabohu 259, 268–270
Tolstoi, Lew 121
Totalitarismus 158, 260
Trockenlegung der Moore 126
Troja – Untergang einer Stadt 79
Trout Clan Campfire 112
Trump, Donald
25, 36, 37, 43, 48, 195
Tyrannei
154–156, 210, 240, 244–246, 259, 260, 265, 266, 269, 270

U
Überschwemmung
131–133, 135, 165, 167, 175, 204
Überwachungsstaat 178
Umerziehung 51
Umsturz
54, 151, 152, 154, 155, 259
Umweltkrieger 95
UN-Mandat 231, 233
UN-Resolutionen 1368 und 1373
231
Ungeborene 19, 23, 29
Ungehorsam 272
United Defense Industries (UDI) 218

UNO 54, 92, 155, 156, 158, 162
UNOCAL 213, 236, 237
Untergang des Westens 114
US Army Corps of Engineers 220

V
Vaccine Adverse Event Reporting System (VAERS) 25–28
Vanguard Group 156
Verantwortungsdiffusion 243, 245
Verbrechen gegen die Menschlichkeit 190, 261
Vergemeinschaftung der Schulden 251
Verletzung des Wahlgeheimnisses 224, 226
Verma, Ragini 83
Verschwörungsleugner 116, 117
Verstandeslähmung 121
Virus-Wahn 192
Vogelgrippe 195
Völkermord 61, 63, 92–94, 96, 117

W
Wahlbetrug 44, 86, 145
Wahlgeheimnis 143, 222–224, 226
Wanderarbeiter 62
Waterboarding 74
Watson, Jessica 78
WEF *(siehe auch Weltwirtschaftsforum bzw. World Economic Forum)* 25, 52–54, 56, 58, 59, 61–65, 72, 76, 139, 156
Welteke, Ernst 218
Weltregierung 264
Weltumsegler 78
Weltwirtschaftsforum *(siehe auch WEF bzw. World Economic Forum)* 25, 52, 64, 155, 156
Westdeutscher Rundfunk 170
Wetterwaffe 135
WHO 21, 54, 88, 103, 113, 116, 130, 184, 187, 218
»Wie wir Covid-19 unter Kontrolle bekommen« 149
Wiedervernässung 127, 129, 131
Wimmer, Willy 232
Wirecard 12
Wodarg, Wolfgang 27, 148
Wolf 128
Wolfowitz, Paul 212, 216
Wolle, Stefan 252
World Economic Forum *(siehe auch WEF bzw. Weltwirtschaftsforum)* 53, 58, 63, 71, 81, 96, 100, 143, 193
World Trade Center 202, 209–212, 214, 215, 230
World Wide Fund for Nature (WWF) 93
Wuhan 133

Y
Yeoh, Ben 140
Yichang 133

Z
ZeroHedge 43, 62, 63
Zeus 79, 167
Zimbardo, Philip 240, 243
Zombiestaat 157
Zuckerberg, Mark 139, 265
Zwangsbehandlung 262